성경의 바다

1년 · 52주 · 365일 말씀묵상과 적용

성경의 바다 · 구약

2012년 11월 26일 초판 1쇄 발행

지은이 | 채천석 · 조미숙
펴낸이 | 박영호
펴낸곳 | 도서출판 솔로몬

등록번호 | 제 16-24호
등록일 | 1990년 7월 31일
주소 | 서울시 동작구 사당 3동 207-3 신주빌딩 1층
전화 | 599-1482
팩스 | 592-2104
직영서점 | 596-5225

ISBN 978-89-8255-501-5 03230
세트 978-89-8255-500-8 03230

성경의 바다

1년 · 52주 · 365일 말씀묵상과 적용

구약

채천석 · 조미숙 지음

솔로몬

저자 서문

오랫동안 번역 일을 하면서 늘 마음 한편에 미련이 있었다. 그것은 번역도 좋지만 기회가 닿는다면 저작을 해보고 싶다는 것이었다. 물론 번역을 해오면서 주로 편저 형식으로 틈틈이 나름의 저작 활동을 해오지 않은 것은 아니지만, 좀 더 순수하게 내 글을 써 보고 싶다는 생각을 떨칠 수가 없었다. 그러던 중 생각지도 않은 때에 정말로 책을 쓸 기회가 찾아왔다.

우리 부부가 필리핀에서 선교 활동을 해 온지 7년째가 되었지만, 사실 그동안에도 번역하는 일을 그만둘 수는 없었다. 번역에 투자하는 만큼 사역에 투자할 시간이 줄어들 수밖에 없다는 점이 안타까웠지만, 늘 후원이 부족했던 관계로 가정과 사역에 필요한 물질을 충당하기 위해서는 어쩔 수 없는 일이었다. 하지만 요즘 같은 불경기에 과연 어느 출판사에서 외국에 있는 나에게 번역할 책을 공급해 줄 것인가 하는 것이 늘 고민거리로 남아 있었다. 그런데 감사하게도 지난 7년간 내게 번역할 수 있는 책들을 줄곧 공급해 준 곳이 있었는데, 그것은 바로 솔로몬출판사였다. 이는 내가 가족들과 함께 이곳 필리핀에 선교사로 오기 전부터, 그러니까 실로 오랜 기간 동안 쌓인 깊은 신뢰를 바탕으로 한 것이었다.

그러던 중 한번은 솔로몬에서 연락이 왔는데, 시간을 줄 테니 이번 기회에 저작을 해 보면 어떻겠느냐는 것이었다. 그것은 참으로 오랫동안 기다려 왔던 일이었기에 매우 기쁜 일이었다. 하지만 막상 책 쓰는 일을 시작하려니 여러 가지 문제가 대두되기 시작하였다. 그런데 그 중에서도 가장 큰 문제는 좋은 책을 쓰려면 많은 참고자료가 필요한데, 이곳 선교지에서 그런 것들을 구하기가 결코 쉽지 않다는 것이었다. 두 번째는 부족한 시간이 문제였다. 물론 출판사에서는 시간에 구애받지 말고 책을 저술하라고 했지만, 출판사 사정을 너무나 잘 아는 나로서는 이곳

사정만 생각하고 언제까지나 한 책을 붙들고 있을 수만은 없는 노릇이었다.

그런데 이런 문제들을 놓고 기도하던 어느 날 문득 가장 큰 고민거리가 잘 해결될 것 같은 생각이 들었다. 그것은 아내의 도움을 받아 함께 저술에 들어가면 될 것 같다는 것이었다. 아내는 이화여대 국문과를 졸업하고 서울 소재 중등학교에서 수년간 교편생활을 했었다. 그리고 이 책을 시작할 무렵 아내는 필리핀 현지 신학교에서 석사 과정을 마쳐가고 있었다. 글 쓰는 일에 전념하진 않았지만 대학에서 국문학을 전공하고 국어교사로서 경험을 쌓았고, 또한 당시 현지 신학교에서 공부를 하고 있던 터라 이런저런 자료들을 많이 수집하고 있던 아내의 도움을 받는다면 이 책을 쓰는 일이 그리 어려운 일은 아닐 듯싶었다.

그렇게 해서, 마침내 나는 아내와 함께 구체적으로 어떤 책을 어떻게 쓸 것인지에 대해 본격적으로 논의하기 시작했다. 사실, 아내는 평범한 신앙인이었다가 나를 만나 사모가 되면서 본의 아니게 많은 갈등을 했었고, 또 필리핀 선교사로 떠나겠다는 나를 따라서 이곳에 오기까지는 또다시 적잖은 고심을 했었다. 그렇지만 막상 이곳 필리핀에 선교사로 와서는 누구보다 다양한 활동으로 선교 사역을 감당해 왔고, 마침내 마흔이 넘은 늦은 나이에 신학까지 공부하게 되었다. 아내는 신학을 공부하면서 전에는 미처 알지 못했던 많은 것들을 깨닫게 된 것에 늘 감사해 했고, 더 많은 사람들이 그런 혜택을 누리기를 바랐다.

따라서 선교사나 목회자 입장에서는 성경을 좀 더 깊이 있게 가르칠 수 있는 방법이 무엇일까를, 그리고 평신도 입장에서는 성경을 좀 더 깊이 있게 배울 수 있는 방법이 무엇일까를 동시에 고민하던 우리 내외는 마침내 어떤 결론에 이르게 되었다. 그것은 선교사나 목회자뿐만 아니라 평신도들을 위한 신구약 개론서를 쓰되, 신학을 공부하지 않은 평신도들도 우리가 맛본 성경 신학의 놀라운 진리들을 함께 맛볼 수 있도록 하는 그런 책을 한번 써보자는 것이었다.

요즘 한국에서는 성경 통독과 관련된 많은 개론서들이 출판되고 있는 것으로 알고 있다. 그리고 그것들 대부분은 성경을 본격적으로 읽기 전에 어떻게 하면 성경 전체를 하나의 책으로 읽을 수 있을 것인가를 고민하면서 성경의 각 권들을 역사순으로 재배열하는 작업들을 하고 있는 것들이다. 물론, 개인적으로 성경 읽기에 대한 이러한 경향들은 대단히 바람직한 현상이라고 본다. 우리는 오랫동안 신앙생활을 해오면서 많은 성경 속 인물들과 그들의 이야기를 들어왔지만, 정작 성경 전체를 어떤 관점으로 어떻게 읽어야 하는 것이며, 거기에서 전하고자 하는 하나님의 메시지는 무엇이며, 성경을 구성하고 있는 66권은 도대체 어떻게 서로 유기적으로 관련되어 있는지 제대로 알지 못했던 것이 사실이기 때문이다.

그런데 그러한 책들이 가지는 한 가지 문제는, 정작 성경을 한 권씩 본격적으로 읽으면서 공부해 가려고 할 때는 구체적인 도움을 줄 수 없다는 것이었다. 우리가 성경을 공부하고 가르치려고 할 때, 성경을 구성하고 있는 각각의 책들이 갖고 있는 명칭은 어떤 의미이며, 그것은 누가 언제 어디서 기록하였고 또 그 기록목적은 무엇이며, 각각의 책들은 어떤 메시지를 전하고 있으며, 그것을 위해 각각의 내용들은 어떻게 서로 밀접하게 관련되어 있는지 등 궁금한 것이 너무도 많을 수밖에 없다. 그리고 또 한 가지, 오래 전 그때 그 사람들에게 하신 하나님의 말씀을 오늘을 사는 우리는 그것을 어떻게 이해하고 삶에 적용할 것인가 하는 문제가 또한 남아 있는 것이 사실이다.

아내와 나는 이런 모든 것들을 가능하면 한 권의 책에 담아보자고 의기투합했다. 내가 초고를 맡았고, 아내가 그것을 바탕으로 내용을 보완 수정하고 교정까지 맡아주기로 했다. 그리고 우리는 필요하다면 도표나 지도 같은 참고자료도 덧붙이기로 했다. 그렇게 상당한 시간이 흘러 마침내 이렇게 한 권의 책이 탄생했고, 우리는 그것을 "성경의 바다"(부제: 1년 52주 365일 말씀묵상과 적용)라고 제목을 붙이기로 했다. 우리 내외가 책에서 담고자 했던 것을 이보다 훌륭하게 표현해 줄 수 있는 제목은 더 이상 없을 듯싶었다. 마침내 출판사에서도 허락이 떨어져서 이 책은 이렇게 세상에 나올 수 있었다.

모쪼록 우리 내외는 독자들이 하나님의 말씀인 "성경"을 좀 더 깊이 있게 깨닫고, 그것을 자신들의 삶에 구체적으로 적용할 뿐만 아니라, 다른 이들에게 하나님의 말씀을 전하고 가르치는 데 이 책이 조금이나마 도움이 될 수 있다면 더 이상 바랄 것이 없겠다. 이 책의 자세한 기획 의도나 활용 방법에 대해서는 '일러두기'에서 언급하기로 하고, 끝으로 이 책이 완성되기까지 헌신적인 도움을 아끼지 않았던 아내와 많은 것을 이해해 준 아이들, 우리 가족을 위해서 날마다 기도하시는 평양신학교의 김일심 학장님과 학우들, 늘 한결같은 도움을 베풀어주신 박영호 사장님과 김은순 실장님, 그리고 임직원 일동께 깊은 감사의 말씀을 전하면서 저자 서문을 마치고자 한다.

2012년 11월 필리핀에서

채천석 선교사

일러두기

이 책의 신구약 편은 모두 52단원으로 구성되어 있으며, 각 단원은 7개의 소단원으로 구성되어 있다. 이는 이 책을 공부하는 독자들로 하여금 1년, 즉 52주에 걸쳐 이 책을 모두 마칠 수 있도록 기획하였기 때문이다. 마찬가지로, 각 단원이 7개의 소단원으로 구성된 것은 이 책을 공부하는 독자들이 1주일, 즉 7일에 걸쳐 각 단원을 마칠 수 있도록 의도하였기 때문이다.

따라서 독자들이 1년 중 어느 때에 시작하든지 간에, 한 주도 빠짐없이 이 책을 공부한다면 시작한 날로부터 52주가 흐르면 이 책을 모두 끝마치게 될 것이다. 또한, 그것은 1년 안에 성경 1독을 하게 된다는 의미이기도 하다. 66권으로 구성된 성경 중에는 많은 분량으로 구성된 책도 있고, 아주 작은 분량으로 구성된 책도 있다. 서로 다른 분량의 성경 66권을 52주에 마치도록 하기 위해서 어떤 책은 두 과로 나누어 공부하도록 하였고, 어떤 책들은 한 과에 묶어서 함께 공부하도록 하였다.

각 단원은 그것을 구성하고 있는 성경 각 권(들)의 핵심어, 핵심구절, 명칭과 배경, 저자와 기록연대, 기록목적, 개요를 간단히 살펴보고, 그것을 다시 7개의 소단원으로 분류하여 성경 각 권(들)의 내용을 좀 더 자세하게 공부하도록 하였다. 또 각 소단원은 다시 제목, 읽어야할 본문, 그리고 숙고해야할 본문으로 구성되어 있다. 제목은 각 소단원의 중심내용을 함축적으로 표현한 것이며, 읽어야할 본문은 1년 동안 성경 1독을 하기 위해서 그 날에 읽어야할 본문을 표기한 것이며, 숙고해야 할 본문은 소단원의 이해를 위해서 좀 더 깊이 있게 생각해야할 본문을 표기한 것이다. 그렇게 6개의 소단원을 6일에 걸쳐 공부하고, 제 7일에는 7번째 소단원에 나오는 복습을 위한 질문을 상기하도록 하였다. 참고로, 이 책에는 복습을 위한 질문만 제시하고 그에 대한 답은 따로 기록하지 않았음을 밝혀둔다. 이는 독자들로 하여금 한 주간 동안 공부한 내용을 복습하면서 자신이 얼마나 이해했는지 점검해 보라는 의미일 뿐, 해답을 위해 굳이 본문의 내용을 다시 반복할 필요는 없다고 보았기 때문이다.

더불어, 이 책에서는 관련된 영어 단어나 헬라어 및 히브리어 원어를 가능한 한 많이 병기하려고 노력하였다. 그것은 성경을 좀 더 깊이 있게 연구하려는 독자들의 이해를 돕기 위한 장치로서 의도된 것이다. 한편, 이 책에는 성경의 역사와 관련된 많은 연도들이 등장하는데, 이는 절대적인 것은 아니며 학자들마다 약간의 견해 차이가 있음을 미리 밝혀 둔다. 다만, 독자들이 성경을 연구하는 데 참고자료로만 사용하기를 바랄 뿐이다.

아무쪼록 이 책이 목회자들에게는 좋은 새벽기도 교재나 설교 자료로, 신학생이나 평신도들에게는 좋은 성경공부 교재로, 동료 선교사들에게는 좋은 전도 및 선교용 교재로 기억되기를 간절히 기도해 본다.

목차

성경이란 무엇인가?

- 핵심어: 구원
- 핵심구절: "하나님이 세상을 이처럼 사랑하사 독생자를 주셨으니 이는 그를 믿는 자마다 멸망하지 않고 영생을 얻게 하려 하심이라"(요 3:16).

명칭과 배경

헬라어 '비블로스'(Biblos)에서 나온 말이 '바이블'(Bible), 즉 '성경'은 원래 '책'(Book)을 의미하는데, 그리스도인들은 그것을 '거룩한 성경'(Holy Bible), 즉 '거룩한 책'(Holy Book)이라고 부른다. 예수께서는 그것을 '성경,' 즉 'the Scriptures'(마 22:29)라고 불렀고, 또한 바울은 그것을 '성경,' 즉 'the Holy Scriptures'(롬 1:2, 딤후 3:15), 혹은 '하나님의 말씀,' 즉 'the word of God'(고후 4:2)라고 불렀다.

성경을 가리키는 또 다른 말 '테스터먼트'(Testament)는 '언약'(Covenant)을 의미하는데, 우리는 하나님이 이스라엘 백성에게 주신 언약과 그 행적을 담고 있는 '구약 성경'(the Old Testament)과, 예수 그리스도로 인한 은혜의 언약을 담고 있는 '신약 성경'(the New Testament)을 갖고 있다. 구약 성경은 거의 대부분이 히브리어로 쓰여 있고(극히 일부분만 아람어로 쓰여 있음), 신약 성경은 전부 헬라어로 쓰여 있다.

저자와 기록연대

B. C. 1500년경의 모세로부터 A. D. 97년의 사도 요한에 이르기까지, 1600여년에 걸쳐 30여 명에 이르는 저자들이 성경을 기록했다. 그들의 신분은 위로는 왕으로부터 아래로는 정치가, 시

인, 현학자, 철학자, 그리고 어부에 이르기까지 다양했다. 그들 가운데는 애굽의 지혜를 배운 사람들도 있었고, 바벨론 학교에서 교육을 받은 사람들도 있었고, 예루살렘에 있는 랍비의 수하에서 훈련받은 사람들도 있었다. 어떤 이는 유배 중에 있을 때, 어떤 이는 광야에 있을 때, 어떤 이는 목자의 장막에 있을 때, 또 어떤 이는 초록의 풀과 물이 있는 곳에서 성경을 기록하였다.

각각의 저자들은 서로 다른 시간과 장소에서 하나님의 말씀을 받아 기록했음에도 불구하고, 성경은 창세기부터 요한계시록까지 예수 그리스도라는 통일되고 일관된 주제를 가지고 있다(벧후 1:21). 그것은 성경의 진정한 저자가 그들 인간 저자들이 아닌, 하나님 자신이셨기 때문에 가능한 일이었다.

기록목적

인간이 거룩하신 하나님을 알 수 있는 유일한 방법은 하나님이 자기 자신을 직접 드러내 보여주시는 것뿐이었다. 그리하여 하나님이 자신을 인간에게 계시하여 보여주신 것을 기록해 놓은 책이 바로 성경이다. 하나님께서는 당신의 기록된 말씀을 통해서 자기 자신을 온전히 인간에게 나타내 보이신 것이다.

성경이 전하고 있는 핵심 메시지는 거룩하신 하나님이 범죄한 인간을 사망에서 구원하여 영원한 생명에 이르게 하시고자 독생자 예수 그리스도를 이 땅에 보내셨다는 것이다. 다시 말해, 인간의 죄성과 하나님의 거룩하심, 그리고 예수 그리스도를 통한 인간을 향한 하나님의 완전한 사랑을 계시하고 있는 책이 성경이라고 할 수 있다. 또한, 악한 자들에게 임할 영원한 파멸과 구속받은 자들에게 임할 영원한 영광에 대해 계시하고 있는 책이 성경이다.

1
성경의 여러 버전들

A. 히브리 성경(the Hebrew Bible, TaNakh)

히브리 성경은 히브리어와 일부 아람어로 기록된 최초의 성경을 말하며, 오늘날 우리가 가지고 있는 구약 성경은 여기에서 기원하였다. 히브리 성경은 모두 24권으로 구성되어 있으며, 크게 다음과 같은 세 부분으로 나뉜다. 히브리 성경에 대한 이해는 우리가 구약 성경을 어떻게 받았으며, 또 그것을 어떻게 이해해야 하는지를 깨닫는 데 큰 도움을 줄 것이다.

1. 율법서(토라, Torah): 창세기, 출애굽기, 레위기, 민수기, 신명기
2. 선지서(네빔, Neviim)
   (1) 전선지서(Former Prophets): 여호수아, 사사기, 사무엘, 열왕기
   (2) 후선지서(Latter Prophets): 이사야, 예레미야, 에스겔, 12책들(호세아, 요엘, 아모스, 오바댜, 요나, 미가, 나훔, 하박국, 스바냐, 학개, 스가랴, 말라기)
3. 성문서(케투빔, Ketuvim): 시편, 욥기, 잠언, 메길라(아가, 룻기, 예레미야애가, 전도서, 에스더), 다니엘, 역대기, 에스라, 느헤미야

히브리 성경의 첫 번째 부분은 율법서(토라, Torah)로, 모세오경이 여기에 해당한다. 히브리인들은 이미 B. C. 400년 이전에 율법서를 권위있는 하나님의 말씀으로 받아들였음을 여러 증거들을 통해 알 수 있다.

히브리 성경의 두 번째 부분은 선지서(네빔, Neviim)인데, 이는 다시 전선지서와 후선지서로 분류되며, 각 선지서에는 4권의 책들이 포함된다. 히브리인들이 전선지서로 분류하고 있는 책들은 오늘날 우리가 역사서로 분류하고 있는 것들이다. 선지서는 B. C. 200년 무렵에 이르러 권위있는 책들로 인정되었다.

히브리 성경의 세 번째 부분은 성문서(케투빔, Ketuvim)로, 율법서와 선지서를 제외한 모든 책들이 여기에 속한다. 여기에는 '메길라'라 불리는 5권의 두루마리 책(아가, 룻기, 예레미야애가, 전도서, 에

스더)이 포함되는데, 이들은 유대교의 특별한 절기 때마다 낭독되어 왔다. 히브리 성경에는 다니엘서가 선지서가 아닌 성문서에 포함되어 있다는 것이 특이한데, 그것은 히브리인들이 다니엘서가 후대에 기록된 것이라고 믿었기 때문이다. 성문서는 B. C. 132년경에 이르러 권위있는 책들로 인정되었다. 히브리 성경은, 율법서를 가리키는 토라(Torah)의 T, 선지서를 가리키는 네빔(Neviim)의 N, 성문서를 가리키는 케투빔(Ketuvim)의 K를 합쳐 '타나크'(TaNaKh, TNK)라고 일컫기도 한다.

최근에 발견된 히브리 성경의 사본들은 오늘날 우리가 사용하고 있는 구약 성경이 그 원본과 거의 일치한다는 사실을 확증해 주고 있다. 1947년 사해 근처의 쿰란(Qumran) 동굴에서 발견된 다량의 고대 사본들(The Dead Sea Scrolls)이 그 중에서 가장 대표적인 예이다. 이 사본들에는 에스더를 제외한 구약의 거의 모든 책들이 포함되어 있으며, B. C. 250년부터 A. D. 68년경의 것들로 추정되고 있다. 하나님께서 수세기에 걸쳐 당신의 백성들로 하여금 당신의 말씀을 처음 쓰여진 그대로 보존하시기 위해 섭리하고 계셨던 것이다. "풀은 마르고 꽃은 시드나 우리 하나님의 말씀은 영영히 서리라 하라"(사 40:8).

B. 고대 번역본들

히브리 성경은 원래 각각의 두루마리에 기록되어 있었는데, 시간이 흐르면서 여러 언어로 번역되었다. 70인역(헬라어), 타르굼역(아람어), 그리고 벌게이트역(라틴어) 등이 대표적이다.

1. 70인역/경(the Septuagint, LXX)

셉투어진트(Septuagint), 즉 '70인역' 혹은 '70인경'은 히브리 성경이 다른 언어로 번역된 최초의 성경이며, 구약 성경의 번역본 가운데 가장 잘 알려져 있기도 하다.

B. C. 3세기경 프톨레미 2세가 당시 이집트의 알렉산드리아에 흩어져 살고 있던 유대인들을 위해 두루마리로 된 히브리 성경(이 외에 처음부터 헬라어로 기록된 그밖에 다른 책들도 함께 포함됨)을 당시 공용어로 사용되고 있던 헬라어로 번역하게 하였다. 그는 예루살렘에서 72명의 랍비들(12지파에서 각각 6명씩)을 불러 번역을 맡겼으며, '셉투어진트' 라는 말은 이때 번역에 참여한 사람들의 숫자에서 비롯되었다. 그것은 '70인의 번역'(the translation of the seventy)이라는 뜻의 라틴어를 줄여서 이른 말로, 때문에 우리는 이 최초의 헬라어 번역 성경을 '70인역'이라고 부른다. 또한 이 번역본을 로

마자에서 숫자 70을 의미하는 'LXX'로 나타내는 이유이기도 하다. 이 최초의 헬라어 번역 성경은 율법서의 경우 B. C. 250-280년경에, 나머지는 B. C. 150년경에 완성된 것으로 보고 있다.

히브리 성경이 세 부분(율법서, 선지서, 성문서)으로 나누어져 있는 반면 70인역은 네 부분(율법서, 역사서, 시가서, 선지서)으로 나뉘어져 있는데, 오늘날 우리가 가지고 있는 구약 성경은 바로 이 70인역의 구성을 따르고 있는 것이다. 또한, 신약시대에 이르러 예수님과 그의 제자들에 의해서 여러 번 인용되기도 하였는데, 실제로 신약에서 300번 이상 인용되고 있는 구약의 대부분은 이 70인역에서 비롯된 것들이다. 사실 이 번역본은 유대인들보다는 초기 그리스도인들에게 더 많은 사랑을 받았으며, 때문에 개신교 신자들에게 갖는 의미는 대단히 특별하다고 할 수 있다. 오늘날에는 동양정교회의 정경으로 사용되고 있다.

2. 타르굼역(the Targums)

예수님 당시와 그 이전의 유대인들은 히브리어와 매우 유사한 아람어를 일상어로 사용하였는데, 이 때문에 히브리 성경을 아람어로 번역하는 경우가 많았다. 아람어 번역 성경은 '타르굼역'이라고 불린다.

3. 라틴 벌게이트(the Latin Vulgate)

히브리 성경은 교황 다마스쿠스의 명으로 제롬(Jerome)에 의해 '벌게이트역'이라는 라틴어로 번역되기도 하였는데, 이 번역본은 A. D. 405년경에 완성되었다. 벌게이트는 라틴어로 '공통의' 또는 '보통의'라는 의미를 지닌다. 히브리 성경 원전은 장과 절의 구분이 없었는데, 랭톤(Stephen Langton)은 벌게이트역을 오늘날 우리가 사용하고 있는 장(Chapters)으로 구분하기도 하였다. 벌게이트역은 1400년대 중반 구텐베르크가 인쇄술을 발견했을 때 최초로 인쇄된 책이기도 하며, 1546년 트렌트 회의(the Council of Trend)에서 로마 가톨릭 교회의 공식적인 정경으로 채택되었다.

C. 영어 성경(the English Bible)

4세기 초 영국에 기독교가 전파되지만 대부분의 선교사들의 사역은 라틴어로 이루어졌다. 이후 조금씩 고대 영어로 성경을 번역하기 시작하였으나, 본격적인 중세 및 현대 영어 성경은 14세기에 이르러서야 등장하기 시작하였다. 존 위클리프(John Wycliffe)가 라틴어 벌게이트역을 영어로 번역하였는가 하면(1383년 완성), 이어 윌리암 틴데일(William Tyndale)은 헬라어 성경을 영어로 번역하기도 하였다(1526년 완성). 이후 틴데일의 번역본에 기초하여 1661년 획기적인 영어 번역 성경이 등장하는데, 그것이 바로 흠정역 성경(the King James Version)이다. 당시에는 그보다 더 오래된 번역본을 선호하기도 했지만, 그 후로 300년이 넘는 기간 동안 가장 권위 있는 영어 성경으로 자리하였다. 다음은 흠정역을 필두로 이후에 나온 현대 영어로 번역된 성경들이다.

KJV(The King James Version/The Authorized Version, 1611)
RSV(The Revised Standard Version, 1952)
NASB(The New American Standard Bible, 1960)
NEB(The New English Bible, 1961)
JB(The Jerusalem Bible, 1966)
NAB(The New American Bible, 1970)
LB(The Living Bible, 1971)
GNB(The Good News Bible, 1976)
NKJV(The New King James Version, 1982)
NIV(The New International Version, 1984)
NJB(The New Jerusalem Bible, 1985)
REB(The Revised English Bible, 1989)
NRSV(The New Revised Standard Version, 1991)
GNB2(The Good News Bible;2nd edition, 1994)
NASU(The Updated New American Standard Bible, 1995)
NLT(The New Living Translation, 1997)
ESV(The English Standard Version, 2001)
TNIV(Today's New International Version, 2002)

2

정경(正經, Canon)의 분류

정경(正經, Canon)이라는 말은 헬라어 '카논(kanon)'에서 나왔는데, 원래 '갈대', 또는 '자'를 의미하는 말이었다. 그러다가 신앙의 '표준', 또는 그 '목록'을 가리키는 말로 사용되기 시작하였다. 오늘날 우리가 '정경'이라는 말을 사용할 때는, 구약 성경과 신약 성경을 구성하고 있는 하나님의 영감으로 기록된 성경의 책들을 가리킨다.

정경 곧 오늘날 우리가 가지고 있는 성경은 구약 성경 39권과 신약 성경 27권을 합해서 총 66권의 책으로 구성되어 있다. 지금의 구약 성경은 A. D. 90년에 열린 얌니아 랍비회의(the Council of Jamnia)에서 정경으로 확정되었는데, 당시 회의에서는 정경에 포함될 책들을 채택했다기보다 수세기에 걸쳐 하나님의 백성들에 의해 이루어진 정경화 작업을 공식적으로 확정짓는 일을 하였을 것이다. 신약 성경은 이미 얌니아 회의 전까지 거의 모든 책들이 기록되었으며, A. D. 397년에 열린 카르타고 공회(the Council of Carthage)에서 정경으로 확정되었다.

오늘날 우리의 성경은 연대기적인 순서보다는 문학적 양식에 따라 배열되어 있지만, 하나님이 인간 저자를 사용하실 때에 오류가 없도록 성경 역사의 모든 순서를 거룩하게 통제하시고 그 내용이 유기적으로 연관되게 하셨다.

일반적으로 신구약 성경은 다음과 같이 분류할 수 있다.

A. 구약 성경의 분류

1. 율법서/모세오경(5권): 창세기, 출애굽기, 레위기, 민수기, 신명기
2. 역사서(12권): 여호수아, 사사기, 룻기, 사무엘상 · 하, 열왕기상 · 하, 역대상 · 하, 에스라, 느헤미야, 에스더
3. 시가서/지혜서(5권): 욥기, 시편, 잠언, 전도서, 아가
4. 대선지서(5권): 이사야, 예레미야, 예레미야애가, 에스겔, 다니엘
5. 소선지서(12권): 호세아, 요엘, 아모스, 오바댜, 요나, 미가, 나훔, 하박국, 스바냐, 학개, 스가랴, 말라기

그런데 여기서 구약 성경의 목록을 크게 역사서, 시가서, 예언서로 구분하여, 1번과 2번을 묶어 역사서(17권)로, 3번을 시가서(5권)로, 4번과 5번을 묶어 예언서(17권)로 나누기도 한다. 이 경우 이스라엘의 역사를 크게 창조시대, 족장시대, 모세시대(율법시대), 사사시대, 왕정시대, 포로시대로 나누고, 선지서도 왕정시대의 선지서와 포로시대의 선지서로 구분하기로 한다.

1. 역사서(17권)
    (1) 창조시대, 족장시대: 창세기
    (2) 모세시대(율법시대): 출애굽기, 레위기, 민수기, 신명기
    (3) 사사시대: 여호수아, 사사기, 룻기
    (4) 왕정시대: 사무엘상 · 하, 열왕기상 · 하, 역대상 · 하
    (5) 포로시대: 에스라, 느헤미야, 에스더
2. 시가서(5권): 욥기, 시편, 잠언, 전도서, 아가
3. 선지서/예언서(17권)
    (1) 왕정시대(12권): 이사야, 예레미야, 예레미야애가, 호세아, 요엘, 아모스, 오바댜, 요나, 미가, 나훔, 하박국, 스바냐
    (2) 포로시대(5권): 에스겔, 다니엘, 학개, 스가랴, 말라기

구약 성경의 처음 5권은 이스라엘 백성이 하나님께 율법을 어떻게 받았는지를 기록하고 있기 때문에 율법서라고 불린다. 또한, 이 책들을 '모세가 기록한 다섯 권으로 된 책'이라는 뜻에서 '모세오경'이라고도 한다. 다음에 나오는 12권은 이스라엘이 약속의 땅 가나안에 들어간 후부터 사사시대, 왕정시대, 포로시대를 거쳐 바벨론 포로에서 귀환하여 예루살렘 성전과 성벽을 재건하기까지의 역사를 담고 있기 때문에 역사서라고 불린다. 이 책들은 역사적 사건들을 연대기적으로 기술해 놓은 것이 아니라, 인간의 역사 가운데 나타난 하나님의 목적을 중심으로 하여 기록하고 있다. 다음에 나오는 5권은 시가서 또는 지혜서로 분류되며 다양한 내용을 담고 있다. 마지막 17권은 선지서로 분류되는데, 앞에 있는 5권은 대선지서, 뒤에 있는 12권은 소선지서라고 불린다. 이는 대선지서가 소선지서보다 더 중요하거나 위대해서가 아니라 책의 분량이 더 많기 때문에 그렇게 부르는 것이다.

B. 신약 성경의 분류

신약 성경의 처음 4권은 하나님이 인류를 구원하시기 위해 이 땅에 보내신 예수님의 탄생과 그 사역에 관해 기록하고 있기 때문에 복음서(Gospel, 복된 소식)라고 불린다. 또한, 이 책들은 네 명의 다른 저자들이 조금은 다른 관점으로 예수님의 사역에 대해 기록하고 있는데, 이것들은 서로 상호보완적으로 예수님의 사역에 대해 말해 주고 있다. 우리는 이 책을 다 공부하고 나면 성경이 왜 이 네 개의 복음서(사복음서)를 포함하고 있는지를 좀 더 자세히 이해할 수 있을 것이다. 다음에 나오는 사도행전은 신약에 등장하는 유일한 역사서로서, 오순절 성령 강림 이후 사도들(베드로와 바울 사도 중심)의 사역을 중심으로 교회의 시작과 기독교의 전파 과정을 자세히 보여 주고 있다. 초기 기독교의 역사를 기록하고 있는 실로 중요한 책이라고 할 수 있겠다. 특히, 사도 바울은 3차에 걸친 전도 여행을 하면서 그 무렵 아시아와 유럽의 초대 교회들을 상대로 13편의 서신을 남기게 되는데, 이것이 신약에 실려 있는 바울서신이다. 바울 서신은 다시 일반 서신(6권), 옥중 서신(4권), 그리고 목회 서신(3권)으로 나누기도 한다. 신약에는 그 외에도 여러 명의 저자들이 불특정한 다수의 독자들을 대상으로 쓴 8편의 편지들이 포함되어 있는데, 우리는 이것들을 공동서신이라 부른다. 예수님의 제자였던 베드로와 요한, 그리고 예수님의 동생 야고보와 유다의 편지들을 포함하여 저자를 정확히 알 수 없는 히브리서가 여기에 포함된다. 한편, 요한계시록은 신약에 실린 유일한 예언서로서, '마지막 날'에 대한 예언들이 기록되어 있기 때문에 '묵시록'(Apocalypse)이라고도 불린다. 예수님의 제자들 중 마지막까지 남아 사역했던 사도 요한이 밧모 섬에 유배되었을 때 기록한 책으로, 박해로 고통받는 성도들에게 새 하늘과 새 땅에 대한 소망을 주기 위해서 기록하였다.

1. 복음서(4권): 마태복음, 마가복음, 누가복음, 요한복음
2. 역사서(1권): 사도행전
3. 바울서신(13권): 로마서, 고린도전 · 후서, 갈라디아서, 에베소서, 빌립보서, 골로새서, 데살로니가전 · 후서, 디모데전 · 후서, 디도서, 빌레몬서
   (1) 일반서신(6권): 로마서, 고린도전 · 후서, 갈라디아서, 데살로니가전 · 후서
   (2) 옥중서신(4권): 에베소서, 빌립보서, 골로새서, 빌레몬서
   (3) 목회서신(3권): 디모데전 · 후서, 디도서

4. 공동서신(8권): 히브리서, 야고보서, 베드로전 · 후서, 요한1 · 2 · 3서, 유다서
5. 예언서(1권): 요한계시록

대부분의 개신교 신자들은 정경에 포함된 66권의 책만을 권위 있는 하나님의 말씀으로 믿고 있다. 그런데 이와는 별도로 B. C. 200년과 A. D. 100년 사이에 기록된 '외경'(外經, apocrypha)이라 불리는 14권의 책들이 있다. 외경들 중 일부는 분명히 훌륭한 유대역사와 종교생활을 담고 있고, 대부분의 로마 가톨릭교회들이 이 외경들도 그들의 정경에 포함시키고 있지만, 그것들을 결코 하나님으로부터 영감을 받아 기록된 정경의 거룩한 목록에 포함시킬 수는 없다.

3
성경의 영감(靈感, Inspiration)

성경은 하나님이 직접 기록하신 것이 아니라 인간 저자들을 사용하셔서 기록하셨다. 하지만 예수님과 사도 바울은 성경이 하나님의 충만한 영감을 받아 기록된 것이라고 가르쳤다(마 22:29; 딤후 3:16). 성령께서 성경의 모든 말씀에 일일이 간섭하셨으므로, 성경은 분명히 하나님의 권위있는 말씀이다. 하나님의 영은 성경 저자들의 마음속에 영향을 주어 하나님으로부터 전달되는 계시를 그들이 한 점의 실수도 없이 기록하게 하셨다. 성경이 하나님의 충만한 영감을 받았다는 것은 다음과 같은 사실들로 알 수 있다.

1. 성경이 자체적으로 증거한다. 성경은 스스로 모든 말씀이 하나님으로부터 충만한 영감을 받아 기록되었다고 되풀이해서 말한다(벧후 1:21; 딤후 3:16; 마 5:18).
2. 그리스도가 증거하신다. 그는 구약 성경을 가르치는 데 그의 사역을 집중하였다. 그가 성경이 하나님의 영감으로 된 것과 오류가 없음을 믿었다는 사실을 마태복음 5:18과 요한복음 10:35에서 구체적으로 엿볼 수 있다.
3. 성경의 모든 말씀이 예수 그리스도를 향하고 있다.
4. 성경을 제외하고는 그 어떤 다른 문서도 인간의 창조와 구속에 대한 과학적이고 만족스러

운 해답을 주지 못한다.

5. 성지에서 발굴된 수많은 사본과 고대의 기록들이 성경 역사의 정확성을 증거하고 있다.
6. 오랜 세월을 이어온 교회의 역사가 성경에 대한 가치를 증거해 주고 있다.
7. 성경을 읽고 순종한 많은 신자들의 삶이 변했다.

4
성경의 속성

1. 로마 가톨릭은 교회를 성경보다 우위에 놓으며, 신비주의자들은 마음속에서 발하는 내적인 빛을 성경보다 더 중요하게 생각한다. 하지만 성경은 교회나 인간의 마음보다 우위에 있으며, 성경만이 신자들의 믿음생활에서 유일하고도 정확무오한 기준이 된다.
2. 교회가 성경에 권위를 부여하였기 때문에 성경이 하나님의 말씀이 된 것이 아니다. 교회가 성경을 인정하기에 앞서, 성경 자체가 하나님의 말씀임을 증거하고 있다. 성경은 성경 밖의 어떤 다른 증거에 의해서 하나님의 말씀이라고 증명되는 것이 아니라, 그 자체로 신적인 권위를 갖는다.
3. 성경은 구원의 진리를 명백하게 전달하고 있기 때문에, 근본적으로 교회나 해설자의 도움 없이도 스스로 읽고 이해할 수 있다. 하지만 좀더 올바른 해석을 위해서는 깊이 있는 연구와 함께, 성령께서 성경을 읽는 독자들의 마음을 감동하여 충분히 깨닫도록 역사하실 것을 겸손히 기다려야 한다.
4. 인간이 구원받을 수 있는 길은 오직 성경 안에만 있다. 성경에 더하여 어떤 또 다른 종교적 전통이나 내적 깨달음 같은 것은 필요하지 않다. 신자는 오직 성경을 통해서만 구원에 이르는 길과 신자로서 살아가는 진리를 깨달을 수 있다.

5

성경의 계획

1. 성경은 하나님으로 시작하지만(창 1:1), 하나님이 창조하신 피조물인 인간으로 끝난다(계 22:21). 그리고, 이 성경의 중간에 죄로 인해 하나님과 분리된 인간이 예수 그리스도로 말미암아 화해된다.
2. 구약 성경은 하나님으로 시작하고(창 1:1), 신약 성경은 그리스도로 시작한다(마 1:1).
3. 구약 성경은 성부 하나님에 관한 계시가, 복음서는 성자 하나님에 관한 계시가, 그리고 사도행전은 성령 하나님에 관한 계시가 중심을 이룬다. 그리고, 서신서는 완전하신 삼위일체 하나님 곧 성부, 성자, 성령에 관한 계시가 중심을 이룬다.
4. 우리는 성경이 없었다면 알 수 없었던 지난 과거를 성경 역사를 통해서 알 수 있고, 우리의 알 수 없는 미래를 성경에 기록된 예언들을 통해서 볼 수 있다. 아울러, 우리는 성경이 아니면 알 수 없었던 인간 구원의 역사를 성경의 가르침을 통해서 배울 수 있다.
5. 우리는 성경을 통해서 인류 전체의 역사(아담에서 아브라함까지)와 하나님의 선택된 민족의 역사(아브라함에서 그리스도까지), 그리고 하나님의 교회에 관한 역사(그리스도에서 우리까지)를 알 수 있다.
6. 에덴동산에서 인간에게 주어진 율법은 지켜지지 않았다. 시내산에서 인간에게 주어진 율법 역시 지켜지지 않았다. 그러나 하나님이 인간의 몸을 입고 이 땅에 오셨고, 또한 인간을 위해서 온전히 율법을 지키셨다. 그리하여, 성경은 마지막 심판 때에 율법이 그리스도를 이기지 못하게 하였다.
7. 구약 성경이 율법을 주로 다루고 있지만 그것은 또한 하나님의 은혜를 담고 있으며(사 53장), 신약 성경이 하나님의 은혜를 주로 다루고 있지만 그것은 또한 율법을 완성한다(롬 3:31).
8. 율법은 모세로부터 왔지만, 은혜는 예수 그리스도로부터 왔다(요 1:17). 모세의 처음 기적은 물을 피(죽음의 표상)로 바꾸는 것이었지만(출 7:19), 그리스도의 처음 기적은 물을 포도주(생명을 표상)로 바꾸는 것이었다(요 2:1-11).

9. 복음서의 가르침에는 단계가 있다. 마태복음은 부활로 끝나고, 마가복음은 승천으로 끝나며, 누가복음은 성령의 약속으로 끝나고, 요한복음은 예수의 재림을 약속한다.

10. 서신서의 가르침에는 거룩한 질서가 있다. 야고보는 행위에 관해서, 바울은 믿음에 관해서, 베드로는 소망에 관해서, 그리고 요한은 사랑에 관해서 말한다.

11. 성경의 시작과 끝을 비교해 보면 다음과 같은 놀라운 사실을 발견할 수 있다.

1	시작	하나님이 하늘과 땅을 만드셨다
	끝	새 하늘과 새 땅을 보다
2	시작	사탄이 사람들을 속이기 위해 들어왔다
	끝	사탄이 더 이상 사람들을 속이지 못하도록 내침을 당하다
3	시작	죄, 고통, 슬픔, 죽음이 들어오다
	끝	죽음, 슬픔, 또는 울음이 사라지다
4	시작	인간이 생명나무에서 쫓겨나다
	끝	생명나무의 잎이 백성들을 치유하다
5	시작	여자가 남자의 옆구리에서 취해지다
	끝	교회가 그리스도의 옆구리(곧, 죽음)에서 취해지다
6	시작	세상이 물로 일소되다
	끝	세상이 불로 일소되다
7	시작	낙원을 상실하다
	끝	낙원이 소생하다

6

성경 해석의 원리

1600여 년에 걸쳐 하나님의 섭리 가운데 완성된 성경 66권! 그 안에 담긴 놀라운 계획과 약속들을 하나님의 말씀으로 믿고 날마다 묵상하며 그 말씀대로 살아갈 때에, 우리의 삶은 풍성하고 거룩해질 것이다.

우리는 성경을 읽을 때 다음과 같은 두 가지 사실에 유의해야 한다. 성경은 인류 역사 가운데 인간에게 주신 하나님의 말씀이다. 따라서, 성경 속의 하나님의 말씀은 특별한 역사적인 배경에 있던 특별한 사람들에게 주신 말씀이다. 다시 말하면, 일차적으로 성경 말씀은 아주 오래 전 '그 때 그곳'(then and there)에 있던 사람들에게 주신 것이라고 할 수 있다. 때문에, 우리는 성경 본문을 읽을 때 그 본문이 원래 의도한 바가 무엇이었는지 주의 깊게 듣고 연구할 필요가 있다. 그런데 문제는 성경의 장르마다 그 의미를 파악하는 방법이 다를 뿐만 아니라, 좀더 정확한 의미를 파악하기 위해서는 전후 문맥과 역사적인 배경, 그리고 문법적인 의미까지 이해해야 한다는 것이다. 때문에 우리는 여기서 성경 연구가들의 도움을 받아 성경 사전이나 주석 등을 이용할 필요가 있다고 하겠다.

우리가 하나님의 말씀을 해석할 때 또 한 가지 기억해야 할 것은, 그것이 세대와 문화를 뛰어넘어 모든 사람들에게 임하는 영원한 가치를 지닌 하나님의 말씀이라는 사실이다. 따라서 성경 본문이 오늘을 사는 우리들에게 주는 메시지가 무엇인지를 이해할 수 있어야 한다. 다시 말해서, 성경 말씀은 '지금 여기'(now and here)에 있는 우리들에게도 분명한 깨달음을 주시는 말씀이라는 사실이다.

우리가 하나님의 메시지를 잘 이해하기 위해서 이렇게 성경 해석을 위한 원리들을 이해하고 적용하는 일들이 반드시 필요하지만 그보다 더 중요한 것은 성령님의 도우심을 의뢰하는 우리의 마음이다. 성령께서 우리를 진리 가운데로 인도하시도록 기도하면서 하나님의 말씀을 열심히 연구할 때 비로소 우리에게 깊은 깨달음이 있게 될 것이다.

7 복습을 위한 질문

복습을 위한 다음 질문을 읽고 물음에 답하라.

1. 성경이란 말의 의미는 무엇이고, 그리스도와 바울은 그것을 어떻게 불렀는가?
2. 구약 성경과 신약 성경의 차이는 무엇인가?
3. 성경은 얼마나 오랜 기간에 걸쳐서 기록되었는가?
4. 성경은 얼마나 많은 기자들에 의해서 기록되었는가?
5. 성경의 진정한 저자는 누구인가?
6. 성경의 기록목적은 무엇인가?
7. 구약과 신약에는 각각 몇 권의 책들이 있는가?
8. 히브리 성경을 구성하고 있는 세 가지는 무엇무엇인가?
9. 최초의 헬라어 번역 성경은 무엇인가?
10. 현재 가톨릭교회에서 정경으로 사용하고 있는 성경은 무엇인가?
11. 영어 성경 중, 300년 넘게 가장 권위 있는 성경으로 읽혀지고 있는 버전은 무엇인가?
12. 정경은 무엇이며, 구약과 신약은 각각 언제 어떻게 정경화되었는가?
13. 구약 성경을 구성하고 있는 다섯 가지 목록을 말하라.
14. 신약 성경을 구성하고 있는 다섯 가지 목록을 말하라.
15. 외경은 무엇인가?

16. 인간이 구원에 이르는 길은 무엇인가?

17. 로마 가톨릭교회는 성경과 교회 중 무엇을 우위에 두는가?

18. "성경은 교회가 그 권위를 인정했기 때문에 하나님의 말씀이 되었다"라는 말은 옳은가?

19. "우리가 성경을 날마다 스스로 탐독할 수 있는 것은 성령께서 우리에게 이해와 명철을 주시기 때문이다"라는 말은 옳은가?

20. 성경 해석의 원리에 대해서 아는 대로 말하라.

창세기(1)

- 핵심어: 세상의 시작
- 핵심구절: "태초에 하나님이 천지를 창조하시니라"(창 1:1).

명칭과 배경

창세기(Genesis)라는 명칭은, 그것이 모든 우주만물과 인류의 시작에 대한 책이기 때문에 붙여졌다. 창세기의 영어명인 Genesis는 히브리 성경 본문 첫 줄에서 비롯되었는데, 그 의미는 '시작에 관한 책'(Book of beginnings)이란 뜻이다. 창세기는 우리에게, 시작도 끝도 없으신 하나님 한 분을 제외하고 이 땅에 존재하는 모든 것들에 대한 시작을 말해준다.

또한 창세기는 고대의 어떤 다른 문서도 담고 있지 않은 중요한 내용들을 알려주는데, 하나님께서 인류를 포함해 이 땅에 존재하는 모든 것들을 창조하신 창조주요 통치자라는 것과, 인류가 창조된 이후 어떻게 그 역사가 흘러내려 왔는지를 계시한다. 성경 전체의 놀라운 메시지는 바로 이 창세기의 위대한 내용을 기초로 하고 있다.

저자와 기록연대

전통적으로 모세가 이 책의 저자라고 알려져 있다. B. C. 1450-1440년경, 출애굽 후에 그가 홀로 하나님과 더불어 40일 동안 시내산에 거할 때 기록했을 것이다. 모세는 그곳에서 성경을 기록할 수 있는 영감을 하나님으로부터 받았을 것이며, 모세 이전의 어떤 책도 하나님의 영감으로 기록되었다는 증거는 없다. 창세기는 대체로 B. C. 4004년에서 2369년 사이의 기간을 다룬다.

구약 성경에 처음 등장하는 다섯 권의 책을 '모세오경'(Pentateuch, 모세가 기록한 다섯 권으로 된 책)이라고 부른다. 모세오경은 이스라엘 백성들이 하나님께 율법을 어떻게 받았는지에 대해 기록하고 있기 때문에 '율법서'라고도 불린다. 이 책들은 전반적으로 B. C. 1450-1400년경에 쓰였을 것으로 보이는데, 모세가 오경을 썼지만 사실 그가 진정한 저자는 아니다. 그의 오경에는 오백 번 이상이나 "여호와가 말씀하셨다"와 "하나님이 가라사대"란 표현이 나온다. 다른 모든 성경의 책들과 마찬가지로, 모세오경의 진정한 저자는 성령 하나님이신 것이다.

기록목적

창세기는 인류를 포함한 우주만물의 기원과 그 목적을 설명해 주고 있다. 또한, 창세기는 하나님이 인간에게 어떻게 구원의 길을 열어 주셨는지를 보여준다. 즉, 하나님의 형상을 본받아 창조된 인간이 타락하게 된 과정을 설명함으로써, 그 타락한 인간이 어떻게 구원의 길에 이를 수 있는가를 가르쳐 준다.

개요

Ⅰ. 창조(1-2:3)

Ⅱ. 인간의 타락(2:4-4장)

Ⅲ. 아담의 계보(5-6:8)

Ⅳ. 노아의 홍수(6:9-10장)

Ⅴ. 바벨탑 사건(11장)

Ⅵ. 아브라함(12-25장)

Ⅶ. 이삭(25-27장)

Ⅷ. 야곱(28-36장)

Ⅸ. 요셉(37-50장)

■ 참고자료: 홍수 사건을 전후로 본 족장들의 수한(壽限)

아담: 930년(창 5:5)
셋: 912년(창 5:8)
에노스: 905년(창 5:11)
에녹: 365년(창 5:23)
므두셀라: 969년(창 5:27)
라멕: 777년(창 5:31)
노아: 950년(창 9:29)

홍 수

셈: 600년(창 11:10-11)
에벨: 464년(창 11:16-17)
데라: 205년(창 11:32)
아브라함: 175년(창 25:7)
이삭: 180년(창 35:28)
야곱: 147년(창 47:28)
요셉: 110년(창 50:26)

※홍수 이전에 살았던 족장들은 평균 연령이 900년 이상이었다(창 5장). 하지만 홍수 이후에 살았던 족장들의 평균 연령은 급속도로 떨어지고 있는 것을 볼 수 있다(창 11장). 학자들은 홍수로 인한 엄청난 환경 변화가 이러한 현상을 가져온 것으로 보고 있다.

1

창조

읽어야할 본문: 창세기 1-2장

숙고해야할 본문: 창세기 1:1-5

하나님은 하늘과 땅을 창조하시고 나서 당신의 형상을 따라 인간을 창조하셨다. 짐승들은 영이 없지만 인간은 영이 있다. 하나님이 인간의 형체에 숨을 불어넣으셨기 때문이다. 창세기는 인간의 영적 · 도덕적 본질을 설명하며, 인간이 진화된 것이 아니라 창조되었음을 말해 준다. 인간의 조상이 원숭이일 수 없고, 고양이가 진화하여 호랑이가 될 수 없다. 하나님은 각각의 개체를 분리하여 창조하셨다.

창세기는 유일하신 한 하나님을 말한다. 그것은 이교도의 많은 신들과 대조된다. 하나님 이외에 다른 신은 없으며, 하나님 이외에 다른 신이 있다고 믿고 섬기는 것은 하나님을 망령되게 하는 것이다. 창세기는 이러한 하나님의 존재를 선포하고, 무신론적 교리를 반박한다. 우주의 모든 것들은 하나님에 의해 창조되었고, 그에게 종속된다. 피조물은 창조자에게 속한다. 인간을 비롯한 온 세상만물은 하나님께 속해 있으며, 그 창조주 하나님을 알고 섬길 때에만 평안함을 누릴 수 있다. 창세기는 하나님이 만물이 있기 전에 계셨음을 선언하고 있으며, 그가 물질적인 것들에 종속되지 않음을 보여준다. 하나님은 시작과 끝이 없으신, 스스로 계신 분이시다.

■ 적용

세상이 하나님의 창조 이전에 혼돈의 상태에 있었던 것처럼, 새 창조와 새로운 탄생이 있기 전에 인간의 마음과 영혼은 어둠과 혼란의 상태에 있기 마련이다. 이 어둠의 상태를 끝낼 수 있는 것은 하나님의 창조의 질서에 순응하여 그분의 뜻을 따라 그리스도를 믿으며 살아가는 것이다.

2
인간의 타락과 구원의 약속

읽어야할 본문: 창세기 3–5장

숙고해야할 본문: 창세기 3:14–21

죄를 만든 자는 뱀을 통해 사악한 행위를 한 사탄이었다. 죄의 본질은 인간으로 하여금 하나님의 말씀과 권위, 그리고 선하심을 의심하게 만드는 것이다. 인간은 하나님을 참으로 섬기는지 시험받았을 때 그 시험에 실패했고, 오히려 스스로 하나님처럼 되기를 원했다. 인간의 타락으로 인해 수치심과 하나님으로부터의 분리가 왔고, 이 죄의 삯은 슬픔과 함께 땅에 대한 저주를 가져왔다.

하나님은 인간이 비록 타락하였지만 구원자가 오셔서 그들을 시험하는 자의 머리를 상하게 할 것이라고 약속하신다. 이것이 창세기 3:15에 나오는 원 복음이다. 사탄이 그리스도의 발꿈치를 물어 상하게 할 것이지만, 그리스도가 사탄의 머리를 치심으로써 사탄은 결국 살아 있으나 죽은 목숨과 마찬가지가 될 것이다. 하나님은 인간이 타락한 후에 그들의 수치를 가리기 위해서 그리스도가 죄인들에게 제공하시는 의의 옷의 모형인 가죽옷을 아담과 하와에게 입히셨다. 가죽옷을 입히기 위해서는 한 생명이 죽어야 했다(3:21). 이는 가죽옷도 그리스도의 죽음의 모형이 될 수 있음을 상기시킨다.

■ 적용

사탄은 오늘날에도 모든 악의 근원이다. 사탄은 여전히 인간에게 영향을 주어 하나님을 의심하고 그분께 불순종하게 만든다. 죄에 뒤따르는 것은 언제나 그 죄에 대한 보응이다. 하지만 은혜로우신 하나님은 그리스도를 보내셔서 회개하고 그분을 주로 영접하는 자를 구속하신다. 우리는 이제 그리스도로 말미암아 사탄의 세력을 이기고 승리할 수 있다.

■ 참고자료 : 창세기 1장에 나타난 하나님의 천지창조

순서	창조하신 내용
첫째 날	빛(낮)과 어두움(밤)
둘째 날	궁창(하늘)
셋째 날	땅, 바다, 땅에 살 식물들(풀, 채소, 나무)
넷째 날	주야를 주관하는 하늘의 광명들(해, 달, 별들)
다섯째 날	하늘의 새와 바다의 물고기들
여섯째 날	땅의 생물들과 사람
일곱째 날	안식하심

3

노아와 홍수

읽어야할 본문: 창세기 6–8장

숙고해야할 본문: 창세기 7:1–5

인간의 끝없는 사악함 때문에, 하나님은 결국 하늘 아래 가장 높은 곳도 덮어버리는 홍수를 내리셨다. 하지만 홍수가 있기 전 하나님은 노아를 선택하셨는데, 그가 하나님 앞에서 의로웠기 때문이다. 하나님은 노아에게 홍수에 대비하여 방주를 준비하라고 말씀하셨다. 멀쩡한 날에 방주를 만드는 것은 이웃들의 조롱거리가 되었을 것이지만 노아는 믿음으로 그 일을 완수하였다.

약속된 날이 차매 하나님은 이 땅에 홍수를 내리셨는데, 이 홍수는 375일 동안 계속되었다. 노아는 하나님의 지시를 따라 그의 아내, 세 아들과 며느리, 그리고 제의적으로 불결한 동물들 두 쌍과 정결한 동물들 일곱 쌍을 방주 안에 들어가도록 했다. 하나님은 모든 것들을 쓸어버리셨지만 이들은 살아남게 하셨다. 그와 그의 가족들은 방주에서 나오자마자 하나님께 믿음의 제사를 드렸으며, 하나님은 이를 기쁘게 받으시고 새 인류의 출발을 축복하셨다.

■ 적용

하나님의 방식대로 구원을 받은 노아처럼, 우리 인간이 믿음을 갖는다면 하나님은 항상 모든

심판에서 피할 길을 주신다. 홍수에서 구원받게 해 준 유일한 방주 그리고 그 방주에 하나의 문이 있었던 것처럼, 인간은 오직 한 길로만 구원으로 들어갈 수 있다. 그것은 세상 모든 죄를 대신 지고 가신 하나님의 어린양, 예수 그리스도를 구세주로 믿음으로써만이 가능한 것이다.

4

셈, 함, 야벳 그리고 인종의 분리

읽어야할 본문: 창세기 9-10장

숙고해야할 본문: 창세기 9:20-27

노아에게는 세 아들, 즉 셈, 함, 야벳이 있었다. 이 노아의 세 아들로 말미암아 새로운 인류가 온 땅에 퍼지게 되었다. 그러나 이 세 아들들 속에도 여전히 전적으로 타락한 인간의 속성이 남아 있었는데, 특히 함에게서 그 속성은 그대로 발견된다.

어느 날 노아가 술에 취해 하체를 드러내고 잠을 자고 있었다. 그것은 분명히 노아의 실수였다. 술을 지나치게 먹은 것도 잘못이지만, 가려야할 부분을 노출시키고 말았다. 그런데 이런 그의 실수를 본 세 아들의 태도가 서로 달랐다. 함이 가장 먼저 아버지의 실수를 보았다. 만약 그가 지혜로웠다면 다른 이들에게 이것을 말하지 않고 아버지의 하체를 그냥 덮어주었을 것이다. 그러나 그는 가볍게 행동했다. 바깥으로 나가서 다른 이들에게 아버지의 실수를 떠벌리고 말았다. 그에 반해 아버지의 부끄러움을 알게 된 셈과 야벳은 아버지의 하체를 보지 않으려고 뒷걸음질을 쳐서 그것을 덮어주었다. 잠에서 깬 아버지는 함의 신중치 못함을 저주하였다. 노아는 함이 가나안의 조상으로서 셈과 야벳의 종이 될 것임을 선언하였다.

함의 자손은 오늘날 흑인종으로 분류된다. 셈의 자손은 이스라엘을 포함한 황인종에 속한다. 그리고 야벳의 자손은 백인종으로 분류된다. 이런 단순한 분류가 반드시 일치하는 것은 아닐지라도, 하나님은 노아의 세 아들을 통해 인류의 종족을 나누셨다는 것이다.

■ 적용

다른 이들의 실수를 알리지 않고 덮을 수 있는 지혜와 신중함이 필요하다. 예수님도 남을 비판하지 말고 자기를 비판할 것을 명하셨다. 내가 다른 이를 비판하고 그들의 잘못을 드러내기 전에 먼저 나에게 어떤 잘못이 있는가를 돌아보아야 한다. 형제의 눈 속에 있는 티는 보고 내 눈 속에 있는 들보는 보지 못하는 죄를 범하지 않아야 할 것이다.

5
바벨탑 사건과 흩어지는 인류

읽어야할 본문: 창세기 11장

숙고해야할 본문: 창세기 11:1–9

노아의 홍수가 있은 후에 노아의 세 아들들을 통해서 인류는 다시 번성해 나가기 시작했는데, 그들은 마땅히 세상에 흩어져서 하나님을 섬기며 전파하며 세상을 정복하는 일을 해야 했다. 하지만 그들은 하나님의 뜻을 어기고, 시날 평지에서 도성과 탑을 쌓고 흩어짐을 면하려 한곳에 모여 살았다. 또 그 탑의 꼭대기에 하늘과 땅을 숭배하는 우상을 두었다. 하나님은 이를 심판하셔서 그들의 언어를 혼잡케 하셨고, 그들을 온 세상으로 흩으셨다. 이것이 그 유명한 바벨탑 사건인데, 여기서 '바벨'이란 '흩어지다'라는 뜻이다.

실제로 이 사건 이후 인류 역사 가운데 야벳의 아들들은 지중해 연안 일대의 유럽에, 함의 아들들은 나일강 유역의 아프리카에, 그리고 셈의 아들들은 인도를 거쳐 아시아에까지 거주하게 되었다. 성경은 바로 여기까지 인류의 일반역사에 대해 말해 주고 있는 것이다.

■ **적용**

하나님이 천지를 창조하시고 인간에게 주신 책임은 세상을 정복하고 다스리라는 것이다. 즉, 세상을 개척하고 하나님의 뜻이 임하게 하라는 것이다. 하지만 인간은 한 가지 언어를 바탕으로 한 곳에 모여 우상을 숭배하며 살고자 했다. 하나님은 이것을 하나님께 대적하는 인간의 교만으로 보셨다. 따라서 하나님은 언어를 혼잡케 하사 그들을 흩으심으로 그 교만의 근원을 제하고자 하셨다. 성경 전체를 볼 때, 노아 홍수나 바벨탑 사건은 하나님이 인류 역사를 주관하고 계시며, 하나님은 악한 자들에게 결국 심판으로 반응하신다는 것을 우리에게 가르쳐준다.

6

믿음의 조상 아브라함

읽어야할 본문: 창세기 12-14장

숙고해야할 본문: 창세기 12:1-4

아브라함은 B. C. 2000년 무렵 갈대아 우르 사람이었다. 그가 75세가 되었을 때, 하나님은 그에게 본토 친척 아비 집을 떠나 하나님이 지시할 땅으로 가라고 말씀하셨다. 그는 어디로 가게 되는지 알지 못했지만 하나님의 뜻을 따라 고향을 떠났다. 결국 그는 가나안 땅에 머물게 되고, 하나님은 바로 그곳을 그에게 주겠다고 말씀하셨다. 이로써, 아브라함은 하나님 나라를 이루는 복의 근원이 될 수 있었다. 본토 친척 아비 집을 떠나는 위대한 그의 떠남이 하나님의 복을 받는 출발이 되었던 것이다.

알려진 대로, 아브라함은 정녕 믿음의 사람이었다. 그는 하나님의 말씀에 전적으로 순종한 사람이었다. 자식을 낳을 수 없는 상황에서 그의 자손이 하늘의 별처럼 많아지겠다는 하나님의 약속을 믿었고, 나아가 그렇게 얻은 자식 이삭을 하나님께 바치라는 말씀을 듣고서 즉시로 순종하였다. 또한 아브라함은 손님을 대접할 줄 아는 사람이었다. 그는 부지중에 길가는 천사를 대접하여 그가 장차 이삭을 낳을 것이라는 축복의 말씀을 들었다. 더불어, 아브라함은 남을 적극적으로 돕는 사람이었다. 조카 롯이 적군에게 잡혔을 때 가신 318명을 데리고 조카를 구하였다. 또한 아브라함은 기도의 사람이었다. 그는 소돔성이 멸망을 면할 수 있도록 하나님께 끈질기게 기도하였다. 그리고 그는 헌금생활을 충실히 한 사람이다. 적군을 쳐부수고 가져온 전리품으로 살렘왕 멜기세덱에게 십일조를 드리면서 하나님께 감사를 드렸다. 그는 참으로 영적인 그리스도인이었고, 그의 믿음은 모든 이들의 표본이 되었다. 그래서 우리는 그를 믿음의 조상이라고 부른다.

■ 적용

아브라함이 처음부터 영적인 그리스도인은 아니었다. 그는 아직 아브람이었을 때, 사래를 자기 여동생이라고 속여 죽음을 면하였다. 또한 그는 하나님의 약속을 잘못 해석하여 여종 하갈을 통해 이스마엘을 낳았다. 하지만 그가 허물이 있었을지라도, 하나님은 그의 믿음을 보시고서 그를 축복하셨다. 설사 우리에게 허물이 있을지라도, 우리가 믿음을 잃지 않는다면 하나님은 그 허물을 용서하시고 오히려 축복하신다.

7 복습을 위한 질문

1. 창세기란 이름은 무엇을 의미하는가?

2. 어떻게 창세기란 이름이 생겨났는가?

3. 모세오경 이전에 하나님의 영감으로 기록된 문서가 있었는가?

4. 창세기는 언제, 어디서, 누구에 의해 기록되었는가?

5. 창세기 몇 장 몇 절을 원 복음이라 칭하는가?

6. 하나님은 타락한 아담에게 어떤 약속을 하셨는가?

7. 노아의 세 아들들의 이름은 무엇인가?

8. 방주에는 몇 개의 문이 있었는가? 그것은 무엇을 의미하는가?

9. 창세기는 얼마나 오랜 기간을 포함하고 있는가?

10. 인종의 분리는 어떤 사건으로 말미암았는가?

11. 인류가 흩어지기 시작하면서 각각의 민족이 시작된 계기는 무엇이었는가?

12. 하나님은 아브라함의 무엇을 보시고 그를 의롭다 하셨는가?

창세기(2)

- 핵심어: 언약
- 핵심구절: "아브람이 여호와를 믿으니 여호와께서 이를 그의 의로 여기시고" (창 15:6).

명칭과 배경

창세기(1) 참조.

저자와 기록연대

창세기(1) 참조.

기록목적

창세기(1) 참조.

개요

창세기(1) 참조.

■ 참고자료: 아담에서부터 (12지파를 통한) 예수까지의 계보

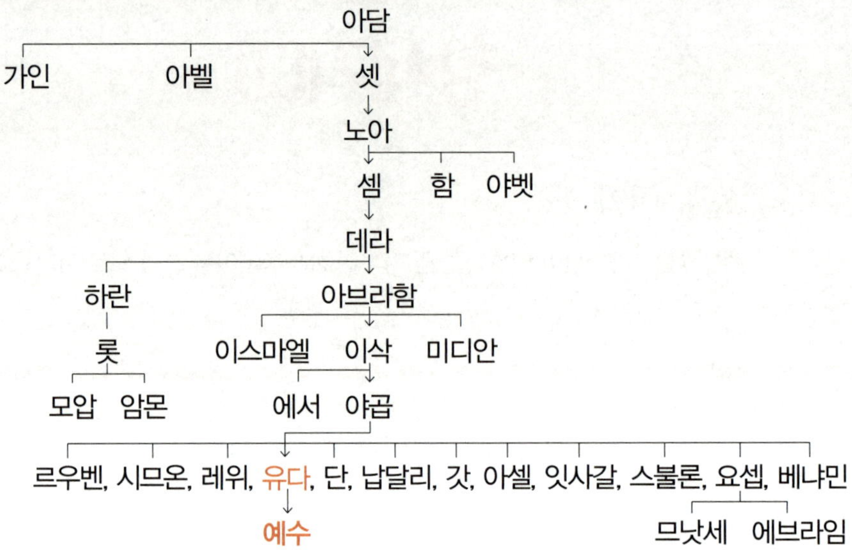

■ 참고자료: 야곱과 이스라엘의 12지파

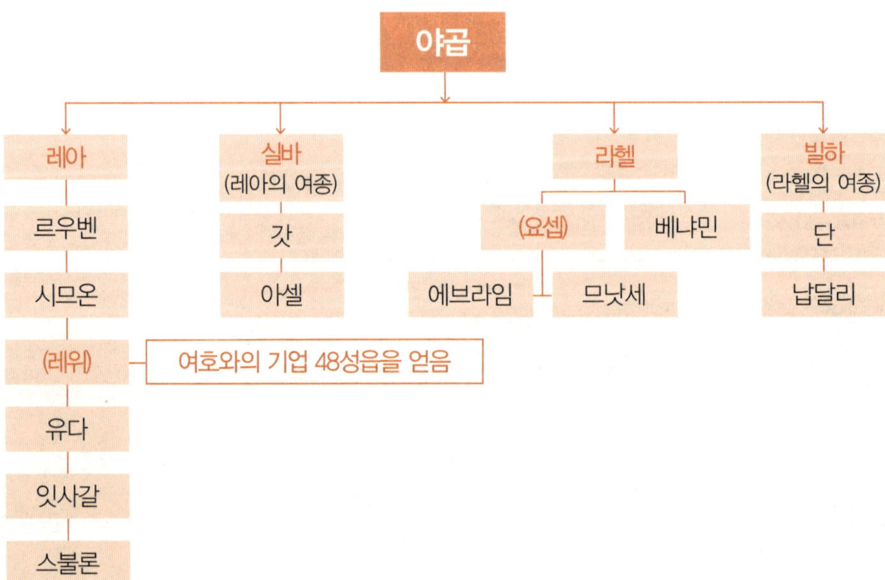

1
아브라함과의 언약

읽어야할 본문: 창세기 15장

숙고해야할 본문: 창세기 15:4-17

어느 날 아브라함은 환상 중에 하나님이 그에게 나타나셔서 두려워하지 말라고 말씀하시는 것을 듣게 된다. 그때에 그는 하나님께 자신이 데리고 있는 엘리에셀이 자신의 상속자가 될 것인지를 묻는다. 하나님은 엘리에셀이 아니고 아브라함에게서 난 자가 상속자가 될 것임을 말씀하시고, 그를 바깥으로 이끌어내어 하늘의 수많은 별들처럼 그의 자손이 많아질 것임을 약속하신다. 하나님은 이 약속을 피의 언약을 통해서 확증하신다.

하나님이 아브라함과 피의 언약을 행하신 것은 아브라함의 믿음 때문이다. 15:6에 "아브람이 여호와를 믿으니 여호와께서 이를 그의 의로 여기셨다"고 말씀하신다. 인간이 하나님의 구원의 길에 들어갈 수 있는 것은 행함이 아니라 '믿음'으로 가능한 것이다. 다시 말해, 하나님 나라는 아브라함처럼 '믿음'으로 들어갈 수 있는 것이다. 하나님은 아브라함의 믿음을 모든 신자들의 표본이 되게 하셨다. 성경은 아브라함이 구원을 받은 것은 그가 하나님을 기쁘시게 하였기 때문이 아니라 하나님을 믿었기 때문이라고 분명히 말한다(롬 4장).

하나님은 아담의 죄로 인해 모든 인류에게 죄를 부가하셨고, 또한 예수 그리스도에게 모든 인류의 죄를 전가하셨으며, 나아가 그리스도를 믿는 모든 죄인들에게 하나님의 의를 인정하셨다. 따라서 그리스도를 믿는 모든 이들은 하나님의 의를 얻어서 구원에 이르게 된다(빌 3:9). 하나님은 바로 이 믿음을 보시고서 아브라함을 의롭다고 칭하시고 피의 언약을 세우신 것이다. 언약의 형태는 하나님이 지정하신 짐승의 중간을 쪼개고, 그 쪼갠 것을 마주 대하여 놓았을 때 하나님을 상징하는 타는 횃불이 쪼갠 고기 사이로 지나가는 것이었다. 하나님은 이 언약을 통해서 아브라함의 자손들이 많아질 것을 보증하셨고 아울러 가까운 장래에 있게 될 일들을 예언하셨다. 즉 아브라함의 후손들은 외국 땅에서 나그네가 되고(창 46:2-4), 그 나라에서 종이 될 것이며(출 1:7-4), 종의 신분은 400년간(정확히는 430년간) 유지될 것이다(출 12:40). 하지만 하나님은 그들을 종으로 삼은 민족을 벌하실 것이며(출 7-12장), 아브라함은 이 모든 것들을 면하고 하나님의 품에 올라갈 것이다. 아울러 애굽에서의 네 세대 후에 약속의 땅 가나안으로 돌아갈 때, 그들은 애굽으로부터 많은 재물을 가지고 나오게 될 것이다(출 12:35-36). 그리고 이 일곱 가지 예언들은 모두 성취되었다.

■ **적용**

하나님이 아브라함과 언약하신 것은 그의 행함이 거룩하고 하나님을 기쁘시게 하였기 때문이 아니다. 하나님은 그의 행함과 거룩함이 부족할지라도 그의 믿음을 보시고서 그와 언약을 맺으신 것이다. 언약은 양쪽 당사자가 그 언약을 깨지 않는 한 계속해서 유지된다. 하나님은 언제나 동일하시기 때문에 이 언약을 지키신다. 하나님은 아브라함의 자손이 하늘의 뭇별처럼 많아질 것을 약속하셨다. 그리고 이 약속은 지켜졌다. 그의 계대를 통해서 메시아가 오셨고, 그를 믿는 이들이 하늘의 별처럼 바다의 모래처럼 많아졌다. 아브라함의 후손은 육체적인 이스라엘 사람들만이 아니라, 오늘날 그리스도를 믿는 우리 모든 신자들인 것이다.

2
육적인 그리스도인 롯

읽어야할 본문: 창세기 16–20장

숙고해야할 본문: 창세기 19:23–38

롯은 육적인 그리스도인의 전형이라고 말할 수 있다. 우리는 그가 얼마나 자기중심적인 그리스도인이었는지 성경을 통해 알 수 있다. 그는 삼촌 아브라함과 함께 가나안 땅에 와서 살 곳을 정할 때, 삼촌에게 우선 양보하지 않고 자신이 보기에 좋은 곳, 즉 소돔을 먼저 택했다. 그곳은 애굽의 땅처럼 겉보기에는 기름이 흘렀지만, 사실은 남색하는 자들의 도시였다. 여기서 '소도마이'(Sodomite), 즉 '소돔 사람들'이란 말은 '남색하는 자들'이라는 뜻으로, 한 마디로 롯은 육안은 있었지만 영안이 없었기 때문에 그곳이 얼마나 타락한 땅의 문화를 가진 곳인지 분별하질 못했던 것이다.

또한 롯은 윤리의식이 결여되어 있었다. 소돔성을 방문한 천사들이 남색을 원하는 사람들로 인해 곤경에 처하게 되자, 자기 딸들을 줄 테니 그들을 건드리지 말라고 했다. 이는 어찌 보면 믿음이 좋은 것으로 보일 수도 있지만, 하나님의 천사는 스스로 곤경을 헤쳐나갈 수 있으므로 그는 아버지로서 딸들을 보호할 의무가 있었다. 그가 이런 결정을 한 것은 믿음 이전에 그의 윤리의식이 결여되어 있었음을 알 수 있다. 하나님은 윤리를 저버리고서 믿음을 지키라는 명령을 하지 않으신다.

더불어, 롯은 하나님의 사랑을 이웃에게 전할 줄 모르는 사람이었다. 소돔성이 멸망한 것은 의인 열 명이 없어서이다. 그가 열정적으로 하나님을 전파하였다면 능히 그곳에 의인 열 명쯤은 있게 할 수 있었을 것이다. 그가 하나님을 믿는 사람으로서 얼마나 주변에 영향력을 행사하지 못하였으면, 그 많은 사람들 중에 의인 열 명을 만들지 못하였을까?

아울러 롯의 가족 또한 윤리적으로 문란하였다. 아내는 하나님의 명을 어기고 뒤를 돌아다봄으로써 소금기둥이 되었고, 딸들은 자손을 낳기 위해서 술에 취해 있던 아버지와 동침함으로써 모압 족속과 암몬 족속을 낳았다. 육에 속한 아버지로 인해 발생한 악의 씨앗들은 결국 후에 하나님의 백성 이스라엘을 괴롭히는 민족들이 되고 만다. 믿음의 조상인 아브라함의 삶에 비하여 롯의 삶은 육적인 그리스도인의 전형이라고 말할 수 있을 것이다.

■ 적용

예수 그리스도를 믿는 신자들을 두 부류로 나눈다면, 영적인 그리스도인과 육적인 그리스도인으로 나눌 수 있을 것이다. 모두 그리스도를 영접하고 교회를 다니지만, 전자는 하나님께 헌신하며 주변에 좋은 영향을 끼치며 살지만, 후자는 교회에 다니나 자기 신앙 하나도 지키는 것을 힘들어한다. 그들은 예수를 믿지만 가치관과 세계관이 그리스도화 되지 못하고 그 옛날 배웠던 습관들로 가득하다. 일주일에 한 번 예배드림으로 모든 신앙생활을 다 한 것으로 만족한다. 예수를 믿지만 윤리의식이 결여되어 세상에서 빛과 소금이 되라는 말씀을 지키지 못하고 오히려 세상에 밟히는 소금이 되고 만다. 우리는 하나님께 아브라함처럼 영적인 그리스도인이 될 수 있는 은혜를 달라고 기도해야 한다.

3

희생으로 순종한 이삭

읽어야할 본문: 창세기 20–26장

숙고해야할 본문: 창세기 24:61–67

아브라함은 100세에 비로소 그의 후사인 이삭을 얻었다. 아브라함이 하갈을 통해서 이스마엘을 얻기도 했지만 그는 약속의 자녀가 아니었다. 오직 이삭만이 약속의 자녀로서, 그를 통해서 하늘의 별과 바다의 모래와 같이 많은 민족을 이룰 것이었다. 이삭은 아버지 아브라함이나 아들 야곱과는 달리 조용한 성격의 소유자였다. 그는 진취적이기보다는 평범함 가운데 하나님께 순종하며 살아간 사람이다. 그는 젊은 시절 아버지 아브라함이 모리아 산에서 자신을 바치려고 하는 것을 알면서도 순순히 아버지의 뜻을 따랐다. 이삭이 아버지의 명을 따라 짐을 메고 산을 올라간 것으로 보아, 그는 이때 이미 어린 아이가 아니라 청년이 아니었을까 싶다. 그런 그가 아버지의 뜻에 따라 순순히 죽임을 당하고자 한 것은 그의 성품과 신앙을 알 수 있게 한다. 하나밖에 없는 아들을 제물로 드리는 모리아 산에서의 번제 사건은 하나님께서 독생자 예수를 제물로 내어 놓으시는 구원사역을 예표로 보여주는 것이며, 우리는 여기서 이삭의 생애가 앞으로 오실 예수 그리스도의 모형이 됨을 알 수 있다.

또한, 그는 아버지의 뜻을 따라 한 번도 보지 못한 여자인 리브가를 아내로 맞는다. 옛날의 결혼 풍습이 그렇긴 했지만, 이삭은 기꺼이 아버지 아브라함의 뜻을 따라 고향 하란에서 데려온 리브가와 결혼했고 마침내 예수의 계대를 이룬다. 또한, 이삭은 평생을 살면서 뚜렷한 실수를 하지 않은 사람이다. 그는 조용한 성품의 소유자로서 묵묵히 하나님의 뜻을 따랐다. 그가 장자가 아니라 차자인 야곱을 축복한 것은 야곱의 자손을 통해서 예수의 계대를 이루려는 하나님의 뜻이지 그의 잘못이라고 말할 수는 없다. 어쩌면 그는 하나님의 주권을 기꺼이 인정하고, 장자를 축복해야 한다는 자신의 고집을 꺾고 그렇게 하나님의 뜻을 성취시켰을지도 모른다.

■ 적용

모리아 산으로 짐을 지고 가던 이삭은 어떤 생각을 하고 있었을까 궁금하다. 희생제사를 드리러 간다고 한 아버지가 양을 몰고 가지 않았다. 그런 그들이 목적지에 도달했을 때, 아버지 아브라함은 제단을 쌓고 이삭을 그곳에 올려놓고 묶는다. 과연 이 장면에서 순순히 아버지의 뜻을 따를 자녀들이 얼마나 있겠는가? 여기서 우리는 그의 순종하는 믿음을 볼 수 있다. 아내 리브가를 맞이할 때에도 아버지의 생각에 전혀 이의를 달지 않았다. 그는 하나님께 순종하였을 뿐 아니라 아버지를 하나님의 대리자로 생각하고 전적으로 그의 뜻을 따랐다. 오늘날 우리는 아브라함과 이삭과 같은 부자관계를 필요로 한다. 하나님의 말씀을 순전히 따르는 가정을 하나님이 크게 복 주신다. 아브라함과 이삭을 통해서 그리스도가 나시고, 하나님의 백성이 형성되는 축복을 누리게 된 것처럼 말이다.

4
야곱, 그리고 이스라엘

읽어야할 본문: 창세기 27-36장

숙고해야할 본문: 창세기 28:10-22

창세기를 읽다보면 창세기 기자가 야곱에게 가장 많은 분량을 할애하여 소개하고 있음을 알 수 있다. 사실 성경에서 날 적부터 죽을 때까지 그 일대기를 소개하고 있는 인물은 예수님과 세례 요한, 그리고 야곱밖에는 없다. 아마도 창세기 기자가 야곱의 생애를 이토록 자세히 소개하고 있는 것은 그가 우리와 같은 보통의 인간의 성정을 갖고 있었기 때문일 것이다. 그는 인간적인 면에서 보면 오히려 나쁜 사람이라고 말할 수 있을 만큼 자기중심적이고 복받기를 좋아한 인물이었다. 하지만 이런 그의 인격은 그의 말년에 이르러 크게 변화되었다. 그는 거룩한 사람이 되어 많은 이들을 축복하고 하나님의 마음에 합한 사람이 되었다. 이는 그가 삶의 여정 가운데 많은 고난을 통해서 자신의 인격을 다듬었기 때문이다.

야곱은 아버지 이삭을 속여 형 에서의 장자권을 가로채서 외삼촌 라반의 집으로 도망해야 했고, 그곳에서 갖은 고생을 함으로써 비로소 두 아내를 얻을 수 있었다. 그는 근 20여 년간을 외삼촌의 종으로 살았다고 해도 과언이 아니다. 그가 형 에서가 살고 있던 곳으로 돌아올 때엔, 얍복강 가에서 천사와 씨름하다가 환도뼈를 얻어맞아 절름발이가 되었다. 또한 사랑했던 아내 라헬은 베냐민을 낳다가 죽었고, 가장 사랑했던 아들 요셉은 죽은 줄로만 알고 오랜 세월을 지냈다. 딸 디나는 강간을 당했으며, 그의 아들들은 세겜 족속을 멸하는 죄를 저질렀다.

야곱의 생애는 이처럼 고난의 연속이었다. 하지만 야곱은 이런 고난을 통해서 지극히 자기중심적인 사람에서 하나님의 형상을 닮은 고귀한 인격자로 거듭났다. 그는 욕심이 사라졌고(43:2), 하나님께 제단을 쌓는 일을 최우선으로 여기게 되었다(46:1). 많은 아들을 축복할 때 눈이 멀었을지라도 실수하지 않았으며(48:21), 죽기 전에는 자식들이 후대에 큰 민족이 되어 하나님이 약속하신 가나안으로 들어갈 것을 예언했다(48:21).

야곱은 많은 시련과 고통을 겪은 후에 그리스도를 닮은 거룩한 인격의 소유자가 되었으며, 그의 후손들은 후에 이스라엘의 열두 지파가 되어 하나님 나라의 백성들로 번성하게 된다. 나아가 야곱이 하나님과 겨루어 얻은 이름, '이스라엘'은 하나님 나라의 이름으로 확정되는 축복을 누리게 된다.

■ 적용

온갖 고난의 세월을 거친 야곱은 그 인격이 변화되어 있었다. 복받기를 좋아했고 이기적이었던 사람이 훌륭한 인격자로 변화되어 있었던 것이다. 이런 결정적인 변화를 가져온 것은, 야곱이 형 에서의 보복이 두려워서 도망하다가 돌베개를 베고 잤던 벧엘로 다시 돌아와 그곳에 제단을 쌓고 경배하기 시작한 때부터다. 그것은 곧 하나님과 가까이 하는 삶을 일컫는다. 하나님과 늘 가까이 하는 삶을 살 때 인격이 변화된다. 안테나를 언제나 하나님을 향해 두고 살아간다면 우리의 삶도 성화될 것이다. 말씀과 기도를 가까이 하고 교회를 가까이 하면 우리의 인격이 변화되는 것이다. 우리는 고난을 승화시켜 우리의 인격을 변화시키는 수단으로 삼아야 한다. 고난이 올 때 믿음으로 돌아가서 경건하게 살아간다면 그 인격은 본인도 모르게 그리스도를 닮아 있게 된다.

5
요셉의 고난과 하나님의 뜻

읽어야할 본문: 창세기 37–43장

숙고해야할 본문: 창세기 37:5–11

요셉과 형제들이 갈등하고 시기한 것은 야곱이 일부다처로 인해서 많은 배다른 자식들을 낳았기 때문이다. 야곱은 자신이 특별히 사랑했던 라헬의 아들인 요셉을 다른 자식들보다 편애했다. 한편 요셉은 형제들의 잘못을 아버지에게 감추지 않았고, 형들을 불쾌하게 할 수 있는 꿈들을 자랑스럽게 말했다.

요셉 형제들은 어느 날 질투심이 극에 달하여 미디안 장사꾼에게 그를 팔아넘기고 아버지 야곱에게는 그 아들이 죽은 것으로 보고했다. 요셉은 애굽으로 팔려가서 보디발 장군의 종이 되었고, 그 아내의 잘못된 연정으로 인해 감옥에 갇혔으나 그는 애굽왕의 꿈을 해몽함으로써 일국의 총리가 될 수 있었다. 이제 애굽에서 정치적으로 큰 지도자가 된 요셉은 아버지와 열한 명의 형제들을 애굽으로 오게 했고, 그곳에서 새로운 이민생활을 시작하는 내용으로 창세기는 끝을 맺게 된다.

이 과정에서 하나님은 야곱, 곧 이스라엘 식구들이 애굽으로 내려와서 당시에 가나안의 혼잡한 문화에 물들지 않고 단일한 민족을 이룰 수 있게 도우셨다. 요셉은 하나님의 이런 뜻을 알고 있었기에, 형제들이 아버지의 죽음 이후에 그의 보복을 걱정하고 있을 때 그 모든 일이 하나님의 뜻이었음을 말할 수 있었다. 그리고 이제 성경 속 이야기는 바로 이 애굽이라는 무대로 옮겨지게 된다.

■ 적용

요셉은 아버지 야곱 이상으로 많은 고난을 당한 사람이다. 그러나 그는 온갖 고난 속에서도 결코 좌절하지 않았다. 그는 고난 중에도 항상 하나님을 찬미하며 하나님이 주신 꿈을 좇아서 산 사람이다. 젊은 나이에 부모 곁을 떠나서 혼자 몸이 되었고, 그렇게 이국땅에서 종이 되었는가 하면, 감옥에 갇혀서 살 길이 막막할 때도 하나님이 주신 꿈을 좇아 살았다. 아울러, 그는 자신을 곤궁에 빠뜨린 형제들에 대해서 전혀 복수심을 갖지 않았다. 하나님이 그 모든 일을 예비하시고 이루게 하신 것임을 알았기 때문이다. 사랑과 용서의 마음이 바로 요셉이 온갖 고난 속에서도 평화롭게 하나님의 뜻을 이루며 살게 한 동기였다. 분노와 좌절은 우리를 파멸시켜 죽이지만 사랑과 용서는 우리를 풍성하게 살게 하는 원동력이다.

6
유다의 자손으로 오신 예수 그리스도

읽어야할 본문: 창세기 44-50장

숙고해야할 본문: 창세기 44:14-16

우리는 흔히 예수께서 요셉의 계대에서 태어나신 것으로 생각하기가 쉽다. 그가 열두 형제들 가운데 가장 뛰어났던 아들이고, 야곱이 사랑했던 라헬의 아들이었기 때문이다. 하지만 예수께서는 요셉의 계대가 아니라 유다의 계대에서 태어나셨다. 유다는 야곱의 넷째 아들로서 장자의 계대를 이었다.

이런 유다는 어떤 사람인가? 그는 형제들이 요셉을 죽이고자 했을 때 그를 미디안 상인에게 팔 것을 제안하여 요셉의 생명을 구했다. 또한, 유다는 요셉이 아우 베냐민을 데려올 것을 요청했을 때 아버지를 설득하여 베냐민을 요셉에게로 데려왔고, 베냐민이 요셉의 책략에 의해 은잔을 숨긴 것으로 드러났을 때 자신이 동생을 대신하여 그곳의 노예가 되겠다고 자청하였다.

유다는 형제들 가운데서도 언변과 인품이 뛰어났기에 아버지의 신임을 얻어 애굽의 총리가 된 요셉과의 거래를 주도하였다. 한때 그는 실수하여 며느리 다말을 통해서 두 아들을 얻었지만 거기엔 하나님의 뜻이 있었다. 다말은 남편 엘이 그의 악한 행실로 죽임을 당하고 시동생 오난이 수혼의 의무를 충실히 하지 않자 시아버지 유다를 속여 그와 불륜 관계를 맺고 두 아들을 낳았다. 그 아들들의 이름은 베레스와 세라인데, 바로 이 베레스의 자손에게서 열왕들이 태어나고 마침내 예수 그리스도가 나신 것이다. 하나님은 이 에피소드를 통해 하나님의 구속사는 그 사람의 선한 행위가 아니라 전적으로 하나님의 주권적인 은혜, 즉 무조건적인 선택에 의해 진행됨을 보여주시고 있다.

■ 적용

하나님이 우리 인간을 행위로 구원하신다면 아마도 예수 그리스도의 조상은 야곱의 열두 아들 중에서도 요셉이 되었어야 했을 것이다. 성경 속 인물 중에서 흠이 없고 실수가 없는 사람, 그러면서도 고난을 이겨내고 성공을 이뤄낸 사람이 바로 요셉이기 때문이다. 하지만 하나님은 이런 요셉으로 예수의 가계를 삼으신 것이 아니라, 오히려 많은 실수를 행한 유다를 통해서 예수의 가계를 삼으셨다. 하나님은 우리의 행위를 보시고서 우리를 구원하시는 것이 아니라, 우리의 믿음을 보시고서 구원하신다. 아브라함이 그 믿음으로 인해서 의롭다함을 얻은 것처럼 말이다. 모든 사람이 죄를 범하여 하나님의 영광에 이르지 못하나 오직 믿음으로, 즉 은혜로만 가능하다.

7 복습을 위한 질문

1. 창세기에 등장하는 세 족장들은 누구누구인가?
2. 아브라함은 처음에 누가 자신의 상속자가 될 것이라고 생각했는가?
3. 하나님은 누구를 아브라함의 상속자로 삼을 것이라고 했는가?
4. 하갈에게서 난 아브라함의 아들의 이름은 무엇인가?
5. 아브라함은 아들 이삭을 바치기 위해서 어느 산으로 올라갔는가?
6. 하나님은 아브라함과 어떤 언약을 맺으셨는가?
7. 롯은 어떤 유형의 그리스도인이라고 말할 수 있는가?
8. 롯의 아내는 왜 소금기둥이 되었는가?
9. 이삭은 아버지의 뜻을 따라 누구를 아내로 맞이하였는가?

10. 이삭은 아버지 아브라함에 대해서 항상 어떤 태도를 취했는가?

11. 야곱의 쌍둥이 형제는 누구인가?

12. 이삭의 아내 리브가는 어느 아들을 더 사랑하였는가?

13. 야곱이 아버지 이삭을 통해서 장자의 축복을 받은 후에 어디로 도망하였는가?

14. 야곱이 특히 사랑한 아내는 누구였는가?

15. 이기적인 야곱이 어떻게 해서 노년기에 거룩한 인격의 소유자가 될 수 있었는가?

16. 하나님 나라, 곧 이스라엘이란 이름은 누구의 이름을 딴 것인가?

17. 야곱의 열두 아들 가운데 라헬이 낳은 아들들은 누구누구인가?

18. 야곱의 열두 아들 가운데 예수의 계대를 이은 아들은 누구인가?

19. 요셉은 자신의 온갖 고난을 당한 원인을 무엇으로 돌렸는가?

20. 유다가 다말을 통해서 낳은 아들 중에 예수의 계대를 이은 사람은 누구인가?

출애굽기

- 핵심어: 구속
- 핵심구절: "이제 내가 너를 바로에게 보내어 너에게 내 백성 이스라엘 자손을 애굽에서 인도하여 내게 하리라"(출 3:10).

명칭과 배경

출애굽기(Exodus)라는 명칭은, 이 책이 애굽에서 종살이하던 이스라엘 백성들이 모세의 지도하에 애굽에서 탈출하여 구원받은 이야기를 담고 있기 때문에 붙여졌다. 출애굽기의 영어명인 Exodus는 '나가다'(coming out) 또는 '탈출하다'(escape)라는 뜻이다.

이스라엘 백성들은 애굽에서 430년이라는 긴 세월동안 요셉이 통치하던 때를 제외하고는 줄곧 노예로 있었다. 족장 야곱과 함께 70명의 가족으로 애굽에 들어왔던 히브리 민족은 그 사이 약 250만 명으로 불어났다. 출애굽기는 '이스라엘의 탄생에 관한 책'이라고 불러도 될 법하다. 하나님은 이스라엘을 하나님 나라의 백성으로 선택하시고, 이스라엘을 "나의 첫 아들"이라고 부르시기 때문이다(출 4:22).

저자와 기록연대

이 책의 저자가 모세라는 사실을 본문 여러 곳에서 언급하고 있다(출 17:14; 24:4; 34:27). 모세가 애굽의 왕실에서 받았던 훌륭한 교육들은 그가 이 역사와 율법에 관한 책을 쓰는 데 많은 도움을 주었을 것이다.

이 책은 출애굽 후 B. C. 1490년 무렵에 시내산에서 기록되었으며, 대체로 B. C. 1635-1490년 사이를 다룬다.

기록목적

출애굽기는 하나님이 이스라엘 민족을 어떻게 애굽의 노예생활에서 구원하셨으며, 그들이 어떻게 하나님의 선택된 백성으로 형성되어 가는지 그 역사를 말해준다. 또한, 이스라엘 민족이 어떻게 하나님의 제사장 나라와 거룩한 백성으로 구별되었는지를 보여준다. 아울러, 출애굽 이후 이스라엘의 족장시대가 끝나고 모세의 율법시대가 시작되었음을 알려준다.

개요

Ⅰ. 애굽에서 억압받는 이스라엘(1장)

Ⅱ. 구원의 준비(2-6장)

Ⅲ. 열 가지 재앙(7-11장)

Ⅳ. 출애굽(12-15장)

Ⅴ. 구원의 은혜를 잊어버림(16-18장)

Ⅵ. 시내산에서의 언약(19-31장)

Ⅶ. 언약의 위반과 새롭게 함(32-34장)

Ⅷ. 하나님의 장막(35-40장)

1

애굽의 노예가 된 이스라엘

읽어야할 본문: 출애굽기 1장

숙고해야할 본문: 출애굽기 1:7–12

이스라엘 백성들은 요셉이 아직 애굽의 통치자로 있는 동안에 작은 가족 단위로 그곳에 들어갔다. 요셉이 살아 있는 동안에 그들은 행복했고 번성하였으나, 오랜 세월이 흐르는 동안 요셉의 가족에 대한 애굽인들의 태도는 이미 달라져 버렸다. 과거 요셉과 그의 자손들이 행한 위대한 사건들은 잊은 지 오래고, 이제 새로운 왕은 이스라엘 백성들이 날마다 번성해 가는 것을 보고 위협을 느끼기 시작했다. 또한, 그들이 살고 있는 고센 지역(나일강 삼각주과 인접한 북동쪽의 외진 곳)은 애굽의 적대세력과 동맹을 맺고 저항하기에 좋은 곳이었다.

결국, 애굽의 바로는 세력이 강대해진 이스라엘 민족을 노예로 삼고 억압하기 시작했다. 바로는 여러 방법들을 동원하여 이스라엘 민족을 억압했는데, 먼저는 감독들을 세우고 그들로 하여금 국고성 비돔과 라암셋을 건축하게 하였다. 당시 이스라엘 민족이 세운 기념비적인 건축물들은 오늘날에도 남아 그 흔적을 찾아볼 수 있다.

또한, 바로는 이스라엘의 모든 남자 아기들을 죽이도록 명령하였다. 인류의 대적자요 살인자인 사탄은 아브라함의 씨를 멸하여 약속된 메시아가 오시는 것을 막고자 하였다. 가인이 아벨을 죽인 인류 최초의 살인사건이 그 첫 번째 시도였다면, 지금 여기서는 아주 대량으로 그 살인 행위가 시도되고 있다. 이후로도 메시아의 계대를 없애려는 많은 살인들이 뒤를 이었으나 하나님의 계획을 막을 수는 없었다.

■ 적용

이스라엘은 하나님 나라(제사장 나라)로 표명된다. 그에 반해 애굽은 그 하나님 나라에 대항하는 세상 나라의 모형이며, 바로는 그 세상 나라 왕좌의 모형이다. 구원받지 못하고 세상 나라들에 속한 백성들, 즉 죄인들의 노예 상태가 여기 이스라엘 백성들의 노예 생활에서 묘사된다. 하나님은 구원을 위한 탄식을 들으시며, 세상 나라들에 속한 백성들이 하나님 나라로 돌아오기를 바라신다. 하나님은 억압된 노예 상태에 있는 죄인들이 피와 능력에 의한 구속의 길에 이르기를 원하신다.

2

모세의 등장과 소명

읽어야할 본문: 출애굽기 2–6장

숙고해야할 본문: 출애굽기 3:1–10

성경에 나오는 모세의 출생에 관한 이야기는 대단히 흥미롭다. 레위 족속인 모세는 바로의 억압으로 출생과 함께 죽음의 위험에 직면하게 되지만 그의 어머니의 지혜로 구원을 받게 된다. 석 달을 숨겨 키워 온 모세를 그의 어머니는 마치 노아의 방주가 가져다 준 구원의 손길을 연상케 하는 갈대 상자를 준비하여 나일강으로 띄워 보낸다. 결국 모세는 바로의 딸의 눈에 띄어 그녀의 아들로 양육되는데, 모세라는 이름은 '물에서 구원을 받다'라는 뜻이다. 하나님의 섭리와 인간의 노력이 장차 이스라엘의 위대한 지도자가 될 모세의 생명을 구한 것이다.

모세는 하나님의 섭리 가운데 애굽에서 40년 동안 생활하면서 최고의 교육을 받았다. 그는 바로의 딸의 아들로서 애굽의 뛰어난 전통을 배웠을 뿐 아니라, 유모인 어머니에게서는 일찍부터 히브리 교육을 받았다. 하나님께서는 이러한 방법을 통해 모세로 하여금 장래를 준비케 하셨다. 이제 어른이 된 모세는 혹독한 압제에 시달리는 히브리 민족을 보면서 동족을 구원할 것을 결심하지만 결국 화를 참지 못하고 애굽 사람을 죽인 모세는 목숨을 구하기 위해서 미디안 땅으로 도망하였다. 하나님께서는 그곳 미디안 땅에서도 그를 준비시키셨는데, 그는 그곳에서 장차 있게 될 광야 생활에 대한 많은 것을 익힐 수 있었다. 또한, 그는 하나님을 예배하는 사람이었던 그의 장인 이드로에게서 하나님에 대한 많은 것을 배울 수 있었을 것이다.

때가 차매 하나님은 모세를 부르시는데, 호렙산(셈어로 시내산을 의미)의 떨기나무를 통해 하나님은 모세로 하여금 이스라엘 민족을 애굽의 압제에서 구원해 낼 것을 명하셨다. 이때에 사라지지 않는 떨기나무는 인간의 죄성과 무가치성을 대변하며, 불이 붙는 모습은 고난과 환난을 상징한다. 하나님으로부터 소명을 받은 모세는 자신의 부족을 아뢰며 주저하지만 하나님은 여러 가지 표징을 주심으로써 모세에게 용기를 불어넣으셨다. 아울러, 그와 함께 할 동역자 아론도 붙여 주셨다. 이제 모세는 모든 면에서 준비가 되었다. 하나님은 이때를 기다리시며 그를 훈련하셨고, 이스라엘을 애굽으로부터 구원하기 위해서 그를 보내실 것이다.

■ 적용

하나님은 사람들을 통해서 인류 역사 가운데 놀랍게 역사하셨다. 하나님은 그의 계획을 위해서 사람들을 훈련시키신다. 하나님의 일꾼이라면 무슨 일에든지 자신이 하는 것이 아니라 하나님이 하심을 깨닫고 오직 그를 신뢰하고 나아가야 한다. 스스로 할 수 있다고 자만할 때는 실패할 수밖에 없다. 하나님은, "나는 할 수 없으되 하나님은 할 수 있다"는 믿음을 가질 때까지 우리의 자아를 꺾으신다. 모세를 애굽에서 그리고 미디안 광야에서 훈련하신 것처럼, 하나님은 우리를 쓰시기 위해 많은 시간을 통해서 훈련하신다. 우리는 이 훈련의 과정을 잘 통과하여 하나님이 쓰시기에 합당한 그릇이 되어야 할 것이다.

3
열 가지 재앙과 유월절

읽어야할 본문: 출애굽기 7-12장

숙고해야할 본문: 출애굽기 12:1-14

이스라엘 백성이 가나안 땅으로 돌아가는 것을 애굽의 바로가 반대하자 모세는 마침내 열 가지 재앙(피, 개구리, 이, 파리, 가축의 죽음, 악성 종기, 우박, 메뚜기, 흑암, 장자의 죽음)을 내리게 했다. 그것은 하나님을 대적하고 자기의 강퍅한 마음대로 행하기를 원하는 바로가 자초한 애굽의 큰 재앙이었다. 이러한 재앙들을 통해서 하나님은 히브리인과 애굽인 모두에게 하나님이 진정한 하나님 되심을 증명하셨다. 히브리인들은 이 열 가지 재앙을 통해 살아계신 하나님을 체험하였고, 바로는 이스라엘 자손들이 속히 애굽을 떠날 것을 재촉할 정도로 하나님께 항복하고 말았다.

이스라엘 백성들은 특히 마지막 재앙 가운데서 양의 피를 문설주에 발라 죽음의 사자를 지나가게 하는 '구원'을 경험하였다. 천사들이 애굽에서 인간과 짐승의 장자를 모두 멸하였던 그 끔직한 날 밤에, 이스라엘 백성들은 양의 피를 문설주에 발라 죽음의 천사가 그 집을 지나가도록 할 수 있었다. 이 사건으로 인해서 이스라엘은 '유월절'을 기념하게 되었고, 그것은 이후부터 이스라엘 가운데 매우 중요한 역사로 자리매김하게 되었다. 유월절은 죽음으로부터의 구원, 노예

상태에서의 구원, 가나안 입성, 그리고 죄의 권세로부터의 구원과 그리스도 안에서 쉼을 얻는 구약에 나타난 구속의 온전한 모형을 상징한다.

유월절 사건은 애굽인들에게는 슬픔의 날이지만 히브리인들에게는 축제의 날이다. 이 유월절 사건에 필요한 것은 그들의 선한 행위가 아니라 죽임당한 양의 피였다(딛 3:5). 오직 문설주에 바른 양의 피를 보고 죽음의 천사가 그 집을 지나간 것처럼(유월), 그리스도의 보혈만이 우리가 사탄의 권세를 이기고 구원받게 할 수 있는 것이다.

■ 적용

히브리 민족은 유월절 사건을 통해 전 민족적으로 죽음을 지나가게 하시는 구원의 하나님을 체험하게 된다. 이로써 유월절 하면 '구원'을 상징하게 되었다. 즉, 유월절의 피는 그리스도의 피를 상징하는 것으로, 그리스도가 이 땅에 오셔서 죽으시고 피 흘리시지 않았다면 우리의 구원은 불가능하였다. 피흘림이 없이는 죄사함이 없다. 이 때문에 구약의 이스라엘 백성들은 짐승의 피를 흘림으로써 죄사함을 받았다. 하지만 그것은 임시방편일 뿐이고, 전 인류를 영원히 구원할 수는 없었다. 따라서 하나님은 이 모든 희생의 제사를 그리스도를 통해서 단번에 이루셨다. 하나님은 그리스도의 보혈의 피를 통해 그 피를 바르고, 그 피를 마시는, 즉 그 피를 믿는 모든 이들에게 구원을 가져다주신다.

■ 참고자료 : 애굽에 임한 열 가지 재앙

순서	재앙	순서	재앙
1	피(Blood)	6	독종=악성 종기(Boils)
2	개구리(Frogs)	7	우박(Hail)
3	이(Gnats)	8	메뚜기(Locusts)
4	파리(Flies)	9	흑암(Darkness)
5	가축의 죽음(Livestock's death)	10	장자의 죽음(the Firstborn's death)
	※ 피, 개구리 재앙은 애굽의 마술사들도 행하였다.		

4

하나님과 맺은 언약, 율법

읽어야할 본문: 출애굽기 13–23장

숙고해야할 본문: 출애굽기 20:1–17

요셉 때문에 애굽으로 이주했던 70명의 야곱의 식구들은 이제 200만 명이 넘는 큰 민족을 이루게 되었다. 마침내 애굽에 나타난 열 가지 재앙을 본 히브리 민족은 모세를 따라 나설 결심을 하게 되었고, 이제 그들이 400년이나 뿌리내리고 살았던 애굽을 떠나 진정한 하나님의 백성으로 거듭나게 되었다. 한편, 쫓아오는 애굽 군사들을 홍해에 수장시키는 하나님의 능력을 또 한 번 체험한 이스라엘 민족은 집단적으로 세례를 받게 되는데, 어린 양의 피로 구원을 받고 물로 세례를 받는 경험을 전 민족적으로 하게 된 것이었다. 출애굽 이후 드디어 시내산(모세가 장인 이드로의 양을 칠 때 불꽃 가운데 하나님을 만났던 바로 그 호렙산)에 도착한 이스라엘 백성들은 시내산 아래 광야에서 1년여 동안을 소요하며 하나님과 언약을 맺고 율법을 받게 된다.

이때 이스라엘 민족이 하나님께 받은 율법은 크게 세 부분으로 나뉘는데, 그 첫째는 십계명에 나타난 '도덕법'이었다. 도덕법은 구약시대나 신약시대나 성도들이 마땅히 지켜야 할 법이다. 이 십계명은 처음 1-4계명에서 우리 인간과 하나님 사이의 관계에 대한 원리를 담고 있으며, 나머지 5-10계명에서는 우리가 다른 사람들과의 관계를 이루어나가는 원리를 담고 있다. 이는 하나님과 바른 관계를 유지할 때 사람들과도 좋은 관계를 유지할 수 있음을 말해 주고 있으며, 하나님을 사랑하고 이웃을 사랑하는 것이 우리 주님이 주신 율법의 요약이라고 말할 수 있을 것이다.

둘째로는 성막 만드는 법과 제사장 규례 등을 담고 있는 '의식법'이 있다. 이 의식법은 인간이 도덕법을 위반했을 때 하나님의 은혜를 제공한다. 만약 의식법이 없었다면 죄인은 죽음을 맞아 마땅했을 것이나, 이스라엘 백성들은 희생제사를 드림으로써 자신이 지은 죄를 덮을 수 있었다. 모든 희생제사의 위대한 모형인 예수 그리스도가 갈보리에서 스스로 희생제물이 되심으로써 단번에 모든 죄를 씻으실 때까지 이 일은 계속되었다(히 9-12장). 갈보리의 십자가 이후부터 하나님의 백성들은 의식법을 준수할 필요가 없게 되었던 것이다.

마지막으로 하나님이 주신 율례, 즉 '시민법이' 있는데, 이 시민법은 사람들의 사회생활의 근간을 이루었다. 오늘날 각 나라의 법령에 해당하는 시민법은 그 민족을 통합하고 질서를 유지할 수 있게 해 준다. 이스라엘의 시민법은 재산분배와 형벌에 대한 재판을 주로 담고 있다. 이스라엘의 신정정치가 끝났으므로 신약시대를 사는 우리들에게 그것은 더 이상 직접적으로 적용되지는 않지만, 그 원리와 정신은 오늘날 많은 현대법 안에서 숨쉬고 있다.

■ 적용

하나님이 어떻게 이스라엘 민족을 애굽에서 인도하시고 장차 가나안 땅을 차지할 국가로 만들어 가셨는가를 보면, 그 모든 것이 하나님의 놀라운 축복이었음을 알 수 있다. 그리고 하나님께서 일찍이 아브라함 및 그의 자손들과 언약을 맺으신 것처럼, 출애굽한 이스라엘 백성들과 시내산에서 언약을 맺고 새로운 관계를 이루셨다. 하나님께서는 이스라엘 백성과 언약을 맺으시고 그들에게 율법을 주셨는데, 여기에는 크게 하나님을 사랑하고 이웃을 사랑하라는 계명이 들어 있다. 먼저 하나님과 바른 관계를 유지할 때 사람들과도 좋은 관계를 유지할 수 있음을 말해 주고 있다. 또한 예수님은 모든 율법의 완성을 사랑이라고 말씀하셨는데, 사랑 안에 율법의 모든 정신이 들어 있기 때문이다. 모든 율법은 사랑의 정신으로 해석해야 한다. 사랑은 율법의 완성인 것이다.

5
성막

읽어야할 본문: 출애굽기 24–31장

숙고해야할 본문: 출애굽기 25:1–9

출애굽하고 새로운 국가로 탄생한 이스라엘 백성에게 하나님께서 처음으로 명령하신 일들 가운데 하나가 성막 건축에 관한 규례들이었다. 솔로몬이 성전을 완공할 때까지 앞으로 400년 동안, 이스라엘 백성이 하나님께 드릴 예배의 중심이 되어 줄 성막에 대한 계획을 하나님은 모세에게 말씀해 주셨다. 성막은 하나님의 임재를 상징했다. 하나님은 이스라엘을 대표하는 제사장들을 성막에서 만나셨으며, 그곳에서 특별한 계시를 주셨다. 출애굽기의 많은 부분에서 성막에 대한 설명이 구체적으로 열거되어 있는 것으로 보아도 성막이 갖는 중요성을 짐작해 볼 수 있다.

성막은 크게 지성소와 성소로 나뉘는데, 이 둘은 휘장으로 분리되어 있었다. 지성소에는 십계명이 담긴 법궤가 들어 있었고, 대제사장이 일 년에 한 번 백성의 죄를 속하는 속죄제를 드리기 위해서 들어갈 수 있었다. 성소에는 진설병 떡상과 순금 등대와 분향단이 자리잡고 있었다. 진설병 떡상(25:23-30)에는 항상 열두 개의 떡이 놓여 있어서, 하나님이 이스라엘 백성들에게 임재하시어 그들의 삶에 필요한 것들을 공급해 주심을 상기시켜 주었다. 일곱 개의 촛대로 구성되어 있는 순금 등대(25:31-40)는 하나님의 백성들이 하나님께 나아갈 수 있는 길이 항상 밝혀져 있음을 상징하였다. 분향단(30:1-10)에는 항상 연기가 피어올랐는데, 하나님이 영원히 그들과 함께 하심을 상징하였다.

지성소와 성소의 바깥에는 놋기둥과 은으로 된 말뚝에 돌아가면서 베실로 만든 휘장이 둘린 뜰이 있었다. 이 뜰에는 놋 물두멍과 번제단이 있었다. 놋 물두멍(30:17-21)에는 제사장이 제사를 드리기 위해서 손과 발을 씻는 물이 담겨져 있었다. 제사장은 하나님을 만나러 가기 전에 이 물로 자신을 정결케 했던 것이다. 번제단은 성막 입구 쪽에 놓여 있었는데, 제사장은 백성들의 죄를 사하기 위해 제물로 바칠 짐승을 이 번제단에서 불로 태웠다.

■ 적용

하나님은 당신의 지속적인 임재의 상징으로 성막을 세우게 하셨다. 다시 말해, 성막은 하나님의 긍휼하심과 돌보심과 신실하심을 상징했다. 하나님은 당신의 백성들이 당신을 기억하고 순종과 믿음으로 당신께 나아오길 원하셨다. 성막은 오늘날 물리적으로는 성전으로 대표되지만, 영적으로는 성령의 임재를 가리킨다. 또한, 성령의 임재는 하나님께서 우리 믿는 자들과 언제나 함께 계심을 상기시켜 준다. 이제 우리는 유일하게 성막 안에 들어갈 수 있었던 제사장을 통해서 하나님을 만나는 것이 아니라, 내 마음의 성전 안에 들어와 계신 성령을 통해서 언제나 하나님을 만날 수 있다.

■ 참고자료: 성막의 구조

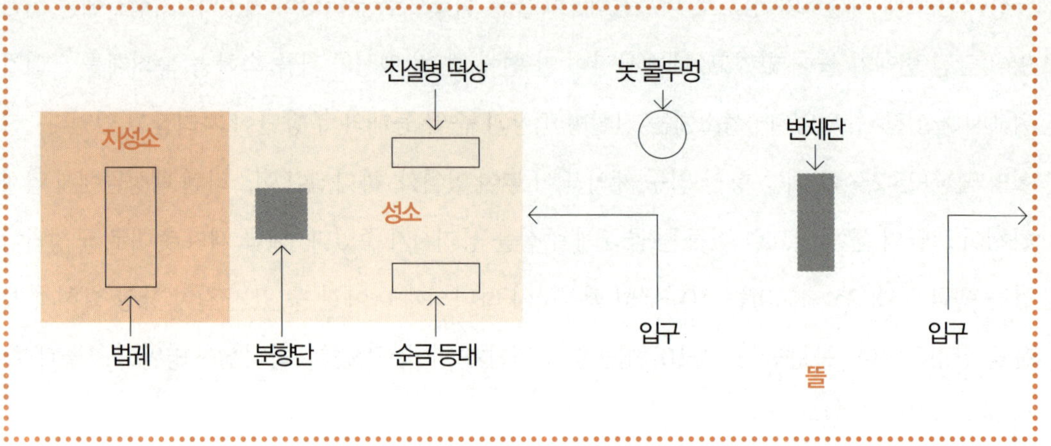

6
제사장직

읽어야할 본문: 출애굽기 32-40장

숙고해야할 본문: 출애굽기 40:12-16

하나님은 성막에서 봉사할 사람들을 지정하셨다. 그 첫 번째 부류의 사람들은 레위인들이었는데, 그들은 항상 성막에서 하나님을 섬겼다. 그들은 법궤와 기물을 운반했고, 십일조를 나누어주는 일을 했다. 또 신령한 노래와 악기를 연주했고, 군대에 앞서서 찬송을 연주했다. 그러나 레위인들 모두가 제사장이 될 수는 없었다. 레위인 가운데 아론의 후손들만이 제사장이 될 수 있었다. 하지만 고라는 레위인으로서 모세와 아론의 권위에 도전했고, 하나님이 그들만을 지도자로 세우신 것이 아니라고 주장했다. 결국 그는 하나님의 벌을 받고 말았다.

성막에서 봉사하는 두 번째 부류의 사람들은 제사장들이었다. 이들은 아론 계열에 속한 자들로만 구성되었다. 제사장 가운데 최고의 자리는 대제사장이었는데, 일 년에 한 번 속죄일에 백성들을 대표해서 지성소에 들어가 백성의 죄를 용서받았다. 제사장이 착용했던 옷과 도구들은 모두 거룩함을 상징하였다. 하나님은 제사장이 착용해야할 것들을 일일이 지정하셨는데, 그것은 우림과 둠밈이 들어 있는 흉패, 에봇, 겉옷, 속옷, 관, 띠, 금패, 석류와 금방울로 구성되었다. 우림과 둠밈은 하나님의 뜻을 알기 위한 도구였다. 대제사장은 백성들이 레위인들에게 내는 십일조에서 레위인들이 지불하는 십일조로 지원을 받았다. 즉 백성들은 레위인들에게 십일조를 내고, 레위인들은 그들이 받은 것에서 대제사장에게 십일조를 냈던 것이다.

■ 적용

우리 믿는 모든 이들은 선별된 하나님의 백성들이다. 거룩한 레위 족속인 것이다. 하나님 앞에서 선택된 우리는 모두 거룩해야 한다. 제사장은 하나님 앞에 나아갈 때 거룩한 옷을 입었다. 이처럼 하나님의 선택된 백성은 하나님 앞에서 거룩한 옷을 입어야 한다. 즉, 성별된 삶을 살아야 한다.

■ 참고자료: 대제사장의 의복

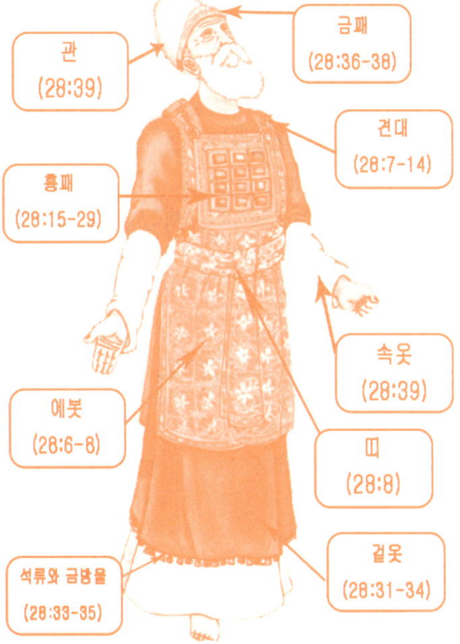

7

복습을 위한 질문

1. 이 책은 왜 '출애굽기'라는 명칭이 붙혀졌는가?

2. 이스라엘은 얼마나 오래 애굽의 노예상태로 있었는가?

3. 출애굽기는 누가, 언제, 어디서 기록하였는가?

4. 사탄이 바로를 통해 이스라엘의 어린 남자 아기들을 멸하려고 했을 때 진정으로 의도한 것은 무엇이었는가?

5. 애굽으로부터의 구원은 무엇을 표상하는가?

6. 모세는 동족을 괴롭히는 애굽 사람을 죽인 다음에 어디로 도망하였는가?

7. 하나님은 왜 모세를 미디안 광야에서 살게 하셨는가?

8. 하나님은 호렙산의 불타는 떨기나무에서 모세에게 자신을 어떤 분으로 말씀하셨는가?

9. 이스라엘의 출애굽 전 얼마나 많은 재앙이 애굽에 임했으며, 마지막 재앙은 무엇인가?

10. 유월절은 무엇을 상징하는가?

11. 이스라엘이 모세를 통해서 하나님께 받았던 율법의 세 부분을 말하라.

12. 성막 중 지성소에는 무엇이 놓여 있었는가?

13. 성막 중 성소에는 무엇이 놓여 있었는가?

14. 지성소에는 누구만이 들어갈 수 있었는가?

15. 첫 대제사장은 누구인가?

16. 하나님의 뜻을 알기 위해서 대제사장이 흉패에 담고 들어간 것은 무엇인가?

17. 제사장은 어떤 자만이 될 수 있었는가?

레위기

- 핵심어: 하나님과의 거룩한 동행
- 핵심구절: "너희는 거룩하라 나 여호와 너희 하나님이 거룩함이니라"(레 19:2).

명칭과 배경

레위기(Leviticus)라는 명칭은, 이 책이 당시 성막에서 하나님을 섬기는 직책을 맡았던 레위인들(제사장들)의 역할과 임무를 가르치고 있기 때문에 붙여졌다. 레위기의 영어명 Leviticus는 '레위인들의 지침서'(Instructions for/by Levi)라는 뜻이다.

레위기에 담겨 있는 여러 법규들은 인간들이 범죄함으로 인하여 하나님과 소원해졌을 때 거룩하신 하나님께 나아갈 수 있는 방법들을 알려 준다. 따라서 이 책은 일명 '거룩하신 하나님께 나아가기 위한 책'이라 불리기도 한다.

저자와 기록연대

이 책의 저자가 모세라는 사실을 본문 여러 곳에서 증명하고 있다 특히 레위기는 성경의 다른 책들과 달리 하나님께서 저자인 모세를 직접 대면하여 전하시는 말씀들로 채워져 있다. 그 증거로 자그마치 27장에 걸쳐서 56번이나 "하나님이 모세에게 말씀하셨다"라고 기술하고 있는 것을 볼 수 있다.

레위기는 모세가 하나님으로부터 율법을 받은 후 B. C. 1490년 무렵에 시내산에서 기록되었을 것이며, 출애굽한 이스라엘이 시내광야에 거하였던 1년여의 기간을 다룬다.

기록목적

레위기는 각종 희생제사를 포함해 성막에서 봉사하는 제사장들을 위한 규례를 기록하고 있다. 또한 범죄한 백성들이 거룩하신 하나님께 나아갈 수 있는 의식들을 기록하고 있는데, 당시 이스라엘의 음식법과 위생법은 하나님의 선택된 백성들을 구분짓는 특징이었다. 이 책에 기록된, 하나님과 히브리 민족의 관계에 관한 모든 율법들은 오늘날을 살아가는 우리들에게도 중요한 영적 가치를 지닌다. 신약의 히브리 서신을 통해, 우리는 율법이 다가올 좋은 것(복음의 실제)의 그림자였음을 알 수 있다.

개요

Ⅰ. 희생제사들(1-7장)

Ⅱ. 제사장직(8-10장)

Ⅲ. 부정에 대한 치유(11-16장)

Ⅳ. 거룩을 위한 지침(17-22장)

Ⅴ. 절기들의 준수(23-25장)

Ⅵ. 복과 저주(26장)

Ⅶ. 십일조와 헌물(27장)

1

희생제사

읽어야할 본문: 레위기 1–7장

숙고해야할 본문: 레위기 7:37–38

하나님은 당신이 거할 성막을 세우게 하신 후에, 이제 모세에게 제사에 대한 규정을 계시하셨다. 제사는 기본적으로 다섯 가지 종류가 있었다. 첫째로, 번제는 제물 전체를 태우는 제사로 소, 양과 염소, 새 등 자신이 처한 형편에 따라서 제사에 바칠 짐승을 선택할 수 있었다. 이는 예수님의 온전한 속죄를 위한 희생과 성도들의 온전한 헌신을 예표한 것이었다. 둘째로, 곡식 제사인 소제는 생명을 주신 하나님께 감사의 제물을 드려 헌신을 다지는 제사였다. 각 절기에 처음 난 것들을 주로 드렸는데, 유일하게 피 없이 드려진 제사였다. 소제물의 남은 것은 아론과 그 자손에게 바쳐졌다. 셋째로, 화목제는 하나님과 인간 사이의 화평과 친교를 위한 제사로, 여기서 드려진 제물은 서로 나누어먹을 수 있었으며 콩팥과 기름만을 취하여 제단에서 불살랐다. 넷째로, 속죄제는 죄를 속함 받기 위한 제사로 제사장이 속죄를 위한 대속물에 안수함으로써 제사드리는 자의 죄가 전가되어 그 대속물은 결국 죽어야 했다. 이는 죄인을 대신하여 십자가에 죽으신 그리스도를 암시했다. 대제사장의 범죄는 그 중대함으로 인해 대속물로 수송아지를 드렸다. 다섯째로 속건제가 있었는데, 속건제를 드려야 하는 죄는 부지중에 하나님의 계명을 어기거나 성물을 범한 죄, 또는 사람들과의 관계에서 저지른 죄에 대해서 드려졌다. 속죄제와 속건제의 차이는, 속건제의 경우 반드시 잘못한 부분에 대해 보상을 해야 했다는 것이다.

■ 적용

구약 성경의 모든 제사는 이 다섯 가지 중 하나에 해당한다. 하지만 이 희생제사가 언제까지나 하나님과 인간을 만족시킬 수는 없었다. 신약시대에 들어와 이 제사는 종결되었는데, 그리스도께서 십자가에 피 흘리시고 우리 죄를 대속하심으로써 모든 희생을 단번에 치르셨기 때문이다. 그리고 그의 온전한 희생으로 우리에게 새 생명이 주어졌다. 우리를 위해 화목 제물이 되신 예수 그리스도만이 우리의 구원자이시며, 우리의 대제사장이시다. 오직 그리스도만이 죄인된 우리와 거룩한 하나님 사이에서 중보하시는 유일한 분이신 것이다. 우리는 그 어느 제사장도 아닌, 오직 성부 하나님의 우편에 계신 대제사장 예수 그리스도를 통해서만 하나님께 나아갈 수 있다.

■ 참고자료: 이스라엘의 희생제사

종류	번제	성격	목적	본문
번제	제물 전체를 불사름 (가죽 제외)	자원/의무	하나님께 대한 경배	레 1:3-17; 6:8-13
소제	곡식 가루를 기름이나 소금에 섞어 불사름	자원	하나님께 대한 충성	레 2:1-16; 6:4-23
화목제	흠없는 제물 (감사제, 서원제, 자원제)	자원	하나님과 친밀한 교제	레 3:1-17; 7:11-21, 28-36; 22:21-30
속죄제	신분에 따라 수송아지, 염소, 양, 비둘기	의무	하나님과의 관계 회복	레 4:1-5:13; 6:24-30
속건제	범죄 대상에 따라 다름 (범한 물건의 1/5을 더냄)	의무	무의식적으로 저지른 죄를 사함받음	레 5:14-6:7; 6:14-18; 7:1-10

※ 제사의 방법에 따라서는 헌신자가 가져온 제물을 제사장이 잡아서 희생제물을 단 위에서 불사르고 그 피를 번제단 주위에 뿌리는 화제(레 1:6-9; 3:3-9), 제사장이 화목제물의 가슴 및 곡식 단을 높이 들어 앞뒤로 흔들어 드리는 요제(출 29:24, 26), 제사장이 화목제 희생제물의 우편 뒷다리를 위아래로 흔드는 거제(레 7:32), 포도주나 독주를 다른 제물과 함께 부어 드리는 전제(민 28:7) 등이 있었다.

2

제사장의 삶

읽어야할 본문: 레위기 8-10장

숙고해야할 본문: 레위기 10:1-7

레위기 당시 어느 누구도 하나님께 직접 제물을 가져와서 드릴 수 없었다. 반드시 제사장이 하나님과 범죄한 인간 사이에서 그 중재 역할을 했다. 이를 위해서, 제사장은 스스로를 정결케 하고 하나님이 명하신 규례대로 살아야 했다. 그런데 아론의 두 아들, 나답과 아비후는 분향단의 불이 아닌 다른 불을 사용하여 분향하다가 여호와의 불이 나와 그들을 삼켜버리는 일이 있었다. 이 사건은 말씀을 따라 행하지 않는 주의 종들에게 하나님의 형벌이 임할 것임을 상기시킨다. 아론의 아들들의 불순종은 그들의 죽음을 불러왔으나, 이스라엘 백성들은 그것을애도할 수 없었다. 그들의 죽음을 슬퍼하면 동일한 죽음을 받을 것이기 때문이었다(10:7).

그밖에도 제사장들이 지켜야 할 사항들이 많았는데, 제사장은 성막에 들어가기 전에 포도주와 독주를 마셔서는 안 되었다(10:9). 항상 자신을 정결하게 해야 했다. 아울러, 소제로 드린 것들을 제사장들이 먹을 수 있었으나 그것은 지정된 거룩한 장소에서만 가능했다(10:12). 그런데 아론의 남은 두 아들인 엘르아살과 이다말은 지정한 거룩한 곳에서 남은 음식을 먹지 않음으로써 모세로부터 심히 책망을 받았다. 제사장은 먹어서는 안 될 음식을 먹어서도 안 되고, 가지 않아야 할 곳에 가서 음식을 먹어서도 안 된다. 이런 조항들은 책임을 맡은 자들에게 요구되는 것이 얼마나 철저한지를 잘 보여준다.

■ 적용

하나님은 더 많이 맡긴 자에게 더 많은 것을 요구하신다. 하나님은 책임을 진 사람들의 죄를 더 엄하게 다스리신다. 제사장으로 선별된 사람들은 하나님과 다른 사람들을 위해 살아가는 사람들이다. 다른 많은 죄인들을 대신해서 하나님께 중보하는 사람들이다. 따라서 자신을 정결케 하고, 하나님이 말씀하신 대로 살아야 했다. 그런데 오늘날 우리 믿는 모든 사람들도 하나님의 제사장들이라고 말할 수 있다. 우리는 하나님의 제사장으로서 세상과 구별된, 성결한 삶을 살아야 한다는 사실을 깊이 간직해야 할 것이다.

3

대속(代贖)

읽어야할 본문: 레위기 11–18장

숙고해야할 본문: 레위기 16:6–10

'거룩'이란 말은 레위기에서 87번이나 언급되는데, 하나님께서 율법을 주신 이유는 사람들이 하나님처럼 거룩해지길 원하셨기 때문이고, 이스라엘을 택하시어 그들을 제사장 나라와 거룩한 백성으로 삼기를 원하셨기 때문이다. 하나님은 그가 특별히 선택한 언약 백성들이 마땅히 정결하고 거룩해야 할 것을 율법을 통해 가르치고자 하셨다.

레위기 16장은 성경 속에서도 위대한 속죄장이라 할 수 있다. 속죄일은 일 년 중 가장 중요한 날로, 이 날엔 온 백성이 안식하며 금식했다. 대제사장은 일 년 중 오직 속죄일에만 지성소에 들어갈 수 있었는데, 이 날에는 대제사장 자신과 제사장 가문을 위해 수송아지를 희생 제물로 드렸으며, 백성을 위해서는 염소 한 마리를 희생제물로 드렸다. 아울러, 다른 사람들의 죄를 또 다른 속죄 염소에 전가시켜서 그 전가된 죄와 함께 그 염소(아사셀)를 광야로 떠나보냈다. 이로써 백성들의 죄 문제가 온전히 처리되었는데, 이는 우리를 대신해 당신의 생명을 드려 우리 죄를 영원히 대속하신 그리스도를 표상하는 것이었다.

■ 적용

우리는 예수께서 십자가에 돌아가실 때 성막의 휘장이 위에서부터 아래로 찢어졌다는 사실을 기억하고 있다. 신약시대에는 더 이상 대제사장만이 들어갈 수 있는 지성소는 존재하지 않는다. 예수께서 자신의 죄를 대신해서 십자가에 달려 죽으셨음을 믿는 그리스도인들은 누구나 할 것 없이, 구약시대의 대제사장처럼 주 예수의 이름으로 하나님께 나아갈 수 있다. 이는 참으로 놀라운 하나님의 은혜가 아닐 수 없다.

4

이웃에 대한 사랑의 의무

읽어야할 본문: 레위기 19–22장

숙고해야할 본문: 레위기 19:13–18

모세의 율법은 "하나님이 거룩하니 너희도 거룩하라"고 가르친다. 즉, 하나님의 거룩함을 따라 그의 백성도 거룩해야 함을 말하고 있다. 하지만 이 거룩한 삶은 저절로 이루어지는 것이 아니라, 하나님의 율법을 지키고 행할 때에만 가능한 것이다. 따라서 레위기 19장은 하나님에 대한 종교적 의무(19:1-8), 이웃에 대한 사랑의 의무(19:9-18), 그리고 영적 순결에 대한 의무(19:19-37) 등을 언급한다.

이중 이웃에 대한 사랑의 의무 가운데 핵심은 18절 말씀대로, "이웃 사랑하기를 네 몸과 같이 하라"는 것이다. 바리새인들은 이 말씀을 잘못 적용해서, "네 이웃을 사랑하고 네 원수를 미워하라"(마 5:43)고 가르쳤다. 예수께서는 이 말씀의 의미를 명확하게 하시는데, 하나님을 사랑하는 자는 이웃을 사랑해야 할 뿐만 아니라 "너희 원수를 사랑하며 너희를 핍박하는 자를 위하여 기도하라"(마 5:44)고 말씀하신다.

■ 적용

하나님을 사랑하는 것과 율법을 지키는 것이 결코 별개가 아니다. 하나님을 사랑하는 자는 율법을 지키며, 따라서 이웃을 사랑하게 되어 있다. 성도는 율법 없이 구원받을 수 있지만, 율법 없이는 성결해 질 수 없다. 율법을 한 마디로 요약한다면, 하나님 대한 사랑과 이웃에 대한 사랑이라고 할 수 있다. 하나님을 진실로 사랑하면 이웃을 사랑하게 되어 있다. 보이지 않는 하나님을 사랑한다고 말하면서 보이는 이웃을 사랑하지 않는다면 외식하는 사람일 수밖에 없다. 레위기에 많은 제사법과 생활법이 담겨 있지만 그 모든 규례들을 한 마디로 요약한다면, 제사법은 하나님에 대한 사랑을 표현한 것이고 생활법은 인간에 대한 사랑을 표현한 것이라고 할 수 있다.

5

이스라엘의 절기들

읽어야할 본문: 레위기 23–24장

숙고해야할 본문: 레위기 23:1–3

구약시대의 이스라엘은 4대 절기인 유월절, 오순절, 초막절, 나팔절을 지켰다. 유월절은 매년 봄(3월이나 4월)에 지켰으며, 애굽에서 장자가 죽던 날 밤 죽음의 사자가 그들의 집을 지나쳐 감으로써 구원받은 것을 기념했다. 그렇게 하루 동안 유월절을 지키고 나면, 곧바로 출애굽 사건을 기념하는 무교병 절기가 7일간 이어졌다. 따라서 유월절과 무교절이 8일간에 걸쳐 동시에 지켜진 셈인데 여기서 유월절은 '구속'을, 무교절은 '거룩한 삶'을 표상한다(갈 5:7-9).

오순절은 유월절이 지나고 50일째 혹은 7주째 되는 날(5월이나 6월)에 지켜졌다. 때문에 칠칠절이라고도 불렀으며, 또한 맥추절이라고도 했다. 한편, 첫 번째 보리 수확 후 지켰기 때문에 초실절이라고도 불렀다. 이 날에는 풍성한 수확을 주신 하나님께 감사하며 곡식(보리)을 거둔 첫 열매가 제단에 바쳐졌다(레 25:21). 신약시대에 들어와 초대교회가 지켰던 오순절은 성령께서 교회에 충만히 임했던 것을 기념하는 날로, 그때가 그리스도가 부활하신 후 50일째 되는 날이었기 때문에 오순절이라고 불렀다.

초막절은 추수가 끝날 무렵의 가을(9월이나 10월)에 7일간 지속하여 지켜졌다. 때문에 수장절이라고도 불렀으며, 또한 장막절이라고도 했다. 이스라엘의 광야생활 40년을 기념하기 위해 지킨 절기였는데, 백성들은 천막이나 오두막집을 짓고 특별한 제물을 드림으로써 그들의 조상들이 천막생활을 한 것을 기억하였다. 이는 이스라엘 백성들이 광야에서 생활하던 때를 기억하고 하나님께 감사하기 위한 것이었다. 아울러, 이 절기는 이스라엘이 천년왕국을 고대하고 있다는 것을 상징하기도 한다.

나팔절은 안식의 달인 음력 7월 1일(민간력으로는 새해가 시작되는 첫 달, 9월 중순이나 10월 초순)을 안식일로 삼아 하나님께 봉헌하는 날이었다. 이날은 숫양으로 만든 양각 나팔을 불며 새해의 시작을 알리는 날로서, 나팔절을 선포하면 온 백성이 하루를 안식하며 성회에 참석해 하나님께 감사를 드렸다. 이 절기는 분산된 이스라엘이 장래에 다시 모일 것임을 상징하기도 한다.

■ 적용

지금 우리가 기념하는 기독교 절기들은 하나님이 주신 은혜를 기념하는 날들이다. 신약시대의 그리스도인들이 지키는 4대 절기는 부활절, 성령강림절(맥추절), 추수감사절, 성탄절이라고 할 수 있다. 이스라엘의 4대 절기는 우리 그리스도인들이 지키는 이 4대 절기와 밀접한 관련이 있다고 할 수 있다. 부활절은 유월절에서, 성령강림절은 오순절에서, 추수감사절은 초막절에서, 성탄절을 포함한 신년 7일은 나팔절에서 각각 그 영향을 받았다고 볼 수 있겠다. 하나님은 우리의 삶이 온전히 당신을 향해 초점이 맞춰지기를, 그래서 날마다 하나님의 은혜를 기억하며 예배하고 순종하는 삶을 살기를 간절히 바라신다. 예수 그리스도께서 나팔소리와 함께 이 땅에 다시 오실 그 날까지 말이다.

■ 참고자료 : 이스라엘의 4대 절기

구약시대 절기	날짜		의미	신약시대
	유대 종교력	현대력		
유월절 (무교절로 이어짐)	1월 14일	3월이나 4월	애굽에서 장자가 죽던 날 밤에 죽음을 면하고 구원받은 것을 기념함	부활절
오순절 (칠칠절,맥추절,초실절)	3월 6일	5월이나 6월	풍성한 수확을 주신 하나님께 감사함	성령강림절 (맥추절)
초막절 (수장절, 장막절)	7월 15–21일	9월이나 10월	이스라엘의 광야생활 40년을 기념함	추수감사절
나팔절	7월 1일 (민간력으로 1월 1일)	9월이나 10월	숫양으로 만든 양각 나팔을 불며 새해의 시작을 알리고 안식함	성탄 및 신년감사주일

6

이스라엘의 제도들

읽어야할 본문: 레위기 25–27장

숙고해야할 본문: 레위기 25:1–7

하나님은 이스라엘 백성들에게 공포하여 성회로 삼을 여러 절기들과 함께, 다음과 같은 여러 가지 제도도 제정해 주셨다. 첫째로, 안식일을 거룩히 지킬 것을 명령하셨다(23:3). 이 날은 한 주간의 일곱째 날에 해당되었고, 창조 사역의 완성을 기념하여 예배하며 안식을 갖는 날이었다. 오늘날 그리스도인들은 한 주간의 첫 날을 주일로 지키는데, 이는 주님 되신 예수 그리스도께서 죽음에서 부활하셔서 구속사역을 완성하신 날이기 때문이다.

둘째로, 7년마다 안식년을 지키도록 하는데(25:4), 이는 땅이 쉼을 통해 안식을 갖고 회복될 수 있게 하는 것이 목적이었다. 땅을 7년마다 쉬게 함으로써 더 비옥하게 만들 수 있었기 때문이었다. 이를 통해 하나님이 땅의 주인되심과 이스라엘 백성들의 청지기됨을 고백하고, 하나님에 대한 그들의 신뢰와 감사를 드렸다. 하지만 불행하게도 이스라엘 백성들은 이 제도를 소홀히 하였고, 이로 인해 나중에 이방 나라의 포로 신세가 되고 만다.

셋째로, 매 50년마다 희년을 지키도록 하는데(25:10), 이는 이스라엘의 마지막 회복과 함께 이 땅에 주님이 다시 오심으로써 모든 것들을 회복하실 것임을 표상하였다(행 3:21). 희년에는 노예로 있었던 사람들이 자유롭게 되고, 빚으로 인해 빼앗겼던 땅이 원 소유자에게 다시 돌아갔다. 하나님은 이 희년을 통해 이스라엘이 평등한 사랑의 공동체가 되기를 바라셨다. 이 희년 제도 역시 제대로 지켜지지 않았기 때문에 나중에 이스라엘 백성들이 화를 입게 된다.

■ 적용

하나님이 제정하신 제도는 인간의 몸을 포함하여 모든 소유물이 자신의 것이 아님을 알게 하는 것이었다. 하나님은 인간의 몸이나 소유물을 혹사하는 것을 원치 않으신다. 모든 것이 하나님으로부터 왔기 때문에 그것을 하나님께 드려야 하며, 하나님의 것을 빌려 쓰는 것으로 알게 하셨다. 하나님이 주신 이 원칙을 지킬 때, 우리 사회는 더욱더 풍요롭고 감사가 넘치게 될 것이다. 또한, 하나님이 명령하신 제도를 지키지 않았을 때 임하는 나쁜 결과들도 피할 수 있을 것이다. 우리는 이스라엘 백성들에게 임했던 순종과 불순종에 따른 축복과 저주를 잊지말고 기억해야 할 것이다.

7

복습을 위한 질문

1. 왜 이 책을 레위기라고 부르는가?

2. 레위기는 누가, 언제, 어디서 기록했는가?

3. 레위기의 핵심어는 무엇인가?

4. 레위기를 달리 무엇이라고도 부르는가?

5. 레위기에 기록된 희생제사 다섯 가지를 말하라.

6. 신약시대에 이르러 희생제사를 완성한 이는 누구인가?

7. 속죄제와 속건제의 차이는 무엇인가?

8. 이스라엘 백성은 희생제사의 제물을 자신이 스스로 드릴 수 있었는가?

9. 아론의 두 아들이 불에 타서 죽은 이유는 무엇인가?

10. 제사장들에게 요구되었던 것은 무엇이고, 그것은 무엇을 상기시켜 주는가?

11. 속죄일에 지성소에 들어갈 수 있었던 사람은 누구인가?

12. 속죄일에 대제사장이 광야로 내보낸 것은 무엇이고, 그것은 무엇을 의미하는가?

13. 우리는 율법을 어떻게 분류할 수 있는가?

14. 제사법과 생활법을 간단하게 무엇으로 정의할 수 있는가?

15. 이스라엘의 4대 절기는 무엇인가?

16. 오늘날 추수감사절은 이스라엘의 4대 절기 중에 어디에 속하는가?

17. 이스라엘의 절기들과 함께 하나님이 제정하신 제도들을 열거하라.

18. 안식년을 제정하신 이유는 무엇인가?

19. 희년은 무엇이고, 그것은 무엇을 표상하는가?

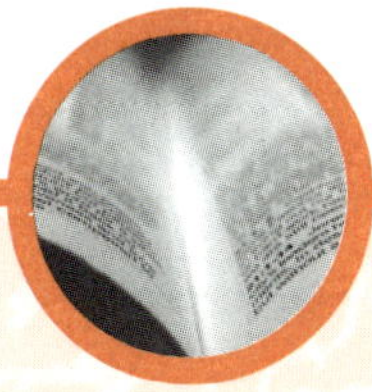

민수기

- **핵심어:** 여정
- **핵심구절:** "하나님은 사람이 아니시니 거짓말을 하지 않으시고 인생이 아니시니 후회가 없으시도다 어찌 그 말씀하신 바를 행하지 않으시며 하신 말씀을 실행하지 않으시랴"(민 23:19).

명칭과 배경

민수기(Numbers)라는 명칭은, 이 책이 두 번에 걸쳐서 백성들(民)을 계수(數)하는 내용, 즉 두 번에 걸친 인구조사를 그 주요내용으로 하고 있기 때문에 붙여졌다. 그 첫 번째 인구조사는 시내산에서, 그리고 두 번째 인구조사는 모압 땅에서 이루어졌다. 시내광야를 떠나기 20일전, 성막을 세운 지 한 달째 되던 날 첫 번째 인구조사를 실시했다(1장). 또한 정탐꾼 사건으로 오랜 시간을 가데스 바네아에서 보낸 이스라엘 백성들이 드디어 모압평지에 이르고, 이제 요단강을 건너 본격적인 가나안 정복에 들어가기 전 두 번째로 인구조사를 실시했다(26장). 민수기의 영어명인 Numbers는 '두 번에 걸친 백성들의 인구조사'에서 비롯되었다. 한편, 히브리 원전 성경의 제목인 In the Wilderness, 즉 '광야에서'가 이 책의 내용을 좀더 포괄적으로 표현하고 있다고 할 수 있을 것이다.

이 책은 율법을 받고 하나님과 언약을 맺은 이스라엘 백성들이 시내산을 출발하여 모압평지에 이르기까지 약 40년에 걸친 그들의 광야생활을 담고 있다. 따라서 앞으로 약속의 땅 가나안까지 가는 동안 이스라엘 백성들은 수없는 이방 민족들과 정복전쟁을 벌여야 하기 때문에, 하나님은 그들로 하여금 조직과 병력을 효율적으로 정비토록 함으로써 미래를 준비시키신 것이다.

저자와 기록연대

이 책의 저자가 모세라는 사실을 본문이 증명해 주고 있다(1:1; 33:2). 출애굽 사건이 B. C. 1446년에 발생했기 때문에 민수기는 그 이후에 기록되었을 것이다. 출애굽한 이스라엘은 시내산에서 13개월을 머물다가 여기 민수기에 이르러 비로소 시내산을 출발하게 되고, 가데스 바네아에서 39년을 방랑하다가 마침내 모압평지에 이르게 된다. 모세는 아마도 이러한 광야여정 가운데 일기를 작성했을 것이고, 그의 말년에 그것을 참조하여 이 책을 기록했을 것이다.

기록목적

민수기는 출애굽한 이스라엘 백성들이 약속의 땅 가나안에 이르기까지 오랜 세월 광야에서 유랑하는 동안에, 하나님이 그의 섭리 가운데 어떻게 그들을 보호하셨는지를 보여주고 있다. 또한 시내 산에서 열흘길이면 도착할 약속의 땅 가나안에 들어갈 때까지, 이스라엘 백성들이 왜 40년이란 세월을 방황하게 되는지 그 이유를 설명해 주고 있다. 그들은 하나님의 지속적인 보호에도 불구하고 두려움과 불순종으로 하나님께 범죄하였기에 그의 심판을 받은 것이다.

개요

Ⅰ. 시내산에서의 이스라엘 백성들(1-10:10)

Ⅱ. 시내산에서 가데스 바네아로의 이동(10:11-20:13)

Ⅲ. 가데스 바네아에서 모압으로의 이동(20:14-36:13)

■ 참고자료: 이스라엘 민족의 출애굽 여정

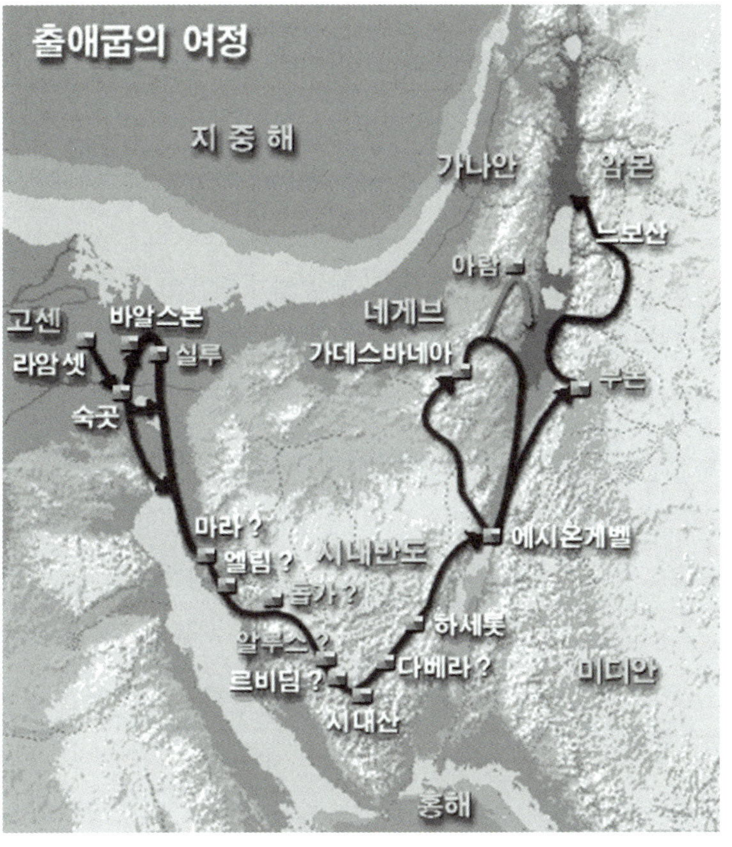

■ 참고자료 : 가나안에 살고 있었던 일곱 족속들

※ 아모리 족속 대신, "베니게 지역의 해변가와 요단강 계속 주변"에 거주하였던 "가나안 족속"을 포함시키기도 한다.

일곱족속들		거주지
1	블레셋 족속	팔레스타인 해안 지역
2	헷 족속	광야와 레바논에서 유브라데에 이르는 지역
3	히위 족속	팔레스타인 북부 산간 지역과 기브온 지역
4	여부스 족속	예루살렘 주변 산간 지역
5	브리스 족속	변두리 산간 지역
6	기르가스 족속	요단 서편 지역
7	아모리 족속	가나안 국경 지역

1

정복전쟁 준비

읽어야할 본문: 민수기 1-9장

숙고해야할 본문: 민수기 9:15-23

하나님과 이스라엘 백성들 사이에 언약이 맺어지고, 또한 율법이 주어졌다. 성막이 세워지고 하나님을 섬길 제사장들이 구별되었다. 시내광야를 떠나기 20일전 성막을 세운 지 약 한 달째 되던 날, 이제 모세는 하나님의 명을 받아 첫 번째 인구조사를 실시한다(1장). 그들이 약속의 땅 가나안까지 가는 동안 정복전쟁을 해야 했기 때문에 이를 대비해 조직과 병력을 정비할 필요가 있었던 것이다. 모세는 성막을 중심으로 각 지파를 조직해 의무를 분담시키고, 백성들에게 정결한 생활을 위한 규례들을 주었다. 이때 모세는 성막 봉사를 담당할 레위 자손을 인구조사에서 제외하고 그들의 계수 방식을 따로 구별하였으며, 그들의 임무 또한 세분화하여 가르쳤다. 이제 20세 이상의 남자들은 군대로 징집되어 훈련을 받았고, 가나안을 정복하고 나면 그들의 족속에 따라 땅이 분배될 것에 대비해 모든 백성들은 자신이 속한 족속과 가족들을 알게 되었다.

이렇게 하여, 이스라엘 백성들은 앞으로 계속될 가나안까지의 여정과 정복전쟁에 대한 모든 준비를 마쳤다. 가나안을 향한 행군을 재개하기에 앞서 두 번째로 유월절을 준수하며 하나님의 언약 백성임을 확인한 이스라엘 민족은, 이제 구름기둥이 성막에 떠오르자 마침내 행군을 시작하였다. 하나님은 광야에서 구름기둥과 불기둥으로 언제나 이스라엘 가운데 임재하시며 그들을 인도하셨다.

■ 적용

신약시대 그리스도인들에게 창세기는 창조와 타락에 관한 책이고, 출애굽기는 구속에 관한 책이며, 레위기는 예배와 교제에 관한 책이라고 할 수 있다. 그에 반해, 민수기는 봉사와 올바른 삶에 관한 책이라고 할 수 있다. 어떤 의미에서 오늘을 사는 그리스도인들도 그 옛날 이스라엘 백성들처럼 광야를 행진하고 있는 사람들이라고 볼 수 있다. 우리는 광야생활을 하는 동안 모든 일에 겸손과 온유와 인내로 행하고 사랑 가운데 서로 용납하고 섬김으로써 비로소 우리가 하나님의 부르심에 합당한 자들이 될 수 있을 것이다.

■ 참고자료: 성막을 중심으로 한 이스라엘의 각 지파 배치도

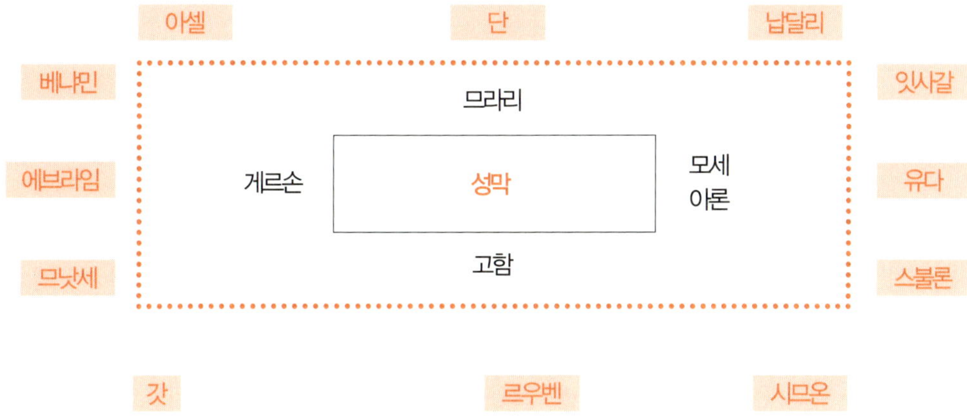

2

정탐꾼 사건으로 본 이스라엘의 불신앙

읽어야할 본문: 민수기 10–19장

숙고해야할 본문: 민수기 13:25–14:10

시내 산을 떠난 이스라엘 민족은 이제 가나안 땅 바로 아래 가데스 바네아에 이르게 되었다. 이곳에서 하나님은 먼저 사람을 보내어 가나안을 정탐하도록 명하셨고, 그들은 각 지파별로 한 명씩 모두 12명을 뽑아서 보내었다. 이때 정탐꾼 중 여호수아와 갈렙 두 사람만 그들이 능히 가나안을 이길 수 있다고 긍정적인 보고를 하였으며, 나머지 10명은 그들은 메뚜기 같아서 결코 가나안을 이길 수 없다고 비관적인 보고를 하였다. 이에 정탐꾼들의 보고를 들은 백성들은 낙심하여 모세를 원망하면서 애굽으로 돌아가기를 결심하였다. 때문에 하나님은 이들을 진멸코자 하셨으나 모세의 간절한 중보기도를 듣고 그 진노를 거두셨다.

하지만 이 일로 인하여 그들은 더 이상 가나안 땅에 입성하는 것이 허락되지 않았고, 출애굽 당시 20세 이상이었던 1세대 모두(여호수아, 갈렙은 제외, 모세는 다른 문제로 인해 느보산에서 죽음)가 40년 동안(정확하게는 37년 반) 광야에서 방황하다가 죽었다. 그들에게는 애굽을 떠나는 믿음은 있었으

나, 가나안으로 인도하시겠다는 하나님의 약속을 끝까지 믿는 믿음이 없었다(히 3:19). 이 모든 원인은 하나님에 대한 불평과 불순종이었다. 하지만 이스라엘의 불신앙에도 불구하고, 은혜의 하나님은 그 후손들을 반드시 가나안 땅으로 인도하실 것임을 약속하셨다.

■ **적용**

이스라엘 백성들은 가데스 바네아에서의 정탐꾼 사건으로 가나안 땅을 눈앞에 두고도 40년을 더 방황하다가 여호수아와 갈렙을 제외하고 모두 광야에서 죽었다. 그들은 하나님 나라의 백성으로서 마땅히 가져야 할 사명감이 없었다. 그들은 자신을 메뚜기라고 생각할 뿐, 세상 나라를 정복할 준비가 되어있지 않았다. 한 마디로 그들은 하나님 나라에 입성할 자격이 없었던 것이다. 우리가 닥친 현실을 인간적인 눈으로만 보는 것과 하나님이 주신 믿음의 눈으로 바라보는 것은 엄청난 차이를 낳을 수 있다. 우리 모두는 믿음으로 세상 나라를 정복하는 그리스도인들이 되어야 하겠다.

3

반석에서 나온 물과 모세

읽어야할 본문: 민수기 20장

숙고해야할 본문: 민수기 20:1-13

가데스의 정탐꾼 사건으로 바란광야에서 방랑생활을 한지 어언 38년이 되던 해, 이스라엘 백성들은 마실 물조차 부족하게 되자 낙심하였고 이에 그들의 지도자 모세와 아론에 대해서 심히 원망하고 불평하였다. 따라서 하나님은 그들에게 물이 필요함을 아시고, 모세로 하여금 반석에서 물을 내도록 해서 백성과 짐승에게 먹이라고 명하셨다. 그런데 백성들의 불평이 원망스러웠던 모세는 그들을 패역한 자들이라 칭하면서 지팡이를 가지고 반석에 명하여 물을 내라는 하나님의 명령을 어기고 반석을 (두 번) 내리쳐 물을 내었다.

이렇게 하여 모세와 아론은 하나님을 믿지 않고 그의 거룩함을 나타내지 않은 까닭으로 하나님께 책망을 듣게 되었으며, 나아가 약속의 땅 가나안을 목전에 두고도 들어가지 못하고 느보산에서 죽음을 맞게 되었다. 모세는 이스라엘의 출애굽 이후 광야생활 40년 동안 인내와 온유를 겸비한 훌륭한 지도자로서의 모습을 보여 주었지만, 순간의 분노를 참지 못함으로써 하나님의 징계를 받아 결국 약속된 땅을 목전에 두고도 들어갈 수가 없게 되었다.

■ 적용

반석과 같으신 그리스도는 우리의 죄에 대해서 단번에 내리침을 당하심으로써 그를 믿는 모든 이들을 구원하셨다. 우리는 다시 그리스도의 내리침을 필요로 하지 않는다. 구원은 단번에 이루어지고, 영원히 지속된다. 모세처럼 뛰어난 지도자요 '하나님의 친구'였던 사람도 실수로 죄를 저질렀다. 하지만 모세가 그런 실수에도 불구하고 구원의 여정에는 문제가 없었던 것처럼, 우리의 저지른 죄 때문에 우리의 구원이 철회되지는 않는다. 이것이 그리스도인이 갖는 구원의 확신이다.

4
놋뱀

읽어야할 본문: 민수기 21장

숙고해야할 본문: 민수기 21:4-9

에돔이 이스라엘의 통행을 거절하면서 가데스로부터 가나안까지 먼 길을 돌아가게 된 이스라엘 백성들은 또다시 하나님과 모세를 원망하게 되었고, 그 결과 하나님의 심판을 받아 많은 사람들이 불뱀에 물려 죽었다. 이에 모세는 백성들을 위하여 하나님께 기도하였고, 하나님은 그의 기도에 응답하셨다. 하나님은 이스라엘 백성들이 회개하자 모세로 하여금 놋뱀을 만들어 장대에 매달게 하셨고, 이때에 하나님을 믿고 장대 위에 매달린 놋뱀을 쳐다본 사람들은 살게 하셨다.

이 장대에 매달린 놋뱀은 죄인들을 위해 십자가에 달리신 예수 그리스도를 예표한다(요 3:14). 놋뱀이 장대에 높이 매달린 것처럼, 그리스도는 십자가에 높이 달리실 것이다. 하나님은 놋뱀을 매달아 그들을 구원하신 것처럼, 구세주를 십자가에 높이 매달리게 하셔서 이 땅의 죄인들을 구원하실 것이다. 그리고 불뱀에 물린 사람들이 놋뱀을 보았을 때 살아나게 하신 것처럼, 우리 죄인들이 십자가에 달리신 예수 그리스도를 바라볼 때 죽음에서 다시 살아나게 하실 것이다.

■ 적용

불평과 원망을 일삼던 이스라엘 백성들은 하나님의 심판을 받아 불뱀에 물려 많은 이들이 죽음에 이르렀다. 다른 치료책이 없었던 그들은 회개하며 모세에게 중보기도를 요청했고, 하나님은 모세로 하여금 놋뱀을 만들어 장대 위에 매달게 하고 그 놋뱀을 바라보는 자들만이 살아날 수 있게 하셨다. 그 옛날 모세의 놋뱀을 바라본 자들만이 살아난 것처럼, 하나님은 십자가에 달리신 예수 그리스도를 믿는 우리들을 구원의 길에 이르게 하신다.

5 발람과 나귀

읽어야할 본문: 민수기 22-29장

숙고해야할 본문: 민수기 22:1-14

이스라엘 백성들은 자신들의 가나안 입성을 방해하는 이방나라들을 차례로 물리치고 승승장구하며 마침내 모압평지에 도착한다. 모압 왕 발락은 그런 이스라엘을 두려워하여 메소포타미아의 유명한 점쟁이 발람을 매수해 이스라엘을 저주토록 한다. 발람은 이스라엘을 위해 하나님께서 행하신 놀라운 일들을 보고 깊이 감동되었던 자인데, 그는 하나님을 섬길 것을 결심하고 하나님의 이름으로 마술을 행하려고 했다. 하지만 이교 마술과 하나님을 섬기는 일은 결코 병행될 수가 없었다.

사실 처음에 하나님은 발람이 모압 왕 발락에게 가는 것을 거절토록 하셨으나, 모압 왕 발락이 뇌물로 유혹하여 발람의 마음이 동하게 되자 하나님은 그가 가는 것을 허락하셨다. 하지만 그가 길을 갈 때 하나님의 천사가 나타나서 그가 타고 있던 나귀의 발걸음을 멈추게 하셨다. 그는 화가 나서 나귀를 내리쳤으나 하나님은 나귀의 입을 통해 불의한 발람을 꾸짖으셨다. 이제 발람은 하나님이 명하신 것만을 말하기로 결심하고 모압 왕에게로 가는데, 두 번이나 장소를 옮겨가며 회유하는 발락의 노력에도 불구하고 그는 이스라엘을 저주하는 것이 아니라 도리어 축복하게 되었다.

■ 적용

어찌 보면 발람은 자신의 사회적 또는 정치적 이득을 위해 신앙을 파는 사람들의 전형이라고 할 수 있다. 기독교가 자신에게 득이 된다면 언제든 기독교로 옷을 갈아입을 준비가 된 사람들이다. 하지만 이런 사람들의 마음속에 그리스도가 존재할 리 만무하다. 단지 자신의 이득을 위해 그리스도를 이용할 뿐이다. 그들이 바로 기독교가 세상 사람들에게 지탄을 받게 되는 이유를 제공하는 자들이다. 하지만 우리는 발람의 경우를 통해서 볼 때, 하나님께서는 인간의 사악한 의도마저 당신의 택하신 백성을 도우시는 수단이 되게 하신다는 것을 기억해야 한다. 세상만사를 주장하시는 분은 하나님이시며, 하나님의 뜻은 사람의 꾀나 음모로 결코 좌절될 수 없는 것이다.

6
도피성

읽어야할 본문: 민수기 30–36장

숙고해야할 본문: 민수기 35:6–15

사실 애굽의 라암셋에서 모압광야까지는 일주일에서 열흘이면 도달할 거리였다. 하지만 이스라엘 백성들은 하나님에 대한 반역과 불순종으로 40여년 만에 비로소 그곳에 도착할 수 있었다. 그러는 사이 출애굽 당시 20세 이상의 남자들은 여호수아, 갈렙, 그리고 모세를 제외하고는 모두 광야에서 죽고 말았다. 이제 모세는 요단강 건너 약속의 땅에 들어가기 전 마지막 준비로 두 번째 인구 조사를 실시하도록 명령한다. 점령한 가나안 땅은 제비를 뽑아 조상 지파의 이름을 따라 나누도록 되어 있었다(26:55). 마침내, 르우벤과 갓 그리고 므낫세 반지파는 아모리 왕 시혼과 옥을 진멸하고 정복한 요단강 동편에 정착하게 된다. 하지만 다른 지파들이 요단강 서편의 가나안 정복을 완수할 때까지 요단 동편으로 돌아오지 않고 그들을 돕겠다고 약속하였다.

또한 레위인은 백성을 대표하여 하나님을 섬기기 위해 구별된 자들로, 백성들은 그들의 생활을 책임져야 했기에 각 지파들은 약간의 성읍(48개)을 레위인들에게 주기로 하였다. 그런데 그 중 여섯 성읍(요단 동편에 셋, 요단 서편에 셋)은 부지중에 사람을 죽인 이들을 위해 도피성이 되게 하였다. 살인자가 회중 앞에서 판결을 받기 전에 죽는 일이 없도록 하기 위해 하나님이 명하신 것이었다. 한편, 도피성으로 피한 자라 하더라도 재판을 통해서 고의로 사람을 죽인 경우로 밝혀지면 그는 죽음을 피할 수 없었다. 하지만 실수로 사람을 죽인 경우로 판정되면 그는 다시 도피성으로 돌아갈 수 있었고, 대제사장이 죽은 다음에는 자신의 성읍으로 복귀하여 그의 소유물을 되찾을 수 있었다. 하나님은 그들로 하여금 도피성을 두어 생명의 고귀함을 알게 하셨던 것이다.

■ 적용

하나님은 이스라엘 공동체 안에 피의 보복이 악순환 되는 것을 막기 위해 이스라엘 백성 가운데 실수로 사람을 죽인 자는 도피성을 두어 피할 수 있도록 하셨다. 또한, 그들은 대제사장이 죽은 뒤에는 자신의 고향으로 돌아갈 수 있었는데, 여기서 대제사장의 죽음이란 그리스도의 죽음을 상징한다고 할 수 있다. 그리스도가 우리를 위해서 죽으셨기 때문에 우리는 지은 죄를 비로소 사함받을 수 있는 것이다. 이스라엘의 도피성은 곧 구원을 의미하였으며, 이는 하나님으로부터 기원한 것이었다. 구원은 그리스도를 믿는 모든 이들에게 적용되며, 그리스도 안에서는 더 이상의 정죄함이 없다.

7

복습을 위한 질문

1. 왜 이 책을 민수기라고 부르는가?

2. 누가 민수기를 기록했는가?

3. 시내산을 출발하기 전, 모세가 인구조사를 실시한 이유는 무엇인가?

4. 시내산을 출발한 이스라엘이 곧바로 가나안에 입성하지 못하고 40년 동안이나 바란광야에서 유랑하게 된 원인은 무엇인가?

5. 가데스 바네아에서 가나안의 적들을 정탐하고 돌아온 12명 중 그들을 능히 이길 수 있다고 긍정적으로 보고한 사람들은 누구누구인가?

6. 모세는 무엇 때문에 가나안에 들어갈 수 있는 권리를 상실하였는가?

7. 불뱀이 침투하여 많은 사람들이 죽은 이유는 무엇인가?

8. 모세가 들어올린 놋뱀은 이후에 오실 누구를 표상하는가?

9. 하나님께서 나귀의 입을 통해 꾸짖으신 불의한 자는 누구인가?

10. 이스라엘은 가나안을 정복하고 얼마나 많은 도피성을 두었으며, 그것들의 목적은 무엇이었는가?

신명기

- 핵심어: 순종
- 핵심구절: "너희가 만일 내가 오늘날 너희에게 명하는 너희의 하나님 여호와의 명령을 들으면 복이 될 것이요"(신 11:27).

명칭과 배경

신명기(Deuteronomy)라는 명칭은, 이 책이 하나님께서 모세를 통해 이스라엘 백성에게 '다시 새롭게 주신 계명'이기 때문에 붙여졌다. 신명기의 영어명인 Deuteronomy는 17:18에서 비롯되었는데, '두 번째로 주신 계명'(Second Law)이라는 뜻이다. 모세는 이 책에서 이스라엘이 하나님께 받은 모든 율법과 출애굽 이후의 역사를 요약하고 있지만, 제사장 및 레위인들과 관련된 것들은 생략하고 이스라엘의 새 세대가 약속의 땅에 들어가기 전 알아야 할 계명들을 다시 새롭게 주고자 하였다.

이 책은 출애굽 후 40년간 하나님이 이스라엘 가운데 역사하신 내용을 회고하며, 장차 가나안에 입성할 새 세대를 교육하기 위한 모세의 세 번에 걸친 고별설교라고 할 수 있다. 따라서 신명기를 '점검의 책'이라고 부르기도 한다. 예수께서 광야에서 시험을 받으실 때(마 4:4, 7, 10) 신명기 본문을 세 번(신 8:3; 6:16; 10:20)씩이나 인용하고 있기 때문에 이 책이 더 큰 의미가 있다고 할 수 있다.

저자와 기록연대

이 책의 저자가 모세라는 사실을 본문이 밝히고 있다(신 1:1; 4:44). B. C. 1450년에 모압평지에서 기록하였다. 하지만 모세의 죽음과 관련한 마지막 장은 여호수아가 기록했을 것으로 보인다. 이 책이 다루고 있는 기간은 모세의 장사를 위해 쓰인 30일을 포함하여 약 두 달간이다.

기록목적

모압 평지에서 죽음을 앞에 둔 모세는 이스라엘 백성들의 40년 광야생활 가운데 역사하신 하나님과 그의 율법들을 이제 새 세대에게 가르치고 기록으로 남기고자 하였다. 모세는 이 책에서 언약의 법을 되풀이해서 말하고 있으며, 하나님에 대한 그들의 순종과 불순종이 가져 올 축복과 저주를 이스라엘의 새 세대에게 극명하게 각인시키고 있다.

개요

Ⅰ. 모세의 첫 번째 설교(1-4:43)

Ⅱ. 모세의 두 번째 설교(4:44-26장)

Ⅲ. 모세의 세 번째 설교(27-30장)

Ⅳ. 모세의 마지막 날(31-34장)

1

이스라엘과 함께하신 하나님

읽어야할 본문: 신명기 1–4장

숙고해야할 본문: 신명기 1:6–13

40년에 걸친 이스라엘의 광야생활이 이제 거의 끝나가고 있었다. 모세는 곧 죽게 될 것이고 약속의 땅에 들어갈 순 없었지만, 백성들로 하여금 약속된 땅에 들어갈 준비를 할 수 있도록 세 번의 놀라운 설교를 하게 된다. 모세는 그의 첫 번째 설교에서 그들의 40년 광야생활을 회고하며 하나님의 신실하심을 상기시킨다. 이스라엘 자손들에게 하나님이 전적으로 도우셨던 그들의 과거를 기억하게 하고, 그것을 통해서 하나님의 위대하심을 깨닫게 하였다.

여호와 하나님은 항상 그들과 함께 하셨고, 그들을 조금도 부족치 않게 하셨다(2:7). 낮에는 구름기둥으로, 밤에는 불기둥으로 인도하셨다. 그들이 광야에서 상처받지 않도록, 열에 상하지 않도록, 또는 어둠에서 길을 잃지 않도록 보호하셨다. 그들이 하나님의 선택된 백성이었기 때문에 설사 그들이 자주 실패하고 불순종하였을지라도, 하나님은 그들을 끊임없이 돌보시고 삶에서 필요한 것들을 공급하셨다. 그들이 자주 하나님을 떠났을지라도 하나님은 결코 그들을 떠나신 적이 없으셨다. 하나님은 늘 변함없이 그들을 인도하시고, 먹이시고, 입히시고, 보호하시고, 피난처로 이끄셨다. 하나님은 택한 백성을 절대로 버리시지 않으며, 약속하신 것은 반드시 이루시는 분이시다.

■ 적용

우리는 이스라엘의 역사를 통해 언제나 그들과 함께 하셨던 하나님을 만날 수 있다. 하나님은 항상 그들을 인도하시고, 때를 따라 먹이셨다. 또한 그들이 불순종할지라도 그들을 버리지 않으시고 돌이키게 하셨다. 하나님은 그의 자녀들을 버리지 않으시고 항상 돌보시며, 옳은 길로 인도하신다. "네 하나님 여호와가 너의 하는 모든 일에 네게 복을 주고 네가 이 큰 광야에 두루 행함을 알고 네 하나님 여호와가 이 사십 년 동안을 너와 함께 하였으므로 네게 부족함이 없었느니라"(2:7). 모세와 이스라엘 백성들을 돌보신 하나님께서 지금 우리를 돌보시며 인도해 주시는 것이다.

2

쉐마, 그리고 하나님을 사랑하라

읽어야할 본문: 신명기 5-10장

숙고해야할 본문: 신명기 6:4-9

모세는 그의 두 번째 설교에서 율법의 본질인 십계명을 새 세대에게 가르치고, 경건한 자들이 가져야 할 올바른 삶의 기초가 무엇인지를 가르친다. 이어서 모세는 그들의 조상들처럼 하나님의 은혜를 망각하는 자만의 죄에 빠지지 않도록 여호와를 기억하고 순종할 것을 권고한다. 아울러, 그는 하나님이 정하신 장소에서만 제사드릴 것을 상기시키고 우상숭배에 대한 경고를 잊지 않는다. 또한, 이방종교와 관련된 부정한 음식과 동물을 구별할 것과 십일조에 관한 율법을 제시한다. 나아가 유월절과 칠칠절 및 초막절을 지켜 행할 것을 강조하는데, 유월절은 구원의 하나님을, 칠칠절과 초막절은 은혜로 보호하시는 하나님을 기억하고 경배하기 위함이었다.

특히 신명기 6장은 신명기 전체의 주제로서 5절에, "너는 마음을 다하고 성품을 다하고 힘을 다하여 네 하나님 여호와를 사랑하라"는 말씀이 나온다. 이스라엘 백성들은 신명기 6:4-9에 있는 말씀을 '쉐마'('들으라'는 뜻의 히브리어)로 규정하여 날마다 낭송하며 마음에 새길 뿐 아니라 자녀들에게도 열심히 가르쳤다. 이 광야에서 주어진 쉐마는 이후로 이스라엘 사람들의 삶의 지표가 되었다.

■ 적용

모세의 두 번째 설교는 하나님이 이스라엘 백성들에게 주신 율법에 나타난 교훈들이었다. 이스라엘이 하나님이 주신 율법을 지키며 순종할 때 하나님은 그들을 축복하신다고 약속하셨다. 하나님의 궁극적인 관심은 언약 백성들을 축복의 길로 인도하시는 데 있었다. 또한, 우리는 하나님이 이스라엘에게 주신 율법을 통해 공의로운 공동체를 향한 하나님의 놀라운 계획들을 보게 된다. 예수님은 나중에 이 율법을 하나님에 대한 사랑과 이웃에 대한 사랑으로 요약하셨다. 신명기 6장의 쉐마는 한 마디로 "하나님을 사랑하라"는 말로 귀결된다. 그런데 하나님을 사랑하되 마음과 성품과 힘, 즉 온 맘으로 사랑하라는 것이다.

3

순종의 축복

읽어야할 본문: 신명기 11-15장

숙고해야할 본문: 신명기 11:18-25

모세는 출애굽과 광야생활 가운데 드러난 하나님의 권능을 상기시키며, 하나님만 의지하고 순종하여 축복을 누릴 것을 이스라엘 백성들에게 요청한다. 이스라엘이 하나님께 순종하면 하나님은 그들이 약속된 땅에 들어가 번영을 누리게 하실 것이다. 또한 그들이 하나님의 도를 행하고 그에게 의지하면, 약속된 땅에 거하고 있는 이방 사람들을 하나님께서 능히 내어 쫓으실 것이다. 이스라엘을 강대한 나라가 되도록 번영케 하실 것이다. 그들이 발바닥으로 밟는 곳을 그들의 땅이 되게 하실 것이다. 그리고 능히 그들을 감당할 자가 없게 하실 것이다.

마침내, 모세는 순종에 따르는 축복과 불순종에 따르는 저주를 극명하게 대립시키며 이스라엘 백성들이 순종의 축복을 누릴 수 있도록 권면을 잊지 않는다. 결국 이스라엘이 순종의 법을 지킬 때에 승리하여 가나안 땅을 차지할 수 있었지만, 불순종하고 우상을 섬겼을 때 가나안 땅을 잃고 유리하는 자들이 되었던 것이다.

■ 적용

우리는 이스라엘의 역사를 통해서 그들이 하나님께 순종했을 때 하나님의 놀라운 축복을 받았고, 반대로 그들이 하나님께 불순종했을 때는 하나님의 심판을 받았던 것을 기억한다. 순종이 제사보다 나은 것이다. 하나님께 순종하는 사람들이야말로 하나님을 기쁘시게 하는 자들이다. 우리가 순종하는 마음으로 우리의 은사를 하나님을 위해 사용할 때 하나님은 우리를 기뻐하신다. 우리가 하나님을 사랑한다고 말하면서 그의 말씀에 순종하지 않는다면 우리는 거짓을 말하는 자일 수밖에 없다. 우리가 받은 하나님의 놀라운 은혜를 기억한다면, 우리는 하나님을 온전히 섬기며 순종하지 않을 수 없는 것이다.

4

재판에 대한 규정

읽어야할 본문: 신명기 16–22장

숙고해야할 본문: 신명기 19:15–21

모세는 이스라엘이 가나안 땅에 정착하기 전에 알아야 할 것들을 유언의 형식으로 남긴다. 그는 이스라엘 백성들에게 재판을 공정하게 해야 함을 가르친다. 형을 선고하고 집행하는 데 있어서 증인의 역할은 매우 중요하다. 그렇기 때문에 모세는 위증죄를 엄하게 다스리도록 했다. 거짓 증거를 피하기 위해 한 사람이 아닌, 두 사람 이상의 증인을 통해 그 사건을 확정할 것을 가르쳤다. 만일 위증하였다고 판단될 시에는 논쟁하는 양방이 제사장과 재판장 앞에 서서 증거를 보여야 했다. 만약 위증인으로 판명될 때에는 그 형제에게 그가 행한 대로 갚아줌으로써 악행을 막도록 했다.

구약의 재판법은 이렇게 동일 보복법에 근거하였다. 하지만 이 법은 신약에서 예수 그리스도에 의해 승화된다. 예수님은 우리의 원수조차도 사랑할 것을 말씀하신다. 보복은 보복을 낳지만 용서는 화해와 사랑을 낳는다. 구약에서는 처벌에 대한 규정을 만들어 두려움을 발생시켜서 범죄를 막고자 하였지만, 신약에서는 두려움이 아니라 용서를 통한 사랑으로 공동체의 공의를 이루도록 예수님은 말씀하셨다.

■ 적용

모세는 재판에서 거짓 증거를 막기 위해 반드시 두세 사람의 증인을 세울 것을 명했다. 우리는 죄인의 형을 결정할 때 믿을 만한 객관성을 확보할 필요가 있다. 어떤 이를 뚜렷한 증거나 증인이 없이 죄인으로 쉽게 판정해서는 안 된다. 혐의가 확실히 드러나기 전에 어떤 사람을 죄인으로 단정할 수는 없는 것이다. 오늘날 우리 사회는 그 사람의 죄가 확정되지도 않았는데 함부로 일반에 공개하는 것을 보게 되는데, 이로 인해 많은 사람들이 상처를 입고 심지어 죽음에까지 이르는 것을 보게 된다. 참으로 안타까운 현실이 아닐 수 없다. 우리가 기억해야 할 사실은 우리 모두가 죄인이며 오직 그리스도의 보혈로 죄사함의 은혜를 입었다는 것이다. 이 은혜를 입은 이들은 다른 이들을 화해와 용서의 관점에서 볼 필요가 있다.

5

언약에 대한 회고

읽어야할 본문: 신명기 23-30장

숙고해야할 본문: 신명기 29:2-13

모세는 그의 세 번째 설교를 시작할 때 먼저 여호와께서 이스라엘에게 베푸신 구원의 역사를 회상한다. 이스라엘 백성들에게 하나님의 언약을 상기시키는 것이다. 모세는 마치 앞으로 펼쳐질 이스라엘 역사 가운데 있게 될 그들의 실패와 불순종을 예견하고 있는 듯하다. 다시 말해, 하나님께서 아브라함에게 그와 그의 자손들이 약속된 땅을 기업으로 받을 것이라는 언약을 주셨고 시내산에서 그것을 새롭게 하셨지만, 하나님은 그들의 패악과 불순종으로 인하여 그들을 흩으실 것이고, 만약 열방들 가운데 흩어진 이스라엘 백성들이 회개하고 돌이킨다면 하나님은 다시금 그들을 모으실 것이다. 이렇게 하나님은 모세를 통해서 유대인의 회심과 그들의 땅이 회복될 것임을 언약 가운데 보증하시고, 이스라엘을 억압한 자들을 심판하실 것임을 예언하신다.

모세의 예언처럼, 이스라엘은 마침내 가나안에 입성하여 약속의 땅을 차지한다. 또한 그들의 불순종으로 말미암아 이스라엘이 다른 나라에 복속되며, 부분적으로 고국으로 귀환하는 자들이 있긴 하지만 국가를 완전히 회복하지는 못한다. 아울러 메시아로 오신 그리스도를 배척함으로써 영적인 회복의 기회를 놓치고 말지만, 하나님은 이스라엘을 끝까지 버리지 않으실 것이다. 이스라엘의 영적인 회복은 우리 주님의 재림 전에 또는 재림과 함께 완성될 것이다.

■ 적용

하나님이 이스라엘과 맺은 언약 총회에는 누구나 참여할 수 있다. 하나님의 언약 총회는 본질적으로 개방되어 있다. 이스라엘이 하나님께 불순종함으로써 그들이 흩어진 것은 결국 세상나라의 구원을 가져왔다. 하지만 하나님의 언약 총회에 함께 참여하는 우리 영적인 이스라엘 백성들도 겸손한 믿음을 가지고 하나님께 순종하며 살아야 한다. 그것이 생명으로 가는 길이며 축복의 길인 것이다. 이스라엘은 2,000여 년간이나 그들의 영토를 잃고 방황하다가 하나님이 약속하신 대로 1948년 영국의 팔레스타인 지배가 끝나면서 비로소 그들의 영토를 회복할 수 있었다. 하지만 그들이 아직도 예수 그리스도의 메시아 되심을 부인하고 있음을 볼 때 안타깝기 그

지없다. 주님의 재림이 있기 전, 이들이 예수 그리스도께 온전히 돌아올 수 있도록 우리 믿는 자들은 그들을 위해서 기도해야 할 것이다.

6
모세의 고별설교와 죽음

읽어야할 본문: 신명기 31–34장

숙고해야할 본문: 신명기 34:9–12

모세의 마지막 행적은 온유와 사랑으로 가득 차 있다. 이제 그는 늙어서 죽음을 눈앞에 두었으나 아직 눈이 밝았고 어떤 유약함도 없었다. 그는 영원하신 하나님의 팔에 안기기 전에 그의 백성들에게 하나님을 신뢰하여 승리를 확신할 것을 독려했다. “영원한 하나님이 네 처소가 되시니 그의 영원하신 팔이 네 아래에 있도록 그가 네 앞에서 대적을 쫓으시리라”(33:27).

모세는 여호수아를 새 지도자로 세우는데, 이스라엘 백성들은 이제 여호수아가 그들을 약속의 땅으로 인도할 것임을 알게 된다. 이어서 모세는 이스라엘의 불순종을 예언한 ‘모세의 노래’를 남기는데, 그는 여기서 이스라엘이 장차 겪게 될 실패와 영광을 노래한다. 임종을 앞둔 모세는 마지막으로 각 지파에 속한 이스라엘 자손들에게 거룩하고 고귀한 축복을 남긴다.

이후에 모세는 하나님의 명령에 따라 120세 되던 해에 느보산에 올라 자신은 살아서 들어가지 못할 가나안 땅을 바라보며 죽음을 맞이한다. 하나님은 후대 사람들이 그의 무덤조차 알 수 없게 하셨다. 아마도 사람들이 그의 무덤을 숭배할 수도 있었기 때문일 것이다. 성경은 모세에 대해서 마지막으로 이렇게 평가한다. “그후에는 이스라엘에 모세와 같은 선지자가 일어나지 못하였나니 모세는 여호와께서 대면하여 아시던 자요”(34:10). 그는 정녕 하나님이 사용하셨던 위대한 선지자였다.

■ 적용

모세는 신명기에서 하나님을 향한 신실함과 순종을 강조한다. 그는 죽기 전 모압평지에서 이스라엘 백성들을 향해 하나님을 경외하고 순종하여 그 복을 누리길 당부했다. 그는 이스라엘 역사 가운데 함께하신 하나님의 선하심과 위대하심을 역설했다. 이스라엘의 끊임없는 불순종에도 불구하고 끝까지 포기하시지 않는 구원의 하나님! 이스라엘 자손들이 그 신실하신 하나님께 순종함으로써 모든 축복을 누리기를 간절히 바랐던 것이다. 성경이 기록하고 있는 것처럼 그는 여호와 하나님을 대면하여 알았던, 40년 동안이나 여호와의 종으로 하나님을 섬긴 참으로 위대한 선지자였다. 왕족의 신분을 과감히 버리고 자기 백성의 고통에 동참하여 그들을 인도한 위대한 지도자였다. 특별히 우리 영적인 지도자들은 죽기까지 종의 신분으로 하나님을 섬겼던 그리고 백성의 고통을 외면하지 않고 동참했던, 위대한 지도자 모세의 삶을 본받도록 해야 할 것이다.

7
복습을 위한 질문

1. 신명기는 어떤 의미에서 붙여진 이름인가?

2. 예수님은 언제, 어디에서 신명기를 인용하셨는가?

3. 신명기는 누가, 언제, 어디서 기록하였는가?

4. 하나님이 순종하는 사람들에게 주는 특권은 무엇인가?

5. 쉐마는 무슨 뜻인가?

6. 신명기의 핵심이 들어있는 장은 어디인가?

7. 구약시대 재판에서 증인이 두 명 이상이었던 이유는 무엇인가?

8. 구약시대 재판에서 위증이 드러날 시에는 어떻게 판정했는가?

9. 구약에서 동일 보복법이 적용되었다면, 신약에서는 어떤 법이 적용되는가?

10. 모세는 순종과 불순종이 각기 무엇을 낳는다고 말하였는가?

11. 모세는 몇 살에 죽었으며, 어디에서 하나님의 품에 안겼는가?

여호수아

- 핵심어: 정복
- 핵심구절: "강하고 담대하라 너는 내가 그들의 조상에게 맹세하여 그들에게 주리라 한 땅을 이 백성에게 차지하게 하리라"(수 1:6).

명칭과 배경

여호수아(Joshua)라는 명칭은, 이 책의 주요 인물이자 저자인 여호수아의 이름을 따서 붙여졌다. 그는 애굽에서 노예로 태어나 자랐지만 모세와 함께 출애굽하게 되는데, 이후 그는 평생 동안 모세의 신실한 조력자로 일했다. 그는 모세가 믿고 신뢰할 수 있는 유일한 지도자였으며, 모세를 이어 이스라엘 백성들을 가나안 땅으로 인도해 정착시킨 유능하고 뛰어난 지도자였다.

저자와 기록연대

이 책의 저자는 정확히 알 수 없으나, 본문에 등장하는 사건들을 직접 목격한 사람이 기록했을 것이라는 사실에 비추어 여호수아가 저자일 것이라고 여겨지고 있다. 하지만 그의 죽음에 대한 내용은 여호수아가 죽은 뒤에 이스라엘의 장로들이 기록했을 것으로 보인다.

이 책은 B. C. 1425년경에 기록되었을 것으로 보이며, B. C. 1450-1425년 사이의 사건들을 다룬다. 마침내 요단강을 건너서 가나안 땅을 정복하고 이스라엘의 각 지파들에게 정복한 땅을 나누어주는 것이 주요 내용이며, 여호수아의 죽음으로 마무리된다.

기록목적

이 책은 이스라엘 백성들이 약속의 땅 가나안에 정착하는 과정을 담고 있다. 또한 그 과정에서, 자손들이 반드시 그 땅으로 다시 돌아오리라고 아브라함과 맺으신 언약(창 15:16)을 신실하게 지키시는 하나님을 경험하는 책이다.

여호수아서와 모세오경의 관계는 신약의 복음서와 사도행전의 관계와 유사하다고 볼 수 있다. 복음서가 기독교의 기원과 원칙을 제공하고 사도행전이 그 원칙을 행동으로 옮기는 과정을 담고 있다면, 모세오경은 유대교의 기원과 원칙을 제공하고 여호수아서는 그 원칙을 행동으로 옮기는 과정을 묘사하고 있다.

개요

Ⅰ. 약속된 땅으로의 입성(1-5장)

Ⅱ. 약속된 땅의 정복(6-12장)

Ⅲ. 약속된 땅의 분배(13-22장)

Ⅳ. 약속된 땅의 유지(23-24장)

■ 참고자료: 가나안 땅 둘러보기

가나안이라는 이름은 함의 아들 가나안과 그 후손들이 요단강 서쪽에 정착하면서부터 그들 족속을 일컫는 말로 사용되었다(창 10:6, 15-20). 가나안 족속은 여호수아의 인도로 이스라엘이 가나안에 입성할 때 정복당하였다. 가나안 땅에는 그들 외에도 아모리 족속, 헷 족속, 브리스 족속, 히위 족속, 여부스 족속(예루살렘 중심) 등 여러 민족들이 살고 있었다(출 3:17).

가나안의 또 다른 이름 팔레스타인은 '블레셋'(Philistine)의 헬라어식 표기로서, 신약시대 이후에 가나안을 일컫는 말로 사용되고 있다. 블레셋은 팔레스타인 남서쪽 지중해 연안 평지에 살았던 해양민족으로서, 뛰어난 군사력을 바탕으로 다윗 통치 이전에 이스라엘을 억압했던 족속이었다. 팔레스타인 땅은 고대 세계에서도 동쪽의 메소포타미아 문명과 서쪽의 이집트 문명 사이에서 그 역할이 대단히 중요하였지만, 오늘날에도 유럽, 아시아, 아프리카 세 대륙 사이에 위치한 전략적 요충지로서 많은 분쟁을 일으키기도 하는데 이곳은 가자지구가 위치해 있는 곳이기도 하다.

가나안 땅은 동쪽으로는 거대한 아라비아 사막(현재는 요단강이 경계), 서쪽으로는 지중해 바다, 남쪽으로는 네게브(Negeb) 신광야, 북쪽으로는 레바논 산맥으로 둘러싸여 있었다. 따라서 가나안의 서풍(봄, 겨울)은 따뜻하고 습한 바람과 비를, 동풍(여름)은 사막의 건조한 바람을 형성하여 아열대성 기후를 나타내었다. 가나안 땅은 남북이 233㎞, 동서가 넓어야 145㎞밖에 안 되는 좁은 면적이었지만, 지형적으로 매우 다양하여서 다음과 같은 여러 형태의 땅으로 구분되었다.

A. 해안 평지: 지중해를 따라 세 개의 평지가 펼쳐져 있는데, 북쪽의 아크레(Acre) 평원, 중앙의 샤론 평원(갈멜산과 욥바 사이의 숲), 남쪽의 쉐펠라(Shephelah) 평지가 그것이다. 블레셋은 그 중 남쪽 평지에 살면서 해상 무역에 종사하고 있었으며, 그들의 성읍인 아스돗, 아스글론, 가사, 에그론, 가드, 욥다 등이 이곳에 위치해 있었다. 해안선을 따라서 '바이아 마리즈'(Via Mariz, Way of the Sea)라는 고대 중동지역의 무역로가 있어서 이동이 용이하였다(사 9:1).

B. 서쪽 산지: 가나안 서쪽 거의 모든 지역에 걸쳐 험준한 바위로 된 산악 지대가 펼쳐져 있다. 신약시대의 갈릴리는 여러 개의 평지가 끝나는 이곳 산악지대에 위치하고 있다. 세겜, 실로, 벧엘, 길갈, 예루살렘, 베들레헴, 헤브론 등의 유명한 성읍들이 이곳에 위치해 있었다. 동쪽 고원지대가 평지라면 여기 서쪽지역은 산지에 해당한다.

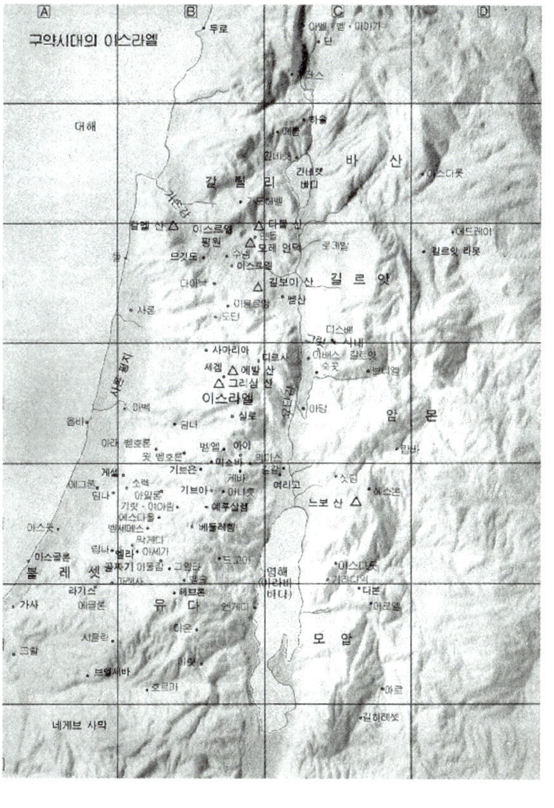

C. 요단 골짜기: 요단 골짜기는 가나안 땅 남북으로 길게 자리하고 있는데, 북쪽의 레바논 산에서 발원한 강이 골짜기를 이루다가 갈릴리 바다, 요단강, 사해 바다로 흘러가며 깊은 협곡을 이룬다. 성경에 등장하는 갈릴리(긴네렛, 게네사렛, 디베랴) 바다는 실제로

는 매우 작은 호수(폭 11㎞, 길이 19㎞) 정도라고 생각하면 된다. 한편, 사해는 요단 강물이 유입되기만 하고 물이 흘러나가지는 않는, 많은 무기물을 가지고 있으나 생명체가 전혀 살 수 없는 지구상에서 가장 낮은 저지대에 해당한다.

D. 동쪽 고원: 요단 골짜기 동쪽의 고원지역을 말하며, 네 개의 강(야르묵, 얍복, 야르논, 세렛)이 서쪽으로 통과하여 요단강과 사해로 흘러들어간다. 이 강들을 기준으로 지역이 갈려져 북쪽에서부터 바산, 길르앗, 암몬, 모압(롯의 후손들), 에돔(에서의 후손들) 족속들이 자리잡고 있었던 비옥한 땅이다. 성경에서는 요단 동편 또는 길르앗이라고 표현되기도 한다.

E. 남부 산지: 유다 또는 유대 지역이라 불리는 곳으로, 산지의 동쪽 절반은 경작이 가능하였으나 서쪽은 사막과 같은 황무지였다. 성경에 나오는 이곳의 "남방"(네겝) 지역, 즉 가네스 바네아 위쪽에 있는 신광야가 바로 예수께서 시험당하신 유대광야이다.

■ **보충자료: 이스라엘 12지파의 가나안 땅 분배**

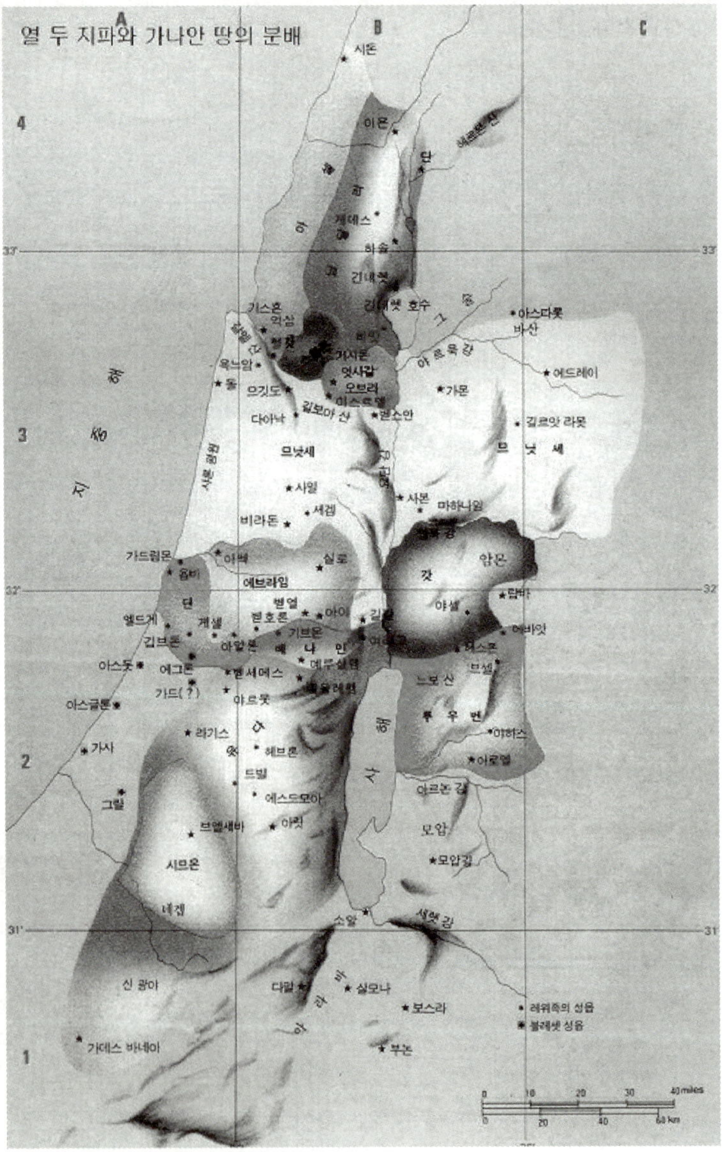

1

기생 라합의 믿음과 축복

읽어야할 본문: 여호수아 1-2장

숙고해야할 본문: 여호수아 2:15-21

그들의 불신앙 때문에 이스라엘 백성들은 광야에서 40년을 유랑한 후에야 요단강 동편 모압 평지에 도달할 수 있었다. 이제 그들은 뛰어난 새 지도자 여호수아와 함께 저 요단강을 건너 약속의 땅을 정복할 준비를 하고 있었다. 그런데 그 약속의 땅에는 이미 다른 족속들이 살고 있었는데 그들은 함의 아들들 중 한 사람인 가나안의 후손들로서, 그들의 문화는 전적으로 사악하고 타락하여 극악한 종교에 빠져 있었다. 하나님은 소돔과 고모라를 멸망시킴으로써 그들을 경고하셨으나 그들은 달라지지 않았다. 이제 하나님은 그들을 전멸하시고 이스라엘에게 그 땅을 주실 것이다. 그것은 타락한 세상문화에 대한 하나님의 심판이요, 이제 이스라엘은 하나님의 심판자로서 정복 전쟁을 치르게 될 것이다.

마침내 그 가나안 정복의 시작을 알리는 여리고성 함락을 위하여 지도자 여호수아는 두 명의 정탐꾼을 보낸다. 그때 이스라엘이 행한 놀라운 기적에 대해서 들었던 기생 라합은 위기에 처한 이스라엘의 정탐꾼들을 도와 도성을 빠져나갈 수 있게 해 주었다. 이로써 라합과 그녀의 식구들은 이스라엘 백성들이 도성을 멸망시킬 때 창문에 붉은 줄을 매달아 죽음에서 면할 수 있었다. 기생 라합이 이스라엘 정탐꾼을 선대한 것은 그녀가 비록 이방 여인이었으나 하나님만이 참 신이심을 믿었기 때문이었다. 이로써 그녀와 그녀의 가족이 죽음에서 구원을 받았을 뿐 아니라, 그녀는 그리스도의 직계 조상이 되는 놀라운 축복을 받는다.

■ 적용

라합이 복을 받은 것은 하나님의 오묘하신 섭리라 아니할 수 없다. 한 이방 여인의 작은 믿음이 그녀와 그녀의 가족들의 생명을 죽음에서 구한 것은 물론 상상할 수 없는 하나님의 축복을 받았다는 사실을 되새겨 볼 때, 우리는 또 한 번 우리의 믿음을 점검해 보지 않을 수 없다. 하나님은 그 사람의 신분이 아니라 믿음을 보시기 때문이다.

2
요단강의 기적과 기념비

읽어야할 본문: 여호수아 3–5장

숙고해야할 본문: 여호수아 3:1–9

하나님의 임재를 상징하는 언약궤를 선두로 해서, 이스라엘은 드디어 요단강을 건너 약속된 땅으로 들어갈 준비를 하게 된다. 모세가 그들의 조상을 이끌고 홍해를 건넘으로써 출애굽의 위대한 서막이 열렸던 것처럼, 이제 여호수아가 이스라엘 백성을 이끌고 요단강을 건너는 것은 가나안 정복의 시작점이라고 할 수 있었다. 따라서 요단을 건너는 이 날은 이스라엘 역사에 있어서 새로운 시대가 시작되는 아주 중요한 시기였다.

이제 하나님의 언약궤를 앞세우고 그들이 요단강을 건널 때, 요단강 물은 끊어지고 백성들은 무사히 강을 건너게 된다. 여호수아는 하나님의 지시대로 각 지파에게 요단강에서 열두 개의 돌을 취하여 장차 그들의 본거지가 될 길갈에 감사의 기념비를 세우도록 했다. 이는 후대에까지 그 돌을 보는 자마다 자신들의 역사 가운데 하나님이 베푸신 놀라운 은혜를 기억하고 감사하며 순종을 다짐케 하고자 함이었다. 하나님은 우상을 싫어하시지만, 은혜를 기억하게 하는 상징물들은 기꺼이 허락하셨다.

■ 적용

이스라엘 백성이 요단강을 건너 가나안에 입성하는 장면에서 그들이 하나님의 언약궤를 앞장세웠다는 사실은, 가나안 정복 전쟁을 주도하실 분이 하나님이시라는 사실을 나타낸다. 이스라엘은 그분의 뒤를 따르기만 하면 되는 것이었다. 모세와 그의 백성들이 홍해의 기적을 체험했듯이, 이제 여호수아와 그의 백성들은 요단강의 물이 끊어지는 체험을 하게 되었다. 그들은 이를 기념하여 감사의 기념비를 세우는데, 하나님이 돌봐주신 그들의 역사를 망각하지 않고 기억하고자 한 것이었다. 오늘날 주의 성찬은 은혜와 권능의 하나님을 기억하게 하는 영적인 기념비라고 할 수 있다. 그것은 우리의 기억을 새롭게 하고, 우리의 믿음을 더욱 굳건히 다지게 해준다.

3

여리고의 함락

읽어야할 본문: 여호수아 6장

숙고해야할 본문: 여호수아 6:15-21

여리고로 진격하기 전에 이스라엘은 하나님과 맺은 할례의 언약을 새롭게 하고 유월절을 지킬 것을 명령받는다. 이는 적들의 기습을 초래할 수도 있는 일이었으나 하나님은 이스라엘이 전적으로 하나님만을 의지하길 원하셨던 것이다. 하나님은 그들에게 당신의 임재와 권능을 확신시켜 주길 원하셨다. 이에 순종하여 이스라엘은 할례를 행하고 유월절을 지켰다.

이제 그들은 가나안 정복의 첫 관문인 여리고성을 점령하러 떠나게 되는데, 이스라엘 백성들은 하나님의 명령대로 여리고를 7일 동안 포위하였으며 그 중 6일 동안은 매일 제사장들이 앞에서 법궤를 메고 군사들과 함께 도성을 돌았다. 7 일째 되던 날 도성을 일곱 번 돌고 제사장이 나팔을 불고 백성들이 소리를 쳤을 때, 마침내 난공불락의 여리고성은 무너지고 라합과 그녀의 가족을 제외한 모든 사람들이 멸망을 당하였다. 이해할 수 없는 하나님의 명령이었으나, 절대적인 믿음으로 순종한 이스라엘은 놀라운 승리를 거두었다.

■ **적용**

여리고성 함락을 앞두고 하나님은 도저히 이해할 수 없는 당신의 명령에 이스라엘이 절대적으로 순종하길 원하셨다. 이에 이스라엘은 믿음으로 순종했고 놀라운 승리를 거뒀다. 영적 승리를 위해 우리가 가는 길이 세상의 지혜로 보면 어리석고 미련해 보일 수도 있다(고전 1:17-19). 하지만 그것은 멸망하는 자들의 생각이요, 구원을 얻은 우리에게는 하나님의 능력인 것이다. 우리의 삶에 방해가 되는 여리고성이 난공불락처럼 보일지라도, 그것들은 우리 주님의 권능에 무릎을 꿇고 말 것이다.

4

아간의 죄와 아이성에서의 패배

읽어야할 본문: 여호수아 7-8장

숙고해야할 본문: 여호수아 7:16-26

여리고성에서의 승리를 기뻐할 틈도 없이 이스라엘은 아이성 정복에 나서지만 공격에 실패하고 만다. 사실 아이성은 여리고성에 비해 작고 보잘것없어 쉽게 공략할 수 있는 성이었지만, 아간이 여리고성에서 전리품을 도적질한 죄로 인해서 하나님이 진노하심으로써 그들은 이번 공격에서는 패할 수밖에 없었다. 결국 제비뽑기를 통해 아간의 죄가 드러나고, 그와 그의 가족은 아골 골짜기에서 돌로 쳐죽임을 당하고 만다. 아간 한 사람의 죄로 인해 하나님을 진노를 산 온 이스라엘 백성들은 패배를 경험할 수밖에 없었다.

하지만 이 사건을 통해 그들은 하나님의 언약 백성들에게 요구되어지는 공동체적 책임을 배웠고, 아간을 처형함으로써 공동체 내의 죄악을 제거할 수 있었다. 이스라엘은 하나님의 말씀에 순종함으로써 두 번째 아이성 공격에서는 승리를 거두게 된다.

■ 적용

난공불락과도 같은 여리고성을 하나님께 순종함으로써 쉽게 무너뜨렸던 이스라엘은 작은 성 아이에서는 그들의 불순종으로 인해 패하고 만다. 물론 그것은 그들 모두가 아닌 아간이라는 한 사람의 죄 때문이었으나 하나님은 그들이 공동체적인 책임을 지기를 원하셨다. 그들은 아간을 처형함으로써 공동체 내의 죄악을 깨끗케 하였고, 마침내 두 번째 공격에서 승리를 거둘 수 있었다. 우리는 아간과 같은 사람이 되어서는 안 될 것이다. 한 사람의 죄로 말미암아 믿음의 공동체 전체가 시험에 들지 않도록 우리 한 사람 한 사람이 깨어 있어야 한다. 우리의 실패는 우리가 지은 작은 죄에서부터 비롯될 수 있다. 우리는 항상 시험에 들지 않도록 깨어 기도해야 할 것이다(시 139:23-24).

5

이스라엘의 승리

읽어야할 본문: 여호수아 9–11장

숙고해야할 본문: 여호수아 10:6–15

아모리 족속의 연합군이 이스라엘에게 화친한 기브온 거민들을 치러왔을 때, 하나님은 여호수아의 기도에 대한 응답으로 그가 싸울 때에 태양과 달을 멈추는 기적을 베푸셔서 24시간 동안 지구가 돌지 않게 하셨다. 인류 역사 가운데 하루가 48시간이었을 때가 있었음을 말해 준다. 이는 여호수아의 기도에 응답하신 하나님의 역사하심이었고(막 11:23-24), 이스라엘은 대승을 거두었다. 이로써 이스라엘은 남쪽 다섯 왕을 죽이고 그 유명한 성읍들을 얻게 되는데, 여기서 예루살렘이란 이름이 성경에 처음으로 등장하게 된다. 예루살렘은 이후부터 인류 역사에서 실로 엄청난 명성을 떨치게 된다.

한편, 연합군을 형성하여 대적해 오는 가나안 북쪽의 왕들을 메롬 물가에서 진멸한 이스라엘은 이로써 가나안 중부, 남부, 그리고 북부를 모두 점령하게 된다. 하나님의 권능 가운데 가나안 족속들을 모두 물리치고 그 땅에 하나님의 나라를 회복하게 된 것이다.

■ 적용

하나님이 기브온의 구원 요청을 받은 여호수아의 기도를 들으사 이적을 베푸시고 이스라엘에게 대승을 거둘 수 있게 하신 일은 사실 과학적으로는 도저히 해명이 되지 않는 사건이다. 하나님께로 돌아오기는커녕, 애굽의 바로처럼 마음을 강퍅하게 하고 이스라엘을 대적하던 가나안 족속들의 멸망은 장차 악한 자들에게 임할 하나님의 심판에 대한 분명한 전조라고 할 수 있다. 하나님은 불의한 자들을 절대로 그냥 두지 않으신다. 사탄은 지금도 우리를 유혹에 빠뜨리고자 하지만 주님이 오시는 그 날에는 완전히 진멸당할 것이다.

6

땅 분배와 여호수아의 죽음

읽어야할 본문: 여호수아 12-24장

숙고해야할 본문: 여호수아 24:19-28

이제 가나안을 점령한 여호수아는 정복한 땅을 각 지파에게 분배하여 정착시키고, 아직 정복하지 못하고 남은 땅들은 앞으로 완전히 정복해야 할 것을 천명한다. 요단 동편의 땅은 모세 생전에 이미 르우벤, 갓, 그리고 므낫세 반 지파에게 분배되었으며, 여호수아 인도 하에 점령한 요단강 서쪽 지역은 유다 지파를 비롯한 나머지 아홉 지파 반에게 제비뽑기를 통해 분배된다.

약속대로 땅을 분배받은 이스라엘이 이제 해야 할 일은 하나님의 계명과 규례들을 지키는 일이었다. 이에 여호수아는 여섯 개의 도피성을 세우고 레위인들을 위해서 48개의 성을 구별하는데, 이는 민수기와 신명기에서 하나님이 모세에게 주셨던 명령을 그대로 이행한 것이었다. 그 땅에 8년간의 평화가 있은 후에 여호수아는 죽음을 앞두고 백성들에게 고별사를 전하는데, 하나님을 계속하여 믿고 섬기면 그 땅에서 영원히 살 것이나 다른 신을 섬기면 그 땅을 잃게 될 것이라는 말씀이었다. 언약이 다시금 새롭게 갱신되고, 여호수아는 이스라엘의 지도자들 앞에서 "이 날 너희가 누굴 섬길 것인지를 택하라 나와 나의 집은 주님만을 섬길 것이라"(24:15)고 외친다. 그는 110세의 나이에 죽음을 맞이하는데, "이스라엘이 여호수아가 사는 날 동안에 여호와를 섬겼다"(24:31)라는 찬사를 받았다.

■ **적용**

애굽의 노예생활을 하던 이스라엘이 가나안 땅을 정복한 것은 하나님의 능력과 섭리에 의한 것으로, 그것은 아브라함과 맺으신 언약의 성취(창 15:13-21)였다. 하나님은 약속하신 모든 것을 때가 차매 이루신 것이다. 가나안 정복을 이끈 여호수아는 그의 고별사에서 모든 백성들이 여호와만을 믿고 섬길 것을 당부했다. 우리는 하나님이 우리를 위해 행하신 것들을 상기하고 주님을 믿고 섬길 때, 그에 합당한 축복을 누릴 것이다.

7
복습을 위한 질문

1. 왜 이 책을 여호수아라고 부르는가?

2. 여호수아는 어디에서 태어났고, 그는 모세를 어떻게 섬겼는가?

3. 여호수아서의 기록목적은 무엇인가?

4. 여호수아서와 모세오경의 관계를 설명하라.

5. 기생 라합은 이스라엘의 정탐꾼들을 위해서 어떤 일을 했는가?

6. 이스라엘은 가나안 정복 시에 하나님의 임재를 위해 무엇을 앞세웠는가?

7. 요단강을 건넌 이스라엘은 길갈에 어떤 종류의 기념비를 세웠는가?

8. 오늘날 우리가 기억해야 할 영적인 기념비는 무엇인가?

9. 여리고성의 함락을 통해 볼 때, 성경 속의 승리는 어떻게 이루어지고 있는가?

10. 첫 번째 아이성 공격이 실패한 이유는 누구의, 무슨 죄 때문인가?

11. 태양을 만드신 하나님이 그 태양을 멈추게 하신 일이 있었는가? 있다면 언제, 어떻게 이루어졌는가?

12. 여호수아서에서 처음으로 언급되는, 이스라엘의 수도는 어디인가?

13. 가나안 정복전쟁을 마치고 요단강 동편과 서편에 각각 자리잡은 이스라엘 지파들을 설명하라.

14. 이스라엘의 지도자 여호수아가 죽은 후에 주어진 찬사는 무엇인가?

15. 다음은 이스라엘 12지파의 땅 분할 지도이다. A~K에 해당하는 땅을 분배받은 지파들을 말하라.

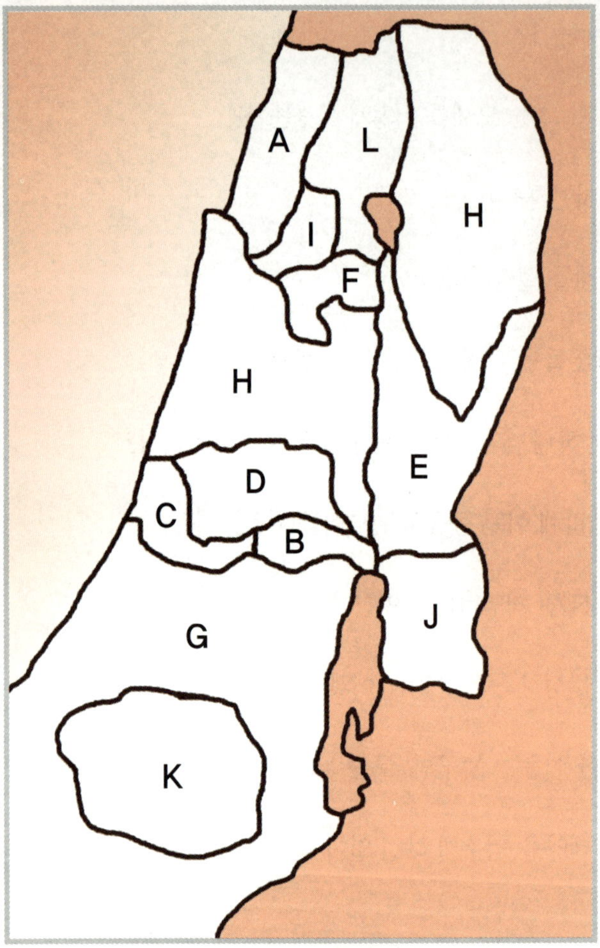

A. 아셀(Asher)

B. 베냐민(Benjamin)

C. 단(Dan)

D. 에브라임(Ephraim)

E. 갓(Gad)

F. 잇사갈(Issachar)

G. 유다(Judah)

H. 므낫세(Manasseh)

I. 스불론(Zebulun)

J. 르우벤(Reuben)

K. 시므온(Simeon)

L. 납달리(Naphtali)

사사기

- 핵심어: 이스라엘의 배교와 구원
- 핵심구절: "그 때에는 이스라엘에 왕이 없으므로 사람마다 자기 소견에 옳은 대로 행하였더라"(삿 17:6, 사사기에서 다섯 번 언급됨).

명칭과 배경

사사기(Judges)라는 명칭은, 이 책이 여호수아의 죽음에서부터 초대 왕 사울이 즉위할 때까지 이스라엘을 통치했던 12명의 사사를 다루고 있기 때문에 붙여졌다. 이와는 별도로 이스라엘 역사 가운데 있었던 사사 중 마지막 두 사람, 즉 엘리와 사무엘에 대해서는 사사기가 아닌 사무엘상에서 언급하고 있다. 출애굽 이후 이스라엘의 훌륭한 지도자였던 모세와 여호수아가 죽고 나자, 이스라엘 각 지파는 여호와 하나님을 배반하고 가나안 이방종교에 빠져 다른 신들을 섬기게 된다. 하지만 하나님은 이스라엘이 위기에 닥칠 때마다 사사들을 등장시켜 백성들을 구원하셨다.

당시 '사사'(Judges)는 오늘날의 재판관과는 전혀 다른 개념으로, 군사적 지도자와 종교적 지도자의 성격을 동시에 지니고 있었다. 하지만 사사는 국가적인 지도자였다기보다 대체로 특정 지파나 지역의 소수 민족들을 이끌었고, 때로는 두 명 이상의 사사가 동일한 시기에 같이 다스리기도 하였다. 따라서 사사기에서는 전체 이스라엘 민족보다는 각 지파를 중심으로 사건이 전개되고 있다. 일반적으로 사사기에 등장하는 사사들을 대사사(옷니엘, 에훗, 드보라, 기드온, 입다, 삼손)와 소사사(삼갈, 돌라, 야일, 입산, 엘론, 압돈)로 분류하기도 하는데, 이는 그들이 맡았던 역할의 중요성에 따른 것이라기보다 그 사사들의 활동을 기록하고 있는 성경의 분량의 많고 적음에 따라 구분된 것이다.

저자와 기록연대

전통적으로 사무엘이 이 책의 저자라고 알려져 있다. 이스라엘의 마지막 사사였던 그가 이전 사사들의 행적을 종합하여 기록하였을 것이다.

이 책의 기록 연대를 추정하는 것이 쉽지는 않으나 대체로 B. C. 1100년경에 쓰어졌다고 보며, 가나안 정복과 실로의 멸망 사이, 즉 B. C. 1425-1100년 사이의 사건들을 다루고 있다.

기록목적

이스라엘이 정치적 · 군사적으로 암울했던 시대에 대한 역사를 기록하고 있다. 말하자면 이스라엘 백성이 하나님을 반역하면 하나님께서는 그들을 징벌하시는데, 대개 이방나라나 다른 종족들을 통해 억압당하게 하신다. 이때 이스라엘 백성들은 회개하며 하나님께 구원을 간구하고, 그때마다 하나님은 사사를 세워 다시 이스라엘 민족을 압제자들의 손에서 구원하신다. 즉, 사사기 기자는 이스라엘의 역사적 암흑기에 그들이 반복해서 경험했던 반역, 억압, 회개, 구원에 대해서 말하고 있다. 이를 통해, 하나님께서는 죄인들의 회개에 신속히 응답하시며 또한 구원을 베푸시는 분임을 전해주고 있다. 아울러, 사사기는 이방나라에 의한 외적인 위협과 패배는 그들의 도덕적 타락과 우상숭배라는 내적인 문제만큼 심각하지 않음을 보여준다.

개요

Ⅰ. 이스라엘의 불순종(1-3:6)

Ⅱ. 이스라엘의 사사들(3:7-16장)

Ⅲ. 이스라엘의 수치(17-21장)

■ 참고자료: 이스라엘의 사사들

이름		지파	대적자	관련구절	속박기	평화기	특징
1	**옷니엘 (Othniel)**	유다	메소보다 미아왕	삿 1:11-15; 3:7-11; 대상 4:13	8년	40년	최초의 사사, 갈렙의 아우
2	**에훗 (Ehud)**	베냐민	모압왕 에글론	삿 3:12-30	18년	80년	왼손잡이, 모압왕 에글론을 죽임
3	삼갈 (Shamgar)		블레셋	삿 3:31; 5:6			소 모는 막대기로 블레셋을 물리침
4	**드보라 (Deborah)**	에브라임	가나안왕 야빈	삿 4:1-5:31	20년	40년	여사사로서 군대장관 바락과 함께 가나안 장군 시스라를 물리침
5	**기드온 (Gideon)**	므낫세	미디안 아말렉	삿 6:1-8:32; 히 11:32	7년	40년	300명의 용사로 수많은 대적을 물리침, 별명은 '여룹바알'
	아비멜렉 (Abimelech)	므낫세	세겜	삿 8:33-9:57; 삼하 11:21	3년		기드온의 아들, 백성들을 선동하여 추대됨
6	돌라 (Tola)	잇사갈		삿 10:1-2		23년	에브라임 산지 사밀에 거함
7	야일 (Jair)	길르앗 사람		삿 10:3-5		22년	30성읍을 얻음
8	**입다 (Jephthah)**	길르앗 사람	암몬	삿 10:6-12:7	18년	6년	잘못된 서원으로 딸을 제물로 바침
9	입산 (Ibzam)	유다		삿 12:8-10		7년	베들레헴 출신, 아들 30명은 두고 딸 30명은 타국으로 시집보냄
10	엘론 (Elon)	스불론		삿 12:11-12		10년	스불론 땅 아얄론에 장사됨
11	압돈 (Abdon)	에브라임		삿 12:13-15		8년	비라돈 사람, 아들 40명과 손자 30명이 70마리의 나귀를 탐
12	**삼손 (Samson)**	단	블레셋	삿 13:1-16:31	40년	20년	나실인으로 힘 센 장사였으나 여인의 꾐에 넘어가 비참하고도 장엄한 최후를 맞음

* 진하게 표시된 사사들은 대사사, 나머지는 소사사

1

이스라엘의 영적 태만

읽어야할 본문: 사사기 1–5장

숙고해야할 본문: 사사기 2:11–23

사사기는 여호수아가 죽은 후 계속해서 가나안 정복에 임하는 이스라엘(유다와 시므온)을 소개하면서 시작한다. 하지만 이스라엘 백성은 가나안 족속을 철저하게 진멸하라고 하신 하나님의 명령에 제대로 순종하지 않았다. 사사기는 이에 대해서 장장 여섯 번에 걸쳐서 진술하는데, 이스라엘 백성들은 이제 오랜 정복 전쟁을 마치고 안식이 주어지자 가나안의 부패한 삶과 종교를 정복하기보다 이를 즐기며 그들과 함께 섞이기 시작했던 것이다. 가나안의 신 바알과 아세라의 향락문화에 빠져들어 배교를 일삼던 이스라엘은 결국 가나안을 정복하는 데 실패하여 타락하고 만다.

우상숭배로 부패한 그들을 모두 쫓아내라는 하나님의 말씀을 거부하고 가나안 종교를 받아들인 이스라엘은 이렇게 불행을 자초하였다. 이에 하나님은 남아있는 가나안의 이방 세력들을 끌어들여 이스라엘로 하여금 고통 가운데 거하게 하기로 작정하시지만, 또한 그들이 회개하고 돌이킬 때 사사들을 보내어 구원코자 하셨다. 이 모든 것은 하나님의 은총을 깨닫게 하시려는 그분의 놀라운 계획이었다.

■ 적용

우리는 세상의 쾌락을 좇아 하나님의 뜻을 소홀히 하는 죄를 범해서는 안 될 것이다. 악한 세력과 타협하여 죄인의 길에 서는 것은 위험한 일이다(시 1:1). 약속의 땅에 아직도 남아 있는 패역한 가나안 족속들은 그리스도인들의 마음속에 여전히 도사리고 있는, 죄에 대한 표상이라고 할 수 있다. 이러한 죄악된 마음은 우리의 삶에서 언제나 활개칠 기회를 노린다. 성령의 도움으로 우리는 이런 죄들을 우리 마음에서 몰아낼 수 있어야 하겠다. 우리는 우리가 평안 가운데 있을 때, 더욱더 하나님과 가까이하고 그분을 섬기는 일을 게을리 하지 않도록 늘 깨어 기도해야 할 것이다. 우리의 안락함이 영적 생활에 방해가 된다면, 하나님은 언제든지 우리의 상황을 바꾸실 수 있는 분이라는 것을 기억해야 할 것이다.

2
기드온과 300명의 용사들

읽어야할 본문: 사사기 6–8장

숙고해야할 본문: 사사기 7:9–23

하나님은 이스라엘이 위기에 처할 때마다 그들을 구원하고자 그들의 지도자로 사사를 보내셨다. 옷니엘, 에훗, 삼갈, 그리고 위대한 여사사였던 드보라가 그랬다. 이제 하나님은 이스라엘 백성을 미디안의 압제로부터 구원하기 위해 기드온을 사사로 부르신다. 하지만 기드온은 하나님의 부르심에 주저하며 자신의 능력 없음을 이유로 사양한다. 이에 하나님은 기드온에게 두 번의 표적을 보여주심으로써 그의 마음속에 자리 잡은 두려움을 이기도록 하셨다.

하나님은 기드온에게 대부분의 군대를 돌려보낼 것을 명하시고, 불과 300명의 용사들로 미디안의 대군을 물리치셨다. 이는 그들의 힘이 아닌, 하나님의 도우심과 그에 대한 믿음이 승리의 관건임을 가르치시고자 함이었을 것이다. 적은 수의 군대로도 하나님께 순종한다면 하나님은 그 어떤 대적도 물리칠 수 있는 분이셨다. 이 전쟁에서 대승을 거둔 뒤 이스라엘 백성들은 기드온을 왕으로 추대하였지만 그는 이를 사양하였다. 그는 여호와 하나님만이 이스라엘의 왕 되심을 고백하면서 이렇게 말했다. "내가 너희를 다스리지 아니하겠고 나의 아들도 너희를 다스리지 아니할 것이요 여호와께서 너희를 다스리리라"(8:23).

■ 적용

기드온의 두려움과 부족한 믿음을 보시고, 하나님은 당신을 믿고 순종하기만 하면 300명이라는 적은 군사로도 능히 대군을 물리칠 수 있다는 사실을 그에게 보여주셨다. 하나님은 모든 일에 있어 우리의 힘과 능력 이전에 우리가 믿음을 갖고 순종하기를 원하신다. 우리가 그분의 도우심을 믿고 순종할 때 상상조차 할 수 없는 기적을 우리의 삶 가운데 체험하게 될 것이다. 얇고 힘없는 종이 한 장이지만 그 뒤에 바위를 댄다면 어느 송곳도 그 종이를 뚫기 어려운 것처럼, 우리가 항상 우리 뒤에 하나님이 계신다고 믿는다면 그 어떤 적도 능히 이길 수 있을 것이다. 하나님은 우리의 능력 이전에 우리의 믿음을 보신다. 기드온이 두려움을 극복하고 믿음으로 순종함으로써 기적의 승리를 이룬 것처럼, 우리도 하나님의 도우심을 믿고 나간다면 능히 이루지 못할 일이 없을 것이다.

3

입다와 잘못된 서원

읽어야할 본문: 사사기 9–12장

숙고해야할 본문: 사사기 11:29–40

이스라엘 백성은 하나님의 놀라운 은혜로 외세의 압제에서 구원을 받지만 너무나 쉽게 이를 망각하고 죄악에 빠지기를 반복했다. 그러던 중 암몬이 이스라엘이 차지하고 있던 땅이 자신들의 땅임을 주장하고 나서는데, 하나님은 이러한 위기의 순간에 또 다시 유능한 사사 입다를 세우신다. 그는 어머니가 창기였던 까닭에 형들로부터 버림을 받아 집을 떠났으나, 길르앗의 장로들이 그의 능력을 인정하여 엄숙한 언약식을 통해 사사로 삼게 된다. 합법적인 사사가 된 그는 외교적 협상을 통해 암몬과의 문제를 해결하고자 하였으나 결국 실패로 돌아가자 그들과 일전을 벌였다. 하지만 전쟁을 치르기 전, 그는 불행하게도 하나님께 불필요하고 지혜롭지 못한 서원을 하게 된다. 암몬과의 전쟁에서 승리를 거두게 해 주신다면, 돌아올 때 자기 집에서 자신을 가장 먼저 영접하는 자를 하나님께 바치겠다고 한 것이다. 이 서원은 입다에게 자신의 무남독녀를 죽게 만드는 엄청난 불행을 가져오고 만다.

여기서 입다가 딸을 실제로 하나님께 바쳤다는 것인지, 아니면 딸을 평생 처녀로 살게 했다는 것인지에 대해서는 학자들마다 견해가 다르지만, 전체적인 뉘앙스는 그가 정말로 사람을 제물로 바치고자 의도했다는 것을 보여준다.

■ 적용

입다는 암몬과의 전쟁에서 승리할 수만 있다면 돌아온 후에 자신을 처음으로 마중 나온 자를 하나님께 바치겠다고 서원함으로써 끝내 자기 외동딸을 제물로 바치게 되는 엄청난 실수를 저질렀다. 하나님은 결코 사람을 제물로 바치는 것을 원치 않으신다. 이는 패역한 가나안의 인신제사에 그 뿌리를 둔 이교도의 관행이었다. 성경 어디에도 하나님이 사람을 제물로 바치는 것을 원하신 예가 없다. 입다의 경우는 잘못된 서원이 가져다주는 불행을 보여주고자 한 것이다. 하나님께 대한 약속은 성경적이어야 하며, 하나님이 기뻐하시는 것이어야 한다.

4
삼손과 들릴라

읽어야할 본문: 사사기 13–21장

숙고해야할 본문: 사사기 13:1–7; 16:23–31

일찍이 이스라엘에 있었던 사사들 중에 우리에게 가장 잘 알려진 사사가 삼손이 아닐까 싶다. 성경에 기록된 그의 이야기는 대단히 흥미로워서 우리 어린이들에게 특히 더 유명한 것 같다. 알려진 대로, 그는 날 때부터 하나님의 섭리 가운데 성별(聖別)된 자로서의 축복을 받았다. 그는 하나님께 바치운 나실인으로 태어나 엄청난 힘을 소유하고 있었지만, 또한 머리를 자르지 않아야 하고 포도주와 독주를 마시지 않아야 했다. 하지만 그는 하나님의 뜻을 따라 살아야 했던 나실인이었음에도 불구하고 육적인 정욕에 빠져서 블레셋 여인 들릴라와 결혼하려 했으며 그의 모든 불행은 여기서 시작되었다.

그리하여 결국 그는 들릴라의 꼬임에 넘어가서 나실인의 비밀을 말해 버림으로써 블레셋 사람들에게 잡혀 두 눈을 뽑힌 채 짐승처럼 맷돌이나 돌리는 신세로 전락하고 만다. 하지만 그가 회개하고 하나님께로 돌아왔을 때, 하나님은 그를 마지막까지 사용하셔서 블레셋을 크게 징벌하게 하셨다. 사실 삼손의 이야기는 블레셋 사람들에 대한 그의 개인적인 보복처럼 보이지만, 궁극적으로 이 모든 사건은 블레셋을 징계하시려는 하나님의 섭리 가운데 이루어진 것이라고 말할 수 있다. 그것이 히브리서 기자가 그를 믿음의 사람이라고 칭찬하는 이유이기도 하다.

■ 적용

우리는 삼손의 이야기를 읽으면서 그가 왜 아직까지도 그토록 영웅시되고 있는지 의문이 들 때가 있다. 물론, 그가 이스라엘의 위대한 사사로서 그의 백성들을 블레셋의 압제로부터 구원해 낸 것은 사실이다. 하지만 지도자로서의 그의 인격과 소양을 볼 때 여러 가지로 부족한 사람이었음에는 틀림이 없다. 그는 나실인으로서 천사에 의해 지명을 받았고 놀라운 잠재력을 가지고 있었지만, 그것을 지혜롭게 사용하지 못하고 나실인이 지켜야할 서원을 끊임없이 깨뜨렸다. 그런데 여기서 눈여겨보아야 할 것은, 그가 한 인간으로서 허물이 많은 것은 분명했지만 그의 허물에도 불구하고 하나님께서 그를 이스라엘의 위대한 지도자로 귀히 쓰셨다는 것이다. 우리도 삼손과 같이 허물 많은 인생이지만, 우리가 믿음으로 나아갈 때 하나님은 우리의 허물을 덮으시고 우리를 그의 일꾼으로 귀히 쓰실 것이다.

룻기

- **핵심어:** 하나님을 위한 결심
- **핵심구절:** "룻이 이르되 내게 어머니를 떠나며 어머니를 따르지 말고 돌아가라 강권하지 마옵소서 어머니께서 가시는 곳에 나도 가고 어머니께서 머무시는 곳에서 나도 머물겠나이다 어머니의 백성이 나의 백성이 되고 어머니의 하나님이 나의 하나님이 되시리니"(룻 1:16).

명칭과 배경

룻기(Ruth)라는 명칭은 이 책의 주요 인물인 룻의 이름을 따서 붙여졌다. 룻은 모압 출신의 이방여인으로서 그리스도의 조상이 되는 축복을 누렸다. 룻기는 나오미와 그녀의 며느리 룻에게 일어난 비극적인 사건에 대한 이야기지만, 그와 동시에 이방여인이 하나님을 믿고 따름으로써 구원에 이르게 되는 아름다운 이야기이기도 하다. 룻기는 사사시대에 살았던, 이스라엘로 대변되는 한 가정의 몰락과 구원에 대한 이야기인 것이다.

저자와 기록연대

이 책의 저자가 누구인지는 정확하게 알려져 있지 않다. 다만 룻기 마지막 부분에 다윗의 출생을 언급하고 있는 것으로 보아, B. C. 950년을 전후로 하는 다윗 시대나 솔로몬 시대에 기록된 것으로 보인다.

기록목적

룻기는 하나님께서 인류 역사의 주관자가 되시며, 인간의 삶 가운데 섭리하고 계심을 보여준다. 하나님은 룻과 보아스를 통해 이스라엘 최고의 왕 다윗을 나게 하시고, 또한 그들의 자손을 통해 예수 그리스도가 나게 하셨다. 또한 모압 여인 룻이 다윗과 예수 그리스도의 조상이 되었다는 사실은, 사랑의 하나님께서 장차 그를 믿는 이방인들까지도 당신의 자녀로 인정할 것임을 예언해 주고 있다. 다시 말해, 룻기는 장차 하나님의 은혜로 이방나라로 뻗어 나가게 될 복음을 대변하고 있다고 하겠다.

개요

Ⅰ. 룻의 결심(1장)

Ⅱ. 룻의 이삭줍기(2장)

Ⅲ. 나오미의 계획(3장)

Ⅳ. 룻과 보아스의 결혼(4장)

■ 참고자료: 룻기에 나오는 다윗의 족보

베레스 → 헤스론 → 람 → 암미나답 → 나손

↓

살몬 - 라합

↓

보아스 - 룻

↓

오벳

↓

이새

↓

다윗

5

룻의 선택

읽어야할 본문: 룻기 1장

숙고해야할 본문: 룻기 1:15-18

아직 사사들이 이스라엘을 통치하고 있을 때(사사시대 중 기드온 때로 봄), 유다 베들레헴에 살고 있던 엘리멜렉과 나오미, 그리고 두 아들에게 심각한 가뭄이 닥쳤다. 이들은 기근을 피해 베들레헴에서 요단강을 건너 모압 땅으로 이주를 하게 되고, 거기서 두 아들은 룻과 오르바라는 모압 여인들과 결혼을 하게 된다. 하지만 엘리멜렉과 그의 두 아들은 모압 땅에서 모두 죽고 나오미와 두 며느리만 남게 된다. 베들레헴에 다시 풍년이 들었다는 소식을 들은 나오미가 고향으로 돌아갈 것을 결심하고 두 며느리들을 친정으로 돌려보내려고 했을 때, 오르바와 달리 룻은 시어머니 나오미를 따르려고 한다. 이러한 룻의 결심은 단순한 효심을 넘어서 하나님의 능력과 은혜를 믿고 시어머니와 함께 끝까지 동행하며 그 하나님을 섬기고자 한 것이었다.

룻은 이방여인으로 태어났지만 남편과 시어머니 나오미를 통해 참된 하나님을 알게 되었다. 따라서 그녀는 과감하게 자기 조상들의 우상숭배와 부패한 삶을 버리고 살아계신 하나님만을 섬길 것을 결심했다. 비록 이방여인이었지만, 그녀는 시어머니처럼 하나님을 섬기기로 선택함으로써 마침내 다윗과 그리스도의 조상이 되는 놀라운 축복을 누리게 된다.

■ 적용

엘리멜렉과 나오미가 살았던 베들레헴('떡집'이라는 뜻)은 이스라엘의 곡창지대로, 여기까지 흉년이 들었다는 것은 이스라엘이 영적으로나 육적으로 모두 죽어가고 있다는 것을 의미하였다. 타향에서 남편과 아들마저 잃은 나오미는 이제 모든 소망이 끊어진 상태였지만, 이방여인이었던 며느리 룻은 아무것도 바라지 않고 끝까지 시어머니와 함께 이스라엘의 하나님을 섬기기로 작정한다. 이로써 그녀는 이방여인으로 예수님의 족보에 이름을 올리는 큰 영광을 누리게 된다. 인생 최고의 갈림길에서 선택의 기로에 섰을 때, 룻은 세상길로 가는 대신 하나님의 능력과 은혜를 믿고 하나님을 섬기기로 결심했고 이것은 그녀에게 엄청난 축복을 가져다 주었다. 그리스도인은 언제나 세상을 선택할 것이냐, 주님을 선택할 것이냐 하는 갈등을 겪는다. 하지만 우리는 동시에 둘 다 섬길 수는 없다. 세상을 버리고 떠나야 주님을 따를 수 있고, 주님을 따라야 세상을 이기는 축복을 받을 수 있다.

6
룻이 받은 축복

읽어야할 본문: 룻기 2-4장

숙고해야할 본문: 룻기 4:13-17

하나님은 룻으로 하여금 보아스의 밭에서 이삭을 줍게 하셨다. 보아스란 이름은 구속자를 의미하며, 그것은 예수 그리스도의 아름다운 이름을 표상하고 있다. 룻의 신앙과 인품, 그리고 그녀의 아름다운 모습에 감동한 보아스는 그녀가 그의 들판에서 이삭 줍는 일을 계속할 수 있게 허락했고, 젊은이들에게 적절히 이삭을 떨어뜨림으로써 그녀를 돕도록 했다.

나오미는 모세의 율법대로 가까운 친척인 보아스가 기업을 무를 자로서 룻과 결혼하여 대를 잇게 할 책임이 있다고 믿었고, 보아스 또한 룻의 청혼을 오히려 고맙게 생각했다. 하지만 보아스는 자신보다 더 가까운 친족이 있음을 알고서 도성의 장로들을 초청하여 기업 무를 자의 우선순위를 신중하게 결정하고자 하였다. 결국 가장 가까운 친족이 그의 신발을 벗어 보아스에게 줌으로써 기업 무를 자의 권리와 의무를 포기하자 마침내 보아스는 룻과 합법적으로 결혼을 하게 되었다. 룻과 보아스 사이에서 오벳이 태어나고 오벳은 이새를 낳고 이새는 다윗을 낳게 되는데, 룻은 이방여인이지만 하나님을 믿고 따름으로써 드디어 예수 그리스도의 조상이 되는 엄청난 축복을 누리게 된 것이다.

■ 적용

율법은 우리를 죄의 저주에서 구할 수 없었다. 룻의 경우에 율법으로는 소망이 없었다. 하나님의 은혜만이 그녀를 구할 수 있었고, 그 하나님의 은혜는 보아스(구원자)를 통해서 나타났다. 보아스는 룻의 남편의 혈족으로서 그녀를 구원할 의지가 있었으며, 구원의 대가를 지불할 능력이 있었다. 이 모든 것을 가능케 했던 보아스는 장차 오실 예수 그리스도의 아름다운 표상이었다. 우리는 룻기를 통해 그리스도를 믿는 믿음 안에서만 참 안식을 얻을 수 있음을 깨닫는다. 그리스도만이 우리에게 약속하신 참 안식을 주실 수 있다.

7

복습을 위한 질문

1. 사사기란 명칭은 어떻게 붙여졌으며, 이스라엘의 역사상 얼마나 많은 사사들이 있었는가?

2. 사사시대 이전 이스라엘의 위대한 두 지도자는 누구였는가?

3. 사사는 어떤 사람이었는가?

4. 사사기는 누가 기록하였으며, 얼마나 많은 기간을 다루고 있는가?

5. 사사기에서 이스라엘이 반복해서 경험하는 일은 무엇인가?

6. 약속의 땅에 남아 있던 가나안 사람들은 우리 마음속에 있는 무엇의 표상인가?

7. 하나님은 왜 기드온의 용사들을 300명으로 한정하셨는가?

8. 입다의 실수는 무엇인가?

9. 입다가 사람을 제물로 바친 것은 어디에서 기원했는가?

10. 삼손이 실수하게 된 원인은 무엇인가?

11. 룻기란 명칭은 어떻게 붙여졌는가?

12. 룻의 시어머니는 누구였는가?

13. 룻은 어느 지방 사람이었으며, 그녀는 누구를 섬기기를 결심하였는가?

14. 보아스는 룻에게 어떤 마음이었는가?

15. 나오미는 룻이 보아스와 결혼하는 것을 어떻게 생각하였는가?

16. 기업 무를 자가 신발을 벗는 것은 어떤 증표가 되는가?

17. 룻과 보아스에게서 누가 탄생하며, 그는 다윗과 어떤 관계인가?

18. 보아스는 누구를 표상하는가?

사무엘상

- 핵심어: 왕조의 시작
- 핵심구절: "보소서 당신은 늙고 당신의 아들들은 당신의 행위를 따르지 아니하니 모든 나라와 같이 우리에게 왕을 세워 우리를 다스리게 하소서"(삼상 8:5)

명칭과 배경

사무엘상(1 Samuel)이라는 명칭은 주요 인물 중 하나가 사무엘이고, 전통적으로 그가 사무엘상 전반부의 저자로 알려져 있기 때문에 붙여졌다. 사무엘상은 이스라엘이 사사시대에서 왕정시대로 넘어가는 과정과 메시아의 조상으로서 다윗 왕의 행적을 기록하고 있다.

사무엘상·하는 연속된 내용으로, 사무엘상이 끝나는 지점에서 사무엘하가 시작되고 있다는 사실로 보아 두 책은 원래 한 권의 책이었음이 분명하다(70인역 성경에서부터 분리된 것으로 보임).

저자와 기록연대

전통적으로 사무엘이 이 책의 저자로 언급되고 있으나 그는 사무엘상 전반부를 기록했을 것이며, 사무엘의 죽음(삼상 25:1) 이후는 선지자 나단과 갓이 기록했을 것으로 추측된다.

이 책의 기록연대를 정확히 알 수는 없으나, 사무엘상의 중심인물인 다윗의 죽음이 언급되어 있지 않은 것으로 보아 다윗의 통치 말기나 그가 죽기 직전에 기록되었을 것이다. 전체적으로는 B. C. 1100-1017년 사이의 사건이 중점적으로 다루어지고 있으며, 솔로몬의 죽음 직후인 B. C. 940년경의 사건에 대해서도 언급하고 있다.

기록목적

사사시대 말기와 초기 왕정시대에 살았던 저자는 이스라엘의 마지막 두 사사였던 엘리와 사무엘의 이야기와 함께 이스라엘의 초대 왕인 사울의 통치하에서의 이스라엘의 역사를 말해주고 있다. 아울러, 통치제제가 왕정으로 바뀌는 과정에서 이스라엘이 이방나라들처럼 자신들의 왕을 가지고자 하나님께 요구한 것이 얼마나 위험한 일이었는지를 보여주지만, 그것은 이스라엘의 왕이 유다족속으로부터 오리라는 고대 예언의 성취이기도 했다.

개요

Ⅰ. 사무엘의 어린 시절(1-3장)

Ⅱ. 사사로서의 사무엘(4-8장)

Ⅲ. 이스라엘의 초대 왕 사울의 부흥(9-12장)

Ⅳ. 사울 왕의 쇠락(13-15장)

Ⅴ. 다윗의 소개(16-17장)

Ⅵ. 사울에게서 쫓기는 다윗(18-27장)

Ⅶ. 사울과 요나단의 죽음(28-31장)

1
엘리와 그의 아들들

읽어야할 본문: 사무엘상 1–3장

숙고해야할 본문: 사무엘상 2:27–36

사무엘상이 시작되면서, 이스라엘 역사상 최초로 사사와 제사장의 직분을 동시에 가지고 40년 동안 백성들을 통치했던 엘리의 이야기가 등장한다. 그에게는 불량자로 불리는 두 아들 홉니와 비누하스가 있었는데, 그들은 제사장이라는 신분에도 불구하고 하나님 뜻에 반역하는 악한 자들이었다. 엘리는 아버지로서 그들의 탐욕과 부도덕성을 바로잡지 못하였고, 결국 그들의 죄악으로 인해 하나님의 심판을 당하고 만다.

하나님은 엘리 가정에 대한 심판을 어린 사무엘에게 계시하셨고, 여호와께 불순종했던 엘리 가계를 폐하시고 사무엘을 선지자로 부르셨다. 마침내 블레셋이 그들을 침입하였을 때 이스라엘은 심히 패퇴하였고, 하나님의 언약궤를 빼앗겼으며, 엘리의 두 아들은 전쟁에서 죽임을 당하였다. 이 소식을 들은 엘리는 충격으로 의자에서 자빠져 98세의 나이로 죽고 말았다. 이로써 그는 인격적으로 훌륭하고 겸손하였으나, 자녀들의 방종을 제대로 다스리지 못한 유약한 아버지를 대표하게 되었다.

■ **적용**

엘리의 아들들의 죄악상은 경건하게 성장하는 사무엘의 모습과 대조를 이룬다. 마음대로 되지 않는 것이 자식이라고 하나, 자식을 하나님의 말씀으로 바르게 양육하는 것은 세상 모든 아버지들의 책임임이 분명하다. 엘리의 경우에서 보듯이, 가정에서 자녀 교육에 실패한 아버지는 자녀의 인생뿐 아니라 가정 전체에 비극을 가져온다. 나아가, 건강한 나라 또한 건강한 가정에서 출발한다고 볼 수 있다. 따라서 우리 부모된 자들은 자녀를 "교훈과 책망과 바르게 함과 의로 교육"하는 데 게을리 하지 말아야 할 것이다. 또한, 우리 자녀들은 부모의 가르침에 마땅히 순종해야 할 것이다. 그렇게 할 때, 개인의 삶도 나라 전체의 삶도 하나님의 축복 아래 건강해질 수 있을 것이다.

2

사무엘의 사역

읽어야할 본문: 사무엘상 4–8장

숙고해야할 본문: 사무엘상 7:3–17

성경에 등장하는 인물들의 대부분은 어린 시절에 대한 기록이 없으나 사무엘의 경우는 예외적이다. 그는 레위 족속의 자손으로, 어머니 한나의 간절한 기도에 대한 응답으로 태어났다. 그리고 한나는 그녀의 서원대로 아들 사무엘을 하나님께 성별(聖別)하여 바쳤다. 사무엘은 최초의 선지자였고, 제사장이었으며, 또한 이스라엘의 마지막 사사로서 장차 있을 왕정시대의 토대를 마련하였다.

사무엘은 블레셋 사람들의 지배 아래 있는 이스라엘 백성들을 구원하고, 그들로 하여금 이방신으로부터 떠나 하나님만을 섬기도록 인도하고자 하였다. 이에 사무엘은 백성들과 미스바에서 모여 하나님께 회개하고 금식하며 하나님만을 섬기기로 약속하였다. 이때에 소식을 들은 블레셋 사람들이 이스라엘을 공격해 왔는데, 사무엘이 오로지 번제를 드리며 기도하였더니 하나님께서 우레를 발하여 블레셋 사람들을 혼비백산시켜 패퇴시키셨다. 사무엘은 이 승전을 기념하여 미스바와 센 사이에 돌을 세우고 그 이름을 에벤에셀, 즉 "여호와께서 여기까지 우리를 도우셨다"라고 불렀다.

하나님은 이스라엘이 신정국가로서 하나님만을 진정한 왕으로 섬기며 하나님의 통치를 받기를 바라셨다. 하지만 이스라엘은 사무엘의 아들들이 그 악행으로 인해 사사가 되기에 부적합하다는 핑계로 그들도 주변 국가들처럼 인간 왕을 갖기를 원했다. 사무엘은 인간을 왕으로 세우는 것이 하나님께 대한 반역이라고 생각했지만, 하나님께서는 사울을 사무엘에게 보내셔서 당신께서 그를 왕으로 택하셨음을 계시하셨다.

■ 적용

하나님께서는 사무엘을 선지자로, 제사장으로, 또 이스라엘의 마지막 사사로 부르셨고, 그는 하나님의 말씀에 순종하여 그의 직무를 잘 수행하였다. 사무엘은 이방 신을 섬기고 있던 이스라엘 백성들이 회개하고 하나님께 돌아오도록 인도했고, 이에 하나님은 그들을 축복하셔서 그들로 하여금 대적 블레셋을 물리치게 하셨다. 때마침 이스라엘이 미스바에 모여서 성회를 갖는다는 소식을 들은 블레셋은 그들을 침략할 좋은 기회로 여겼지만, 하나님은 그것을 이스라엘에게 신앙의 힘이 얼마나 위대한지를 보여주시는 계기로 삼으셨다. 성경에서 자주 보는 것처럼, 이스라엘 백성들이 전쟁에서 승리하게 된 원인은 그들이 가진 무기나 군사의 수에 있지 않고 오직 하나님께 대한 믿음이었음을 알 수 있다. 우리가 가진 능력과 힘에 의존하기보다 하나님을 전적으로 믿고 의지하는 것이 모든 일에 있어 우리가 승리할 수 있는 원천인 것이다.

3
사울의 패배

읽어야할 본문: 사무엘상 9-15장

숙고해야할 본문: 사무엘상 15:10-23

이스라엘이 왕을 갖게 될 것이라는 신명기 17:14-20의 예언에도 불구하고, 하나님은 당신의 백성들이 인간 왕을 갖는 것을 원하지 않으셨다. 하지만 하나님께서는 끝까지 그들의 왕을 요구하는 이스라엘 백성들의 간청을 들어주신다. 결국 사울이 하나님의 섭리에 따라 이스라엘의 초대 왕으로 택함을 받아 사무엘에게 기름부음을 받고, 후에 미스바에 모인 백성들 앞에서 왕으로 선포된다.

사울은 이스라엘 백성들의 마음에 합한 자였다. 그는 베냐민 지파의 유력한 집안에 속한 자로, 용모가 준수하고 키가 컸으며, 효성 또한 지극했다. 나아가, 그는 용기 있는 자였고 겸손한 자였다. 마침내 하나님은 사무엘을 통해 사울을 이스라엘의 초대 왕으로 세우시는데, 처음에 그는 하나님께서 기름 부으신 선한 왕으로서 그 역할을 다하지만 점차 하나님께 순종하기를 거부하고 타락하고 만다. 사울은 하나님께 불순종하여 제사장의 직무를 범하였을 뿐만 아니라, 어리석은 서원을 하여 자기 아들을 죽일 뻔하였다. 또한, 아말렉과의 승리 후 그들의 가축과 소유까지 완전히 멸하라는 하나님의 말씀에 불순종하였다. 변명하는 사울에게 사무엘은, "순종이 제사보다 낫고 듣는 것이 수양의 기름보다 나으니"(15:22)라는 유명한 말을 남긴다. 불신앙의 길을 걸었던 사울은 결국 하나님께 버림 받아 왕권을 박탈당하리라는 예언을 듣게 된다.

■ 적용

사울 왕의 일생을 통해, 우리는 하나님께서 그가 지도자로서 어리석은 판단을 했을 때도 결코 버리지 않으셨음을 알 수 있다. 하지만 그가 하나님을 잊었을 때는 하나님의 화를 결코 피하지 못했음도 볼 수 있다. 이는 이스라엘의 통치 방식이 바뀌더라도 여전히 여호와 하나님이 그들의 왕이심을 나타내며, 이스라엘의 왕들은 하나님의 뜻에 따라 백성을 다스리는 하나님의 대리자였다는 사실을 보여 준다. 사울 왕은 처음과 달리 점차 하나님께 불순종하여 자신의 뜻에 따라 이스라엘을 통치함으로써 결국 하나님께 버림을 받고 말았다. 사울에게서 하나님의 신이 떠나심으로써 그가 악한 영에 시달렸듯이, 악한 길을 가는 자에게는 하나님의 거룩한 은혜를 철회하신다. 우리가 하나님의 은혜를 믿고 순종할 때 하나님께서는 우리에게 더 많은 은혜를 부어주신다.

4
다윗과 요나단

읽어야할 본문: 사무엘상 16–20장

숙고해야할 본문: 사무엘상 18:1–5

이새의 아들이자 룻과 보아스의 손자인 다윗은 베들레헴에서 태어났다. 그는 이새의 여덟 아들 중에 막내였고, 용감하고 헌신적인 마음의 소유자였다. 다윗은 '외모를 보지 않고 중심을 보시는'(삼상 16:7) 하나님으로부터 택함 받은 인물로서, 사무엘은 그가 18세 되었을 때 이미 사울을 계승할 왕으로서 그에게 기름 부었다. 그는 원래 아버지의 양떼를 돌보는 목자로 살았는데, 사나운 짐승에게서 양들을 잘 돌보았을 뿐만 아니라 하프를 잘 연주하여서 사울의 궁전으로 부름을 받게 된다. 그는 하나님이 함께하신다면 어떤 대적도 물리칠 수 있다는 확고한 믿음으로 블레셋의 거인장군 골리앗을 물리침으로써 이스라엘의 영웅이 되어 백성들의 신망을 얻게 되고, 그 용맹함과 인격을 인하여마침내 사울의 사위가 되기에 이른다.

다윗이 이스라엘의 지도자로 급부상하자 사울의 시기심이 날로 커져갔던 반면, 그 아들 요나단은 아버지와는 달리 다윗을 아끼고 존중하였으며 그와의 우정을 소중히 여겼다. 다윗을 죽이고자 하는 아버지의 뜻을 어기고 매번 그를 살려주었을 뿐만 아니라, 아버지 사울에 이어 왕이 될 수 있는 자격을 포기하고 자신을 대신해 다윗이 왕이 될 수 있도록 도왔다. 나아가 그는 친구 다윗을 위하여 죽기를 자처하였는데, 이는 그가 사울의 후계자였지만 다윗을 왕으로 세우고자 하시는 하나님의 뜻을 겸허히 받아들였다는 사실을 말해 준다. 한 마디로 요나단은 고결한 인품의 소유자였다고 할 수 있겠다.

■ 적용

다윗과 요나단의 우정은 참으로 특별한 것이었다. 아버지 사울의 말처럼 다윗이 살아있는 한 그가 이스라엘의 왕이 될 수 없다는 것을 알았지만, 요나단은 자신의 욕심을 버리고 다윗과의 우정을 소중히 여겼으며 끝까지 그에게 신실했던 인물이다. 그는 자신보다 다윗을 먼저 생각했고, 마침내 그는 다윗이 살아 있는 한 결코 이스라엘의 왕이 되지 않겠다고 선언했다. 이러한 요나단의 이야기는 우리 모든 그리스도들이 본받아야 할 귀감이 되기에 충분하다. 모든 하나님의 자녀들은 요나단의 훌륭한 인격을 본받아 자신의 욕심을 내려놓고 나보다는 다른 사람을 섬기고 세워줄 수 있어야 할 것이다.

5
사울의 시기와 질투심

읽어야할 본문: 사무엘상 21-24장

숙고해야할 본문: 사무엘상 24:1-7

다윗은 이제 사울의 사위가 되었고, 사울의 아들인 요나단으로부터 사랑을 받았으며, 군대에서 높은 지위를 얻었다. 사울은 이런 다윗에 대한 시기와 질투심으로 그를 죽이려는 뜻을 노골화하였고, 이로써 다윗의 정치적 망명생활이 시작되었다. 마침내 사울은 다윗을 죽이도록 그의 아들 요나단과 모든 신하들에게 명하였다. 나아가 그는 다윗이 달아난 곳을 수소문하여 그를 잡아오도록 라마로 세 차례나 사자들을 보냈고, 자신이 직접 라마로 가서 다윗을 추격하기도 했다.

사울은 다윗이 자신의 사위이자 아들 요나단의 절친한 친구이며 심지어 여러 번에 걸쳐서 자기를 죽이지 않고 살려주었는데도 다윗을 죽이는 일을 결코 포기하지 않았다. 하나님은 이런 사울의 오만하고 하나님을 두려워하지 않는 마음을 그냥 두지 않으시고 반드시 그를 제거하실 것이다. 처음에는 백성들의 사랑을 받으며 출발하였지만, 자기의 위치를 망각하고 욕심으로 말미암아 이성을 잃어 버린 그의 삶은 그 불신앙 때문에 비참하게 마감될 것이다.

■ **적용**

다윗은 하나님의 섭리 가운데 모든 생명의 위협으로부터 구원을 받았다. 그는 사울이 자객을 보내어 자신을 죽이려 했을 때를 상기하며 시편 59편을 지었는데, 그는 여기서 보호자 되시는 하나님께 구원을 간구하며 환난 중에도 피할 길을 주심으로써 의인이 구원받을 것을 확신하였다. 그가 쓴 시편들을 읽으면서 우리는 다윗이 겪었던 수많은 위협과 반역을 다시 한 번 보게 된다. 그리고 그가 어떻게 그 모든 것들을 극복하고 이스라엘의 왕으로 등극하는지도 보게 된다. 농부가 추수를 기다리는 것처럼, 우리는 어떤 환난이 닥치더라도 주 안에서 인내함으로 그를 바라보아야 할 것이다. 공의의 하나님은 종국에 모든 악한 자들을 근절하실 것이다(시 37편).

6

망명하는 다윗과 사울의 죽음

읽어야할 본문: 사무엘상 25–31장

숙고해야할 본문: 사무엘상 31:1–6

다윗은 사울의 추격을 피하여 놉(예루살렘 북동쪽에 위치한 베냐민 지파에 속한 성)으로 도망했고, 그곳에서 제사장 아히멜렉을 찾아 음식과 무기를 얻고자 하였다. 또한 가드(블레셋의 5대 성읍 중 하나)로 도망한 다윗은 그가 골리앗을 물리친 자로 밝혀져 생명의 위협을 느끼게 되고, 스스로 미치광이인 체함으로써 위기를 모면했다. 시편 34편은 블레셋으로 망명한 다윗이 미친 척하여 유대 광야로 탈출한 후 지은 시로, 이때에 그가 처한 상황을 잘 말해 준다. 유다 땅으로 돌아 온 다윗은 아둘람의 동굴에 피신하였다가 계속되는 사울의 추격으로부터 극적으로 벗어났다. 곧이어 엔게디에서는 동굴에서 잠든 사울을 죽일 수 있는 절호의 기회가 찾아왔지만, 다윗은 그를 죽이지 않고 단지 그의 겉옷자락만 베었다. 이에 사울은 양심의 가책을 받아 울었으며, 다윗에게 왕위가 넘어가리라는 것을 인정하였다. 이후에도 다윗을 죽이려는 사울의 추격은 계속되었지만, 다윗은 여전히 그를 자신의 장인이요 하나님이 세우신 자로 인정하여 용서하고 은혜를 베풀었다.

다윗은 사울에게 악을 악으로 갚지 않고 악을 선으로 갚으려 하였지만 하나님은 결국 그의 섭리 아래 사울을 제거하시는데, 사울과 그의 아들 요나단은 마침내 길보아 전투에서 블레셋과 싸우다가 죽음을 맞이한다. 블레셋 사람들은 사울의 머리를 베어 블레셋 온 지역으로 보내는데, 하나님의 뜻을 거역하여 불순종했던 사울은 죽어서도 모욕을 당하게 되었다. 하나님이 사울을 통해 왕정시대를 여셨지만, 하나님께서 진정으로 세우실 그의 나라는 다윗으로 표상될 그리스도의 나라였다.

■ 적용

계속되는 괴로운 도피생활 속에서, 다윗은 자신의 연약함을 깨닫고 겸손한 기도와 온전히 하나님을 신뢰하는 마음을 배웠다. 선한 사람들도 때로 눈앞에 닥친 위험에 두려움을 느끼고 실수를 할 수 있는데, 모든 대적자들을 물리치시는 하나님을 전적으로 믿음으로써 그 두려움을 물리치고 종국에는 승리할 수 있는 것이다. 다윗은 그의 시편에서 "의인은 고난이 많으나 여호와께서 그 모든 고난에서 건지시는도다"(시 34:19)라고 하였다. 아울러 하나님께서는 의인을 구원하실 뿐 아니라 악인을 심판하시는 분이심을 기억할 때, 우리는 그분을 경외하며 찬양하지 아니할 수 없다. 우리는 하나님만이 우리의 유일한 피난처가 되심을 고백하지 않을 수 없다.

7

복습을 위한 질문

1. 이 책을 왜 사무엘상이라고 부르는가?

2. 사무엘상은 누가 기록하였으며, 어느 기간을 포함하는가?

3. 제사장 엘리의 잘못은 무엇인가?

4. 한나가 기도 중에 임신하여 하나님께 바친 아기는 누구인가?

5. 하나님은 이스라엘이 인간 왕을 가져도 좋다고 생각하셨는가?

6. 사무엘은 어떤 면에서 사람들에게 모범이 되었는가?

7. 사울이 하나님으로부터 버림받게 된 이유는 무엇인가?

8. 다윗과 요나단의 우정에 대해서 아는 대로 말하라.

9. 사무엘이 하나님께 불순종한 사울을 책망하면서 그에게 한 결정적인 말은 무엇인가?

10. 이스라엘이 미스바에서 물리친 이방 족속은 누구인가?

11. 다윗이 시를 잘 지었던 이유가 어디에 있다고 보는가?

12. 사울이 끊임없이 다윗을 죽이려 하였을 때, 다윗은 사울을 어떻게 대했는가?

13. 사울과 요나단이 블레셋과의 전투에서 죽음을 맞이한 장소는 어디인가?

14. 하나님이 진정으로 세우실 나라는 어떤 나라인가?

사무엘하

- 핵심어: 다윗의 선정
- 핵심구절: "네 집과 네 나라가 네 앞에서 영원히 보전되고 네 왕위가 영원히 견고하리라"(삼하 7:16).

명칭과 배경

사무엘상 참조.

저자와 기록연대

이 책은 사무엘의 죽음 이후 선지자 나단과 갓이 기록한 글들을 후대에 와서 편집했을 것으로 추측된다. 기록 연대는 정확히 알 수 없으나 B. C. 940년경에 쓰였을 것으로 보이며, 대체로 B. C. 1017에서 971년 사이의 내용을 다루고 있다.

기록목적

사무엘하는 다윗 왕의 통치역사와 그의 실패와 성공을 다룬다. 그는 하나님 마음에 합한 사람이었고, 하나님의 뜻을 알고 행한 사람이었다(행 13:22). 또한, 그는 자신의 잘못을 깊이 회개하며 기도할 줄 아는 사람이었다. 사무엘하는 하나님의 선택된 왕 다윗을 하나님께서 어떻게 축복하셨는지를 보여주는데, 하나님이 세우신 왕을 백성들이 존중하고 따르도록 하기 위해서 이를 알릴 필요가 있었을 것이다. 나가가, 다윗을 계승한 이스라엘의 왕들도 이러한 선지자적인 관점을 상기할 필요가 있었을 것이다. 이 책에 기록된 다윗의 실패와 성공을 통해서 순종은 축복을 낳고 불순종은 저주를 낳는다는 사실을 분명하게 알 수 있다.

개요

Ⅰ. 유다의 왕이 된 다윗(1-3장)

Ⅱ. 이스라엘 전체의 왕이 된 다윗(4-6장)

Ⅲ. 다윗의 부흥과 선정(7-10장)

Ⅳ. 다윗의 범죄(11장)

Ⅴ. 고난당하는 다윗(12-20장)

Ⅵ. 후기(21-24장)

■ 참고자료: 다윗의 아내와 자녀들

<table>
<tr><th>아내</th><th>특징과 관련 성구</th><th>아들</th><th>특징과 관련 성구</th></tr>
<tr><td colspan="4">헤브론에서(7년 6개월 치리)</td></tr>
<tr><td>미갈</td><td>사울 왕의 둘째 딸
(삼상 14:49)</td><td colspan="2">자녀를 낳지 못함</td></tr>
<tr><td>아히노암</td><td>이스르엘 여인
(삼하 3:2; 대상 3:1)</td><td>암논</td><td>다윗 왕의 첫째 아들로 압살롬의
누이동생 다말을 범함(삼하 13:1–14)</td></tr>
<tr><td>아비가일</td><td>(삼하 3:3; 대상 3:1),
나발의 아내였으나 그가 죽자
다윗 왕의 아내가 됨
(삼상 25:2–42)</td><td>다니엘
(길르압)</td><td>총명하고
용모가 아름다움
(삼상 25:3)</td></tr>
<tr><td>마아가</td><td>그술 왕 달매의 딸
(삼하 3:3; 대상 3:2)</td><td>압살롬,
다말</td><td>압살롬은 아버지 다윗 왕을 배반하고
반역을 일으켰으나 실패하고 요압에게
비참하게 죽음(삼하 18:1–33),
다말은 다윗의 유일한 딸이었음</td></tr>
<tr><td>학깃</td><td>(삼하 3:4; 대상 3:2)</td><td>아도니야</td><td>수넴 여자를 아내로 달라고
계략을 꾸미다가 결국 솔로몬
왕에게 죽임을 당함(왕상 2:13–25)</td></tr>
<tr><td>아비달</td><td>(삼하 3:4; 대상 3:3)</td><td>스바댜</td><td></td></tr>
<tr><td>에글라</td><td>(삼하 3:5; 대상 3:3)</td><td>이드르암</td><td></td></tr>
<tr><td colspan="4">예루살렘에서(33년 치리)</td></tr>
<tr><td>밧수아
(밧세바)</td><td>암미엘의 딸(대상 3:5),
본래 우리아의 아내였으나
다윗의 아내가 됨</td><td>시므아(삼무아),
소밥, 나단,
솔로몬</td><td>나단은 다윗 왕의 아홉째 아들로서
후에 예수님의 조상이 됨(눅 3:31)</td></tr>
<tr><td>아비삭</td><td>수넴 여자로서 다윗 왕의 말년에
봉양함(왕상 1:3)</td><td></td><td></td></tr>
<tr><td colspan="2">그 외에 왕비가 알려지지 않은
다윗의 아들들
(대상 3:6–8; 14:5–7)</td><td colspan="2">입할, 엘리사마(엘리수아), 엘리벨렛(엘벨렛),
노가, 네벡, 야비야(야비아), 엘리사마,
엘랴다(브엘랴다), 엘리벨렛</td></tr>
</table>

1

사울과 요나단을 애도하는 다윗

읽어야할 본문: 사무엘하 1장

숙고해야할 본문: 사무엘하 1:17-27

다윗은 사울과 요나단이 죽었다는 소식을 듣고 크게 슬퍼하였다. 사울과 요나단의 전사 소식을 가지고 온 아말렉 사람은 다윗에게서 큰 상급을 받을 것으로 여겨 자신이 사울을 죽였다고 자랑하였다. 하지만 하나님의 기름 부은 왕 사울과 그의 아들 요나단의 죽음을 슬퍼한 다윗은 그 아멜렉 사람을 그 자리에서 죽음에 처한다. 그리고 다윗은 사울과 요나단을 위하여 직접 애도가를 지어 부른다. 다윗은 그의 노래에서 사울과 요나단을 이스라엘의 영광이라고 높이며(1:19), 그들의 용기를 칭송하고(1:22-23), 그들의 인격(1:23a)과 선정(1:24)을 노래한다. 아울러 그들이 죽음을 맞이했던 길보아산을 저주한다(1:21).

사울은 항상 다윗을 죽여야 할 원수로 생각하였지만, 다윗은 항상 사울을 그의 장인으로 또 하나님이 기름 부으신 자로 여겼다. 다윗은 하나님의 마음에 합한 자로서 보통의 사람들과는 달랐다. 사울이 죽음으로써 그에게서 해방되어 이제 왕이 될 수 있는 기회를 잡았으나, 다윗은 그것을 기뻐하기보다는 사울의 죽음을 몹시 애통해 하여 백성들과 함께 금식하며 탄식했던 것이다.

■ 적용

다윗은 사울을 하나님이 기름 부어 세우신 왕으로 여겨 끝까지 그를 해하지 않았다. 또한 그는 사울을 죽였다고 자랑하는 아말렉 사람을 즉시 처형해 버렸는데, 여기서 우리는 그가 하나님의 것을 소중히 여기는 사람이었음을 알 수 있다. 나아가 사울과 그의 아들 요나단이 죽었다는 소식을 듣고 크게 슬퍼하며 애도하는 다윗의 모습을 통해, 우리는 그가 참으로 훌륭한 인격의 소유자였다는 것을 알 수 있다. 우리는 이 한 장면을 보고서도 그가 얼마나 관대하고 사랑이 많은 사람이었는가를 느낄 수 있다. 우리 모든 그리스도인들은 다윗이 보여준 고매한 인격을 본받아야 할 것이다.

2
이스라엘을 통치하는 다윗

읽어야할 본문: 사무엘하 2-6장

숙고해야할 본문: 사무엘하 2:1-11

사울과 요나단이 이미 죽었으나, 다윗과 사울 집안 사이에는 아직도 싸움이 계속되었다. 하지만 사울의 집안은 점점 몰락을 향해 달렸고, 반면 다윗의 집안은 날마다 강성해져 갔다. 다윗이 헤브론에서 유다의 왕으로 즉위하자, 아브넬은 사울의 아들 이스보셋을 북쪽 지파들의 왕으로 세워 다윗과 대치하게 하였다. 그러나 당시 실세였던 군대장관 아브넬이 사울의 첩과 간통을 하여 다윗의 편으로 전향을 하게 되고, 이에 불만을 품고 있던 요압이 그를 살해한 뒤부터 이스보셋의 세력은 급격히 약화되고 말았다. 사울 집안의 내분은 가속화되고, 결국 이스보셋은 보상을 노린 일부 세력에 의해 암살당함으로써 이스라엘의 다른 지파들도 다윗을 찾아와 그들의 통치자가 되어주기를 바랐고, 마침내 다윗은 통일된 이스라엘을 다스리는 왕이 되었다.

이제 이스라엘 전체의 왕이 된 다윗은 정치적·종교적 통일을 위해 두 가지 중요한 일을 단행하는데, 하나는 수도를 헤브론에서 예루살렘으로 옮기는 것이었고 다른 하나는 언약궤를 예루살렘으로 옮기는 것이었다. 다윗이 통일 왕국의 수도로 예루살렘을 삼은 것은 그곳이 남쪽 지파와 북쪽 지파를 연결해 주는 좋은 통로요 요새가 되어 줄 것이기 때문이었다. 그러고 나서 그가 제일 먼저 추진한 일은 언약궤를 예루살렘으로 옮기는 것이었는데, 이는 언약궤가 하나님의 임재를 상징하기 때문이었다. 이제 백성들은 하나님을 예배하기 위해 예루살렘으로 왔고, 다윗은 군인으로서 피를 많이 흘린 까닭에 성전 짓는 일이 그에게 허락되지 않았지만 많은 준비를 하여 이후 솔로몬이 성전을 지어 하나님께 봉헌하게 하는 토대를 마련했다.

■ 적용

다윗이 통일된 이스라엘의 왕이 된 것은 다윗을 이스라엘의 왕으로 삼고자 하신 하나님의 뜻이 성취된 것이었다. 다윗은 성경에 등장하는 많은 인물 가운데 가장 위대한 인물 중 한 사람이라고 할 수 있다. 다윗은 자신을 왕으로 세우신 분이 하나님이라는 사실과 자신이 하나님의 대리 통치자라는 사실을 잘 알고 있었다. 그는 인격적으로 사랑이 많았을 뿐만 아니라 유능한 군인이요 통치자였다. 아울러 그는 문학적인 재능이 뛰어난 시인으로서 많은 시들을 남겼으며, 시편에 나타난 그의 성숙한 신앙인으로서의 모습은 모든 독자로 하여금 감동하게 만든다. 그는 성경 속에 등장하는 어떤 인물보다 완전한 그리스도의 표상이라고 할 수 있다. 그는 위대한 목자였고, 왕이었고, 하나님의 사자였고, 눈물의 사람이요 영광으로 관을 쓴 사람이었다. 우리도 다윗처럼 하나님의 의를 품고 그의 자비를 확신하며 그의 뜻을 행할 수 있어야 하겠다.

3
므비보셋에게 친절을 베푸는 다윗

읽어야할 본문: 사무엘하 7–10장

숙고해야할 본문: 사무엘하 9:1–13

다윗은 하나님을 잘 섬기는 자로서 그 받은 은혜를 아는 사람이었다. 그는 사울의 집안과 대립할 의사가 없었고, 특히 친구 요나단이 보여 준 깊은 우정과 은혜를 잊을 수가 없었다. 따라서 이제 국내외적으로 안정을 찾은 다윗 왕은 사울의 집안을 돌아보고자 했다. 다윗은 요나단의 아들인 절뚝발이 므비보셋을 찾아서 사울의 밭과 종을 모두 돌려주고 평생 동안 다른 왕자들처럼 자신의 상에서 함께 먹을 수 있도록 배려를 아끼지 않았다. 다윗에게 있어 므비보셋은 사울과의 관계로 볼 때는 원수의 손자였지만 요나단과의 관계로 볼 때는 자신이 은혜를 입은 친구의 아들이었다. 하지만 다윗은 므비보셋을 원수 사울의 손자로 보지 않고 친구 요나단의 아들로 보았던 것이다.

다윗은 자신이 하나님의 은총을 입어서 그 자리에 있음을 알고 있었고, 하나님의 섭리 가운데 사람들로부터 받은 은혜를 결코 잊지 않았다. 다윗이 요나단의 아들 므비보셋에게 베푼 은총은 어떤 대가를 바래서가 아니었다. 절름발이 므비보셋에게서 그가 무슨 대가를 기대할 수 있었겠는가? 그는 단지 은혜를 입었기에 은혜를 베풀었다. 그는 은총의 사람이었다. 또한 다윗으로부터 은총을 입은 므비보셋은, “이 종이 무엇이관대 왕께서 죽은 개 같은 나를 돌보시나이까”(9:8)라고 겸손을 보였다. 이것이야말로 은총을 입은 사람들의 진정한 자세인 것이다.

■ 적용

다윗은 공(公)과 의(義)로써 이스라엘을 잘 다스렸다. 하지만 그는 자신에게 은혜를 베푼 하나님과 사람들을 결코 잊지 않았다. 친구 요나단의 아들 므비보셋을 찾아 그가 베푼 친절을 볼 때, 우리는 그가 받은 은혜를 잊지 않는 사람이었다는 것을 알 수 있다. 우리는 독생자 예수를 보내셔서 우리를 구원해 주신 하나님의 은총을 입고 있다. 이 은총을 받은 우리들은 므비보셋이 다윗에게 말한 것처럼 "어찌 죽은 개 같은 나를 돌보시나이까?"라는 자세를 가져야 할 것이다. 하나님이 베푸신 은혜를 생각할 때 우리는 한없는 감사를 느낀다. 아울러, 이런 하나님의 은총을 입은 우리는 다른 이들에게 이 은총을 베푸는 자가 되어야 할 것이다. 은혜를 잊어버리는 자는 개만도 못하다는 옛 속담이 있다. 우리는 놀라운 하나님의 은총을 입었으니 이 은총을 마땅히 되갚는 자가 되어야 할 것이다.

4

다윗과 밧세바

읽어야할 본문: 사무엘하 11–12장

숙고해야할 본문: 사무엘하 12:7–15

다윗은 한가하던 어느 날 한 여인이 목욕하는 모습을 보고서 그 외모에 반해 음욕을 품었다. 그녀는 전쟁터에 나가 있는 우리아의 아내 밧세바였다. 다윗은 그녀를 불러 동침하였고, 그 죄의 씨앗이 잉태하여 밧세바가 임신을 하였다. 곤란해진 다윗은 전쟁터에 나가 있는 우리아를 불러 들여 밧세바와 동침시키려 하였으나, 충직한 신하였던 그는 전쟁터에 있는 사람들을 생각하여 자신만 편히 집으로 가는 것을 거부하였고 이내 전쟁터로 다시 향하였다. 이에 다윗은 군대 장군 요압에게 전갈을 보내어 우리아를 선봉에 서게 하여 죽이도록 조종하였다.

하지만 하나님은 다윗이 지은 이 죄를 결코 묵과하지 않으셨다. 하나님은 선지자 나단을 통해 다윗의 죄를 깨우쳐 주셨으며, 그의 범죄로 인하여 장차 그 집안에 재앙이 닥칠 것을 예언하셨다. 나단의 비유를 통해서 다윗의 죄를 깊이 깨닫게 했고, 다윗은 즉시 회개하였다. 하지만 그의 집안에 닥칠 것이라고 예고된 재앙은 이미 시작되었고, 하나님은 밧세바의 몸에서 난 아들을 곧 죽게 하셨다. 다윗은 자신의 죄악으로 인해 아들이 죽게 되자 가슴이 찢어질 듯 아파했으나 여호와의 징계를 겸허히 받아들이고 오히려 하나님을 경배하였다. 하나님은 다윗이 회개함으로써 그의 나라를 지속하셨지만, 그가 지은 죄의 대가는 받게 하셨다. 앞으로 그의 가정에는 성적인 타락뿐만 아니라 서로 죽고 죽이는 동족상잔의 비극이 기다리고 있었다.

■ **적용**

다윗이 자신의 정욕을 채우기 위해 밧세바를 범한 사건은 그로 하여금 살인죄를 짓도록 만들었고, 결국 하나님의 심판을 받아 그의 집안에 계속해서 엄청난 불행을 몰고 오게 된다. 죄를 범한 후 다윗은 선지자의 책망에 잘못을 고백하고 회개함으로써 하나님께 용서를 받지만, 그가 지은 죄의 결과는 다윗 가정 전체에 계속해서 영향을 미치게 되었던 것이다. 하지만 다윗이 실수를 저지르고 하나님께 징계를 받으면서도 그가 어떻게 깊이 회개하고 하나님과의 관계를 회복하였는지를 보면 그가 얼마나 하나님과 깊이 교제하는 삶을 살았는지 알 수 있다. 이것이 바로 다윗의 위대한 점이라고 할 수 있는 것이다.

5

다윗이 지은 죄의 대가

읽어야할 본문: 사무엘하 13–17장

숙고해야할 본문: 사무엘하 15:13–18

하나님은 다윗이 지은 죄의 대가로 그의 가정에 엄청난 재앙이 있게 하셨다. 먼저는 죄악의 씨로 밧세바의 몸에서 난 다윗의 아들을 죽게 하셨다. 나아가 나단이 예언한 대로 칼과 불화가 그 집안에서 끊이지 않게 하셨다. 암논은 이복여동생 다말을 겁탈하고, 압살롬은 다윗의 후궁들을 범하였다. 또한 가족이 서로 죽고 죽이는 동족상잔의 비극이 일어났다. 압살롬은 겁탈당한 여동생을 복수하기 위해서 배다른 형제인 암논을 죽였다. 또한 압살롬은 아버지 다윗을 몰아내고 왕이 되려고 모반을 꾸몄다. 이로 인해 다윗은 압살롬의 추적을 피하여 도성을 떠나 유랑하는 신세가 되기도 했다. 결국 압살롬은 다윗의 군사들과 싸우다 죽임을 당하는 신세가 되고 말았다.

다윗의 가족들은 끊임없이 성적인 범죄를 일으켰고, 칼로 서로를 죽이는 비극을 경험해야 했다. 이를 통해, 우리는 다윗이 지은 한 개인의 범죄가 어떻게 다른 사람들에게까지 영향을 미치게 되는지를 볼 수 있다.

■ 적용

다윗이 범죄한 후 진심으로 회개하였지만 그가 지은 죄의 결과는 그의 가정 전체에 계속해서 영향을 미쳤다. 그는 자신의 죄 때문에 이복여동생을 겁탈한 암논을 나무랄 수 없었고, 또 자신이 우리아를 죽였기 때문에 암몬을 죽인 압살롬을 벌할 수도 없었다. 그리고 결국 아들 압살롬을 잃는 슬픔을 경험하게 된다. 우리는 여기서 다윗과 같이 고결하고 하나님과 깊이 교제했던 인물도 실수하여 죄를 범하는 모습을 보게 된다. 그리고 여기서 간과할 수 없는 것은, 하나님께서 다윗의 죄를 용서하셨으나 그가 지은 죄의 결과는 계속하여 그의 가정에 불행을 가져다주었다는 사실이다. 이것이 바로 우리가 죄를 범하지 않도록 힘써야 하는 이유다. "그런즉 어찌 하리요 우리가 법아래 있지 아니하고 은혜 아래 있으니 죄를 지으리요 그럴 수 없느니라"(롬 6:15).

6
다윗과 압살롬

읽어야할 본문: 사무엘하 18-24장

숙고해야할 본문: 사무엘하 18:31-33

다윗은 여러 후궁들을 두어 많은 자식을 낳았다. 그리하여 그들 사이의 시기와 질투, 권력에 대한 탐욕으로 인해 다윗의 집안에 싸움이 끊이지 않았다. 이는 다윗이 우리아에게 저지른 죄의 결과이기도 했다. 특히 다윗의 아들 압살롬은 많은 문제를 일으키는데, 그는 자기 여동생을 겁탈한 암논을 죽이고는 아버지 다윗의 징계가 두려워 한동안 그술로 도망하였으나 다윗은 그를 용서하여 귀환을 허락했다. 하지만 그는 오히려 헤브론에서 반란을 일으켜 아버지의 왕위를 찬탈하려고 했고, 모략가인 아히도벨을 앞세워 다윗을 죽이려 했다. 나아가 그는 다윗의 후궁들과 동침하는 죄를 범하기도 했다.

결국 압살롬을 도왔던 아히도벨은 죽었고, 그의 반역은 실패로 돌아갔다. 다윗은 패역한 아들이었지만 사랑하는 압살롬을 죽이지 말라고 당부했다. 하지만 다윗의 명을 어기고 군대장군 요압은 압살롬의 심장을 찔러 죽였기 때문에 다윗은 나중에 그가 죽음을 앞두고 솔로몬에게 유언을 남길 때 요압을 죽여 그 집의 대를 끊을 것을 명하였다. 다윗은 패역한 아들일지라도 아버지로서 압살롬을 진정으로 사랑하였다. 압살롬은 여러 번에 걸쳐서 다윗에게 불순종하였지만, 다윗은 그가 죽었다는 소식을 들었을 때 몹시 슬퍼하였다. 그는 "내 아들 압살롬아 차라리 내가 너를 대신하여 죽었더면"(18:33)이라고 아들의 죽음에 통곡했다.

■ 적용

다윗의 압살롬에 대한 사랑을 보면서 우리는 "자식은 부모를 버려도 부모는 자식을 버리지 못한다"는 옛 속담을 떠올리게 된다. 그렇게 아버지의 아들에 대한 극진한 사랑을 보면서 우리는 하나님 아버지께서 자녀된 우리를 어떻게 사랑하시는지 깨닫게 된다. 하나님 아버지께서는 자신의 독생자 예수 그리스도를 보내어 구원하시기까지 패역한 우리를 사랑하신다.

사무엘하에 나오는 다윗가의 이야기는 앞으로 누가 다윗의 왕위를 계승하느냐 하는 문제를 제기하고 있다고도 볼 수 있다. 압살롬을 포함한 다윗의 여러 아들들이 이스라엘의 왕이 되기에는 부적격함을 밝힘으로써 솔로몬이 왕위를 계승하는 일의 정당성을 제시하고 있는 것이다. 하나님은 아브라함과 모세와 언약하셨듯이 다윗과 똑같이 언약하셨다. "네 집과 네 나라가 네 앞에서 영원히 보전되고 네 위가 영원히 견고하리라"(삼하 7:16).

7

복습을 위한 질문

1. 다윗은 사울을 죽였다고 말하는 아말렉 사람을 왜 처형하였는가?

2. 다윗이 유다의 왕이 되었을 때 수도로 정한 곳은 어디인가?

3. 다윗이 이스라엘 전체의 왕이 되었을 때 예루살렘으로 수도를 옮긴 이유는 무엇인가?

4. 사울의 아들로서 끝까지 다윗에게 항거한 자는 누구인가?

5. 다윗의 은총을 입은 요나단의 아들은 누구인가?

6. 다윗이 밧세바에게서 나은 첫 아이는 어떻게 되었는가?

7. 다윗은 왜 자식들의 죄를 나무랄 수 없었는가?

8. 압살롬은 왜 이복형제 암논을 죽였는가?

9. 압살롬을 도와서 다윗을 죽이려고 한 모략가는 누구인가?

10. 다윗의 명을 어기고 그의 아들 압살롬을 죽인 자는 누구인가?

11. 다윗의 압살롬에 대한 사랑을 통해서 우리는 어떤 사랑을 깨닫게 되는가?

열왕기상

- **핵심어:** 순종
- **핵심구절:** "네가 만일 네 아버지 다윗이 행함 같이 마음을 온전히 하고 바르게 하여 내 앞에서 행하여 내가 네게 명령한 대로 온갖 일에 순종하여 내 법도와 율례를 지키면 내가 네 아버지 다윗에게 말씀하시기를 이스라엘의 왕위에 오를 사람이 네게서 끊어지지 아니하리라 한 대로 네 이스라엘의 왕위를 영원히 견고하게 하려니와"(왕상 9:4-5).

명칭과 배경

열왕기(Kings)서라는 명칭은, 이 책이 다윗 이후 이스라엘의 역대 열(列)왕들의 역사를 기록하고 있기 때문에 붙여졌다. 열왕기상・하는 원래 히브리 성경에서 한 권이었는데 너무 길어서 나중에 분리되었다. 열왕기상은 사무엘하에 이어지는 이야기로, 다윗의 뒤를 이어 솔로몬이 왕위를 계승하여 이스라엘이 평화와 번영을 누리게 되는 이야기로 시작한다. 그런데 솔로몬의 아들 르호보암 때에 이르러 이스라엘은 남 왕국과 북 왕국으로 분열하게 되는데, 르호보암은 다윗 왕조의 정통성을 이어받아 유다 지파와 베냐민 지파를 중심으로 남방 유다를 이루고, 솔로몬의 부하였던 여로보암은 반역하여 북쪽 지역의 나머지 열 지파의 지지를 얻어 북방 이스라엘을 세우게 된다. 열왕기상은 대체로 B. C. 971-852년 사이에 있었던, 솔로몬의 치정과 분열 이스라엘 왕국을 오가며 역대 왕들의 역사를 기록하고 있다.

이렇게 하여 남 왕국 유다는 다윗 왕조로 이어가면서 약 390년(B.C. 977-587)에 걸쳐 르호보암부터 시드기야에 이르기까지 20명의 왕들이 통치하고, 북 왕국 이스라엘은 약 255년(B.C. 977-721)에 걸쳐 여로보암부터 호세아까지 아홉 번이나 왕조가 바뀌면서 19명의 왕이 다스렸다. 그들은 하나님의 은혜로 부흥기를 맞을 때도 있었지만 결국 하나님께 불순종함으로써 북방 이스라엘은 앗수르(B. C. 721/2)에게, 남방 유다는 바벨론에게 각각 망하게 된다(B. C. 586/7).

저자와 기록연대

전통적으로 선지자 예레미야가 이 책의 저자일 것이라고 알려져 있다. 그는 요시야 왕이 통치하던 시기에 주로 남방 유다에서 선지자로 활동했는데, 따라서 특히 남방 유다의 역사를 기록하는 데 많이 기여했을 것으로 보인다.

이 책의 기록연대는 저자가 유배 중이던 B. C. 583-538년경이라고 추측된다. 열왕기에는 솔로몬 이후 분열된 북방 이스라엘과 남방 유다의 역사가 번갈아 언급되고 있다.

기록목적

이스라엘의 왕들은 '하나님께 대한 순종은 보상을 낳지만 불순종은 벌을 받는다'는 민족의 역사에 대한 '예언적'인 말씀을 상기할 필요가 있었다. 이 책은 그들이 순종할 때 하나님이 어떻게 그들을 축복하셨는지, 또한 그들의 불순종으로 말미암아 그들이 어떻게 멸망하였는지 솔로몬과 열왕들의 역사를 통해서 보여 준다. 나아가 하나님의 예언이 어떻게 성취되어 가는지를 보여줌으로써 하나님의 말씀이 갖고 있는 능력과 진리를 깨닫게 해준다.

개요

Ⅰ. 솔로몬의 통치(1-4장)

Ⅱ. 솔로몬의 성전(5-8장)

Ⅲ. 솔로몬의 부흥과 쇠락(9-11장)

Ⅳ. 분열왕국의 르호보암과 여로보암(12-14장)

Ⅴ. 남방 유다와 북방 이스라엘의 왕들(15-16장)

Ⅵ. 선지자 엘리야와 아합왕의 대결(17-21장)

Ⅶ. 유다 왕 여호사밧(22장)

■ 참고자료: 구약시대 고대근동의 지도

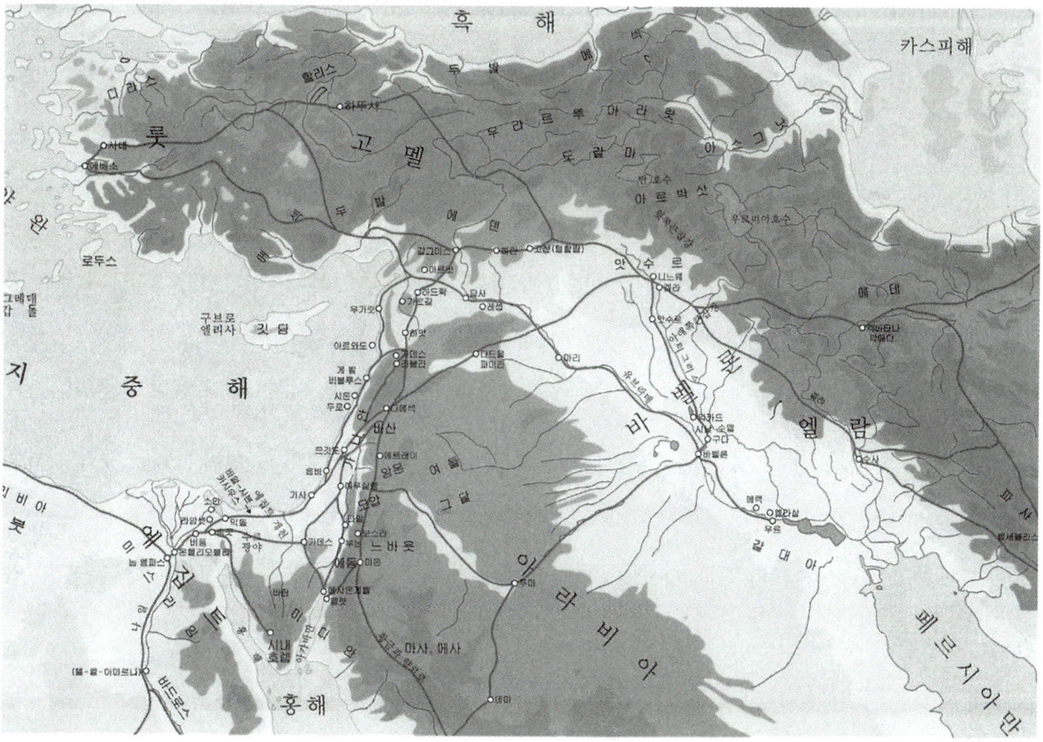

1

다윗 왕의 죽음과 솔로몬의 등극

읽어야할 본문: 열왕기상 1-2장

숙고해야할 본문: 열왕기상 2:10-12

다윗이 연로하여 죽음을 앞두고 있을 때, 그의 장자격인 아도니아는 다윗의 뜻과 상관없이 군대장관 요압과 제사장 아비아달의 지원을 받아 왕위에 오르려고 하였다. 이를 알게 된 나단은 밧세바에게 이 사실을 알려주고, 밧세바는 다윗에게로 가서 그가 일찍이 자기 아들 솔로몬을 후계자로 삼을 것이라 말한 사실을 상기시켰다. 나단도 들어와 밧세바의 이야기를 거들자, 이에 다윗은 속히 솔로몬을 왕으로 선포하여 제사장 사독과 선지자 나단을 통해 기름을 붓게 했으며 백성들로 하여금 만세를 부르게 했다. 이 소리를 들은 아도니아와 그를 따르던 사람들은 결국 혼비백산하여 도망하고 말았다.

이제 다윗은 수명이 다하여 헤브론에서의 7년 반, 예루살렘에서의 33년간의 통치를 마치고 숨을 거둔다. 임종을 앞둔 다윗은 솔로몬에게 하나님의 계명을 잘 지키고 국가의 안위를 위태롭게 할 정적들을 처단하라는 유언을 남기는데, 이에 따라 솔로몬은 요압과 시므이를 죽이고 아비아달은 파직하였다. 또한 그는 아도니아에게 한 번의 기회를 주고자 하나, 그가 다윗 왕의 후궁인 아비삭을 얻기를 원하므로 왕위를 찬탈하려는 모략으로 판단하여 그를 죽이게 된다. 이로써, 하나님의 뜻에 따라 솔로몬은 이스라엘의 3대 왕으로 즉위하여 이스라엘의 평화와 번영을 위한 초석을 다지게 된다.

■ 적용

사실 사무엘하는 장차 누가 다윗의 뒤를 이어 이스라엘의 왕이 될 것인지에 대해 아무런 해답을 주지 않고 끝맺는다. 이에 열왕기상은 솔로몬이 아버지 다윗의 뒤를 이어 이스라엘의 3대 왕이 되었으며, 그가 다윗이 이루어놓은 안정을 기반으로 이스라엘을 통치하게 됨을 보여준다. 이스라엘의 위대한 왕 다윗은 그의 말년에도 총명을 잃지 않았다. 다윗은 하나님의 뜻에 따라 솔로몬이 그를 이어 왕위에 오를 것임을 명확하게 알고 있었다. 또한 그는 임종을 앞두고도 나라의 안위를 위해 솔로몬에게 조언하는 것도 잊지 않았다. 솔로몬은 아버지 다윗이 이루어놓은 토대를 바탕으로 그가 통치하는 동안에 이스라엘 역사에 있어 최고의 절정기를 이룰 수 있었다.

2
솔로몬의 치적

읽어야할 본문: 열왕기상 3–10장

숙고해야할 본문: 열왕기상 8:62–66

이스라엘의 왕이 된 솔로몬은 아버지 다윗의 훌륭한 치세를 이어받아 이스라엘 백성들을 잘 다스렸다. 하나님께서는 솔로몬과 이스라엘 백성들을 축복하셨는데, 솔로몬은 다윗이 물려준 영토를 훨씬 넓혀 6만 마일이나 되는 나라를 다스렸다. 또한 그는 하나님으로부터 지혜를 구하여 얻음으로써 많은 송사를 현명하게 해결하였다. 나아가 솔로몬은 정부 조직을 확대해 강력한 내각을 조직했을 뿐만 아니라, 하나님이 주신 부와 영광을 바탕으로 성전과 궁전을 포함한 많은 건물들을 세웠다. 그는 문학에도 재능이 뛰어나 잠언, 전도서, 아가서를 집필했다. 한편 외국과 동맹을 맺고 교역을 활성화시켰는데, 시바 여왕이 그를 방문해서 "자신이 들은 것은 절반에도 미치지 못한다"고 말한 사실은 아주 유명한 일화다.

하지만 그의 치적 가운데 가장 뛰어난 것은 예루살렘 동쪽 언덕의 모리아 산에 성전을 건축한 일일 것이다. 솔로몬의 성전은 매우 장엄하여서 길이 90피트, 넓이 30피트, 높이는 45피트에 이르렀다. 이 성전은 이방인들을 위한 바깥뜰과 유대인들을 위한 안뜰, 제사장들이 매일 희생제사를 드리기 위한 뜰, 그리고 성소와 지성소로 나뉘었다. 지성소의 자비소에는 언약궤가 안치되어 있었는데, 오직 대제사장만이 그곳에 들어가 1년에 한 번 속죄일에 피의 제사를 드렸다. 성전이 완공되자 솔로몬은 봉헌식을 거행하고 헌신의 고백을 담은 봉헌기도를 드렸는데, 하나님은 "네가 건축한 이 성전을 거룩하게 구별하여 내 이름을 영원히 그곳에 두며 내 마음이 항상 거기에 있을 것"(9:3)이라고 말씀하셨다.

■ 적용

다윗의 시대부터 준비되어 온 하나님의 성전이 솔로몬 시대에 완공되어 하나님께 봉헌되었다. 하나님은 광야시대 성막에서부터 시작하여 이제 비로소 그의 성전이 완성된 것을 기뻐하시고 축복하셨다. 하지만 하나님은 솔로몬의 봉헌기도에 응답하사 언약을 맺으실 때 말씀하시기를 솔로몬과 그의 백성들이 하나님이 명하신 모든 계명을 신실히 준행하면 영원토록 함께 하실 것이지만 그렇지 않으면 하나님이 이스라엘에게 준 약속의 땅에서 추방될 것이라고 하셨다. 그런데 하나님께서 솔로몬과 맺은 이 언약은 이스라엘이 불순종함으로써 계약을 어겼기 때문에 결국 이스라엘의 분열과 멸망을 초래하고 만다.

3
솔로몬의 쇠락

읽어야할 본문: 열왕기상 11장

숙고해야할 본문: 열왕기상 11:1-13

다윗 왕국은 솔로몬 시대에 이르러 최고의 절정기를 누렸다. 그의 통치 기간은 놀라운 태평성대를 이루었고 많은 문화유산을 남겼다. 하지만 이방족속들과의 정략적인 결혼동맹은 이스라엘의 멸망을 불러오는 단초가 되었다. 그것은 이스라엘의 평화를 보장해 주기도 했지만, 이방여인들이 솔로몬으로 하여금 하나님을 떠나게 만드는 계기가 되었을 뿐만 아니라 이들을 통해서 이스라엘에 이방신들을 섬기는 우상숭배가 팽배해졌다.

이러한 솔로몬의 죄로 인해, 하나님께서는 그가 죽은 다음 그의 나라에서 한 지파를 제외한 모든 지파를 빼앗으실 것이라고 말씀하신다. 이스라엘의 분열왕국은 솔로몬의 죄에 대한 하나님의 심판이었던 것이다. 솔로몬은 훌륭한 성전을 지어 하나님께 바쳤지만 그의 마음은 점점 하나님으로부터 멀어져갔기에 그의 나라는 쇠락하였고 결국 분열되고 마는 결과를 초래했던 것이다. 하지만 하나님은 다윗의 신앙으로 인해서 은혜를 베푸시어 그의 아들 솔로몬의 생존 시에 나라가 갈리는 불행은 막아 주셨다.

■ 적용

솔로몬은 그의 외교정책의 일환으로 이방왕실과 결혼동맹을 맺어 수천의 이방여인들을 아내로 맞아들임으로써 이스라엘에 우상숭배가 만연하였고, 하나님은 하닷, 르손, 여로보암 등으로 그를 대적하게 하시리라고 말씀하셨다. 결국 솔로몬의 죄로 말미암아 이스라엘의 멸망이 초래되었던 것이다. 하나님은 솔로몬과 언약을 맺으시며 하나님의 법도와 율례를 순종하여 지키면 나라가 번영할 것이나 만일 그것을 따르지 않으면 나라가 쇠하리라고 말씀하셨었다. 하나님의 말씀에 대한 순종과 불순종이 하나님의 축복과 저주를 가르는 열쇠였다. 우리는 이스라엘의 역사를 통해 하나님의 말씀에 순종하는 것이 복의 근원임을 상기하게 된다.

4
이스라엘의 분열

읽어야할 본문: 열왕기상 12-16장

숙고해야할 본문: 열왕기상 12:6-15

솔로몬은 그의 통치기간 동안 백성들에게 무거운 세금을 부과하고 많은 노동력을 착취하였다. 나아가 각 지파에게 왕실에 필요한 식량을 공급할 책임까지 지움으로써 이스라엘 백성들은 크게 신음하였다. 그렇게 솔로몬이 40년 동안 이스라엘을 통치하고 죽은 후 그의 아들 르호보암이 왕위에 올랐다. 하지만 그는 백성들의 원성은 아랑곳하지 않고 어리석은 신하들의 충고만을 듣고 오히려 백성들에게 더 많은 짐을 부과하기에 이르렀다. 르호보암의 정책은 북쪽 지파들로 하여금 그를 배척하고 솔로몬의 부하였던 여로보암을 그들의 왕으로 추대하게 만들었다.

이때부터 예루살렘이 멸망할 때까지 이스라엘은 두 개의 왕국으로 분열되는데, 유다와 베냐민을 제외한 북쪽 열 지파의 왕이 된 여로보암은 세겜을 수도로 삼고 북왕국의 양쪽 끝단인 단과 벧엘에 금송아지를 세우고 백성들로 하여금 숭배토록 하였다. 이는 여로보암이 그의 백성들이 남방 유다에 있는 예루살렘 성전으로 예배하러 갈까봐, 그래서 그들의 마음이 다시 유다로 향하게 될까봐 염려하였기 때문이다. 이것이 바로 열왕기에서 북방 이스라엘의 죄악을 언급할 때마다 등장하는 "느밧의 아들 여로보암의 죄"(12:30, 이후 22번 반복)인 것이다. 초대 왕 여로보암이래로 북방 이스라엘의 왕들은 이 '여로보암의 죄'에서 떠나지 못하고 '악한 왕'의 길을 걸었고, 결국 여로보암의 가문에 속한 모든 자들이 진멸될 것이라는 선고를 받고 만다.

■ 적용

다윗이 통일왕국을 이루었지만 이스라엘의 북쪽 지파와 남쪽 지파는 오랫동안 서로 반목하였다. 더불어 솔로몬의 사치와 우상숭배, 그리고 그의 아들 르호보암의 지혜롭지 못한 처신은 결국 이스라엘의 분열을 초래하게 되었다. 그리하여 북 왕국 이스라엘의 초대 왕으로 여로보암이 추대되고, 르호보암과 여로보암의 분열왕국은 이스라엘의 찬란했던 역사의 종말을 예고하게 된다. 우리는 이스라엘의 역사를 통해 어떻게 하나님 앞에서 바르게 살아야 하는지를 깨닫게 된다. 하나님을 의지하고 순종할 때 하나님의 축복을 누릴 것이나, 그렇지 못할 때는 이스라엘이 멸망의 길을 걸은 것처럼 우리도 그 길을 피할 수 없는 것이다.

5
선지자 엘리야

읽어야할 본문: 열왕기상 17–19장

숙고해야할 본문: 열왕기상 19:9–21

열왕기서의 많은 부분은 북방 이스라엘 오므리의 아들 아합 왕에 대해 기록하고 있다. 이는 당대에 활동했던 위대한 선지자 엘리야의 사역 때문일 것이다. 그는 이교도 공주였던 이세벨과 결혼한 아합 왕의 통치시기에 이스라엘(여기서부터 일컫는 '이스라엘'은 분열왕국중 북 왕국을 이름)에서 선지자로 활동했다. 엘리야는 하나님의 말씀대로 이스라엘이 그들의 죄로 인해 가뭄과 기근을 당할 것이라고 전하였고, 또한 하나님께 순종한 사르밧 과부의 아들을 죽음에서 살려내는 기적도 베풀었다. 한편, 바알 선지자들과 대결하여 불을 땅에 내리게 함으로써 하나님의 살아계심을 증거하기도 하였다.

이에 분노한 이세벨이 그를 죽이려 하자 엘리야는 한때 절망하여 호렙산으로 들어가서 하나님께 죽여주기를 청하기도 하였다. 하나님은 이런 엘리야를 그냥 두지 않으시고 그를 위로하시고 새로운 사명을 맡기셨다. 이때에 엘리야는 하나님의 명령을 따라서 하사엘에게 기름을 부어 아람 왕이 되게 했고, 예후에게 기름을 부어 이스라엘의 왕이 되게 했으며, 엘리사에게 기름을 부어 그의 후계자로 삼았다. 모든 하나님의 일을 마친 후에 그는 죽음을 보지 않고 하늘로 승천하였다.

■ 적용

이스라엘이 영적 암흑기였을 때 선지자들은 하나님이 살아계심을 증거하였다. 엘리야는 거대한 아합과 이세벨의 세력에 맞서 그들에게 하나님의 말씀으로 경고하는 것을 망설이지 않았다. 그런 그도 한때 낙심하여 홀로 하나님께 부르짖는데 하나님의 도우심으로 다시 용기를 얻었다. 우리가 인생에서 좌절하게 되는 순간은 오히려 조용히 하나님의 음성을 듣는 시간이 되어주기도 한다. 하나님은 때로 커다란 음성보다는 작은 속삭임으로 우리에게 세밀하게 말씀하신다. 한 어머니가 남편의 죽음으로 인해 통곡하여 낙심하고 있었다. 그때에 어린 딸이 다가와서 "엄마, 하나님이 죽었어요?"라고 말했다. 그때에 그 어머니는 아이를 품으면서 "사랑하는 내 딸아, 하나님이 나에게 그의 사자로 너를 보내셨구나. 그래, 하나님은 죽지 않으셨어. 주님은 살아서 우리를 통치하신단다"라고 말했다.

6
아합 왕의 최후

읽어야할 본문: 열왕기상 20–22장

숙고해야할 본문: 열왕기상 22:37–40

아합은 북 왕국의 7대왕으로 오므리 왕의 아들이었다. 그는 하나님의 말씀을 어기고 시돈 나라 왕의 딸인 이세벨과 결혼함으로써 이스라엘이 바알 우상을 섬기는 계기를 만들어 주었다. 그는 가뭄이 계속되자 갈멜산에서 엘리야에게 맞서 대결을 벌였는데, 이에 패하여 그의 바알 선지자들이 몰살을 당하기도 하였다. 하나님의 기적을 체험했음에도 불구하고 분노한 이세벨은 더욱 더 엘리야를 죽이고자 하였다. 또한 나봇의 포도원을 탐한 아합은 이세벨과 공모하여 나봇을 죽이고 그 포도원을 차지하기도 했다. 하나님은 엘리야를 통해 그들의 죄악을 고발하고, 아합의 온 가족이 비참한 죽음을 맞게 될 것이라고 예언하셨다.

아합은 하나님의 은혜로 두 번이나 아람 왕과의 전투에서 승리했으나, 하나님의 명을 어기고 아람 왕 벤하닷을 포로에서 풀어줌으로써 도리어 자신이 그에게 죽음을 당하는 결과를 초래했다. 아합은 남 왕국 유다의 여호사밧 왕과 연합하여 아람을 공격하던 중 적군의 화살에 맞아 가슴에 피가 고여 그날 저녁에 죽음을 맞게 되고 엘리야의 예언대로 개들이 그의 피를 핥았다. 그것은 아합에 대한 하나님의 저주가 성취된 것이었고, 하나님의 주권적인 섭리를 보여 주는 것이었다.

■ 적용

아합은 음녀인 이세벨과 결혼하여 하나님과 바알을 동시에 섬기는 죄를 범하였다. 그는 이렇게 종교적으로 타락하였을 뿐 아니라 도덕적으로도 심각한 죄를 저질렀는데, 나봇의 포도원이 탐나서 이세벨과 공모하여 나봇을 죽이고 그것을 차지한 것이 그 예라고 할 수 있다. 그가 저지른 죄악은 그의 시대에 그리고 나아가 그의 아들들의 시대에 저주로 임했고, 하나님은 종교적으로나 도덕적으로 이보다 더 타락할 수 없는 왕 아합의 집안을 몰살시켰다. 하나님은 죄를 심판하시는 공의의 하나님이시다.

7

복습을 위한 질문

1. 열왕기상의 저자를 예레미야로 지목하는 이유는 무엇인가?

2. 다윗 왕의 통치기간은 몇 년간이었는가?

3. 다윗의 왕위를 계승하고자 했던 솔로몬의 이복형은 누구인가?

4. 솔로몬이 이룬 가장 위대한 업적은 무엇인가?

5. 솔로몬은 성경의 어떤 책들을 썼는가?

6. 솔로몬이 쇠락하게 된 원인은 무엇인가?

7. 솔로몬이 죽은 후 왕이 된 사람은 누구인가?

8. 솔로몬이 죽은 후 북쪽 지파들은 왜 반란을 일으켰는가?

9. 이스라엘의 열 지파에 의해 북 왕국의 초대왕으로 추대된 사람은 누구인가?

10. 여로보암이 저지른 죄는 무엇인가?

11. 엘리야가 바알 선지자들과 대결하여 물리친 곳은 어디인가?

12. 엘리야가 호렙산으로 들어가게 된 이유는 무엇인가?

13. 하나님이 엘리야가 죽기 전에 맡긴 임무는 무엇인가?

14. 아합은 누구로부터 포도원을 빼앗았는가?

15. 아합의 최후는 어떠했는가?

열왕기하

- 핵심어: 열왕들
- 핵심구절: "오직 너희 하나님 여호와만을 경외하라 그가 너희를 모든 원수의 손 에서 건져내리라"(왕하 17:39).

명칭과 배경

열왕기하는 대체로 B. C. 852-560년 사이에 있었던 분열 역대 왕들의 치정을 이스라엘 왕국을 오가며 기록하고 있다. 나머지는 열왕기상을 참조.

저자와 기록연대

열왕기상 참조.

기록목적

열왕기는 북 왕국과 남 왕국이 멸망하기까지의 기록을 적고 있다. 그 중 열왕기하는 하나님께 충성하지 않고 우상을 숭배한 일에 대한 하나님의 심판으로 이스라엘 왕국이 남북으로 분열되고 결국에는 멸망하게 될 것을 예언한다. 북방 이스라엘과 남방 유다의 멸망은 단순히 주변국과의 관계 때문만은 아니었다. 오히려, 하나님이 이스라엘의 불순종을 심판하기 위해서 주변국들을 이용하신 것이었다. 하나님은 이스라엘 백성들이 회개하고 하나님께 돌이키기를 원하셨다.

개요

Ⅰ. 선지자 엘리야와 엘리사(1-8장)

Ⅱ. 북방 이스라엘의 왕들(9-17장)

Ⅲ. 남방 유다의 왕들(18-25장)

■ 참고자료: 열왕기의 왕들

A. 통일 왕국의 왕들

통일왕국의 왕들		통치기간	성경 본문
1	사울(Saul)	40년	삼상
2	다윗(David)	40년	삼하
3	솔로몬(Solomon)	40년	왕상 1–11장

B. 북방 이스라엘의 왕들

	이스라엘의 왕들	통치기간	활동선지자	적대국 왕	성경본문
1	여로보암(Jerohoam)	22년	아히야, 잇도		왕상 12:25-14:20
2	나답(Nadab)	2년			왕상 15:25-15:31
3	바아사(Baasha)	24년	예후	아람왕 벤하닷	왕상 15:32-16:7
4	엘라(Elah)	2년			왕상 16:8-16:14
5	시므리 (Zimri) / 디브니 (Tibni)	7일			왕상 16:15-16:20
6	오므리(Omri)	12년			왕상 16:21-16:28
7	아합(Ahab)	22년	엘리야	아람왕 벤하닷	왕상 16:29-22:40
8	아하시야(Ahaziah)	2년	엘리야, 엘리사	아람왕 벤하닷	왕상 22:51-22:53 왕하 1:1-1:18
9	요람=여호람 (Joram=Jehoram)	12년	엘리사	모압 아람왕 벤하닷	왕하 3:1-8:15
10	예후(Jehu)	28년	엘리사	아람왕 하사엘	왕하 9:1-10:36
11	여호아하스 (Jehoahaz)	17년	엘리사	아람왕 하사엘	왕하 13:1-13:9
12	여호아스=요아스 (Jehoash=Joash)	16년	(엘리사 죽음)	아람왕 하사엘과 그의 아들 벤하닷	왕하 13:10-13:25
13	여로보암 2세 (Jeroboam Ⅱ)	41년	호세아, 아모스, 요나		왕하 14:23-14:29
14	스가랴(Zachariah)	6개월	호세아		왕하 15:8-15:12
15	살룸(Shallum)	1개월	호세아		왕하 15:13-15:15
16	므나헴(Menahem)	10년	호세아	앗수르왕 디글랏 빌레셀	왕하 15:16-15:22
17	브가히야(Pekahiah)	2년	호세아		왕하 15:23-15:26
18	베가(Pekah)	20년	호세아, 오뎃	앗수르왕 디글랏 빌레셀	왕하 15:27-15:31
19	호세아(Hoshea)	9년	호세아	앗수르왕 살만에셀	왕하 17:1-17:6
→ B. C. 721년 앗수르 살만에셀(Shalmaneser) 5세에 의해 멸망					

※ 1-2, 3-4, 5, 6-9, 10-14, 15, 16-17, 18-19번은 같은 가문의 왕들이며, 북방 이스라엘의 모든 왕은 하나님이 보시기에 악한 왕들이었다.

C. 남방 유다의 왕들

	유다의 왕들	통치기간	활동선지자	적대국 왕	성경본문
1	르호보암(Rehoboam)	17년	스마야, 잇도	애굽왕 시삭	왕상 12:1–12:24 왕상 14:21–14:31
2	아비야=아비얌 (Abijah=Abijam)	3년	잇도		왕상 15:1–15:8
3	*아사(Asa)	41년	아사랴, 하나니	구스왕 세라	왕상 15:9–15:24
4	*여호사밧 (Jehoshaphat)	25년	미가야, 요엘(?), 오바댜(?)	모압, 암몬, 아람왕 벤하닷	왕상 22:41–22:50
5	여호람(Jehoram)	8년		에돔, 립나	왕하 8:16–8:24
6	아하시야(Ahaziah)	1년		아람왕 하사엘	왕하 8:25–8:29
7	#아달랴 여왕 (Athaliah)	6년			왕하 11:1–11:20
8	*요아스(Joash)	40년	여호야다, 요엘(?), 스가랴	아람왕 하사엘	왕하 11:21–12:21
9	*아마샤(Amaziah)	29년		에돔	왕하 14:1–14:22
10	*아사랴=웃시야 (Azariah=Uzziah)	52년	이사야, 스가랴(?)	블레셋	왕하 15:1–15:7 대하 26
11	*요담(Jotham)	16년	이사야, 미가	암몬	왕하 15:32–15:38 대하 26:21(섭정)
12	아하스(Ahaz)	16년	이사야, 미가	아람왕 르신과 이스라엘의 베가	왕하 16:1–16:20
13	*히스기야(Hezekiah)	29년	이사야, 미가	블레셋, 앗수르왕 산헤립	왕하 18:1–20:21
14	므낫세(Manasseh)	55년		앗수르	왕하 21:1–21:18
15	아몬(Amon)	2년			왕하 21:19–21:26
16	*요시야(Josiah)	31년	예레미야, 나훔(?), 스바냐(?)	애굽왕 바로느고, 앗수르	왕하 22:1–23:30
17	여호아하스(Jehoahaz)	3개월	예레미야	애굽왕 바로느고	왕하 23:31–23:34
18	여호야김(Jehoiakim)	11년	예레미야, 다니엘, 하박국(?)	아람, 모압, 암몬, 바벨론왕 느부갓네살	왕하 23:35–24:7
19	여호야긴(Jehoichin)	3개월	예레미야, 다니엘, 에스겔	바벨론	왕하 24:8–24:17 왕하 25:27–25:30
20	시드기야(Zedekiah)	11년	예레미야, 다니엘, 에스겔	바벨론	왕하 24:18–25:7
→ B. C. 587년 바벨론 느부갓네살(Nebuchadnezzar)에 의해 멸망					

※ *표시한 여덟 명의 왕은 하나님이 보시기에 선한 왕들이었다. 12–15번의 아하스 왕부터 아몬 왕까지는 앗수르 압제 하에, 16–20번의 요시야 왕부터 시드기야 왕까지는 애굽과 바벨론의 압제 하에 있었다. # 표시한 아달랴 여왕은 다윗 가문의 왕이 아니었다.

※ 각 시대에 활동했던 여러 선지자 중 특히 요엘과 오바댜의 경우는 그 활동시기가 매우 불분명하여 어떤 이들은 예루살렘 멸망 어간으로 보기도 한다.

1
선지자 엘리사

읽어야할 본문: 열왕기하 1-8장

숙고해야할 본문: 열왕기하 2:12-15

엘리사는 오므리 왕조의 말기에 엘리야의 뒤를 이어 일어난 선지자로 북방 이스라엘에서 바알 종교를 몰아내는 데 기여하였다. 그는 엘리야가 자신의 겉옷을 걸쳐주자 농부의 삶을 버리고 선지자로서의 새로운 삶을 시작하였고, 엘리야를 끝까지 섬기며 열정적으로 헌신하였다. 이런 엘리사에게 하나님은 엘리야를 통해서 갑절의 영감을 입혀 주셨고, 엘리사는 이때부터 많은 기적을 행하며 선지자로서의 능력을 발휘하였다. 그의 주된 사역은 엘리야의 뒤를 이어 우상숭배에 빠진 이스라엘 백성을 회개하여 하나님께로 돌아오게 하는 것이었다.

그는 과부의 그릇에 이적으로 기름을 채워줌으로써 그 여인과 아들들의 생계를 해결해 주었고, 수넴 여인의 죽은 아들을 다시 살렸으며, 보리 빵 스무 개와 햇곡식 이삭으로 백 명을 먹였으며, 아람 나라의 군대장관인 나아만의 문둥병을 고쳐 주었다. 또한, 그는 죽은 후에도 그의 뼈를 만진 사람이 치유되는 역사를 일으키기도 했다. 엘리사가 행한 이 모든 기적들은 자신을 드러낸 것이라기보다 하나님의 능력과 영광을 드러낸 것이었다.

▪ 적용

하나님의 말씀은 오고 가는 많은 사람들 속에서 계속하여 증거되어 왔다. 하나님의 일을 모두 마친 엘리야는 승천하지만 엘리사가 그의 뒤를 이어 하나님의 소명을 받고 자신이 가진 모든 것을 버려두고 선지자의 길을 떠난다. 또한 엘리사는 모든 일에 겸손하였는데, 그는 수많은 이적을 베풀면서도 항상 자신보다 하나님의 영광을 우선하였다. 우리가 갖고 있는 모든 은사로 하나님의 영광을 드러내는 것이 그리스도인의 제일가는 삶의 목표가 되어야 할 것이다.

2

오므리 왕조를 심판한 예후

읽어야할 본문: 열왕기하 9–10장

숙고해야할 본문: 열왕기하 9:1–10

아합과 아하시야의 뒤를 이어 북 왕국에서는 요람이 왕이 되었다. 그러나 하나님은 예전에 엘리야를 통해서 아합 왕의 범죄함으로 인해 그 자손들까지 멸절할 것임을 예언하셨는데, 그 예언이 이제 예후를 통해서 이루어진다. 이에 선지자 엘리사는 제자를 시켜 군대장관인 예후에게 왕으로 기름을 붓게 하고, 군대장교들은 즉시 예후를 왕으로 추대하여 그의 명령을 따른다. 때마침, 전쟁 중에 부상을 입은 요람 왕은 병문안을 온 조카이자 유다 왕인 아하시야와 함께 이스르엘성에 있었다. 이때를 틈타 예후는 혁명을 일으키고, 이들을 차례로 죽여 요람의 시체를 나봇의 포도원에 버렸다. 또한 예후는 이세벨이 사는 궁전으로 쳐들어가서 그녀를 죽이고, 시체는 개의 먹이가 되게 하였는데, 이로써 엘리야의 저주가 성취되었다. 또한 예후는 아합왕의 남은 70명의 아들들을 포함하여 모든 그의 자손들을 죽였다.

왕이 된 예후는 바알 선지자들과 바알을 섬기는 자들을 한꺼번에 모이게 하여 처단하고, 바알 신당을 파괴하여 화장실로 사용함으로써 바알 종교를 근절하였다. 하지만 그는 여로보암이 단과 벧엘에 세웠던 금송아지는 부수지 않고 내버려 두었는데, 이는 북 왕국 백성들이 남 유다에 있는 예루살렘 성전을 찾지 않도록 하기 위함이었다. 엘리야의 예언(왕상 19:15-17; 21:21-24)대로 예후가 오므리 왕조의 바알 숭배를 심판한 것은 사실이었으나, 그의 개혁은 신앙적인 동기에서가 아니라 그의 권력 유지를 위한 정치적인 것에서 비롯되었다. 따라서 그의 가문은 5대(예후, 여호아하스, 요아스, 여로보암 2세, 스가랴)까지만 이스라엘을 통치할 수 있었다.

■ 적용

우리는 예후가 엘리야의 예언대로 오므리 왕조를 멸망시키는 것을 보면서 하나님만이 이스라엘의 진정한 왕이셨다는 것을 알 수 있다. 예후는 하나님이 아합으로 대표되는 오므리 왕조의 사악함을 심판하기 위해서 사용하신 왕이었다. 그는 군대장관 출신으로, 아합 왕의 자손들만이 아니라 다른 많은 사람들을 거리낌 없이 처형하였다. 그는 선지자 엘리야의 예언을 성취시키기는 했지만, 자신의 정치적 야욕을 위해서 무슨 일이든지 하였다. 하나님의 뜻을 내세워 자신의 야욕을 채우는 것은 하나님이 진정으로 바라시는 바가 아니다.

3
북 왕국 이스라엘의 멸망

읽어야할 본문: 열왕기하 11-17장

숙고해야할 본문: 열왕기하 17:34-41

B. C. 977년 여로보암으로부터 시작된 북 왕국은 엘리야와 엘리사 같은 훌륭한 선지자들의 활동에도 불구하고 하나님을 떠나 우상을 숭배하는 일을 계속하였다. 북방 이스라엘은 예후 왕조의 네 번째 왕인 여로보암 2세가 통치하는 동안 그 전성기를 누렸다. 여로보암 2세는 41년간을 치리(하지만 그의 치정은 열왕기하에서 단 7절로 요약되어 있음)하면서 이스라엘의 국경지대를 솔로몬 때의 수준까지 넓혔고, 심지어 유다의 일부까지 복속시켰다. 그러나 사치와 향락이 난무하였던 그의 사후에 나라가 급격히 쇠퇴하여지고, 이어지는 모든 왕들이 그 정통성을 인정받지 못하고 반란에 반란을 거듭하다가 결국 앗수르에 멸망당하고 말았다.

그 무렵 앗수르란 나라가 디글랏빌레셀의 영도 아래 최강국으로 부상하여 이웃 나라들을 침략하고 있었다. 그가 이스라엘의 갈릴리와 요단 동편을 이미 정복하고 계속하여 위협하자 당시에 북 이스라엘의 왕이었던 므나헴은 조공을 바쳐서 그의 마음을 누그러뜨렸다. 하지만 베가가 므나헴의 아들 브가히야 때 쿠데타를 일으켜 정권을 잡자 디글랏빌레셀은 이스라엘을 재차 침략하였다. 이 와중에 호세아가 또 다시 구테타를 일으켜 정권을 잡았는데, 그가 이스라엘의 마지막 왕이었다. 그는 애굽과 손을 잡고 앗수르의 위협에 맞서지만 애굽에게는 그럴만한 힘이 없었으며, 오히려 이것이 북 이스라엘의 멸망을 촉진시키는 역할을 하고 말았다. 마침내 디글렛빌레셀의 아들 살만에셀 5세가 북 이스라엘을 침략하여 2년여 동안 성을 포위하고 식량공급을 차단함으로써, 결국 북 이스라엘의 사마리아는 B. C. 721년에 앗수르에 함락되고 말았다. 많은 지도자와 백성들이 포로로 잡혀갔으며, 앗수르의 식민정책으로 사마리아에는 많은 다른 포로 이주민들이 배치되었다. 이 인구혼합 정책으로 사마리아에는 이방 사람들이 들어와 섞이면서 혼

혈족들이 탄생하게 되었고, 그들이 가져온 이방신들을 섬기면서 다신종교 사회가 되어 버린다.

■ 적용

북 이스라엘의 멸망의 원인은 그들이 하나님을 떠나 다른 신을 섬긴 우상숭배에 있었다. 여로보암이 금송아지 제단을 만들어 섬긴 이후로, 그들은 이 '느밧의 아들 여로보암의 죄'에서 벗어나지 못하고 대대로 우상을 숭배하였다. 위대한 선지자 엘리야와 엘리사가 그들을 돌이키고자 하였지만 북 이스라엘 민족은 하나님께 불순종하여 점점 멀어져 갔다. 하나님은 선지자들을 통해서 여러 차례에 걸쳐 북 이스라엘이 그에게로 돌아올 것을 경고하였지만 그들은 하나님의 말씀에 순종하지 않았다. 하나님은 우리가 죄악 가운데 있을 때 우리에게 경고의 말씀을 주신다. 하나님의 말씀을 들을 수 있는, 그래서 죄악에서 돌이킬 줄 아는 우리 그리스도인들이 되어야 하겠다.

4

남방 유다 왕 히스기야

읽어야할 본문: 열왕기하 18–20장

숙고해야할 본문: 열왕기하 18:1–8

열왕기하는 북방 이스라엘의 멸망을 전하고, 곧이어 남방 유다 말기의 왕 히스기야 이야기로 옮겨간다. 히스기야는 남방 유다의 13대 왕으로, 25세에 즉위하여 29년간을 통치하였다. 그는 남 유다 왕국의 왕들 중에서 요시야와 더불어 가장 선정을 베푼 왕으로 기록된다. 히스기야는 성전의 문들을 보수하였으며, 제사장들과 레위인들을 모아서 성전을 정결케 하였다. 그는 곧 종교개혁에 착수해 성공적으로 마무리했다. 맨 먼저 우상숭배를 금지하고, 아하스가 건립한 산당을 없앴으며, 아세라 목상들을 부셔버렸다. 또한 백성들이 그때까지 분향하던 모세가 만든 놋뱀을 조각내 버렸다. 제사장들과 레위인들을 재배치해 그 임무에 따라 번제물과 친교제물을 바치게 하였다.

당시 중동에서는 앗수르가 강대국으로 성장하여 북 이스라엘 왕국을 멸망시키고 남 유다 왕국마저 위협하고 있었다. 때에 히스기야는 성벽을 튼튼히 하고 선지자 이사야와 함께 하나님께 기도하였다. 하나님은 그의 기도를 들으시어 미가엘 천사로 하여금 앗수르 산헤립의 군대를 혼비백산케 하였다. 이로 인해 산헤립은 패퇴하여 본국으로 돌아갔고, 그곳에서 자기 아들에 의해 암살당하였다.

앗수르로부터 승리를 얻은 히스기야는 갑자기 중병에 걸렸으나 하나님께 기도하여 15년이나 생명을 연장받았다. 그러나 그는 너무 기쁜 나머지 교만에 빠져 동맹을 맺으러 온 바벨론의 사절단에게 유다 왕국의 부강함을 보이면서 자랑하였다. 하나님은 선지자 이사야를 통해 이를 몹시 책망하시면서 그의 나라가 바벨론에 의해 멸망하게 될 것임을 예언하셨다. 한편 히스기야가 유다의 가장 훌륭한 왕 가운데 한 명이었다면, 그의 뒤를 이은 아들 므낫세는 가장 악하고 사악한 왕으로 기록된다.

■ 적용

히스기야는 이스라엘 역사에서 솔로몬 이후에 가장 선정을 베푼 왕이었다. 그는 하나님 앞에서 경건하고 신실했으며, 열정과 뚜렷한 소신을 가진 담대한 왕이었다. 남 유다 왕국의 백성들은 그런 왕과 그의 하나님을 신뢰하였다. 무엇보다 그는 항상 기도하는 것을 잊지 않았다. 환난이 닥쳤을 때 그는 하나님의 영광을 위하여 이사야 선지자와 함께 고민을 나누며 기도하였다. 그의 이런 태도는 남방 유다 왕국이 다시 한 번 개혁되는 기회를 갖게 해 주었다. 하지만 안타깝게도 그렇게 경건하고 신실했던 히스기야 왕도 일순간의 기쁨을 이기지 못하고 교만에 빠져서 그의 나라가 멸망에 이르게 하는 실수를 저질렀다. 우리는 모든 일이 형통할 때 실족하지 않도록 더욱더 조심해야 한다는 것을 잊어서는 안 되겠다.

5

요시야의 개혁

읽어야할 본문: 열왕기하 21-23장

숙고해야할 본문: 열왕기하 23:21-25

므낫세가 죽고 그의 아들 아몬이 왕이 되었으나 그는 불과 2년 만에 궁복들에게 살해당하고 말았다. 이에 유다 백성들은 아몬 왕을 살해한 궁복들을 모두 죽이고 아몬의 아들 요시야를 왕으로 추대하여 그 정통성을 이어갔다. 우상숭배에 몰두하였던 조부 므낫세, 그리고 아버지 아몬과는 달리 요시야는 유다에서 가장 경건했던 왕으로 불릴 만큼 하나님을 잘 섬겼으며 종교개혁을 단행하여 나라의 부흥을 일으킨 훌륭한 지도자였다.

요시야는 8세에 왕위에 올랐으나 실제적인 통치를 시작한 것은 그로부터 18년 뒤인 26세 때였다. 왕으로서의 통치를 시작한 그는 먼저 여호와의 전을 수리하고 복구할 것을 명하였다. 이때 성전을 수리하던 힐기야가 율법책(신명기로 추측)을 발견하였는데, 서기 사반이 이 책을 읽었을 때 요시야 왕은 통회의 눈물을 흘리지 않을 수 없었다. 그는 얼마나 자기 백성들이 하나님을 불순종하고 우상을 섬겼는지를, 그리고 그 율법에 경고된 저주가 어떻게 유다에 임할 것임을 깊이 깨닫게 되었던 것이다. 그는 이때부터 더욱더 강하게 종교적인 개혁을 단행하였다. 성전 안에 있던 바알과 아세라와 하늘의 일월성신을 위하여 만든 모든 기명을 꺼내다가 예루살렘 기드론 골짜기에서 불사르고, 우상을 섬긴 제사장들을 폐하였으며, 예루살렘과 유다 여러 고을에 있던 각종 우상들을 제거하였다. 또한 언약의 말씀을 백성들에게 읽어주며 그들의 잘못을 깨닫게 하여 철저한 회개와 아울러 하나님의 언약을 굳게 지킬 것을 가르쳤다. 아울러서 오랫동안 지키지 못하였던, 하나님이 택하신 백성으로서 당연히 기억하여 지켜야 할 절기인 유월절을 다시금 회복시켰다.

요시야는 39세의 나이로 애굽 왕 바로느고와의 전쟁 중 므깃도에서 전사하였다. 이는 그가 유다의 멸망을 보지 않고 죽으리라는 훌다의 예언(22:20)이 성취된 것으로, 하나님의 은혜로운 섭리 덕분이었다. 유다는 멸망할 것이나 요시야는 그 재앙을 면할 수 있었던 것이다. 하지만 불행하게도 요시야의 뒤를 이은 그의 자손들은 모두 악하고 무능하여서 애굽과 바벨론의 꼭두각시 왕에 불과하였다.

■ 적용

요시야는 히스기야와 함께 분열왕국에서 가장 하나님의 마음에 합한 왕으로, 그는 정치적으로나 영적으로 뛰어난 지도력을 발휘하였다. 경건한 왕이었던 요시야는 백성들에게 하나님을 예배하고 순종할 것을 촉구하였다. 그는 오직 하나님 앞에서만 의를 행하기 원했기에 우상숭배를 타파하고 종교개혁을 주도하였고, 이로써 유다 왕국은 마지막 번영기를 누리게 되었다. 하지만 요시야와 히스기야는 모두 자식들을 훌륭한 왕으로 키우는 데는 실패하였다. 히스기야의 아들 므낫세는 55년을 통치하면서 유다에서 가장 악한 왕으로 기록되었으며, 요시야의 세 아들은 차례로 왕이 되었으나 연약하고 무능하여 모두 단명하였다. 자녀를 올바르게 양육하는 일이 결코 쉽지는 않지만, 하나님의 백성들은 자녀들을 올바로 훈육함으로써 하나님의 일꾼으로 키우는 일을 게을리 해서는 안 될 것이다.

6
남 왕국 유다의 멸망

읽어야할 본문: 열왕기하 24–25장

숙고해야할 본문: 열왕기하 25:1–7

요시야의 죽음으로 남 왕국 유다는 급속히 멸망의 길로 접어들었다. 이 무렵 유다는 앗수르, 애굽, 그리고 바벨론 사이의 세력 다툼에 껴서 곤란을 겪고 있었는데, 악하고 무능한 요시야의 아들들(여호아하스, 여호야김)은 그들의 꼭두각시나 다름없었다. 마침내 유다가 애굽과 동맹을 맺게 되고 여호야김의 아들 여호야긴이 왕위를 물려받자 바벨론의 느부갓네살이 예루살렘을 포위하였다. 여호야긴 왕은 그에게 항복했고, 약 일만 명의 유대인들과 함께 포로로 잡혀갔다(1차 포로).

그리하여 바벨론은 유다를 속국으로 삼고 요시야의 다른 아들인 시드기야를 왕으로 세웠다. 그는 11년을 유다의 왕으로 통치했으나, 애굽과 바벨론 사이에서 이러지도 저러지도 못하고 우유부단하게 처신하였다. 마침내 그가 예레미야의 조언을 무시하고 바벨론과의 굴욕적인 관계를 끊고자 애굽과 손을 잡자 바벨론의 느부갓네살 왕이 재차 유다를 공격해왔다. 그는 18개월

동안 예루살렘성을 포위하였는데, 결국 성벽을 뚫고 들어와 도망하던 시드기야를 붙잡아 그가 보는 앞에서 아들들을 죽이고는 그의 눈을 뽑은 후에 평생 그를 바벨론의 감옥에서 살다가 죽게 했다. 예루살렘 성벽은 파괴되었고, 여호와의 전은 전소되었으며, 많은 유다인들이 포로로 잡혀가게 되었다. 때는 B. C. 587년이었다.

■ 적용

예루살렘의 멸망은 살아계신 하나님을 대적했던 유다의 사악한 왕들이 불러온, 이스라엘 역사상 가장 비극적인 사건이었다. 요시야의 아들들은 우유부단하였으며, 하나님께 의지하기보다는 이방 나라의 힘에 의존하려고 하였다. 결국 북 이스라엘과 남 유다의 멸망은 그들이 우상숭배를 일삼고 하나님께 불순종함으로써 받은 심판의 결과였다. 그럼에도 불구하고 하나님은 그들에게 끝까지 작은 소망의 빛을 보이셨는데, 느브갓네살의 뒤를 이은 에윌므로닥 왕이 바벨론으로 잡혀간 여호야긴에게 특혜를 베풀어 그가 감옥에서 풀려나와 전직 유다의 왕으로서의 예우를 받을 수 있도록 해 주었던 것이다. 이는 하나님께서 계속하여 당신의 백성들을 잊지 않고 섭리 가운데 지키실 것임을 보여주는 것이었다.

7
복습을 위한 질문

1. 북방 이스라엘 왕국과 남방 유다 왕국이 멸망한 시기는 각각 언제인가?

2. 북방 이스라엘과 남방 유다가 멸망하게 된 진짜 이유는 무엇인가?

3. 엘리야의 뒤를 이어 선지자가 된 이는 누구인가?

4. 엘리사가 행한 이적들은 어떤 것들이 있는가?

5. 아합으로 대표되는 오므리 왕조의 마지막 왕은 누구인가?

6. 북 왕국의 요람 왕과 남 왕국의 아하시야 왕을 죽임으로써 오므리 왕조를 심판한 사람은 누구인가?

7. 예후는 많은 사람을 죽이고 왕위에 올랐다. 이는 엘리야의 예언이 성취된 것이기도 하지만 또 어떤 동기가 그의 배후에 있었는가?

8. 예후가 바알 신당과 함께 반드시 없애야했던 다른 한 가지는 무엇이었는가?

9. 북방 이스라엘을 멸망시킨 것은 어느 나라인가?

10. 북 왕국의 전성기를 맞았던 이스라엘의 왕은 누구인가?

11. 남방 유다에서 가장 선한 임금이었던 두 사람은 누구인가?

12. 히스기야가 저지른 실수는 무엇이었는가?

13. 히스기야의 아들 중 유다에서 가장 사악한 왕이 나왔다. 그는 누구인가?

14. 요시야 왕 때 성전 보수 중 율법책을 발견한 자는 누구인가?

15. 요시야가 이룬 종교개혁에 대해서 말해보라.

16. 요시야는 어느 나라 사람에 의해 죽음을 당하였는가?

17. 히스기야와 요시야에게서 선한 왕이 나오지 못했다. 이를 통해서 우리는 무엇을 깨닫게 되는가?

18. 바벨론 왕 느부갓네살에게 눈이 뽑힌 유다의 마지막 왕은 누구인가?

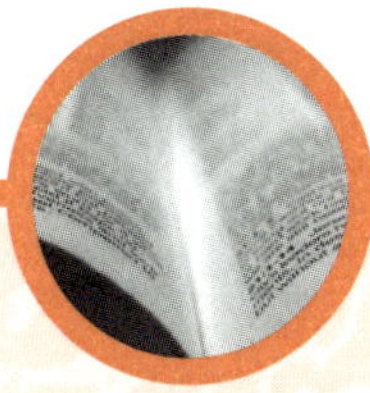

역대상

- 핵심어: 다윗의 나라
- 핵심구절: "네 생명의 연한이 차서 네가 조상들에게로 돌아가면 내가 네 뒤에 네 씨 곧 네 아들 중 하나를 세우고 그 나라를 견고하게 하리니 그는 나를 위하여 집을 건축할 것이요 나는 그의 왕위를 영원히 견고하게 하리라"(대상 17:11-12).

명칭과 배경

역대기(Chronicles)라는 명칭은, 이 책이 이스라엘의 '지난 날들에 대한 기록'이라는 의미에서 붙여졌다. 역대기의 영어명인 Chronicles는 이스라엘 열왕들의 '연대기'라는 의미를 지닌다. 역대기는 히브리 성경에서 마지막에 등장하는데, 이는 역대기가 창조시대부터 왕정시대를 거쳐 포로시대에 이르기까지 이스라엘 역사에 대한 총체적인 기록이기 때문이다. 원래 한 권이었던 책이 나중에 두 권으로 분리되었으며, 역대상은 사무엘서와 유사하다면 역대하는 열왕기서와 유사하다고 볼 수 있다. 하지만 역대기는 창세기의 아담의 족보에서 시작하여 다윗에 이르고, 이후 그의 가문으로 이어지는 유다 왕국의 역사를 중심으로 하고 있다. 나아가, 나라가 멸망하고 포로로 잡혀간 이스라엘 백성들이 바사(페르시아, 오늘날의 이란) 왕 고레스에 의해 본국으로 귀환하게 되는 시점까지 총체적으로 기록하고 있다.

역대기의 많은 부분이 다윗에 대한 이야기로 구성되어 있으며 또한 그의 부정적인 면보다는 뛰어한 면이 더 부각되어 있는 것은, 하나님 나라가 다윗의 왕국으로 이어지고 있다는 사실과 장차 새 왕 예수 그리스도께서 다윗의 자손으로 오실 것이기 때문이었다.

저자와 기록연대

전통적으로 선지자 에스라가 이 책의 저자일 것이라고 알려져 있다. 에스라는 50년간의 바벨론 포로생활을 마치고 예루살렘으로 돌아와서 재건된 성전을 중심으로 유대인들을 영적으로 지도하기 위해서 노력했다. 그는 역대상에서 아담에서부터 다윗에 이르는 계보들을 열거한 후에 사울 왕을 이은 다윗의 치세(성전건축에 대한 준비가 중심)를 자세하게 소개하고, 마지막 부분에서 솔로몬의 왕위 계승을 적고 있다.

이 책의 기록연대는 사무엘서나 열왕기서보다 상당히 후대인 바벨론 포로 이후일 것이며 편집 시기는 대략 B. C. 450-430년 사이일 것으로 보인다.

기록목적

사무엘서와 열왕기서가 통일왕국에서 분열왕국으로 이어지는 이스라엘의 역사를 '정치적'인 측면을 중심으로 기록하고 있다면, 역대기는 다윗 가문으로 이어지는 유다 왕국을 중심으로 하여 고레스의 칙령(B. C. 538/9)으로 바벨론의 포로생활에서 귀환하기까지의 이스라엘의 역사를 '종교적'으로 기록하고 있다. 즉, 성전을 중심으로 한 유다 민족의 종교적 생활이 그 핵심을 이루고 있다고 하겠다. 역대기의 또 다른 기록목적은, 포로생활 가운데 낙심하고 있는 이스라엘 백성들에게 하나님의 구원 역사는 계속되고 있으며 앞으로도 당신의 백성들을 잊지 않고 계속 섭리하실 것임을 그들에게 인식시키기 위한 것이었다.

개요

Ⅰ. 아담에서 사울까지의 계보(1-10장)

Ⅱ. 다윗(11-29장)

1
이스라엘의 하나님

읽어야할 본문: 역대상 1–8장

숙고해야할 본문: 역대상 1:1–4

역대기상에는 시작하자마자 약 2,000여명에 이르는 사람들의 족보가 기록되어 있다. 어찌 보면 지면을 낭비하는 것처럼 보이지만, 이는 하나님이 계획하신 구원 역사에 대한 기록인 것이다. 이스라엘의 오랜 역사 속에서 하나님의 구원 역사는 계속되고 있음을 증거하는 것이다. 아담으로부터 시작하여 셋, 에노스, 게난, 마할랄렐, 야렛, 에녹, 므두셀라, 라멕, 노아, 셈, 함과 야벳에 대한 언급은 인류 역사 가운데 대단히 뛰어났던 첫 10세대를 열거하고 있다.

포로생활을 청산하고 귀환한 당시 유대인들은, "우리가 범죄함으로써 하나님과의 언약을 깨뜨렸으니 하나님은 더 이상 우리를 그의 선택된 백성으로 여기지 않으시는가?"라는 의문을 가지고 있었다. 이에 대하여 역대기는 이스라엘 역사 가운데 함께하신 하나님을 통해 그들에게 교훈을 줌으로써 하나님께서 여전히 그들을 선택된 백성으로 간주하고 계심을 확신시킨다. 또한 하나님이 예전에 그들을 보호하셨던 것처럼 지금도 여전히 그들을 기억하고 보호하실 것임을 확신시킨다.

■ **적용**

포로생활에서 귀환한 이스라엘 백성들은 하나님의 구원 역사가 과연 아직도 진행되고 있는지 확신이 없었다. 하지만 하나님은 이스라엘 가운데 역사하시는 분으로서 어제도, 오늘도, 그리고 내일도 동일하게 역사하실 하나님이셨다. 당신의 백성들과 맺으신 하나님의 언약은 영원히 계속될 것이며, 하나님은 당신의 선택된 백성들을 결코 잊지 않으신다. 하나님은 당신의 백성들을 끝까지 이끄시고 보호하신다. 그 옛날 이스라엘 백성들처럼 때로 우리가 범죄하여 하나님과 멀어질지라도 하나님은 결코 우리의 손을 놓지 않으신다. 죄인들을 위한 하나님의 구원 역사는 그분의 섭리 가운데 영원할 것이다.

2

남은 자들의 정통성

읽어야할 본문: 역대상 9장

숙고해야할 본문: 역대상 9:1-2

역대기는 하나님께서 이스라엘의 과거 역사 가운데 함께하셨을 뿐 아니라 앞으로도 변함없이 그들을 도우실 분이심을 이스라엘 백성들이 알기를 원한다. 하나님은 창조 이전에 그들에 대한 계획을 갖고 계셨고, 여전히 그 계획을 버리지 않으셨다는 것이다. 그런 의미에서 아담에서부터 시작된 족보는 9장에 이르러 바벨론 포로생활에서 예루살렘으로 귀환하는 이스라엘 백성들로 이어진다. 그것은 당시 이스라엘 공동체의 명단과 사울 왕가의 족보로서 예루살렘으로 귀환한 일반 백성들은 물론, 그들의 지도자 즉 제사장과 레위인들의 족보를 추적할 뿐만 아니라 이스라엘의 새 역사가 시작되는 사울 왕가에 대해서 언급한다.

당시 스룹바벨과 예수아가 지도자가 되어 1차로 예루살렘에 귀환한 유대인들은 먼저 성전을 재건하기 시작하는데, 이때 백성들을 이끌었던 인물 중 한 명인 스룹바벨은 다윗의 후손이었다. 또한 제사장들과 예배를 수종드는 사람들은 레위 족속의 혈통을 갖고 있었는데, 이는 하나님께서 다윗의 왕조를 계속해서 지키고 그들만의 고유한 제사장직을 여전히 유지하고 계셨음을 보여준다. 하나님은 그의 선택한 백성들을 기억하시고 그들과 맺은 언약을 소중히 여기셨다.

■ 적용

역대기상 첫 부분에서 아담으로부터 시작된 족보는 바벨론 포로생활을 청산하고 귀환하는 이스라엘 백성들과 지도자들의 명단으로 마무리된다. 여기서 우리는 다윗의 후손들과 레위 족속의 혈통을 가진 자들이 여전히 그들의 지도자로 섬기고 있는 것을 볼 수 있다. 비록 나라가 멸망하고 포로로 잡혀갔던 그들이었지만, 여전히 제사장 나라로서의 정통성을 유지하고 있었던 것이다. 그렇게 하나님 나라는 계속 이어져서, 다윗의 자손으로 새 왕 예수 그리스도께서 이 땅에 오심으로써 그 은혜를 힘입어 우리가 구원을 받게 된 것이다.

3

사울 왕의 죽음

읽어야할 본문: 역대상 10장

숙고해야할 본문: 역대상 10:1–6

역대기는 장차 예수 그리스도가 오실 다윗 왕국의 역사를 그 중심으로 하고 있다. 따라서 기자가 다윗 왕을 묘사할 때 그의 부정적인 면 즉 다윗이 밧세바를 범한 일이나 그녀의 남편을 죽인 일, 그의 아들들이 다윗 왕의 후궁들을 능욕한 일, 압살롬이 암몬의 여동생을 강간한 일이나 다윗에 대한 압살롬의 반역 등은 기록하고 있지 않다. 반면, 초대 왕 사울의 경우는 그가 왜 죽임을 당하고 왜 그의 나라를 다윗에게 빼기게 되는지 분명히 기록하고 있다.

사울이 블레셋과의 전투 중에 세 아들과 함께 전사함으로써 그의 왕국도 끝이 나는데, 역대상 10장에 기록된 대로 이는 그가 여호와 하나님께 범죄하였기 때문이었다. 그는 자신이 하나님의 주권 아래 있는 하나님의 대리 통치자라는 사실을 잊고서 하나님 말씀에 순종하지 않았고, 하나님을 의지하기보다 오히려 신접한 자에게 갈 길을 의탁함으로써 하나님은 그를 죽음에 이르게 하시고 그 나라를 다윗에게 돌리셨다. 역대기 기자는 사울에 대한 이야기를 여기 10장 한 장으로 마무리하지만 다윗 왕에 대한 이야기는 자그마치 열아홉 장에 걸쳐서 기록하고 있다.

■ 적용

초대 왕 사울로부터 이스라엘의 역사는 새로운 전개를 맞게 된다. 하지만 사울의 범죄함으로 말미암아 그의 나라는 다윗에게 돌아갔다. 역대상 10:13은, "사울이 죽은 것은 여호와께 범죄하였기 때문이라"고 분명히 기록한다. 사울도 처음에는 겸손한 왕이었고 그에게는 훌륭한 아들이 있었으나, 시간이 갈수록 자신의 본분을 잊어버리고 하나님의 말씀을 지키지 않게 되었다. 하나님은 겸손한 자는 들어 쓰시지만 교만한 자는 심판하신다. 겸손은 그리스도인들이 가져야 할 최대의 미덕인 것이다.

4

이스라엘의 왕 다윗

읽어야할 본문: 역대상 11-20장

숙고해야할 본문: 역대상 11:1-3

다윗은 왕위에 오르기 전에 이미 사무엘 선지자로부터 기름부음을 받았다. 그는 사울의 시기심으로 인해서 광야와 산지를 헤매며 고초를 당하다가 헤브론에서 유다의 왕으로 즉위하였다. 다윗은 거기서 7년 반을 지내고, 여브스 족속이 살고 있던 예루살렘을 점령하여 그곳으로 도읍을 옮겼다. 예루살렘이야말로 새로운 이스라엘의 수도로서 백성들을 하나로 통합시키기에 가장 적절하다고 판단한 것이었다. 이어서 그는 여호와의 임재를 상징하는 법궤를 예루살렘으로 옮김으로써 그곳을 하나님을 섬기는 곳으로 삼고자 하였다. 다윗이 이렇게 점점 강성해질 수 있었던 원인은 만군의 여호와께서 그와 함께 하셨기 때문이었다.

한편, 다윗의 군대에는 그를 돕고자 가담한 많은 용사들이 있었다. 그들의 위용이 대단하였으며, 다윗이 그의 왕국을 수립하는 데 많은 공을 세웠다. 다윗에게는 사람을 끌어당기는 은사가 있었고, 그는 또한 필요한 사람들을 적재적소에 배치하는 재능이 있었다. 여기 역대기 11-12장에는 다윗이 즉위하여 왕정 체제를 수립하는 데 있어서 그를 도왔던 많은 용사들과 신하들의 이름이 언급되어 있다.

■ 적용

다윗이 이스라엘의 위대한 지도자가 될 수 있었던 것은 하나님께서 그와 함께 하셨기 때문이다. 그는 하나님이 세우신 정통성 있는 왕이었으며, 인격적으로도 훌륭하여 주변에 많은 충성하는 사람들이 있었다. 이제 그의 통치하에 이스라엘 백성들은 진정한 기쁨과 행복을 누리게 되었던 것이다. 우리 지도자들은 늘 하나님의 인도하심을 구하여야 할 것이며, 또한 혼자서 모든 일을 하기보다는 함께 동역해야 한다는 사실을 다윗의 삶을 통해 배우게 된다. 뛰어난 리더는 사람들을 끄는 힘이 있어야 할 뿐 아니라, 그들이 적절한 자리에서 일할 수 있도록 배려할 줄 알아야 한다.

5

다윗의 인구조사

읽어야할 본문: 역대상 21장

숙고해야할 본문: 역대상 21:1-8

사무엘하 24장에는 다윗의 인구조사에 대한 설명이 나온다. 다윗은 이스라엘의 접경지역을 점령한 후에 전쟁에서 싸울 수 있는 사람들을 계수할 것을 명했다. 그는 자만심에 빠져 인구조사를 통해 자신의 막강한 국방력을 과시하고자 했던 것이다. 다시 말해 이는 요압의 말처럼 승리를 주관하시는 하나님을 신뢰하지 않는 행위였다. 이 일로 인해 하나님은 천사를 통해 세 가지 징벌(7년간의 기근, 3달 동안 적군에게 패해 도망다님, 3일간의 온역)을 제시하며 다윗에게 그 중 한 가지를 선택할 것을 명하셨다. 결국, 그 땅에 3일 동안 전염병이 임하였고, 하나님이 칼을 거두시기까지 7만 명이 죽게 되었다. 하나님의 천사를 만난 선지자 갓의 권면대로 다윗은 여부스 사람 아리우나(오르난)의 타작마당을 사서 제단을 쌓고 화목제와 번제로 제사를 드림으로써 죄사함을 받았고, 하나님의 불이 내려 응답하심으로써 그 모든 재앙이 멈추었다.

사실상 사무엘서에서 말하는 다윗의 인구조사에 대한 내용은 그가 범죄함으로 인해 하나님께서 그를 징계하셨다는 것이다. 반면에 역대상 21장에 나타나 있는 다윗의 인구조사는 성전 건축을 위한 다윗의 준비 과정의 일환으로서 본문은 앞으로 있을 성전 건축에 대한 서론 역할을 한다고 볼 수 있다. 실제로, 다윗이 사서 단을 쌓아 제사드림으로 하나님께 죄사함을 받았던 여부스 사람 아리우나(오르난)의 타작마당은 예루살렘 성전이 세워지는 터전이 된다.

■ 적용

이스라엘의 위대한 지도자 다윗도 하나님을 신뢰하기보다 자신의 군사력을 더 믿는 자만에 빠져 하나님의 심판을 받았다. 이를 통해 하나님은 그에게 인간의 방법을 의지하지 말고 항상 하나님을 믿고 따를 것을 말씀하시고자 하였던 것이다. 다윗은 잘못을 회개할 줄 아는 사람이었고, 책임을 자신에게로 돌릴 줄 아는 정직한 사람이었다. 그의 이런 회개함과 정직함, 그리고 솔선수범하는 모습이 그의 나라를 더욱 복되게 하였다. 그가 하나님께 회개하고 죄사함을 받은 그곳 아리우나(오르나)의 타작마당은, 장차 그가 계획하고 그의 아들 솔로몬이 완성하게 될 예루살렘 성전이 세워질 곳이었다. 우리는 이 일을 통해 하나님의 놀라운 은혜와 섭리를 깨닫지 않을 수 없다.

6
다윗의 성전 준비

읽어야할 본문: 역대상 22–29장

숙고해야할 본문: 역대상 22:6–16

다윗은 예루살렘에 도읍을 정하고, 하나님의 법궤를 그곳으로 옮겼으며, 이제 성전 건축을 위한 터도 샀다. 하지만 그는 전쟁에서 많은 피를 흘린 사람이라 하나님은 그가 성전 짓는 것을 허락하지 않으시고, 다만 그 일을 준비할 수 있도록 허락하신다. 성전 건축의 완성은 '평화'의 사람인 그의 아들 솔로몬을 통해서 이루어질 것이다. 이제 다윗은 성전 건축에 필요한 모든 준비에 들어간다. 그는 30세(나중에는 20세) 이상 된 레위인들을 선발하여 성전에서 봉사하게 했고, 아론의 피를 이어받은 자들을 제사장으로 일하게 했다. 또한, 음악하는 사람들과 문지기도 모집했다. 그는 레바논의 백향목들과 구리들, 그리고 4,000톤의 금과 40,000톤의 금을 준비했다. 그는 이렇게 성전 건축을 담당할 일꾼들과 건축자재들을 잘 준비했다.

성전 건축에 필요한 모든 준비를 마친 다윗은 이제 지난 일들을 회고하며 고별설교를 한다. 이 설교에서 그는 자신의 아들 솔로몬을 방백들 앞에서 후계자로 지명하고 그에게 성전 건축에 대한 소명을 주는데, 성전을 지을 때 전심으로 하나님을 찾을 것을 당부한다. 그는 또 사후의 모든 일을 하나님께 의탁하며 찬미와 감사의 기도를 드리면서 솔로몬의 영적인 발전을 위해서 기도한다. 이에 모든 사람들이 다윗의 감사와 찬양의 기도에 동참한다(29:20). 다윗은 유다의 왕으로 헤브론에서 7년 반을, 온 이스라엘의 왕으로 예루살렘에서 33년간을 통치하고 비로소 숨을 거둔다. 그리고 그의 아들 솔로몬이 뒤를 이어 왕위에 오른다(B. C. 971년).

■ 적용

다윗은 그의 갈 길을 다 마치고 이제 죽음을 눈앞에 두고 있으면서도 하나님께 온전히 순종하고자 하는 신앙인의 모습을 보여 주고 있다. 성전 건축을 위한 모든 준비를 마친 그는, 자신의 삶을 정리하면서 그의 아들 솔로몬을 후계자로 지명하고 성전 건축에 대한 소명을 부여한다. 그에게 성전 건축 양식을 자세히 설명하고, 또한 성전 건축을 위한 헌물을 바친다. 그리고 나서, 자신의 사후에 일어날 모든 일에 대해 하나님께 의탁하는 감사와 찬양의 기도를 드린다. 이리하여 다윗의 모든 것을 이어받은 솔로몬은 이스라엘 역사에서 가장 번영을 누리게 된다. 오늘날 우리 사회는 잘못된 리더십의 이양으로 많은 문제들이 야기되는 경우를 본다. 리더로서 맡은 바 자신의 일을 잘 감당하는 것도 중요하지만 후계를 잘 준비하는 것 또한 리더가 중요시 여겨야 할 일 중 하나임에 틀림이 없다.

7
복습을 위한 질문

1. 왜 이 책을 역대기라고 부르는가?

2. 역대기는 열왕기와 어떻게 다른가?

3. 전통적으로, 역대기의 저자는 누구라고 믿고 있는가?

4. 역대기는 유대인들의 어떤 질문에 답을 제공해주는가?

5. 포로생활을 마치고 예루살렘으로 귀환한 지도자들의 가문은 어떠했는가?

6. 역대기 기자는 다윗에 대해 어떤 입장을 취하고 있는가?

7. 하나님은 다윗의 인구조사를 왜 기뻐하지 않으시고 그를 벌하셨는가?

8. 인구조사로 하나님의 심판을 받게 된 다윗은 어떤 벌을 선택하였는가?

9. 하나님은 왜 다윗이 성전을 건축하는 것을 허락하지 않으셨는가?

10. 다윗은 얼마나 오랫동안 이스라엘의 왕으로 통치했는가?

11. 우리는 리더로서 다윗의 어떤 점을 본받아야 하는가?

역대하

- 핵심어: 악에서 떠나라
- 핵심구절: "내 이름으로 일컫는 내 백성이 그들의 악한 길에서 떠나 스스로 낮추고 기도하여 내 얼굴을 찾으면 내가 하늘에서 듣고 그들의 죄를 사하고 그들의 땅을 고칠찌라"(대하 7:14).

명칭과 배경

역대상 참조.

저자와 기록연대

역대상 참조.

기록목적

역대상이 사울에 대해서 간단히 언급한 후 나머지 대부분을 다윗의 통치(성전 건축 준비를 중심으로)에 대해 자세히 이야기하고 있다면, 역대하는 다윗을 이어 왕좌에 오른 솔로몬의 이야기(성전 건축을 중심으로)에서 시작하여 남방 유다의 역사를 중심으로 기록하고 있다. 나머지는 역대상을 참조.

개요

Ⅰ. 솔로몬(1-9장)

Ⅱ. 르호보암(10-12장)

Ⅲ. 아비야(13장)

Ⅳ. 아사(14-16장)

Ⅴ. 여호사밧(17-20장)

Ⅵ. 여호람(21장)

Ⅶ. 아하시야와 요시야(22-24장)

Ⅷ. 아마샤(25장)

Ⅸ. 웃시야(26장)

Ⅹ. 요담(27장)

ⅩⅠ. 아하스(28장)

ⅩⅡ. 히스기야(29-32장)

ⅩⅢ. 므낫세와 아몬(33장)

ⅩⅣ. 요시야(34-35장)

ⅩⅤ. 여호아하스, 요여야김, 여호야긴, 시드기야, 그리고 예루살렘의 함락(36장)

■ 참고자료: 사무엘상 · 하, 열왕기상 · 하, 역대상 · 하의 중심인물 비교

책 / 중심인물	사무엘상	사무엘하	열왕기상	열왕기하	역대상	역대하
사무엘						
사울						
다윗						
솔로몬						
남북왕국의 왕들						
유다왕국의 왕들						

※ 열왕기상 · 하가 남북 분열왕국(북방 이스라엘, 남방 유다)을 오가며 왕들의 치정을 기록하고 있다면, 역대상 · 하는 남방 유다만의 역사(성전과 제사 중심)를 기록하고 있다. 특히 역대상은 다윗이 왕이 된 이후의 역사인 사무엘하의 내용과 같고, 역대하는 솔로몬(열왕기상의 중심인물이기도 함)으로부터 바벨론 포로시대까지의 남방 유다 역사에 대한 기록이다. 이는 곧 역대상 · 하의 저자로 알려진 에스라가 남방 유다의 다윗 왕조만이 진정한 하나님 나라로서의 정통성을 가진다는 사실을 보여 주고자 함이었을 것이다. 다시 말해, 그는 분열왕국은 사라졌지만 다시 남방 유다를 중심으로 포로시대 속에서도 하나님 나라는 계속해서 이어져가고 있었다는 사실을 말해주고자 했다.

1

솔로몬의 지혜

읽어야할 본문: 역대하 1-7장

숙고해야할 본문: 역대하 1:7-17

다윗에 이어 왕이 된 솔로몬은 하나님께 제사를 드리는 일을 잊지 않았다. 그는 성막이 있는 기브온으로 가서 하나님께 일천번제를 드렸다. 다윗이 법궤를 예루살렘으로 옮겼으나 성막은 아직도 기브온에 있었던 것이다. 하나님은 솔로몬의 제사를 기쁘게 받으시고, 솔로몬에게 나타나 원하는 것을 주시겠다고 말씀하셨다. 이에 솔로몬은 백성들을 잘 다스리기 위한 지혜를 구하였다. 하나님은 그 마음을 좋게 보시고 그가 원하는 지혜뿐만 아니라 구하지 않은 부와 영광도 주셨다. 이리하여, 솔로몬은 오늘날까지도 지혜와 부의 대명사로 불릴 만큼 하나님으로부터 많은 축복을 얻게 된다. 그는 아기를 빼앗고자 했던 악한 여인의 송사를 해결한 것을 비롯해 많은 문제들을 훌륭하게 해결했으며, 역대하 1:14-17에 나타나 있는 것처럼 수많은 재물을 모으며 영화를 누릴 수 있었다.

솔로몬이 이스라엘을 통치하는 동안 가장 핵심적인 사건은 성전 건축이었는데, 그가 하나님으로부터 특별한 지혜를 받을 수 있었기에 자신에게 부여된 성전 건축이라는 소명을 잘 완수할 수 있었다. 솔로몬의 성전은 당대에 가장 위대한 건축물이었으며, 이후 400년간 이스라엘이 예배하는 처소로 사용되었다.

■ 적용

그가 드린 제사를 기뻐 받으신 하나님이 원하는 모든 것을 주신다고 하셨을 때, 솔로몬은 자신을 위한 것보다는 왕으로서 백성을 올바르게 다스리기 위해 필요한 지혜를 하나님께 요청하였다. 솔로몬은 한 나라의 왕으로서 진정으로 필요한 것이 부와 권력보다는 지혜라는 것을 알았던 것이다. 아무리 부와 권력이 주어진다 하더라도 그것을 다스리는 지혜가 없다면 아무 소용이 없다는 사실을 그는 누구보다도 잘 알고 있었다. 그렇기 때문에 하나님은 지혜를 구한 솔로몬의 마음을 기뻐하셨고, 청하지 않은 부와 재산과 존영까지 함께 주신 것이다. 솔로몬에게 그러셨던 것처럼, 우리가 하나님이 기뻐하시는 것이 무엇인지 알고 행할 때 하나님은 반드시 우리의 기도에 응답하시며 우리가 구한 것보다 더 많은 것들로 채워 주실 것이다.

2
스바 여왕의 방문

읽어야할 본문: 역대하 8–9장

숙고해야할 본문: 역대하 9:1–12

스바는 오늘날 예멘이 자리하고 있는 곳이다. 스바 여왕은 솔로몬의 지혜와 부에 대해서 소문을 듣고 그것을 확인하기 위해서 이스라엘로 왔다. 그런데 그녀가 단순히 솔로몬의 명성을 확인하기 위해서 방문했다기보다는, 아마도 그녀 마음속에는 이스라엘과 무역을 트기 위한 의도와 목적이 있었을 것이다. 솔로몬과 스바 여왕이 서로 간에 많은 물건들을 거래하였다는 사실이 이를 뒷받침해준다. 스바 여왕은 솔로몬에게 금 일백이십 달란트와 많은 양의 향품과 보석을 주었고, 솔로몬 또한 스바 여왕이 가져온 대로 답례하였다.

사실 스바 여왕과 솔로몬에 관련된 전승이 아주 많은데, 그 중 한 가지를 들자면 어느 날 스바 여왕은 솔로몬의 지혜를 시험하기 위해서 생화와 조화를 가져와서 어느 것이 진짜인지를 물었다. 지혜로운 솔로몬은 두 꽃을 바깥에 두도록 하고 벌과 나비가 날아드는 쪽이 생화임을 밝혔다. 아울러 에티오피아 전설에 따르면, 스바 여왕은 자신도 솔로몬의 하나님을 믿고자 전향하였고 마침내 그의 아들을 낳았는데 바로 그 아들 메네릭이 에티오피아 왕조를 건설했다고 한다.

■ 적용

스바 여왕의 방문은 당시 솔로몬의 지혜와 부에 대한 명성이 얼마나 대단했는지를 보여 준다. 스바 여왕이 솔로몬의 지혜와 부를 직접 보고서 감동하여 하나님을 찬양하는데(9:8-9), 이방 나라의 여왕이 살아계신 하나님을 찬미했다는 것은 참으로 놀라운 일이 아닐 수 없다. 우리가 우리에게 주어진 지혜와 부를 올바르게 사용할 때, 주변에 많은 영향을 끼칠 뿐만 아니라 더불어 하나님의 영광도 함께 드러낼 수 있게 된다. 어리석은 부자는 하나님의 영광을 가리지만 지혜로운 부자는 하나님의 영광을 드러내게 된다. 우리는 우리가 가진 지혜와 재물로 하나님의 영광을 드러내는 귀한 자들이 되어야 할 것이다.

3

르호보암의 실정(失政)

읽어야할 본문: 역대하 10-13장

숙고해야할 본문: 역대하 10:1-16

솔로몬이 죽고 그의 아들 르호보암이 즉위하자마자 이스라엘은 남북으로 분열되고 만다. 솔로몬은 백성들에게 과중한 세금과 노역을 부과하였는데, 이를 더 이상 감당할 수 없었던 그들은 마침내 르호보암 때에 이르러 과중한 세금과 노역을 줄여줄 것을 요청하였다. 하지만 르호보암은 현명한 노인들의 조언은 듣지 않고 동년배들의 어리석은 조언을 따라 백성들의 요구를 거절하였다. 오히려 그는 더 과중한 세금과 노역을 거둬들이겠다고 선포함으로써 그들의 멍에를 더 무겁게 하였다. 이에 실망한 북쪽 열 지파는 솔로몬의 부하 여로보암을 왕으로 추대하여 북 이스라엘을 세움으로써 왕국이 분열되고 말았다. 하나님이 간섭하심으로써 동족끼리 피 흘리는 전쟁은 없었지만, 이때로부터 남방 유다와 북방 이스라엘은 끊임없이 반목하기 시작하였다. 한 나라의 지도자가 내린 잘못된 판단이 얼마나 엄청난 결과를 초래하는지 알 수 있다.

그런데 역대기는 열왕기와는 달리 르호보암이 하나님께 순종함으로써 짧은 기간이나마 축복을 누린 사실을 언급하고 있다. 역대기 기자는 그가 방어 성벽을 구축하고 북 왕국 이주민들을 환대하였으며, 그렇게 적어도 3년 동안은 다윗과 솔로몬의 길을 따라서 백성들에게 선정을 베풀었던 사실을 소개한다. 또한 애굽 왕 시삭이 유다를 공격하자 르호보암이 회개하는 모습도 언급한다. 그럼에도 불구하고 결론적으로, 기자는 "르호보암이 마음을 오로지하여 여호와를 구하지 아니함으로 악을 행하였더라"(12:14)라고 말한다.

■ 적용

르호보암이 저지른 최대의 실수는 그의 잘못된 판단으로 나라가 분열되게 한 것이었다. 그리고 궁극적으로 이는 우상숭배를 일삼은 솔로몬 왕가에 대한 하나님의 심판이었다. 즉, 솔로몬에게 이스라엘을 그의 아들에게서 빼앗으시겠다고 말씀하셨던 하나님의 약속이 실현된 것이었다. 하지만 르호보암이 좀 더 현명한 지도자여서 백성들의 마음을 헤아릴 줄 알았다면, 은혜로운 하나님은 왕국의 분열을 그의 때가 아니라 더 후대로 늦추셨을 것이다. 모든 것은 그가 어리석고 경험이 부족한 자들의 조언에 귀를 기울였던 것이 문제였다. 우리는 르호보암과 달리 어리석은 자의 말을 분별할 줄 알아야겠고, 그러기 위해서 늘 하나님의 지혜를 구하는 자들이 되어야 할 것이다. 르호보암의 경우에서 보는 것처럼, 특별히 리더된 자들의 잘못된 판단은 엄청난 재앙을 가져올 수도 있다는 사실을 명심해야 할 것이다.

4

시작은 선하였으나 끝이 악했던 아사 왕

읽어야할 본문: 역대하 14–20장

숙고해야할 본문: 역대하 15:16–19; 16:7–12

역대하 14-16장에서는 유다 왕 아사의 통치에 대해 이야기한다. 그는 하나님께 순종함으로써 많은 축복을 받았는데, 아사의 과감한 개혁에 답하여 하나님께서 그 땅에 평화와 안정을 허락하셨다. 그는 먼저 우상을 타파하고, 견고한 성벽을 쌓고, 많은 군사를 확보하였으며, 하나님의 도우심을 의지하여 구스(에티오피아) 사람 세라의 공격을 물리치기도 하였다. 나아가 선지자와 함께 종교개혁을 단행하는 과정에서는 아세라 목상을 섬기던 어머니 마아가로부터 태후의 직위를 빼앗고 그 우상을 찍고 빻아 불살라버렸다.

하지만 불행하게도 그의 통치 말년에 이르러 아사 왕은 불신앙적인 행태를 보여주게 된다. 북이스라엘의 바아사 왕이 유다를 치러 와서 예루살렘으로 내려가는 라마에 성벽과 요새를 세움으로써, 그는 아람(시리아) 왕 벤하닷에게 금과 은을 주고 바아사를 물리쳐 달라고 도움을 요청하였다. 그의 계획은 성공적이어서 벤하닷이 바아사를 라마에서 물러나게 했다. 하지만 선견자 하나니는 아사 왕이 하나님 대신 이방 세력에게 의지함으로써 그 나라에 임했던 오랜 평화와 안녕이 상실될 것임을 선포하였다. 그런데 하나니로부터 책망을 듣게 된 아사는 그의 불신앙을 회개하기는커녕 오히려 선지자를 감옥에 가두어버렸다. 이로부터 얼마 지나지 않아 아사 왕은 발에 병이 들어 죽게 되는데, 이때도 하나님의 도움을 구하기보다 의원들만을 의지하다 결국 죽음에 이르고 말았다.

■ 적용

아사는 그 시작은 참으로 선하였으나 불행하게도 그 끝은 악하였던 왕으로 기록된다. 그는 우상숭배를 철폐하고 종교개혁을 성공적으로 이끌어 하나님의 축복을 받았지만, 말년에는 하나님보다는 이방 세력에 의존하고 선견자의 말을 무시하였으며 병중에서도 하나님께 도움을 구하지 않음으로써 죽음에 이르게 된다. 우리는 여기서 그가 하나님이 보내신 선지자의 말에 순종했을 때 성공과 축복이 따랐으며, 그가 하나님이 보내신 선지자의 말에 불순종했을 때 실패와 저주가 따랐음을 볼 수 있다. 선지자 하나니가 그의 실수를 책망했을 때 아사 왕이 순종하고 회개했다면 그의 말년이 그렇게 불행하지는 않았을 것이다. 우리 인간은 누구나 할 것 없이 실수할 수 있다. 하지만 우리가 하나님의 말씀대로 회개하고 돌이킨다면, 은혜의 하나님은 오히려 복에 복을 더할 것이다.

5
은혜를 저버린 요아스 왕

읽어야할 본문: 역대하 21-28장

숙고해야할 본문: 역대하 24:1-3, 15-22

북 왕국의 아합과 남 왕국의 여호사밧은 결혼동맹을 맺었다. 아합은 이세벨에게서 난 딸인 아달랴를 여호사밧의 아들인 여호람에게 시집을 보냈다. 이들로부터 난 아들이 아하시야인데, 그는 외삼촌인 북 왕국 요람 왕의 병문안을 갔다가 혁명을 일으킨 예후에 의해 그 자리에서 함께 죽임을 당했다. 졸지에 왕을 잃은 남 왕국에서는 권력욕에 눈이 먼 아합의 딸 아달랴가 아하시야의 모든 아들들을 죽이고 정권을 잡았다. 다행히 이 과정에서 아하시야의 여동생인 여호사브앗이 제사장인 남편 여호야다의 도움을 얻어 아하시야의 아들인 어린 아기 요아스를 구해내어 아달랴 몰래 6년간을 길렀다. 요아스가 7살이 되던 어느 날, 고모부 여호야다는 백성들에게 다윗의 씨요 아하시야의 아들이 살아있음을 백성들에게 선포하고 요아스를 왕으로 세웠다. 이 소식을 들은 아달랴는 반역으로 몰아갔지만 여호야다를 따르는 군사들이 성전 바깥에서 그녀를 죽여 버렸다. 이로써 아달랴로 인해 진멸의 위기에 몰렸던 다윗 왕가가 회복되었는데, 유다의 왕이 된 요아스는 고모부 여호야다의 도움을 받아 훌륭하게 나라를 다스렸다. 그는 성전을 수리하고, 하나님께 번제 드리는 일을 잊지 않았다.

그러다가 요아스가 30세가 되던 해 여호야다가 죽는데, 이로부터 그는 곧 우상숭배에 빠져들었고, 스가랴가 그의 잘못을 비판하자 성전 뜰 안에서 쳐 죽여 버렸다. 그런데 이 스가랴는 요아스의 은인인 여호야다의 아들이었고, 또한 대제사장이었다. 자신의 은인의 아들을 죽인 것도 그렇지만, 성전에서 대제사장을 죽인 일은 하나님에 대한 모독이요 도전이나 마찬가지였다. 이로써 그는 하나님의 심판에서 자유로울 수 없었다. 아람의 군대는 적은 수로 많은 수의 유다를 쳐부수었고, 이 과정에서 부상을 입어 누워 있던 요아스를 스가랴의 피를 기억한 대신들이 죽여 버렸다. 그의 최후는 비참하였으며, 그는 왕조의 묘실에도 묻히지 못했다.

■ 적용

요아스 왕은 그의 고모부 여호야다가 살아있는 동안에는 하나님이 보시기에 정직을 행하고 백성들에게 선정을 베풀었지만, 그가 죽자마자 우상숭배로 빠져들어 악행을 일삼았다. 무엇보다 그는 은혜를 모르는 자였다. 만약 대제사장 스가랴의 말을 귀담아 듣고 회개하고 돌이켰다면, 아니 그가 자신의 은인 여호야다의 아들이었다는 것을 기억하고 조금만 그를 배려했더라면 성전에서 대제사장을 죽여 하나님의 징계를 받는 일은 피할 수 있었을 것이다. 또한 여호야다가 살아있는 동안 선한 왕이었으나 그가 죽은 후 급격하게 변한 요아스 왕을 보면서, 우리가 하나님의 도움 없이는 얼마나 나약한 존재인가를 느끼게 된다. 우리의 연약함을 인정하고 날마다 하나님께 겸손하게 나아가는 우리 모든 그리스도인들이 되도록 더욱더 노력해야겠다.

6

유다의 멸망

읽어야할 본문: 역대하 29–36장

숙고해야할 본문: 역대하 36:11–23

애굽의 바로느고는 바벨론과 싸우고 있던 앗수르를 돕기 위해서 북쪽으로 이동하고 있었는데, 선한 왕이었던 요시야는 이를 저지하기 위해서 므깃도로 출병하였다. 바로느고는 자신이 유다를 치러 온 것이 아니기 때문에 서로 싸우지 말자고 제안하였으나, 요시야는 이를 무시하고 전쟁을 벌이다가 활에 맞아 죽고 말았다. 그렇게 선정을 베풀던 요시야가 죽자 유다는 급격히 약화되었다. 그의 뒤를 이어 세 아들과 손자가 왕이 되었으나 거의 모두 단명하였다. 요시야가 죽은 후에 첫째 아들인 여호아하스가 즉위하였으나 석 달 만에 바로느고에 의해 폐위된다. 이어 애굽의 세력을 등에 업고 요시야의 둘째 아들 엘리아김(여호야김)이 즉위하지만 바벨론의 느부갓네살이 침략하여 포로로 잡아가고 그의 아들 여호야긴을 왕으로 세웠다. 하지만 여호야긴에게 만족하지 못한 바벨론은 또 다시 침공하여 그를 바벨론으로 잡아가고, 그의 삼촌 즉 요시야의 아들인 시드기야를 왕으로 삼아 조공을 바치게 했다. 하지만 시드기야는 예레미야의 조언을 무시하고 바벨론에 조공을 바치는 일을 거부하고 애굽과 손을 잡았다. 이에 분개한 바벨론의 느부갓네살은 예루살렘을 공격해 약탈하고, 백성들을 죽이고, 포로로 잡아갔다. 결국 예루살렘은 함락되었고, 시드기야는 그의 아들들과 대신들이 죽는 모습을 지켜본 다음 눈이 뽑혀 바벨론의 감옥에서 평생을 살았다. 이렇게 남 유다 왕국은 영원히 멸망하는 것처럼 보였다.

그런데 역대하 36:22-23에 보면 70년에 걸친 포로생활로 지치고 낙심한 유다 백성들을 향해 한 줄기 소망의 빛줄기가 보이기 시작한다. 유다는 바벨론에 망했는데, 이제 그 바벨론을 제패한 바사(페르시아, 오늘날의 이란)의 고레스 왕이 칙령을 반포하여 유다의 포로들을 해방하고 그들이 예루살렘으로 돌아가서 성전을 재건하도록 허락하였던 것이다. 이는 예레미야 선지자를 통해 하나님이 하신, 말씀 "나 여호와가 이같이 말하노라 바벨론에서 칠십 년이 차면 내가 너희를 권고하고 나의 선한 말을 너희에게 실행하여 너희를 이곳으로 돌아오게 하리라"(렘 29:10)는 예언의 성취였다.

■ 적용

바벨론에서 오랜 포로생활로 지쳐있던 유다 백성들에게 바사 왕 고레스는 구원자와도 같았다. 그는 비록 이방 나라의 왕이었으나 하나님이 그 마음을 감동시키셔서 포로로 잡혀있던 유다 백성들을 자유롭게 하고, 고향으로 돌아가 성전을 재건하고 그들의 하나님을 섬길 수 있도록 하였다. 악하고 나약하고 우유부단했던 그들의 지도자들 때문에 하나님의 심판을 받았지만, 또 다시 하나님의 강권적인 섭리로 이방 나라 왕의 마음이 움직였고, 그들은 비로소 본국으로 귀환할 수 있게 되었다. 이것은 바로 남은 자를 회복시키심으로 다윗 가문을 영원히 보존하시겠다고 하신 하나님의 언약(삼하 7:16)이 성취된 것이었다. 우리는 여기서 약속을 지키시는 신실하신 하나님을 보게 되며, 또한 이방인 고레스 왕을 통해서 이 땅의 모든 죄인들을 위해 십자가를 지고 오실 구세주 예수 그리스도의 모형을 보게 된다.

7

복습을 위한 질문

1. 역대하의 내용은 성경에 있는 어떤 다른 책과 유사한가?

2. 솔로몬이 하나님께 구한 첫 번째 것은 무엇인가?

3. 솔로몬이 성전을 짓기 전에 하나님의 성막은 어디에 있었는가?

4. 솔로몬의 성전은 얼마 동안 지속되었고, 누구에 의해 파괴되었는가?

5. 솔로몬의 지혜와 부를 직접 보기 위해 방문한 이방 나라 여왕은 누구인가?

6. 이스라엘 왕국이 분열되는 원인이 된 르호보암의 잘못은 무엇인가?

7. 유다 왕 아사는 처음엔 선한 왕이었으나 나중이 좋지 않았다. 그가 말년에 지은 죄는 어떤 것인가?

8. 아사가 말년에 자신을 책망했다는 이유로 감옥에 가둔 선견자는 누구인가?

9. 아하시야가 죽자 그의 아들들을 살해하고 유다를 통치한 아합의 딸은 누구인가?

10. 어린 요아스가 위험에 처했을 때 구출하여 나중에 왕으로 옹립한 제사장은 누구인가?

11. 요시야는 무엇 때문에, 어디에서, 누구에게 죽임을 당하는가?

12. 요시야의 뒤를 이어서 왕이 된 그의 세 아들은 누구누구인가?

13. 유다의 마지막 왕은 누구인가?

14. 이스라엘이 바벨론에 포로로 잡혀 있던 기간은 얼마나 되는가?

15. 바벨론에 포로로 잡혀간 이스라엘 백성들을 본국으로 귀환할 수 있도록 허락해 준 바사의 왕은 누구인가?

에스라

- 핵심어: 회복
- 핵심구절: "에스라가 여호와의 율법을 연구하여 준행하며 율례와 규례를 이스라엘에게 가르치기로 결심하였었더라"(스 7:10).

명칭과 배경

에스라(Ezra)라는 명칭은, 이 책의 주요 인물이자 바벨론 포로에서 귀환하여 성전 재건을 마친 백성들에게 율법을 가르치고 그들의 영적인 생활을 지도하였던 선지자 에스라의 이름을 따서 붙여졌다. 에스라는 아론의 혈통을 지닌 제사장이요, 율법에 능통한 학자요, 또한 사회를 정화시킨 개혁가였다. 아울러 그는 이스라엘의 첫 서기관이기도 하였으며, 지역에 흩어진 백성들의 예배를 위해 처음으로 회당제도를 제정하기도 하였다.

이 책은 바벨론을 정복한 바사(페르시아, 오늘날의 이란)의 고레스 왕이 칙령을 반포(B. C. 538/9년)하여 유대인들을 포함하여 많은 포로들을 본국으로 귀환할 수 있게 허락함으로써, 예루살렘으로 돌아간 유다 백성들이 성전을 재건하게 된 사건을 그 배경으로 하고 있다.

저자와 기록연대

전통적으로 선지자 에스라가 이 책의 저자일 것이라고 알려져 있으며, 실제로 본문에서 에스라를 지칭할 때 1인칭 대명사를 사용하고 있다(스 7:28, 8-9장에서도 반복됨).

에스라 1-6장은 B. C. 540-515년 사이에 있었던 1차 포로귀환과 성전 재건에 대한 이야기를 다루고 있는데, 때문에 학자들에 따라서는 에스라 1-6장은 에스라가 아닌 스룹바벨이 기록한 것이라고 보는 이들도 있다. 실제로 에스라가 예루살렘으로 귀환한 것은 성전 재건 후 약 60년 뒤에 아닥사스다 왕이 2차 포로귀환을 허락하였을 때이다. 이 책의 기록연대는 B. C. 444년경일 것으로 보고 있다.

기록목적

이 책은 하나님께서 오랜 포로생활 가운데 낙심한 이스라엘 백성들에게 당신께서 그들과 맺은 약속을 반드시 지키실 것임을 확신시키고, 이로써 이스라엘 민족이 회복에 대한 소망을 갖도록 하기 위해서 기록되었다(스 10:2). 북방 이스라엘은 포로생활에서 귀환하지 못하고 결국 멸망하고 말았지만, 남방 유다의 백성들은 하나님이 약속하신 대로 본국으로 귀환할 수 있었다. 또한, 이 책의 저자 에스라는 국가적 위기상황에서 하나님의 말씀에 순종하고 그분께 기도하는 일이 얼마나 중요한지를 보여주고자 하였다.

개요

Ⅰ. 1차 포로귀환(1-2장)

Ⅱ. 성전 재건과 봉헌식(3-6장)

Ⅲ. 2차 포로귀환과 에스라의 사역(7-10장)

1

바벨론에서의 귀환

읽어야할 본문: 에스라 1–2장

숙고해야할 본문: 에스라 1:1–4

바벨론에 포로로 잡혀간 유다 백성들은 하나님의 강권적인 섭리 가운데 어언 70년 만에 고국으로 돌아올 수 있게 되었다. 바벨론을 무너뜨리고 근동의 패권을 장악한 바사(페르시아)의 고레스 왕이 칙령을 반포하여 포로로 잡혀 있던 유다 백성들이 고국으로 돌아가 여호와의 전을 건축하도록 허락하였던 것이다. 이는 일반적인 식민정책과는 전혀 다른 대단히 관대한 정책이었다. 하지만 궁극적으로 이는 예레미야 선지자의 포로귀환에 대한 예언의 성취였으며, 하나님께서 바사의 고레스 왕을 통해 그의 백성들을 바벨론 포로에서 구원하셨던 것이다. 하나님의 언약 백성이었던 그들이 하나님께 끊임없이 불순종함으로 인해 징계를 받았지만, 이제 그 남은 자들을 회복시키심으로써 다윗 가문을 영구히 보존하겠다고 하신 하나님의 언약(삼하 7:16)이 성취되는 순간이었다. 이때 고레스 왕은 귀환하는 유다 백성들에게 바벨론의 느부갓네살이 약탈해 간 성전의 기명들도 가지고 갈 것을 허락하였다.

이로써 바벨론에 잡혀있던 많은 유다 백성들은 스룹바벨의 인도 하에 예루살렘으로 귀환하는데, 1차로 귀환한 포로들의 명단(스 2장, 느 7장)에 적힌 그 수가 5만 여명에 이르렀다. 포로귀환자들의 명단은 유다 왕국의 순수성과 정통성을 보장해 주고 있으며, 제사장과 레위인들이 맡은 직분의 거룩함을 말해 주고 있다. 하나님의 크신 은혜로 가능했던 이스라엘 민족의 두 번째 출애굽이었다.

■ 적용

바사의 고레스는 이방 나라의 왕이었으나 의식이 깨어 있는 앞선 지도자였다. 그는 인류 역사상 포로로 잡혀 온 백성들에게 고국으로 돌아가 자신들의 종교활동을 하도록 허락한 유일한 왕이었다. 이것은 단순한 세계사적인 사건이 아니라, 하나님께서 그의 섭리 가운데 바사라는 나라에 있었던 고레스 왕의 삶을 하나님 나라의 회복이라는 그의 예언을 이루시는 데 사용하신 것이었다. 과거에 당신 백성들의 삶 가운데 섭리하셨던 하나님이 그때까지도 섭리하고 계셨던 것이다. 포로로 잡혀간 이스라엘 민족은 하루빨리 해방되어 고국으로 돌아갈 날만을 위해 언제나 기도하였다. 하나님은 이방나라 왕의 삶을 통해서 당신 백성들의 기도에 응답하셨고, 그리고 궁극적으로 당신의 뜻을 이루고자 하셨던 것이다. 때로 우리가 고난 가운데 있게 되지만, 하나님을 믿고 그분만 의지한다면 그분은 결코 우리를 잊지 않으시고 보살피신다는 것을 기억해야 하겠다.

2
성전 건축

읽어야할 본문: 에스라 3–6장

숙고해야할 본문: 에스라 3:8–13

돌아온 예루살렘은 폐허나 마찬가지였다. 포로귀환자들의 삶은 개인의 안전마저도 보장되지 않는 두려운 나날들의 연속이었다. 그렇게 3개월이 지나고, 이제 백성들은 예루살렘에 제단을 쌓아 여호와께 봉헌하고 초막절을 지켰다. 이후 그들은 날마다 하나님께 희생제사(번제)를 드리기 위해서 제단을 세웠다. 귀환의 감격을 안고 온 그들에게는 아무것도 남아 있지 않았지만 당신의 언약을 반드시 성취하시는 하나님의 신실하심을 찬양하며 성전 재건 작업에 착수하였다. 솔로몬이 성전을 건축했던 당시와 비교하면 터무니없이 적은 양의 금과 은으로 건축을 시작하였지만, 백성들의 감격은 이루 말할 수 없었으며 그들은 성전이 곧 완공되기만을 간절히 기원했다.

하지만 불행하게도 성전은 그 후로도 오랫동안(보통 14년-16년으로 봄) 완성되지 못한 채 남아있게 된다. 그 주된 이유는 성전 재건 사업을 방해하는 자들이 나타났기 때문인데, 그들은 그곳에 계속해서 거주해 오던 사마리아인들이었다. 그들은 자신들도 성전 건축에 참여할 수 있게 해달하고 지도자 스룹바벨과 예수아에게 요청하였는데, 그들의 요청이 거부당하자 이에 분개하여 갖은 공작을 펴서 성전 건축을 방해하였던 것이다. 당시 지도자들이 사마리아인들의 성전 건축 참여를 거절한 이유는 그들이 이방 족속들과 결혼했다는 점에서 종교적 혼합주의를 막고자 함이었다.

이렇게 중단되었던 성전 건축은 선지자 학개와 스가랴가 귀환하여 낙심한 백성들을 위로하고 격려함으로써 재개되었고, 건축을 시작한지 거의 20년 만에 완공(B. C. 515/6년)되어 이후로 500년간 지속되었다.

■ 적용

예루살렘 포로귀환자들은 고향에서의 성전 재건 사역이 얼마나 힘들고 어려운 일일지, 얼마나 많은 난관들이 그들을 기다리고 있을지 전혀 상상도 못했다. 계획대로 성전 재건을 시작하였으나, 그들은 늙고 가난하였으며(바벨론에서 기반을 닦은 많은 백성들은 아마 그곳에 계속 남아있었던 것으로 보임), 또한 생각지도 못한 반대에도 부딪혔다. 하지만 하나님은 당신의 선지자들을 보내시어 그들을 위로하고 격려토록 하였고, 마침내 성전이 완공되었다. 하나님께 헌신하고 그분을 알고 그분 뜻대로 살고자 하는 백성들의 간절한 소망이 드디어 이루어진 것이다. 하나님께서 도저히 불가능해 보이는 모든 상황들 속에서도 친히 그들을 도우시고 인도하셨던 것처럼, 오늘도 우리에게 동일한 은혜로 임하실 것을 믿는 우리는 그분께 감사하지 않을 수 없다.

3

에스라의 개혁

읽어야할 본문: 에스라 7–10장

숙고해야할 본문: 에스라 10:1–4

스룹바벨이 5만 여명의 백성들과 함께 귀환하여 성전을 완성하고 약 60년이 지난 후에, 율법학자 에스라가 아닥사스다 왕이 2차 포로귀환을 허락하자 4천여 명의 백성들을 이끌고 예루살렘으로 귀환하게 되었다. 그는 하나님께 찬양을 올리고, 귀환 길에 오르기 전 백성들을 모아놓고 여정 가운데 하나님의 도우심이 함께 하기를 간구하며 회개와 금식을 선포하였다. 그렇게 하나님의 도우심을 입어 예루살렘에 도착한 그는 여호와의 율법을 연구하고 준행하며, 율례와 규례를 이스라엘 민족에게 가르치기로 결심하였다.

그런데 그가 막상 예루살렘에 도착해 보니, 그동안 마땅한 영적 지도자가 없었던 유다 백성들은 하나님의 말씀을 어기고 이방 여인과 혼인을 하고 그들의 우상을 섬기는 죄악에 빠져 있었다. 이에 에스라는 하나님께 비통한 마음으로 회개 기도를 드리고, 자신과 이스라엘 민족이 하나님께 범죄하였음을 고백하였다. 에스라의 기도를 들은 백성들이 함께 통회하였으며 이에 그는 철저한 개혁을 단행하게 된다. 그는 곧바로 이방 여인과 결혼한 자들을 조사하여 그 명단을 공개하고 이방 아내들과 결별할 것을 단호히 촉구하였다. 이렇듯 에스라는 하나님의 율법을 가르치고 보존하는 데 힘썼으며, 이런 그의 사역은 그 후로도 수년 간 계속되었다. 이 때 일어난 유대인들의 운동이 유대교로 명명되었으며, 때문에 에스라는 '유대교의 아버지'라고 불리기도 한다.

■ 적용

에스라는 하나님이 그들과 함께 하시지 않으면 아무것도 이룰 수 없다는 것, 그리고 모든 개혁은 물거품이 되고 말 것이라는 것을 분명히 알았다. 이에 자신과 이스라엘 민족이 하나님께 죄인인 것을 고백하였고, 그를 따라 백성들도 동참하였다. 에스라는 그의 개혁 과정에서 이방 여인과 결혼한 백성들이 그들의 관계를 청산할 것을 요구하는데, 이는 아무리 이방인이라 해도 가족인 그들을 버리라는 것과 마찬가지였다. 이스라엘 공동체는 이제 가족과도 헤어지는 뼈아픈 거듭남이 요구되고 있었다. 우리 그리스도인은 세상과 하나님을 동시에 섬길 수 없다. 만약 아직도 세상 것을 버리지 못하고 있다면, 그 옛날 이스라엘 민족이 그랬던 것처럼 뼈를 깎는 아픔으로 그것들과 결별을 고해야 할 것이다.

※ 에스라 7:12–26에 있는 아닥사스다 왕의 조서는 히브리어가 아닌 아람어로 되어 있다. 구약 성경의 대부분은 히브리어로 쓰여 있지만 일부는 아람어로 쓰여 있는데, 아닥사스다 왕의 조서 부분도 그 중 하나다. 이것으로 보아 에스라는 히브리어와 아람어 모두에 능통했던 것으로 보인다.

■ 참고자료: 구약에서 하나님의 백성 이스라엘을 부르는 호칭들

	호칭	개념	유래
1	히브리인(Hebrews)	민족적 개념	'강을 건너 온 자' 라는 의미, 아브람이 고향인 갈대아 우르를 떠나 유프라테스 강을 건너 가나안에 정착한 것에서 유래, 주로 이방인들이 하나님의 백성을 이르는 말로 사용함
2	이스라엘(Israelites)	국가적 개념	야곱이 하나님과 씨름하여 얻은 이름(창 32:28)으로 전투적이고 투쟁적인 의미가 강함, 그의 열두 아들이 12지파를 이뤄 이스라엘을 형성함
3	유대인(Jews)	종교적 개념	원래 야곱의 아들 중 한 명인 유다가 형성한 지파의 이름에서 유래, 분열 왕국 때에는 남방 유다 사람들 전체를 지칭함, 바벨론 포로에서 귀환한 남 왕국 유다의 '남은 자들' 이 종교개혁을 단행하면서 형성된 유대교의 신봉자들을 이르게 됨

느헤미야

- 핵심어: 예루살렘 성벽 개축
- 핵심구절: "그들에게 하나님의 선한 손이 나를 도우신 일과 왕이 내게 이른 말씀을 전하였더니 그들의 말이 일어나 건축하자 하고 모두 힘을 내어 이 선한 일을 하려 하매"(느 2:18).

명칭과 배경

느헤미야(Nehemiah)란 명칭은, 이 책의 주요 인물이자 포로생활에서 귀환해 성전건축을 완성한 백성들이 이제 무너진 예루살렘 성벽을 재건할 수 있도록 지도한 선지자 느헤미야의 이름을 따서 붙여졌다. 느헤미야는 '여호와가 위로하시다'란 뜻이다.

에스라와 느헤미야는 히브리 성경 원전에서 본래 한 권의 책이었으며 70인역(the Septuagint)과 라틴 벌게이트(the Latin Vulgate)역에서도 여전히 한 권의 책이었으나 영어 성경에 와서 두 권으로 분리되기 시작하였다. 70인역에서는 에스라를 '에스라상', 느헤미야를 '에스라하'라고 칭하고 있다. 에스라와 느헤미야 모두 포로시대 때 위대한 지도자였지만, 에스라가 백성들의 영적인 생활을 지도하기 위해 귀환한 선지자라면, 느헤미야는 공식적인 바사의 총독으로서 무너진 예루살렘 성벽을 다시 수축하기 위해 귀환하여 백성들의 민족정신을 고취시킨 선지자였다.

저자와 기록연대

전통적으로 선지자 에스라가 이 책의 저자라고 알려져 있다. 에스라가 느헤미야의 회상을 기초로 하여 기록하였을 것으로 보고 있다. 에스라와 느헤미야는 히브리 성경에서 본래 한 권의 책으로 바벨론에 포로로 잡혀간 유다 백성들에 관한 이야기가 연속되어 있다. 이는 에스라가 두 책에 나오는 바사(페르시아)의 역사와 관련된 왕실문서를 접할 수 있었던 서기관이었다는 사실을 감안해 볼 때 충분히 타당성이 있다고 볼 수 있다.

이 책의 기록연대는 느헤미야가 성벽 재건을 마무리하고 바사로 되돌아왔던 B. C. 400년 이전일 것이다. 에스라와 느헤미야는 고레스 칙령(B. C. 538/9) 직후에 시작된 포로귀환과 함께 시작하여 유다 백성들이 예루살렘에 새로이 정착하기까지의 기간에 있었던 사건을 다룬다. 사실 에스라와 느헤미야가 예루살렘으로 귀환한 것은 바사에서 있었던 에스더 사건보다 뒤에 있었던 일이지만, 본래 에스라서와 느헤미야서가 한 권의 책이었기 때문에 우리 성경에서는 에스더서가 에스라/느헤미야서 뒤에 배치되었다.

기록목적

이 책은 하나님이 이스라엘과 맺은 언약을 신실하게 지키심을 백성들에게 확신시키고, 그들로 하여금 소망을 갖도록 하기 위해서 기록되었다. 이 책의 저자인 에스라는 아주 절망적인 상황 속에서도 하나님께서 당신의 백성들 가운데 어떻게 임재해 계시는지를 잘 보여주고 있다.

개요

Ⅰ. 3차 포로귀환과 성벽 재건(1-7장)

Ⅱ. 에스라와 느헤미야의 공동사역(8-13장)

■ 참고자료: 바벨론 포로들의 귀환과 그들의 임무

시기		지도자	성경본문	임무
1차	B. C. 538	세스바살(Sheshbazzar)	스 1:5-5:6	성전 재건
	B. C. 522	스룹바벨(Zerubbabel), 예수아(Jeshua)	스 1-6장	성전 재건
	B. C. 520	학개(Haggai), 스가랴(Zechariah)	학 1-2장; 슥 1-8장	성전 건축 재개를 독려
2차	B. C. 458	에스라(Ezra)	스 7-10장; 느 8-9장	율법 준수와 혼합결혼 금지
3차	B. C. 445	느헤미야(Nehemiah)	느 1-7장; 10-13장	성벽 재건

■ 참고자료: 성경에 등장하는 성전들

유형	연대	성경본문	설명
성막	B. C. 1444	출 25-30장; 35-40장 레 10:1-7	하나님의 지시로 모세가 만듦, 솔로몬 성전 이전까지 이스라엘의 예배처소였음
솔로몬의 성전	B. C. 966-586	삼하 7:1-29; 왕상 8:1-66 렘 32:28-44	다윗이 준비하고 솔로몬이 완성함, 바벨론 느부갓네살에 의해 파괴됨
스룹바벨의 성전	B. C. 516-169	스 6:1-22; 3:1-8; 4:1-14 마 24:15	포로에서 귀환한 스룹바벨이 건립함, 안티오쿠스 에피파네스에 의해 파괴됨
헤롯의 성전	B. C. 19 - A. D. 70	막 12:2-23; 눅 1:11-20; 2:22-51; 4:21-24 행 21:27-33	헤롯이 스룹바벨의 성전을 재건함, 로마에 의해 파괴됨(A. D. 70)
현재의 성전	현 시대	고전 6:19-20; 고후 6:16-18	신자의 마음속에 세워짐, 신자의 몸은 주님이 거하시는 성전임
에스겔의 성전	천년왕국	겔 40:1-42:20 슥 6:12-13	에스겔 선지자가 봄, 천년왕국의 통치 동안에 메시아에 의해 세워짐

4

느헤미야의 귀환

읽어야할 본문: 느헤미야 1–3장

숙고해야할 본문: 느헤미야 1:1–11

느헤미야는 아닥사스다 왕의 궁궐에서 술 맡은 관원장으로 일하고 있었는데, 이는 왕이 마시는 음료를 먼저 시음하고 독이 있는지의 여부를 확인하는 직책이었다. 당시에 술 맡은 관원장은 오늘날 대통령의 비서실장에 해당하는 상당한 고위관직에 해당하였는데, 그는 왕을 지척에서 모시면서 그에게 충성을 다함으로써 왕의 인정을 받고 있었던 것이다.

어느 날 느헤미야는, 바벨론에서 돌아온 포로귀환자들이 힘을 합쳐 성전을 재건한 지 오랜 세월이 지났건만 정작 백성들이 살고 있는 예루살렘의 성벽은 아직도 파괴된 채로 방치되어 있다는 소식을 고향에서 방문 온 친척 하나니로부터 들었다. 따라서 그는 이후부터 금식기도를 드리며 하나님의 도우심을 간구하였고, 그렇게 넉 달이 지난 후에 하나님은 그의 기도에 응답하셨다. 그는 마침내 아닥사스다 왕으로부터 예루살렘 성벽 재건과 필요한 물자 공급을 허락받게 되어 백성들과 함께 3차로 예루살렘에 귀환하게 되었는데, 이는 에스라가 예루살렘으로 귀환한 지 13년이 지나서였다.

예루살렘에 도착한 느헤미야는 우선 예루살렘 성벽이 어느 정도 파손되었는지를 살피기 위해서 나귀를 타고 비밀리에 도성을 돌아다녔다. 성벽 재건을 위한 사전 답사였던 것이다. 그리고 그는 도성의 동편이 심지어 나귀를 타고 다닐 수 없을 정도로 훼파되어 있음을 알 수 있었다. 느헤미야는 백성들의 안전을 위해서 성벽 쌓는 일이 필수임을 인식하고 유다의 지도자들을 모아 놓고 그들을 독려하였다. 그는 언약의 하나님께서 이 일을 도우실 것이며, 또한 바사 왕이 그들을 지원하고 있음을 강조하였다. 이 말을 들은 유대인들은 한결같이 성전 재건을 위한 작업에 동참할 것을 결심하였다.

■ 적용

고레스 왕이 칙령을 내려 귀환을 선포함으로써 유다 백성들이 성전을 건축할 수 있도록 허락한지 오랜 세월이 지나고, 또 다른 왕 아닥사스다가 에스라와 함께 백성들을 돌려보낸 지 13년이 지나, 느헤미야가 귀환하여 예루살렘 성벽을 재건하였다는 이야기를 들으면서 우리는 이 모든 일에 놀라고 감사하지 않을 수 없다. 느헤미야가 이룬 모든 일들은 그가 하나님의 말씀을 따라 그분의 약속을 믿고 애통한 심정으로 기도했기 때문에 가능하였다. 바사에서 먼 고향소식을 전해들은 느헤미야가, 그들의 죄를 자신의 죄처럼 여기고 금식기도하며 하나님의 도우심을 간구하는 모습은 오늘을 사는 우리들에게 많은 귀감이 된다.

5

믿음으로 이룩한 성벽 재건

읽어야할 본문: 느헤미야 4–7장

숙고해야할 본문: 느헤미야 4:1–14

뛰어난 행정가였고 감독관이었던 느헤미야는 이제 성벽 건축을 위해서 일할 사람들을 조직하고 구간별로 나누어 각 사람들에게 공사를 할당하였다. 그런데 성전을 재건할 때와 마찬가지로 성벽 재건을 방해하는 사람들이 나타났는데, 그들은 바로 산발랏 일당(사마리아인, 암몬인, 아랍인)이었다. 그들은 유대인들이 성벽을 재건하고 나면 본래 그 땅의 주인이었던 유대인들이 자신들을 그곳에서 쫓아낼까봐 두려워하고 있었던 것이다.

이런 방해꾼들의 위협으로 인해 백성들은 한 손에는 병기를, 다른 한 손에는 삽을 들고 성벽 재건을 시작했다. 두 개조로 나뉘어 한 조가 일을 하면 다른 한 조가 망을 서는 일을 반복했다. 힘겨운 작업이었지만 이스라엘은 52일만에 성벽 재건을 마무리하였다. 이를 지켜본 이스라엘 백성들뿐만 아니라 그들을 방해했던 주변 사람들도 놀라움을 금치 못했다. 하나님의 뜻으로 시작된 일이니, 그 하나님께서 끝까지 도우실 것이라는 믿음이 이루어낸 기적이었다.

■ 적용

느헤미야와 유다 백성들은 예루살렘 성벽을 재건하는 과정 중에 대내외적으로 많은 방해를 받았지만 오래지 않아 결국 대업을 이룩하였다. 하나님의 도우심을 믿는 믿음이 이루어낸 결과였다. 우리는 여기서 고난 가운데서도 낙심하지 않고 백성들을 독려하여 공사를 계속 진행할 수 있도록 인도한 느헤미야의 리더십에 주목하지 않을 수 없다. 모든 일에는 방해꾼이 따르기 마련이다. 특히 우리가 하나님의 일을 하고자 할 때는 더더욱 그렇다. 하지만 그럴 때마다 우리가 하나님의 도우심을 믿고 담대하게 나간다면 하나님께서 우리에게 반드시 크신 성공을 가져다 주실 것이다.

6 느헤미야의 개혁운동

읽어야할 본문: 느헤미야 8–13장

숙고해야할 본문: 느헤미야 8:1–12

예루살렘 성벽을 완성하고 백성들을 정착시키는 일을 마친 느헤미야는 민족 대성회를 열었다. 백성들이 하나님께 감사하기 위해서 모였을 때 모세의 율법에 능통한 학사 에스라는 그들을 위해 율법을 낭독하고 강론하였다. 에스라의 율법 낭독을 통해 하나님의 말씀을 깨달은 유다 백성들은 지금까지 자신들이 얼마나 하나님의 말씀에 순종하지 않았는지를 회개하며 통곡했다. 그들은 초막절을 지키며 여러 날을 모세의 율법을 듣기 위해서 모였고, 하나님과 그의 조상들이 맺은 언약을 지켜 행할 것을 다짐했다.

먼저 그들은 유대 신앙을 갖지 않은 자들과 결혼하지 않을 것과, 안식일에 일을 하지 않을 것, 그리고 성전을 돌보는 일을 소홀히 하지 않을 것을 다짐했다. 또한 그 땅에 매 7년마다 안식을 허락하고 빚진 자들을 탕감해 줄 것과 성전세와 수익의 십분의 일을 성전에 바칠 것을 약속했다. 그들이 어떤 대가를 치르고서라도 율법을 준수하고자 한 것은 단순한 법적 의무라기보다 하나님의 언약 백성으로서 그들이 마땅히 살아가야 할 삶의 자세였다. 이제 더욱더 많은 백성들이 예루살렘에 정착하게 되었고, 귀환한 제사장과 레위인들은 예루살렘은 물론 전국으로 흩어져 백성들을 지도하고 그들이 하나님을 잘 섬길 수 있도록 도왔다.

■ 적용

성벽 재건을 이룩한 느헤미야는 거기에 그치지 않고 대성회를 통해서 백성들을 영적으로 각성시키고, 그들로 하여금 하나님의 언약 백성으로서 그분께 순종하는 삶을 다시 한 번 다짐토록 하였다. 언약 백성으로서 하나님과의 관계 회복을 위해서는 성전을 짓고 성벽을 세워 삶의 터전을 복구하는 일만이 아니라, 이전의 죄악에서 벗어나 새로운 삶을 살 수 있어야 했다. 이제 에스라의 율법 낭독으로 말씀을 깨달은 백성들이 초막절을 지키면서 금식하며 자신들의 죄를 회개하고 하나님께 경배를 드리는 모습은 그래서 더욱 의미 있는 것이었다.

7
복습을 위한 질문

1. 에스라와 느헤미야는 본래부터 두 권의 책이었는가?
2. 많은 성경학자들은 에스라와 느헤미야를 한 사람이 기록한 것으로 보고 있다. 누가 기록하였다고 알려져 있는가?
3. 유대인들에게 고국으로 돌아가 성전을 재건하라고 허락한 바사의 왕은 누구이며, 언제 무엇을 통해 그렇게 하였는가?
4. 바벨론에 포로로 잡혀간 유대인들은 얼마만에 고국으로 귀환하였는가?
5. 바사 왕 고레스의 허락으로 1차 포로귀환 할 당시 5만여 명의 유대인들을 인도하여 예루살렘으로 돌아온 사람은 누구인가?
6. 바사 왕 아닥사스다의 허락으로 2차로 포로귀환 할 당시 4천여 명의 유대인들을 인도하여 예루살렘으로 돌아온 사람은 누구인가?
7. 유대교의 아버지로 불리는, 뛰어난 율법학자요 아론 계열의 제사장이었던 사람은 누구인가?
8. 포로에서 귀환한 유대인들이 성전을 건축할 때 이를 방해한 사람들은 누구인가?
9. 포로에서 귀환한 에스라의 주된 임무는 무엇이었는가?
10. 느헤미야가 아직 바사에 있었을 때 맡은 직책은 무엇이었는가?

11. 느헤미야로 하여금 백성들을 이끌고 고국으로 귀환할 수 있도록 허락해 준 바사 왕은 누구인가?

12. 백성들과 예루살렘에 도착한 느헤미야의 주된 임무는 무엇이었는가?

13. 포로에서 귀환한 유대인들이 성벽을 재건할 때 이를 방해한 사람들은 누구인가?

14. 느헤미야를 도와서 포로귀환자들의 개혁운동을 도운 학자는 누구인가?

에스더

- **핵심어:** 용기
- **핵심구절:** "당신은 가서 수산에 있는 유다인을 다 모으고 나를 위하여 금식하되 밤낮 삼 일을 먹지도 말고 마시지도 마소서 나도 나의 시녀와 더불어 이렇게 금식한 후에 규례를 어기고 왕에게 나아가리니 죽으면 죽으리이다"(에 4:16).

명칭과 배경

에스더(Esther)라는 명칭은, 이 책의 주요 인물로서 바사 왕 아하수에로의 왕비가 되어 위기에 처한 자신의 민족을 구한 유다 출신의 여인 에스더의 이름을 따서 붙여졌다. 그녀의 부모가 죽고 고아가 되자 그녀의 사촌인 모르드개가 그녀를 거두어 양육하였다.

이 책은 구약 성경 중 룻기와 함께 여인의 이름을 따서 명명된 책이기도 하다. 또한, 하나님이란 이름이 한 번도 언급되지 않은 책이라는 이유로 얌니아 회의에서 한 때 정경으로서의 권위를 의심받기도 하였다. 에스더서는 아가, 오바댜, 그리고 나훔처럼 신약 성경에서 한 번도 언급되지 않는다.

저자와 기록연대

이 책의 저자는 명확하게 알려져 있지 않지만 모르드개, 에스라, 그리고 느헤미야 가운데 한 명일 것이라고 추측된다. 아무튼 이 책의 저자는 바사(페르시아)의 관습과 역사를 잘 알고 있었던 사람으로, 히브리의 종교력도 세밀하게 알고 있는 것으로 보아 이스라엘에서 바사로 이동했던 유대인 가운데 한 명일 것으로 보인다.

이 책의 기록연대를 정확히 알 수는 없으나, 에스더서는 에스라서나 느헤미야서와 동시대적인 사건을 다루고 있음을 볼 수 있다. 좀 더 자세히 말하자면 에스더서가 에스라서보다도 약 20년쯤 먼저 일어난 사건을 다루고 있는데, 에스더서에 기록된 이야기는 성전이 재건되고 약 40년이 지난 후 바사의 아하수에로 왕 통치기간(B. C. 486-465) 중에 그 나라 수도였던 수사에서 일어난 사건을 다룬다. 이야기는 아하수에로 왕이 암살되기 직전인 B. C. 473년을 끝으로 마무리된다.

기록목적

에스더서는 바벨론의 포로로 끌려가서 귀환하지 못하고 아직도 바사에 남아 있는 유대인들이 하나님을 기억하고 그분에 대한 믿음을 굳건히 지키도록 격려하기 위해 기록되었다. 또한 그들이 약속의 땅이 아닌 이방 나라에 거하고 있음에도 하나님께서는 여전히 그의 백성들 가운데 역사하시며 당신의 백성들을 변함없이 축복하고 돌보신다는 것을 전하고자 하였다.

개요

Ⅰ. 에스더가 왕후로 간택됨(1-2장)

Ⅱ. 유다인에 대한 하만의 음모와 에스더의 활약(3-7장)

Ⅲ. 유다인의 승리와 부림절(8-9장)

Ⅳ. 존귀케 된 모르드개(10장)

1

에스더의 믿음

읽어야할 본문: 에스더 1–6장

숙고해야할 본문: 에스더 4:4–17

에스더서는 바사에 살던 유다 여인 에스더가 바사 왕 아하수에로의 왕비가 되어 위기에 처한 자기 민족을 구원하는 이야기다. 왕비 와스디가 폐위되고 에스더가 왕비가 된 것은 동족들의 권익을 보호하려는 모르드개의 기지이기도 했지만 궁극적으로는 하나님의 역사하심이었다. 그 무렵 전국에 흩어져 살던 유다 백성들은 몰살당할 위기에 처하게 되는데, 바사의 총리였던 하만이 궁궐 문지기였던 모르드개가 자신에게 절하지 아니한다고 앙심을 품고 그의 종족 전체를 멸하려고 음모를 꾸몄기 때문이다. 사실 유대인과 하만의 조상인 아말렉과는 본래부터 적대관계에 있었다. 사무엘이 사울에게 아말렉 사람들을 진멸할 것을 명하였을 때 사울이 그 왕을 살려준 경우가 있는데 이 이야기에서도 그것을 알 수 있다.

그때 모르드개는 두려움에 떠는 유다 백성들과 금식하고 부르짖었다. 또한 바사의 왕비가 된 에스더에게 이 사실을 알리고, 그녀로 하여금 왕에게 호소해 자기 민족을 구할 것을 요청하였다. 하지만 당시에는 왕비라 하더라도 왕이 부르지 아니한 때에 그에게 나아가는 것은 죽음을 불러올 수도 있었으므로 에스더는 신중을 기하였다. 그녀는 왕에게 나아갈 것을 결단한 후에 모르드개에게 자신의 백성들이 금식하고 기도할 것을 간청하였다. 그녀는 "죽으면 죽으리이다"라는 믿음으로 왕에게 나아갔는데, 오히려 왕은 오랜만에 보는 그녀를 환대하였다. 에스더는 곧바로 자기 민족이 처한 상황에 대해 왕에게 알리지 않고, 왕과 하만을 자신이 베푸는 잔치에 두 번에 걸쳐서 초대한다. 그리하여 왕의 호기심은 더욱 깊어갔으며, 어리석은 하만은 아무것도 모른 채 자신의 득세만을 기뻐하였다.

▪ 적용

바사에 남아 있던 유다 여인 에스더가 일국의 왕비가 되고 또한 위기에 처한 자신의 민족을 구하고자 했을 때 모든 일이 순조로울 수 있었던 것은, 그녀가 모든 것을 하나님께 맡기고 "죽으면 죽으리이다"라는 믿음을 가지고 나아갔기 때문이었다. 에스더는 그녀가 어느 곳에 처하든지 하나님이 거기에 함께 계시리라는 믿음을 갖고 있었다. 여인의 몸으로 자신의 민족을 구하기 위하여 기꺼이 목숨을 아끼지 않고 내어놓는 에스더의 모습 속에서, 우리는 우리의 신앙생활이 나의 안일을 위한 것이 되기보다는 하나님과 동족을 위한 것이 되어야함을 느끼게 된다.

2 유다와 모르드개의 승리

읽어야할 본문: 에스더 7-10장

숙고해야할 본문: 에스더 7:1-10

마침내 에스더가 베푼 연회에 두 번째로 참석한 왕은 왕비가 원하는 것이면 무엇이든지 들어주겠다고 약속한다. 그리하여 에스더는 자기 민족을 몰살하려는 하만의 음모를 왕에게 소상히 밝히게 되었다. 이에 분노한 왕은 내시의 조언을 듣고 하만이 모르드개를 매달려고 만들어 놓은 나무에 그를 매달아 죽였다. 처형당한 하만을 대신해 모르드개가 2인자에 오르고, 왕은 조서를 다시 내려 유다인들로 하여금 그들의 생명을 위협하는 자들을 스스로 멸할 수 있도록 하였다. 이렇게 하여 하만의 계략으로 바사 지역 전역에 거주하던 유다 백성들이 진멸당하기로 되어있던 날, 오히려 그들에게 그들의 대적들 곧 하만의 아각 족속들을 멸할 수 있는 기회가 찾아왔다. 결국 하만의 열 아들의 시체가 나무에 매달렸고, 그들의 종족은 칠만 오천 명이나 죽음을 당하였다.

유대인들은 이 날의 승리를 기념하여 부림절로 지켰고, 오늘날까지도 이 절기는 계속되고 있다. 왕은 모르드개를 높여 총리가 되게 하였을 뿐 아니라, 그에 관한 기사는 바사 열왕의 일기에까지 기록되었다. 또한 그는 널리 유대인들의 존경을 받게 되었다.

■ 적용

에스더는 자신의 민족이 처한 상황에 대해 왕에게 진언할 적절한 때를 기다렸다. 그녀는 외모도 아리따웠지만 하나님이 원하시는 때를 기다리는 인내와 지혜도 있었다. 이스라엘 민족은 에스더와 모르드개의 기지로 마침내 위기를 극복하고 대적들을 크게 물리칠 수 있었고, 하나님께 영광을 돌렸다. 이 이야기는 하나님을 경외하는 자들은 어느 곳에 있든지 어떤 상황에 처하든지 믿음으로 나아가면 결국 승리하게 될 것이라는 사실을 우리들에게 다시 한 번 상기시킨다. 나아가 성도들은 반드시 구원받을 것이며, 악인들은 결국 하나님의 심판을 면치 못할 것이라는 사실을 다시 한 번 깨닫게 해준다.

욥기

- 핵심어: 고난 중의 인내
- 핵심구절: "내가 모태에서 알몸으로 나왔사온즉 또한 알몸이 그리로 돌아가올지라 주신 자도 여호와시요 취하신 자도 여호와시오니 여호와의 이름이 찬송을 받으실지니이다"(욥 1:21).

명칭과 배경

욥기(Job)라는 명칭은, 이 책의 주요 인물인 욥의 이름을 따서 붙여졌다. 욥이란 이름은 히브리어의 '박해'에서 유래하였으며, 아라비아어로는 '회개하는 자'를 의미한다. 욥은 아브라함이 살았던 족장시대에 실존했던 인물(B. C. 2000년경)로 알려져 있으며, 따라서 욥기는 성경에서 가장 오래된 책으로 여겨진다. 이렇게 판단하는 이유는, 욥이 자신의 가족 가운데서 제사장 역할을 수행한 것으로 보아 그가 살았던 시대가 아직 이스라엘에 공적인 제사장직이 세워지기 전이었고, 그의 재산을 화폐나 금으로 측정하지 않고 그가 기르고 있던 짐승의 규모로 측정하고 있으며, 이 책에 등장하는 갈대아인들은 아브라함이 살던 시절에 존재했던 유목민들이기 때문이다.

에스겔 14:14, 20과 야고보서 5:11은 욥을 역사상 실존했던 인물로 언급한다. 이 책은 욥의 일생 중 1년간의 삶을 다루고 있으며, 아마도 창세기 11장과 12장 사이에 있었던 일로 추측된다.

저자와 기록연대

이 책의 저자는 확실히 알 수가 없다. 본문에서 저자를 언급하고 있지 않으며, 그렇다고 욥이 이 책을 기록한 것 같지도 않은데 그가 이 책에서 언급되고 있는 하늘에서 벌어진 일들을 알 리가 없기 때문이다. 한편, 유대의 탈무드 전승에 모세가 이 책의 저자일 것이라고 주장한다. 모세는 B. C. 1520경에 미디안 광야에서 목자생활을 하고 있었고 욥의 고향인 우스 땅은 미디안 광야 옆에 있었기 때문에, 미디안에서 목자생활을 하던 그때에 모세가 우스의 욥에 대한 이야기를 습득했을 수도 있다고 본다.

이 책의 기록연대 또한 확실히 알 수는 없으나, 일반적으로 빠르면 B. C. 2000년에서 늦으면 B. C. 1200년 사이에 기록되었을 것으로 본다. 이렇게 판단하는 이유는 욥기에 나타나 있는 여러 가지 환경이 이스라엘의 초기 역사와 많이 닮아있기 때문이다. 학자들에 따라서는 욥기의 기록연대를 바벨론 포로(B. C. 586/7) 이후로 보기도 하는데, 이는 당시 전 민족적으로 고통 가운데 있었던 이스라엘이 '의인의 고통'이라는 주제에 많은 관심을 갖고 있었을 것이라고 생각하기 때문이다.

기록목적

욥기를 기록한 목적은 당대의 의인이 왜 고통을 당하는지에 대해서 생각해 보고, 나아가 인간에게 닥친 모든 고통이 반드시 죄에 대한 형벌일 것인가 하는 문제와, 하나님께서는 고통 가운데도 당신의 백성들과 늘 함께하신다는 것을 보여주기 위해서이다. 아울러, 성도들에게 인간보다 지극히 높으신 하나님에 대한 믿음을 굳건히 하도록 격려하기 위해서 이 책을 기록하였다.

개요

Ⅰ. 욥의 시험(1-2장)

Ⅱ. 욥과 세 친구들과의 논쟁(3-31장)

Ⅲ. 엘리후의 연설(32-37장)

Ⅳ. 하나님의 말씀과 축복(38-42장)

■ **참고자료: 욥과 세 친구들의 논쟁(3–31장)**

	욥의 논쟁	세 친구들의 논쟁		
		엘리바스	빌닷	소발
첫 번째 변론	3장	4–5장		
	6–7장		8장	
	9–10장			11장
	12–14장			
두 번째 변론		15장		
	16–17장		18장	
	19장			20장
	21장			
세 번째 변론		22장		
	23–24장		25장	
	26–31장			

※ 구약의 욥기, 시편, 잠언, 전도서, 아가는 시가서 또는 지혜서로 분류된다. 시가서의 첫 책인 욥기의 서론과 결론은 산문체로 기록되어 있으며, 욥이 친구들과 대화하는 부분은 운문체로 구성되어 있다. 특히 이 대화 부분은 욥의 친구들이 돌아가면서 논쟁을 하면 욥이 답변하는 형식이다. 위에 있는 표는 욥과 세 친구들이 벌인 세 번에 걸친 변론을 정리한 것이다.

3

욥의 시험

읽어야할 본문: 욥기 1-2장

숙고해야할 본문: 욥기 1:6-12

욥은 당대의 의인이라 불릴 만큼 영적으로 성숙한 사람이었고, 물질적인 풍요와 함께 많은 자녀를 둔 축복받은 사람이었다. 하나님은 그의 믿음을 인정하시고 사탄에게 자랑까지 하시는데, 하루는 사탄이 하나님을 만나 욥이 하나님을 경외하는 것은 하나님이 그를 축복하였기 때문이라고 말한다. 이에 하나님은 사탄의 생각이 잘못되었음을 증명하기 위해서 사탄이 욥을 시험해 볼 수 있도록 허락하신다. 사탄의 시험으로 욥의 열 아들이 모두 죽었고, 가축과 종들을 포함한 그의 재산도 모두 사라졌다. 하지만 욥은 이런 극심한 고난 속에서도 하나님을 원망하지 않고, "주신 자도 여호와시요 취하신 자도 여호와시오니 여호와의 이름이 찬송을 받으실찌니이다"(1:21)라며 오히려 하나님께 경배를 올렸다.

이로써 욥의 순수한 믿음이 입증되었지만 사탄은 그래도 물러나지 않았다. 그는 욥이 자신의 생명이 위급해지는 상황이 되면 하나님을 배신할 것이라고 주장하면서, 다시 한 번 욥을 시험할 것을 하나님으로부터 허락받는다. 이제 욥의 온 몸에는 악창이 나서 극심한 고통을 당하였는데 이런 그에게 그의 아내마저 하나님을 원망하고 죽어버리라고 욕설을 퍼붓는다. 하지만 욥은 여전히 하나님을 찬미하며 그의 입술로 하나님께 범죄하지 않았다.

■ 적용

우리가 사는 인생에는 반드시 고난이 따르기 마련이다. 고난이 없는 인생이란 있을 수 없다. 하지만 인간이 당하는 모든 고난은 하나님의 뜻 안에 있는 것이다. 우리가 이것을 기억한다면 우리의 삶 가운데 당하는 고난을 좀 더 지혜롭게 극복할 수 있을 것이다. 욥은 자신에게 닥친 고난을 이해할 수 없었지만 그 모든 것을 주관하시는 이가 하나님이시라는 것을 잊지 않았다. 또한 그는 고통 중에 있었지만 하나님께서 반드시 도우실 것이라는 것을 믿고 있었다. 하나님이 성도들에게 시험을 허락하실 때는, 그것을 통해 신자들을 연단하시고자 함이다. 고난과 역경은 성도들의 신앙을 더욱 굳건하게 만들어 주기 때문이다. 그러므로 우리는 어떤 고난을 당할지라도, 주신 자도 여호와시요 취하신 자도 여호와시라는 욥의 믿음을 가져야 하겠다. 우리 앞에 닥친 고난에 믿음으로 대처할 수 있는 통찰력을 달라고 하나님께 기도해야 하겠다.

4
욥과 세 친구들과의 논쟁

읽어야할 본문: 욥기 3–31장

숙고해야할 본문: 욥기 4:1–11

욥의 소문을 듣고 찾아 온 세 친구들은 너무도 끔찍한 그의 모습을 보고 할 말을 잃고 7일 밤낮을 욥과 함께 앉아 있기만 했다. 마침내 욥이 자신의 믿음을 지키기 위해 고군분투하였지만 이를 신세한탄으로 받아들인 친구들은, 욥이 고통을 당하는 것은 하나님께 죄를 지었기 때문이며 그에 대한 징벌이 임한 것이라고 주장한다. 그의 친구 엘리바스는 "내가 보건대 악을 밭 갈고 독을 뿌리는 자는 그대로 거둔다"라고 하였고, 빌닷은 "하나님이 어찌 심판을 굽게 하시겠으며 전능하신 이가 어찌 공의를 굽게 하시겠는가 네 자녀들이 주께 득죄하였으므로 주께서 그들을 그 죄에 붙이셨나니"라고 하였고, 소발은 "하나님은 허망한 사람을 아시나니 악한 일은 상관치 않으시는 듯하나 다 보시느니라"라고 하였다.

욥의 친구들은 그를 위로하기는커녕 자신들의 논리만 앞세워 욥을 책망하기만 하였다. 그들의 말은 고난이 죄의 결과라고 보는 당시의 전통적인 교리에 입각한 것이었다. 당시 고대 사람들은 하나님께서 선한 자에게는 항상 복을 주시지만 악한 자에게는 벌을 내리신다고 믿었다. 욥은 이에 대해서 항변하며 자신은 하나님께 죄를 지은 적이 없다고 결백을 주장하였다. 하나님은 욥의 말이 옳음을 곧 입증하시고 모든 것을 새롭게 회복시켜 주실 것이다.

■ 적용

욥과 논쟁을 벌인 세 친구들의 주장은 모든 고통은 죄에 대한 형벌이라고 여기는 그들의 잘못된 관념에서 나온 것이었다. 욥이 당한 고난은 하나님께서 그의 믿음에 대해 잠시 시험하고자 허락하신 것이었다. 하나님은 그가 극심한 고통 중에도 하나님을 영화롭게 하고 당신의 영광을 드러낼 것이라는 것을 아셨다. 인간의 고난은 죄의 대가라는 일차원적인 생각은 분명 잘못된 것이다. 물론 때로 고난이 우리의 죄 때문인 경우도 있지만, 우리 성도들이 겪는 고난은 당신을 영화롭게 하기를 원하시는 하나님의 뜻 안에서 허락된 것이다. 예수님은 소경이 누구의 죄로 인해서 앞을 보지 못하게 되었느냐는 제자들의 질문에 그것은 누구의 죄도 아니고 그 사람에게서 하나님의 영광을 드러내기 위해서라고 말씀하셨다(요 9:3).

5

엘리후의 연설

읽어야할 본문: 욥기 32–37장

숙고해야할 본문: 욥기 32:1–5

욥과 세 친구들의 논쟁이 끝나자, 이를 가만히 지켜보고 있던 엘리후가 갑자기 등장해서는 욥과 그의 세 친구들을 동시에 비판하기 시작한다. 그는 앞의 네 사람(욥과 세 친구들)보다 연소자였지만, 그들이 하나님의 뜻을 제대로 알지 못하고 있다고 판단하고 그들의 대화에 개입한 것이다. 아울러 그는 양비론적인 입장을 취한다. 시종일관 자신이 무고하다고 항변하는 욥을 향해서는 그가 하나님보다 자신을 의롭다 여기고 있음을 지적하고, 또한 욥의 세 친구들에 대해서는 욥을 잘못했다고 정죄만 할 뿐 그들의 변론이 욥의 주장에 어떤 답도 주지 못하고 있다고 비판한다.

엘리후의 지적은 어떻게 보면 올바른 것인지도 모른다. 하지만 자세히 들여다 보면 그도 세 친구들의 주장에서 크게 벗어나지는 못했다는 것을 알수 있다. 그는 "욥이 끝까지 시험 받기를 원하노니 이는 그 대답이 악인과 같음이라 그가 그 죄 위에 패역을 더하며 우리 중에서 손뼉을 치며 하나님을 거역하는 말을 많이 하는구나"(34:36-37)라고 말한다. 아무 죄도 없이 억울하게 고통을 당하고 있다고 항변하는 욥의 주장은 그의 교만에서 비롯된 것이라고 생각한 것이었다. 결국, 엘리후도 욥의 세 친구들과 마찬가지로 욥의 고난이 하나님의 뜻 안에서 허락된 것임을 완전히 이해하지는 못했다.

■ 적용

엘리후는 진지하고 신중한 태도로 욥과 세 친구들의 대화에 끼어들어, 다른 친구들보다는 좀 더 객관적으로 욥의 고난에 대해 접근하고자 하였지만 그 역시 욥의 고난을 모두 이해하지는 못했다. 그는, 하나님이 죄악으로 고통에 처한 자를 회개시켜 회복하게 하시고자 고난을 사용하시는데 욥이 교만하여 하나님께 순종하지 않는다고 주장하였다(36:16-23). 한편, 고난은 인간의 좁은 소견으로는 온전히 이해할 수 없는 높은 차원의 하나님의 숨은 뜻이 들어 있다고 하면서 "전능자를 우리가 측량할 수 없나니 그는 권능이 지극히 크사 심판이나 무한한 공의를 굽히지 아니 하심이라"(37:23)고 증언한 것은 확실히 진전된 견해다. 하나님은 분명히 고난을 통해서 신자들을 연단하시지만, 이런 하나님의 뜻을 우리 인간이 온전히 헤아릴 수는 없다.

6

하나님의 말씀과 축복

읽어야할 본문: 욥기 38–42장

숙고해야할 본문: 욥기 42:7–17

욥과 친구들의 끊임없는 논쟁에도 불구하고 지금까지 침묵으로 일관하셨던 하나님이 드디어 말씀을 시작하신다. 욥과 친구들의 대화에 최종적으로 개입하신 하나님은 폭풍우 가운데서 욥에게 말씀하신다. 하나님은 당신의 지혜와 절대적인 주권에 대해 욥에게 말씀하시면서 "내가 땅의 기초를 놓을 때에 네가 어디 있었느냐 네가 깨달아 알았거든 말할찌니라"(38:4), "매가 떠올라서 날개를 펼쳐 남방으로 향하는 것이 어찌 네 지혜로 말미암음이냐"(39:26)라고 반문하신다. 이는 욥에게 닥친 고난을 인간의 지혜로는 이해할 수 없다는 하나님의 메시지였다. 이제 하나님의 말씀을 깨달은 욥은 그의 입을 닫고, 조금이라도 잘못이나 교만한 것이 있었으면 회개하고 절대적인 주권을 가지신 하나님께 순종하였다.

하나님은 욥을 방문한 세 친구들에게 까닭 없이 욥을 정죄했으니 희생제사를 드려 그들의 용서를 구하게 하시고, 욥에게는 이 세 친구들을 위해서 기도할 것을 말씀하신다. 그리하여 욥은 이 세 친구들을 위해서 중보기도하였고, 하나님께서는 그에게 이전의 소유보다 갑절이나 더해 주셨다. 그는 다시 일곱 아들과 세 딸을 갖게 되었고, 이 세 딸은 모든 땅에서 그 아름다움이 가장 뛰어났다. 욥은 고난에서 회복된 이후에도 140년을 더 살면서 손자를 4대나 보고서 죽었다. 욥의 재산과 가정이 새롭게 회복된 것은 하나님의 절대적인 은총으로 인한 것이었다. 이로써, 욥이 당대의 의로운 사람이었다는 것이 입증되었고, 하나님께서 그를 진정으로 축복하셨다는 것을 그의 친구들이 알게 되었다.

■ 적용

욥의 경우에서 보는 것처럼 의로운 사람도 고난 가운데 처할 수 있고, 악인이 복을 누릴 수도 있다. 하나님께서 인간에게 고통을 주시는 것은 우리 인간으로서는 도저히 이해할 수 없는 신비한 뜻이 있는 것이다. 확실한 것은 우리의 당하는 모든 고난은 하나님의 뜻 안에 있다는 것과, 하나님의 영광을 위해서 우리에게 고난이 주어진다는 것이다. 우리 성도들은 하늘에서 이루어진 일들을 다 이해할 수는 없다. 따라서 우리는 고난에 처한 형제자매들의 영적인 상태를 쉽게 판단하는 잘못을 범하지 말아야겠다. 하나님은 고난 중에 있는 우리 성도들이 참고 인내하여 더욱 굳건해지기를 바라신다. 하나님께서 반드시 고난 중에 함께 하실 것이며, 우리의 삶을 인도하실 것을 믿고 나아가기를 원하신다. 우리가 그렇게 살아갈 때에, 하나님께서는 욥에게 베푸셨던 갑절의 축복을 우리에게도 허락하실 것이다.

7
복습을 위한 질문

1. 바사 왕 아하수에로의 왕비가 되어 위기에 처한 자신의 민족을 구한 유다 여인은 누구인가?
2. 에스더와 모르드개의 관계는 무엇인가?
3. 모르드개에게 앙심을 품고 음모를 꾸며 바사의 유다 백성들을 전멸하려 했던 그곳의 총리는 누구인가?
4. 모르드개를 통해 하만의 계략을 전해들은 에스더는 어떤 태도를 취했는가?
5. 에스더는 왜 하만의 음모 사실을 바사 왕에게 곧바로 진언하지 않았는가?

6. 하만의 계략을 알게 된 바사의 아하수에로 왕이 위기에 처한 유대인들을 위해서 취한 조치는 무엇이었는가?

7. 바사에서 위기에 처한 유대인들이 하만의 음모에서 벗어나 생명을 구하고, 대적 아말렉과 싸워 승리한 날을 기념하여 지키는 유대의 절기는 무엇인가?

8. 욥은 어느 시대 사람으로 추정할 수 있는가?

9. 고통 중의 욥과 논쟁을 벌인 욥의 세 친구는 누구누구인가?

10. 욥의 세 친구들은 욥이 고난에 처한 이유가 무엇이라고 생각하였는가?

11. 욥과 세 친구들의 논쟁에 끼어든 엘리후는 욥이 고난당하는 이유를 정확히 알았는가?

12. 하나님의 말씀을 들은 욥은 어떤 태도를 보였는가?

13. 하나님은 욥을 정죄한 세 친구들에게 어떻게 할 것을 명하셨는가?

14. 하나님은 욥에게 어떤 복을 새롭게 주셨는가?

시편

- 핵심어: 여호와를 찬양하라
- 핵심구절: "오라 우리가 굽혀 경배하며 우리를 지으신 여호와 앞에 무릎을 꿇자"(시 95:6).

명칭과 배경

시편(Palms)의 명칭은 히브리 성경에서 '찬미의 책'이라고 되어 있다. 시편은 오랜 세월에 걸쳐 하나님과 교제해 온 사람들의 감정(감사, 찬양, 슬픔, 좌절, 불만)을 놀랍게 표출해 내고 있으며, 공적인 예배나 사적인 예배에서 영적인 성숙을 위해 사용되었으며, 시편을 신·구약 성경의 핵심이라 부르는 것은 그것이 하나님과 그의 율법만이 아니라 그리스도와 그의 복음을 함께 표출하고 있기 때문이다. 따라서 라일은 "시편은 그리스도로 충만하다. 그리스도의 고난, 죽으심, 다시 사심, 그리고 다시 오심을 예언하고 있다"고 말한다.

시편은 다섯 권의 책, 즉 제 1권(1-41편), 제 2권(42-72편), 제 3권(73-89편), 제 4권(90-106편), 제 5권(107-150편)으로 나뉘어 있다. 많은 학자들은 이 구분이 시편의 역사적인 발전 과정을 반영(제 1권이 가장 오래된 부분)하고 있으며, 모세의 오경과 같은 방식으로 그에 준하여 나뉘었을 것이라고 생각한다. 각각의 책들은 하나님을 "찬송할찌어(로)다 아멘"이라는 동일한 송영으로 마무리된다.

저자와 기록연대

이 책의 저자는 어느 한 사람이 아니다. 많은 시편들이 서두에 시의 저자 또는 그와 관련된 사람들을 언급하고 있는데, 다윗(73편), 아삽(12편, 레위지파), 고라 자손(10편, 레위지파), 솔로몬(2편), 모세(1편), 헤만(1편), 에단(1편) 등이 그들이다. 이 중에서 다윗은 시편 전체(150편)의 절반 가량인 73편을 작성하였거나 그와 관계가 있다고 보여지는데, 이런 이유로 시편을 '다윗의 시'라고도 일컫는다. 한편, 시편 중 12편을 지은 아삽은 레위지파 성가대의 대장으로서 예배를 책임지는 사람이었으며, 10편을 쓴 고라 자손은 모세에 대항했던 사람들이다. 또한 다윗의 아들 솔로몬이 2편을, 모세가 1편을 지었다. 이 외에도 헤만과 에단이 1편씩을 지었으며, 약 50편의 시편들은 저자를 알 수가 없다.

150편에 달하는 시편의 기록연대를 추정한다는 것은 실제로 불가능하며, 약 900년 동안에 걸쳐 다양한 이스라엘 사람들에 의해 지어진 것으로 보고 있다. 가장 오래된 시는 모세가 지은 시편 90편(B. C. 1405년경)이고, 가장 나중에 지어진 시는 바벨론 포로에서 해방되어 예루살렘으로 귀환한 사실을 노래한 시편 126편(B. C. 500년경)과 시편 147-150편 등이다. 그런데 여기서 또 한 가지 문제는 과연 누가, 언제 150편의 시를 한 편의 시집으로 수집했느냐 하는 것이다. 대부분은 다윗의 지도하에 이루어진 것으로 보고 있지만, 시편 150편이 모여 한 권의 책으로 완성되기까지는 오랜 세월에 걸쳐서 많은 사람들의 손길이 있었을 것이다. 굳이 편집시기를 추정해 보자면, 포로시대를 배경으로 하는 시편들이 포함되어 있다는 것을 감안해 볼 때 그 이전에 한 권의 책으로 완전히 편집된 것은 아닐 것으로 보인다. 어쨌든 그때로부터 적어도 B. C. 300년 사이에는 오늘날과 같은 형태의 편집이 완성되었을 것으로 생각된다. 또한, 예수께서 시편을 언급(눅 24:44)하신 것으로 보아 예수님 당시에는 이미 완성된 한 권의 책으로 존재했음이 분명하다.

기록목적

누가, 언제, 어떤 사건을 배경으로 지었느냐에 따라 각 시편의 기록목적이 다르다고 할 수 있다. 그렇지만 거의 모든 시편들은 창조주로서의 하나님, 왕이신 하나님, 구원의 하나님을 찬양하는 것들이다. 자연을 노래하며 창조주 하나님께 찬양과 존귀를 올리는 시편들이 있는가 하면(시 8, 19편), 많은 시편들은 왕이신 하나님이 그의 백성 이스라엘에 행하신 것을 기억하며 감사와 찬송을 드리고 있다(시 66, 103, 107편 외). 또한, 많은 시편들이 앞으로 오실 메시아에 대한 예언을 담고 있다. 어떤 시편들은 죄를 고백하는 참회시이고(시 6, 32, 38, 51, 102, 130, 143편), 어떤 시편들은 탄식을 노래하는 시이기도 하다(시 7, 35, 55편 외). 하지만 궁극적으로 대부분의 시편들은 하나님을 찬미하기 위해 지어진 시들이라고 할 수 있다.

■ 참고자료: 역사적 배경을 갖고 있는 다윗의 시편들

시편	역사적 배경
시편 3편	다윗이 그의 아들 압살롬을 피할 때에 지은 시
시편 7편	다윗이 사울에게 쫓길 때 베냐민인 구시의 말에 대하여 하나님께 한 노래
시편 18편	하나님께서 다윗을 그 모든 원수와 사울의 손에서 구원하신 날에 지은 시 (삼하 22장)
시편 30편	성전 낙성가, 다윗이 말년에 삶을 돌아보며 지은 시
시편 34편	다윗이 아비멜렉 앞에서 미친 체하다가 쫓겨나서 지은 시(삼상 21-22장)
시편 51편	다윗이 밧세바와 동침한 후 나단 선지자로부터 책망을 받았을 때 지은 시 (삼하 11-12장)
시편 52편	에돔인 도엑이 사울에게 일러 다윗이 아히멜렉의 집에 왔더라 말하던 때에 지은 시 (삼상 21-22장)
시편 54편	십 사람이 사울에게 이르러 다윗이 숨지 않았다고 말하던 때에 지은 시(삼상 23장)
시편 56편	다윗이 가드에서 블레셋인에게 잡힌 때에 지은 시(삼상 21, 27-29장)
시편 57편	다윗이 사울을 피하여 동굴에 있던 때에 지은 시(삼상 22, 24장)
시편 59편	사울이 사람을 보내어 다윗을 죽이려고 그의 집을 지킨 때에 지은 시(삼상 19장)
시편 60편	다윗이 아람 나하라임과 아람소바와 싸우는 중에 요압이 돌아와 에돔을 염곡(소금골짜기)에서 쳐서 일만 이천 명을 죽인 때에 지은 시
시편 63편	다윗이 유다 광야에 있었을 때 지은 시
시편 142편	다윗이 동굴에 있을 때에 지은 마스길 곧 기도(삼상 24장)

■ 참고자료: 메시아에 대한 예언을 담고 있는 시편들

예언	시편	성취
하나님이 그리스도가 그의 아들이심을 선언하실 것이다	2:7	마 3:17; 행 13:33; 히 1:5
만물이 그리스도의 발아래 있게 될 것이다	8:6	고전 15:27; 히 2:8
그리스도가 무덤에서 부활하실 것이다	16:10	막 16:6-7; 행 13:35
하나님이 그리스도를 고통의 순간에 버리실 것이다	22:1	마 27:46; 막 15:34
그리스도가 멸시와 조롱을 받으실 것이다	22:7-8	마 27:39-43; 눅 23:35
그리스도의 손과 발이 찔림을 받으실 것이다	22:16	요 25-27; 행 2:23
사람들이 그리스도의 옷을 두고 놀이를 할 것이다	22:18	마 27:35-36
그리스도의 어느 뼈도 꺾이지 않으실 것이다	34:20	요 19:32, 33, 36
그리스도가 부당하게 미움을 받으실 것이다	35:19	요 15:26
그리스도가 하나님의 뜻을 행하기 위해서 오실 것이다	40:7-8	히 10:7
그리스도가 친구에 의해 배반을 당하실 것이다	41:9	요 13:18
그리스도의 보좌는 영원하실 것이다	45:6	히 1:8
그리스도가 하늘로 승천하실 것이다	68:18	엡 4:8
하나님의 성전을 사모하는 열심이 그리스도를 삼킬 것이다	69:9	요 2:17
그리스도에게 쓸개를 탄 포도주가 주어질 것이다	69:21	마 27:34; 요 19:28-30
그리스도의 배반자가 대체될 것이다	109:8	행 1:20
그리스도의 대적자가 그리스도에게 경배할 것이다	110:1	행 2:34-35
그리스도가 멜기세덱과 같은 대제사장이 되실 것이다	110:4	히 5:6; 6:20; 7:17
그리스도가 모퉁이돌이 되실 것이다	118:22	마 21:42; 행 4:11
그리스도가 주의 이름으로 오실 것이다	118:26	마 21:9

1

복 있는 사람

읽어야할 본문: 시편 1-22편

숙고해야할 본문: 시편 1편

시편 1편은 시편 전체의 서론에 해당하는데, 이 시편의 기자가 누군지는 알 수가 없다. 이 시는 의인과 악인의 서로 다른 삶과 그 끝을 대조시키고 있다. 의인은 오직 하나님의 율법을 주야로 묵상하는 자로서 그 행사가 다 형통하다. 하지만 악인은 바람에 나는 겨와 같아 심판을 견디지 못한다. 하나님은 의인의 길은 인정하시지만, 악인의 길은 멸망에 이르게 하신다.

하나님이 일시적으로 악인을 형통케 하실 수 있을지라도 결국 악인은 멸망에 이르게 되어 있다. 따라서 의인은 악인의 일시적인 형통을 부러워할 이유가 없다. 하나님은 그의 율법을 날마다 묵상하며 의롭게 사는 사람들을 형통케 하실 것이며 종국에는 큰 복을 받게 하실 것이다. 그런데 여기서 복이란 단순히 물질적인 풍요를 의미하지는 않는다. 하나님으로부터 오는 모든 영적인 풍요로움을 의미한다. 복된 삶이란 하나님과 함께 하는 삶이다. 하나님을 섬기고 경외하는 것만이 우리 인간들의 본분이며 그것이 참으로 복된 삶이다.

■ 적용

시편 1편은 시편 23편과 함께 가장 많이 읽혀지는 성경 본문이다. 하나님은 의인의 길과 악인의 길을 명확하게 구분하신다. 신학적으로 볼 때 의인은 예수 믿고 구원받은 그리스도인들이고, 악인은 불신자들이라고 할 수 있다. 의인은 악인의 형통을 부러워할 필요가 없다. 악인의 길은 결국 심판에 이를 것이며, 의인의 길은 그 행사가 다 형통하여 하나님의 복을 받을 것이기 때문이다.

2

여호와는 나의 목자

읽어야할 본문: 시편 23-41편

숙고해야할 본문: 시편 23편

시편 23편은 시편 1편과 함께 그리스도인들이 가장 널리 애독하고, 사랑하는 시이다. 이 시는 다윗이 지은 시로서, 아마도 그가 목자로서 양들을 돌볼 때를 상상하면서 지었을 것이다. 다윗은 목자로서 그의 양들을 돌보기 위해서 목숨까지도 내어놓았다. 그는 위험한 사자와 곰으로부터 양들을 보호했고, 푸른 초장을 다니면서 양들에게 꼴을 먹였다. 목자로서의 이런 경험들이 다윗으로 하여금 이렇게 아름다운 시를 짓도록 하였을 것이다.

이 시에서 다윗은 자신이 양의 목자가 되었던 것처럼, 하나님이 자신의 목자가 되심을 찬양한다. 양이 사망의 음침한 골짜기를 다닐 때 그가 양들을 보호해 주었던 것처럼, 자신이 어둠의 골짜기와 원수의 목전에 있을 때 하나님이 자신을 보호해 주실 것을 믿는다. 이 시에서 다윗은, 하나님을 자신의 목자로 삼는 사람들은 비록 이 세상의 삶이 사망의 음침한 골짜기를 다니는 것 같을지라도 그분 안에서 참된 평안과 영생을 누릴 수 있음을 노래하고 있는 것이다. 그는 기쁠 때나 어려울 때나 평생 동안 하나님의 선하심과 인도하심을 감사하며 살았다.

■ 적용

시편 23편은 병자와 죽어가는 이들에게 가장 많이 읽혀진다. 그것은 이 시가 목자이신 하나님이 믿음의 식구들을 영원히 보호하고 계심을 노래하고 있기 때문이다. 푸른 초장으로 양들을 인도하는 목자처럼 우리를 인도하는 하나님의 모습을 상상해 보라. 그것이야말로 참된 평화가 아니겠는가! 하나님은 목자이시고, 우리는 그분의 양이다. 양은 목자가 인도하는 대로 믿고 따른다. 선한 목자는 위험이 닥칠 때 양을 버리고 도망하지 않는다. 하나님은 우리의 선한 목자가 되신다. 우리는 선한 목자이신 하나님 안에서 평강과 영생을 누릴 수 있다.

3

다윗의 참회

읽어야할 본문: 시편 42-72편

숙고해야할 본문: 시편 51편

시편 51편은 역사적인 배경을 지니고 있는 다윗의 여러 시들 가운데 하나다. 이 시는, 다윗이 밧세바와 동침한 후 선지자 나단이 다윗의 잘못을 책망하자 이에 자신의 잘못을 깨닫고 철저히 회개하며 지은 참회시이다(삼하 11-12장). 알려진 대로, 다윗은 우리아의 아내 밧세바와 동침하고 그녀가 임신을 하게 되자 이를 감추기 위해 결국 그녀의 남편이자 충신이었던 우리아까지 죽이게 된다. 이때 선지자 나단은 다윗에게 나아가 양의 비유를 들어 그의 잘못을 책망하게 된다.

그 때에 다윗은, 자신이 인간에게만이 아니라 하나님 앞에서 범죄하였다는 사실을 깊이 깨닫고 이를 하나님께 참회하였다. 아울러, 그런 자신을 변화시켜 달라고 하나님께 간절히 구하였다. 그리하여 다윗은 이 시에서 자신의 죄를 참회하며 아뢰기를, "내 죄과를 도말하소서(51:1)", "나의 죄를 깨끗이 제하소서(51:2)", "내가 주께만 범죄하여 주의 목전에 악을 행하였사오니(51:3~4)"라고 하였다. 또한 자신의 변화를 바라면서 아뢰기를, "우슬초로 나를 정결케 하소서(51:7)", "내 안에 정직한 영을 새롭게 하소서(51:10)"라고 노래하였다. 이런 다윗의 회개에 하나님은 그 죄를 사하시는데 하나님은 나단을 통해서, "여호와께서도 당신의 죄를 사하셨나니"(삼하 12:13)라고 말씀하신다.

■ 적용

그리스도인들은 죄에 종노릇해서는 안 된다. 우리가 법에 얽매이지 않고 그리스도의 은혜 아래 있지만, 그렇다고 죄를 지을 수는 없다(롬 6:15). 하나님은 죄를 미워하시기 때문이다. 우리가 죄를 범하였을 때는 무엇보다 먼저 그리스도인으로서 하나님께 나아와 깊이 회개해야 할 것이다. 이스라엘의 위대한 지도자 다윗도 하나님께 범죄하였다. 하지만 그가 오늘날까지 크게 칭송받는 것은, 그가 죄를 범했을 때 아무 변명하지 않고 하나님 앞에 철저히 회개하고 참회하였다는 사실 때문이다. 하나님은 참회하는 자를 용서하신다. 우리는 먼저 죄에 빠지지 않도록 노력해야겠지만, 죄를 범하였을 때는 곧 회개하는 자들이 되어야겠다. 그럴 때만이, 우리 안의 정직한 영이 날마다 새롭게 될 것이다.

4
영원하신 하나님

읽어야할 본문: 시편 73-106

핵심 어구: 시편 90편

시편 90편은 시편에 유일하게 실려 있는, 모세의 시다. 시편 가운데 가장 오래된 시로서, 영원하신 하나님과 유한한 인간의 존재를 대비시키고 있다. 하나님은 영원하신 분인 반면 인간은 그에 비해 너무나 유한하고 허무한 존재일 뿐이다. 모세는 그것이 인간의 죄에 대한 하나님의 진노하심이 가져온 결과임을 깨닫고 하나님께 범죄한 자기 민족 이스라엘 백성들을 긍휼히 여겨달라고 간구하였다.

유한하고 허무한 존재인 인간은 결국 영원하신 하나님을 떠나서는 참된 소망이 있을 수 없으며 그 영원하신 하나님을 깨닫는 것이 곧 행복의 근원이다. 모세는, 이 시에서 하나님의 영원하심에 비해 인간의 유한함에 대해서 노래하면서 "주의 목전에는 천 년이 지나간 어제 같으며 밤의 한 경점 같을 뿐임이니이다 주께서 저희를 홍수처럼 쓸어가시나이다 저희는 잠간 자는 것 같으며 아침에 돋는 풀 같으니이다"(90:4-5)라고 하였다. 하나님 앞에서는 천 년이 밤의 한 순간 같을 뿐이다. 하나님은 인간을 홍수처럼 단번에 쓸어버리실 수도 있다. 하나님 앞에서 인간은 한낮에 피었다가 마르는 들풀에 지나지 않는다.

■ 적용

모세는 이 시에서 하나님의 영원하심에 비해 우리 인간이 얼마나 유한하며 허무한 존재인가를 노래하고 있다. 우리가 하나님 앞에서 얼마나 미약한 존재인가를 깨닫는 것이 신앙의 첫 걸음이다. 하나님은 만물을 만드시고 운행하는 분이시다. 하나님은 영원부터 영원까지 존재하는 분이시다. 이 하나님을 떠나서는 우리에게 참된 소망이 있을 수 없다. 모세는 이 시에서 지혜의 마음을 얻게 해달라고 하나님께 기도한다. 또, 그는 주 하나님의 은총을 임하게 해달라고 간구한다. 모든 지혜의 근본은 영원하신 하나님의 은혜를 깨닫는 것에서 비롯된다.

5

말씀을 삶의 푯대로

읽어야할 본문: 시편 107–119편

숙고해야할 본문: 시편 119편

시편 119편의 기자와 기록연대는 정확히 알 수 없다. 이 시는 시편에 실린 150편의 시 가운데 가장 길며, 히브리어의 알파벳(22개) 순서에 따라 매 8절을 한 단위로 하여 총 22단락으로 구성되어 있다(8×22=176절). 또, 총 176절 가운데 네 절(84, 121, 122, 132절)을 제외하고는 '말씀, 계명, 율법, 규례'에 초점을 맞추고 있다.

이 시는 참된 행복이란 하나님의 말씀을 따라 거룩하게 사는 삶이라는 것을 노래하고 있다. 다시 말해, 여기서 시편 기자는 하나님의 말씀을 푯대로 삼고 거룩하고 정직하게 살아갈 것을 가르치고 있는 것이다. 하나님의 말씀이 소망이고 생명이다. 하나님이 세우신 언약의 말씀은 영원토록 불변하다. 또한, 이 시는 고난 가운데서 하나님의 말씀을 듣고 순종하며 거하기를 바란다. 말씀이 고난을 이기게 하는 비결이기 때문이다. 따라서 시인은 "이 말씀은 나의 곤란 중에 위로라 주의 말씀이 나를 살리셨음이니이다"(119:50)라고 고백한다.

■ 적용

말씀은 그리스도인들의 삶의 푯대이다. 그리스도인은 하나님의 말씀을 떠나서 살아갈 수 없다. 말씀을 사모함이 마음을 정결하게 하고 죄에서 떠나게 한다. "청년이 무엇으로 그 행실을 깨끗케 하리이까 주의 말씀을 따라 삼갈 것이니이다"(119:9). 그리스도인은 무엇보다도 말씀의 소중함을 깨달아야 한다. 세상이 아무리 바뀌어도 말씀은 영원하다. 과거에도, 현재에도, 그리고 미래에도 하나님의 말씀은 불변하는 진리다. "주의 말씀은 내 발에 등이요 내 길에 빛이니이다"(119:105).

6

도우시는 하나님

읽어야할 본문: 시편 120-150편

숙고해야할 본문: 시편 121편

시편 120-134편은 바벨론 포로생활에서 해방된 이스라엘 민족이 순례기 때마다 성전을 향해 여행하면서 불렀던 '성전에 올라가는 노래'들이다. 여기서 '올라가는'이라는 표현을 쓴 것은, 예루살렘 성전은 언덕에 위치해 있어서 순례객들이 어느 방향에서 오든지 간에 성전으로 가는 길은 위를 향해 나 있었기 때문이다. 예루살렘 성전은 유대인들이 하나님께 희생제사를 드릴 수 있는 유일한 곳이었다. 예루살렘 도성은 항상 순례객들로 붐볐는데 특히 유월절이나 초막절 같은 절기에는 발 디딤 틈 없이 많은 사람들이 찾았다.

시편 기자는 이 시를 시작하면서 "내가 산을 향하여 눈을 들리라 나의 도움이 어디서 올꼬 나의 도움이 천지를 지으신 여호와에게서로다"(121:1~2)라고 고백하고는, 곧바로 인칭을 '너'로 바꾸어 자신의 체험을 나누는 형태를 취하고 있다. 말하자면 이 시는, 이 세상에 사는 동안 '나'와 '너'에게 온갖 시련과 고난이 있을 수밖에 없는데 그 모든 어려움을 극복할 수 있는 것은 오직 하나님께서 도우시기 때문이라고 노래하고 있는 것이다.

■ 적용

하나님은 우리가 실족치 않게 졸지도 주무시지도 아니하시며, 지금부터 영원까지 우리를 지키신다. 낮의 해도 밤의 달도 우리를 해칠 수 없다. 사실, 우리 인간은 시련이 닥칠 때 본능적으로 염려하고 근심할 수밖에 없다. 하지만 이런 염려를 주님께 맡기고 사는 것이 그리스도인들의 삶이다. 예수께서는 내일 일을 염려하지 말라고 말씀하셨다. 들의 백합화도 하늘의 새도 하나님이 지키시고 돌보시거든 하물며 하나님의 자녀된 우리들을 돌보시지 않겠는가! "내가 산을 향하여 눈을 들리라 나의 도움이 어디서 올꼬." 눈을 들어 산을 보라.

7

복습을 위한 질문

1. 시편의 핵심어는 무엇인가?

2. 시편은 몇 권의 책으로 나뉘어 있는가?

3. 시편(150편)의 절반 가량을 지은 시인은 누구인가?

4. 시편에는 모세의 시가 몇 편 실려 있는가?

5. 왜 시편을 복음의 핵심이라고 말할 수 있는가?

6. 시편 1편의 주제는 무엇인가?

7. 시편 23편의 기자는 누구인가?

8. 시편 23편에서 목자는 누구를 말하는가?

9. 시편 51편은 어떤 역사적 배경을 지니고 있는가?

10. 시편에서 메시아에 대한 예언을 담고 있는 시에 대해서 아는 대로 말해 보라.

11. 시편 90편의 기자는 누구인가?

12. 시편 90편은 인간과 하나님의 어떤 면을 대조시키고 있는가?

13. 시편(150편) 중 가장 긴 시는 몇 편인가?

14. 시편 119편의 주제는 무엇인가?

15. 히브리어 성경에 실린 시편 119편의 형식에 대해서 아는 대로 말해 보라.

16. 시편 121편에 달린 부제는 무엇인가?

17. 시편 121편의 주제는 무엇인가?

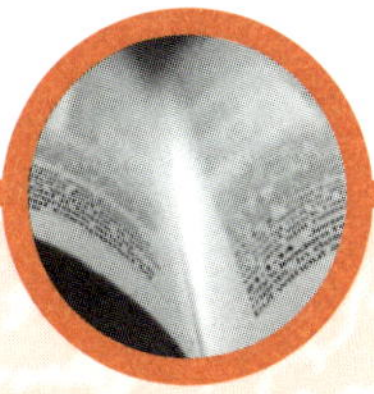

잠언

- 핵심어: 지혜
- 핵심구절: "여호와를 경외하는 것이 지혜의 근본이요 거룩하신 자를 아는 것이 명철이니라"(잠 9:10).

명칭과 배경

잠언(Proverbs)이란 명칭은 1:1에 등장하는 "다윗의 아들 이스라엘의 왕 솔로몬의 잠언"(잠 1:1)이라는 표현에서 비롯되었다. 원래 '잠언'이라는 말은 히브리어로 '비교하다' 또는 '같이 되다'라는 의미를 가지고 있다. 어쩌면 식상하고 흔한 진리와 심오하고 참된 삶의 진리를 비교하여 참된 진리와 같이 살라는 말씀을 전하고 있는 책이 잠언이라는 의미에서 비롯된 것이 아닐까 추측된다.

일반적으로, 잠언이란 삶의 경험을 통해 얻어진 실제적인 진리를 모아 간결하게 표현한 지혜의 말씀들을 일컫는다. 잠언서는 이스라엘의 지혜문학을 모아놓은 것이며, 하나님과 인간 그리고 인간과 인간 사이에 올바른 관계를 맺을 수 있는 지혜를 깨닫게 해주는 말씀이라고 할 수 있다. 잠언서 중 솔로몬의 잠언 부분(10-29장)은 특히 그 구성이 독특한데, 명철한 자와 미련한 자, 의인과 악인, 부자와 가난한 자, 손을 게으르게 놀리는 자와 손이 부지런한 자, 교만한 자와 겸손한 자 등을 서로 대조함으로써 중요한 진리를 보다 효과적으로 끌어내고 있다고 할 수 있다.

저자와 기록연대

이 책은 통상 "다윗의 아들 이스라엘의 왕 솔로몬의 잠언"(잠 1:1; 10:1; 25:1)이라고 일컫는다. 때문에 일반적으로 잠언의 저자가 솔로몬으로 알려져 있지만, 이 책은 지혜의 왕 솔로몬을 비롯하여 여러 명의 저자 및 편집자들이 쓰거나 수집한, 지혜의 말씀을 모아 놓은 책이다. 물론 솔로몬의 잠언이 이 책의 대부분을 차지하고 있기는 하지만 잠언 30장은 "야게의 아들 아굴의 잠언"(30:1), 잠언 31장은 "르무엘 왕의 말씀한 바 곧 그 어머니가 그를 훈계한 잠언"(31:1)이라고 되어 있다. 또한, 잠언 25-29장은 "솔로몬의 잠언이요 유다 왕 히스기야의 신하들의 편집한 것"(25:1)이라고 밝히고 있다. 히스기야는 솔로몬이 죽고 약 200년이 지나서 남방 유다를 통치하였던 왕이다.

솔로몬의 잠언의 경우에는 그가 이스라엘의 왕으로 통치하던 기간(B. C. 970-930)에 기록되었을 것이고, 아굴과 르무엘 왕의 잠언의 경우는 그 기록연대가 정확히 알려져 있지 않다. 그런데, 어떤 학자들은 르무엘 왕이 곧 솔로몬일 것이라고 생각하기도 한다. 한편, 기록되고 수집된 모든 잠언들이 오늘날과 같은 형태로 편집이 완성된 것은 B. C. 700-400년 사이일 것이라고 추측하고 있다.

기록목적

잠언의 기록목적은 이 책의 서두에 분명히 밝혀져 있다. 먼저, 이 책은 어리석은 자를 슬기롭게 하며 젊은 자에게 지식과 근신함을 주기 위해서 기록되었다(1:4). 다음으로, 지혜 있는 자는 이 말씀을 듣고 학식이 더할 것이고 명철한 자는 모략을 얻을 것이다(1:5). 다시 말해, 기자는 지혜 있는 자를 더 지혜롭게 하기 위해서 이 책을 기록하였다. 한 마디로, 잠언은 어리석고 젊은 자들에게 "여호와를 경외하는 것이 지혜의 근본"(1:7; 9:10)이라고 가르치고 있다. 또한, 이 책은 하나님을 알고 그분을 경외하는 사람들은 악인의 길을 걷지 않고 하나님의 말씀에 순종하며 살아가는 지혜로운 길을 선택해야 함을 강조한다. 잠언이 모두 31장으로 구성되어 있다는 점에서, 잠언을 수집하고 편집한 사람은 애초부터 성도들로 하여금 매일 한 장의 잠언을 읽도록 의도했을 것이라고 생각하는 사람들도 있다.

개요

Ⅰ. 지혜에 대한 요청(1-9장)

Ⅱ. 솔로몬의 잠언(10-22:16)

Ⅲ. 지혜로운 사람들의 30가지 격언(22:17-24장)

Ⅳ. 히스기야가 편집한 솔로몬의 잠언(25-29장)

Ⅴ. 아굴의 잠언(30장)

Ⅵ. 르무엘 왕의 잠언(31:1-9)

Ⅶ. 현숙한 여인(31:10-31)

1
하나님을 경외하는 지혜

읽어야할 본문: 잠언 1–5장

숙고해야할 본문: 잠언 1:1–7

잠언에서 말하고자 하는 지혜는 사람들이 얘기하는 단순한 처세술과는 다르다. 그것은 하나님의 백성들에게 하나님의 백성다운 삶이 어떤 것인지를 가르치고 있다. 인간이 얻을 수 있는 지혜 가운데 그 근본이 되는 것은 하나님을 알고 하나님을 경외하는 것임에 틀림이 없다. 지혜로운 자는 하나님을 경외하지만 미련한 자는 지혜와 훈계를 멸시한다(1:7). 인간은 마음을 다하여 하나님을 의뢰하고 자기의 명철을 의지해서는 안 된다(3:5). 그렇다면, 우리가 경외하는 하나님은 과연 어떤 분이신가?

하나님은 고난을 통해서 사람의 마음을 연단하시는 분이시다. 잠언은, "도가니는 은을, 풀무는 금을 연단하거니와 여호와는 마음을 연단하시느니라"(17:3)고 가르친다. 또한, 하나님은 사람의 외모를 보시는 것이 아니라 마음을 보시는 분이시다. 따라서 하나님은 마음이 패려한 자를 미워하신다(11:20). 나아가, 하나님은 인간이 죄를 지었을 때 즉시 회개하는 자를 불쌍히 여기신다. 잠언은, "자기의 죄를 숨기는 자는 형통치 못하나 죄를 자복하고 버리는 자는 불쌍히 여김을 받으리라"(28:13)고 하였다. 하나님을 알고 그분을 경외하는 것이 모든 지혜의 근본이요 복된 삶의 원천이다.

■ 적용

모든 지혜와 명철의 근본은 거룩하신 하나님을 알고 경외하는 것이다(9:10). 하나님을 알지 못하고서 나를 알 수 없으며, 나를 알지 못하고서 남을 이해하고 사랑할 수 없다. 모든 피조물들의 세계는 창조주 하나님으로부터 비롯된다. 첫 단추를 잘못 끼우면 모든 단추가 어그러지는 것처럼, 하나님과 나와의 관계를 올바로 설정하지 않고서는 나 자신과 이웃에 대해서도 올바른 관계를 형성할 수 없다. 잠언은 우리에게 여호와를 알고 그분을 경외하는 것이 모든 지혜의 근본이라고 가르친다.

2

자신을 이기는 지혜

읽어야할 본문: 잠언 6-13장

숙고해야할 본문: 잠언 12:13-28

사람에게는 자기 자신을 이길 수 있는 지혜가 있어야 한다. 무엇보다 하나님을 경외하는 사람이라면 마땅히 자기 자신을 이길 수 있어야 한다. 자기도 이기지 못하는 사람이 하나님과 다른 사람을 섬길 수는 없다. 따라서 인간은 자기 안에 들어오는 모든 잘못된 마음을 다스리고 제어할 수 있어야 한다. 그렇다면, 자신을 이기고자 하는 사람은 어떤 잘못된 마음들을 다스릴 줄 알아야 하는가?

먼저는 교만을 다스릴 줄 알아야 하는데, 잠언 말씀에 의하면 교만한 마음은 패망의 선봉이요 거만한 마음은 항상 넘어지게 되어 있다(16:18). 또한, 시기하는 마음은 뼈를 녹게 하며 근심하는 자에게는 마음의 평화가 없다는 것을 기억해야 한다. 잠언은, "마음의 화평은 육신의 생명이나 시기는 뼈의 썩음이니라"(14:30)고 하였다. 나아가, 술을 멀리하고 음식을 탐하지 말며 잠을 다스릴 줄 알아야 한다. 잠언은, "술 취하고 탐식하는 자는 가난하여질 것이요 잠자기를 즐겨하는 자는 해어진 옷을 입을 것임이니라"(23:21)고 가르친다. 또한, 게으름을 청산하고 부지런히 하나님을 섬겨야 한다. 잠언은, "게으른 자는 마음으로 원하여도 얻지 못하나 부지런한 자의 마음은 풍족함을 얻느니라"(13:4)고 하였다. 아울러, 지혜로운 자라면 자신의 혀를 다스릴 수 있어야 한다. 잠언은, "죽고 사는 것이 혀의 권세에 달렸나니"(18:21)라고 가르친다.

■ 적용

하나님을 알고 경외하는 자는 또한 자기 자신을 다스릴 줄 알아야 한다. 자기를 다스리고 제어할 줄 알아야 하나님과 다른 사람을 섬길 수 있다. 잠언서는 지혜로운 사람이 갖추어야할 덕목들을 수없이 열거한다. 우리는 잠언을 주야로 묵상함으로써 자기를 다스릴 수 있는 지혜를 얻어야 할 것이다. 자기를 다스리고 제어할 수 있는 지혜와 능력은 오직 성령의 도우심을 통해서만 가능하다. 성령이 없이는 우리에게 생명이 없다. 우리는 성령 안에서 생명을 얻고, 성령을 통해 우리를 다스릴 수 있는 지혜와 능력을 얻어야 할 것이다.

3

이웃을 대하는 지혜

읽어야할 본문: 잠언 14-16장

숙고해야할 본문: 잠언 14:31

잠언은 또한 하나님을 경외하는 자들의 이웃을 대하는 태도가 어떠해야함을 가르친다. 하나님을 알고 두려워하는 자로서 하나님과 자신의 관계가 정립되었다면, 이제는 자기 자신과 이웃의 관계는 어떠한지를 돌아봐야 할 때다. 그렇다면, 하나님을 경외하는 자로서 이웃을 대하는 태도는 어떠해야 하는가?

먼저, 가난하고 고통당하는 자를 멸시하지 말고 긍휼히 여길 줄 알아야 한다. 잠언은, "가난한 사람을 학대하는 자는 그를 지으신 이를 멸시하는 자요 궁핍한 사람을 불쌍히 여기는 자는 주를 존경하는 자니라"(14:31)고 가르친다. 또한, 함께 사는 이웃에 대해 함부로 판단하지 말고 정직하고 진실하게 대하여야 한다. 잠언 말씀에 의하면 악인을 의롭다 하며 의인을 악하다 하는 이는 하나님의 미워하심을 받는다(17:15). 또한 잠언은, "네 이웃이 네 곁에서 안연히(진실되게) 살거든 그를 모해하지 말며"(3:29)라고 가르친다. 지혜 없는 자는 그 이웃을 멸시하나 명철한 자는 잠잠하고, 또한 이웃을 비방하며 헐뜯는 일은 신실한 자의 모습이 아니다(11:12-13). 잠언은 좋은 친구는 형제보다 친밀하다(18:24)고 하였다. 아울러, 장사하는 사람이라면 마땅히 정직하게 이익을 남겨야 할 것이다. 이웃을 속여서 부당한 이득을 취하는 것은 하나님이 미워하시는 일이다. 잠언은, "속이는 저울은 여호와께서 미워하셔도 공평한 추는 그가 기뻐하시느니라"(11:1)고 가르친다.

■ 적용

그리스도께서는 우리의 이웃을 우리의 몸과 같이 사랑하라고 말씀하셨다. 하나님을 경외하는 사람이라면 마땅히 그 이웃을 소중히 알고 그리스도의 사랑으로 대해야 할 것이다. 사실, 우리가 이웃과 좋은 친구가 될 때 얻게 되는 복은 참으로 크다. 특히, 성경은 우리로 하여금 복음으로 이웃을 만들 것을 가르친다. 이웃이 그리스도를 모를 때 우리는 우리의 선한 행실로 그리스도의 사랑을 알게 할 수 있어야 한다. 우리가 삶을 통제할 수 있는 완전한 규칙을 갖고 있다면, 그것은 바로 온 마음으로 하나님을 사랑하고 자기 자신처럼 이웃을 사랑하는 것이다. 하나님을 사랑하는 일과 이웃을 사랑하는 일은 동일하다. 하나님을 사랑한다면 이웃을 사랑하지 않을 수 없다. 하나님을 사랑하고 하나님이 자신을 어떻게 사랑하셨는지를 아는 사람이라면 마땅히 그 사랑을 이웃에게 전해야 할 것이다.

4
국가와 사회를 위한 지혜

읽어야할 본문: 잠언 17–21장

숙고해야할 본문: 잠언 21:3

하나님을 경외하는 사람은 또한 한 나라에 속한 국민으로서 국가와 사회에 져야하는 의무가 있다. 하나님 나라에 속한 사람들은 세상 나라에서도 마땅히 그 의무를 모범적으로 이행해야 할 것이다. 그렇다면, 우리는 하나님의 백성으로서 어떻게 지혜롭게 국가와 사회를 위한 의무들을 감당할 수 있을까?

먼저는 그것이 하나님의 말씀에 반하지 않는다면, 한 나라의 국민으로서 당연히 국가의 정책을 따라야 한다. 하나님은 권세자들을 세우셔서 그의 뜻을 이 땅에 이루어 가시기 때문이다. 모든 권세는 하나님의 정하신 바니 각 사람은 위에 있는 권세를 따라야 한다(롬 13:1)고 성경은 가르친다. 하지만 만약 권세 있는 자들이 하나님 앞에서 불의할 때는 마땅히 그 잘못을 지적하고 바로잡아야 할 것이다. 이것은 또한 그들이 자신들의 자리를 견고히 하는 길이기도 하다. 잠언은, "왕은 인자와 진리로 스스로 보호하고 그 위도 인자함으로 말미암아 견고하니라"(20:28)고 말씀하신다.

또한, 하나님을 섬기는 자들에게 마땅히 따르는 사회적 책임도 다하여야 할 것이다. 하나님을 경외하는 자는 하나님께 받은 자신의 부를 가난한 이들과 나눌 의무가 있다는 것을 기억해야 한다. 하나님이 주신 재물로 사회적 책임을 다할 때 우리 사회는 공평과 정의가 흐르는 사회가 될 것이고, 이는 하나님께서 기뻐하시는 일이기도 하다. 잠언은, "의와 공평을 행하는 것은 제사 드리는 것보다 여호와께서 기쁘게 여기시느니라"(21:3)고 하였다. 반면, 남을 속이는 일을 하나님께서는 대단히 싫어하신다. 잠언은, "속이는 말로 재물을 모으는 것은 죽음을 구하는 것이라 곧 불려 다니는 안개니라"(21:6), "속이고 취한 식물은 맛이 좋은 듯하나 후에는 그 입에 모래가 가득하게 되리라"(20:17)고 말씀하신다.

■ 적용

하나님을 섬기는 자는 마땅히 나라의 위정자들을 위해서 기도하고 그들의 정책을 따라야 한다. 하나님의 백성들이라고 해서 자신이 속한 국가에 대한 의무를 소홀히 해서는 안 될 것이다. 우리는 하나님의 말씀을 잘못 이해하는 우를 범해서는 안 된다. 하나님을 섬기는 자들에게는 또한 사회적 책임이 따른다. 성도들이 그 사회적 책임을 다하지 못할 때는 다른 불신자의 책망을 피할 길이 없다. 오늘날 많은 사람들이 기독교에 반감을 가지고 있는 것은, 우리 믿음의 식구들이 사회적인 책임을 제대로 이행하지 못하고 있기 때문이다. 하나님은 우리 믿는 자들이 세상 가운데 나아가 빛이 되고 소금이 되기를 바라신다.

5
부모와 자녀를 위한 지혜

읽어야할 본문: 잠언 22–29장

숙고해야할 본문: 잠언 22:6

잠언은 또한 하나님을 섬기는 자들의 부모와 자녀 관계는 어떠해야 하는지에 대해 많은 지혜를 주고 있다. 먼저, 부모는 그들의 기업인 자녀들을 올바르게 인도해야 한다. 부모로서 자녀들을 올바로 지도함으로써 그들이 잘못된 길로 들어서지 않게해야 할 책임이 있는 것이다. 잠언은, "자식을 징계하라 그리하면 그가 너를 평안하게 하겠고 또 네 마음에 기쁨을 주리라"(29:17)고 가르친다. 나아가 회초리를 아끼는 부모는 그 자식을 오히려 미워하는 자라고 하였고, 자식을 사랑하는 자는 주의하여 그들을 징계한다고 하였다(13:24). 또한, 부모는 자녀에게 마땅히 행할 길을 가르쳐서 늙어서도 그 교훈을 떠나지 않게 해야 한다(22:6).

자녀들의 편에서는 부모들의 훈계를 마땅히 경청해야 한다. 또한 자녀들은 부모의 훈계에 속히 순종함으로써 그들의 마음을 기쁘게 할 수 있어야 한다. 자고로 부모를 업신여기는 자는 패망에 이른다(13:13)고 하였다. 잠언은, "내 아들아 네 아비의 훈계를 들으며 네 어미의 법을 떠나지 말라"(1:8)고 가르친다.

■ 적용

오늘날 우리는 부모와 자녀의 관계가 더욱더 단절되어 가고 있는 시대에 살고 있다. 부모와 자녀의 관계를 회복할 수 있는 비결은, 잠언 말씀에 기록된 대로, 부모들이 자녀들을 올바른 길로 인도하되 사랑으로 할 것이며, 또 자녀들은 부모의 말씀에 순종하는 것뿐이다. 시대가 아무리 변해도 하나님의 말씀에는 변함이 없다. 다만 부모들이 한 가지 기억해야 할 것은, 진리를 역행하여 자녀들을 순종하게 할 수는 없다는 것이다. 에베소서 6:1-4의 말씀에서, 자녀들은 주 안에서 부모에게 순종하라고 했고, 아비된 자들은 자녀를 노엽게 하지 말고 오직 주의 교양과 훈계로 양육하라고 했다. 오직 진리의 말씀을 따라 자녀들을 양육해야 한다는 것이다.

6
남편과 아내를 위한 지혜

읽어야할 본문: 잠언 30–31장

숙고해야할 본문: 잠언 31:10–31

잠언은 하나님을 경외하는 지혜로운 남편과 아내라면 마땅히 가져야할 서로간의 도리나 의무에 대해서도 많은 것을 가르쳐 준다. 그렇다면, 지혜로운 남편과 아내는 어떻게 서로에게 대해야 하는 것일까?

잠언은 먼저 부부간의 정절을 지킬 것을 가르친다. 그런데, 정절을 지키는 일은 아내에게만 요구되는 것이 아니다. 이는 남편에게도 동시에 요구되어지는데, 남편들은 한 아내로 만족할 수 있어야 한다는 것을 기억해야 한다. 잠언은, "네 샘으로 복되게 하라 네가 젊어서 취한 아내를 즐거워하라 그는 사랑스러운 암사슴 같고 아름다운 암노루 같으니 너는 그 품을 항상 족하게 여기며 그 사랑을 항상 연모하라"(5:18-19)고 하였다.

또한, 부부간에 다툼이 잦아서는 안 될 것이다. 부부가 모든 부분에서 일치할 수는 없겠지만 서로를 존중하며 뜻을 합하여 나아가는 것이 중요하다. 잠언은, "아내와 다투며 사는 것보다 광야에서 혼자 사는 것이 더 낫다"(21:19)고 하였다. 나아가, 아내는 남편의 잘못을 포용할 수 있을 만큼 어질어야 한다. 잠언은, "어진 여인은 그 지아비의 면류관이나 욕을 끼치는 여인은 그 지아비로 뼈가 썩음 같게 하느니라"(12:4)고 가르친다. 아울러, 남편은 힘써 아내를 사랑하고 항상 가정에 충실하여 미혹함을 당하지 말아야 한다(7:25).

■ 적용

남편과 아내의 덕목에 대해서는 에베소서 5:24-25에서 명확하게 진술되어 있는데, "교회가 그리스도에게 하듯 아내들도 범사에 그 남편에게 복종할찌니라 남편들아 아내 사랑하기를 그리스도께서 교회를 사랑하시고 그 교회를 위하여 자신을 주심같이 하라"고 하셨다. 남편과 아내는 서로 사랑하고 순종함으로써 부부관계를 아름답고 돈독하게 유지할 수 있다. 남편은 그리스도의 사랑으로 아내를 사랑하고, 아내는 그리스도에게 순종하듯 남편에게 순종하는 그런 관계를 유지할 때만 화목한 가정을 이룰 수 있는 것이다.

7
복습을 위한 질문

1. 잠언의 핵심어는 무엇인가?

2. 잠언은 일반적으로 누구의 잠언이라고 불리며, 그렇게 불리는 이유는 무엇인가?

3. 잠언이라는 말은 원래 히브리어로 어떤 의미인가?

4. 모든 지혜와 명철의 근본은 무엇인가?

5. 부지런함을 경각시키는 잠언의 성구를 말해 보라.

6. 하나님에 대한 사랑과 이웃에 대한 사랑과의 관계를 말해 보라.

7. "그리스도인은 하나님 나라의 백성이기 때문에 국가와 사회에 대한 책임은 지지 않아도 된다"는 말은 옳은 것인가? 그렇지 않다면, 그 이유는 무엇인가?

8. “그리스도인은 거룩하게 살기 위해서 세상과 분리되어 살아야 한다”는 말은 옳은가? 그렇지 않다면, 그 이유는 무엇인가?

9. “부모는 어떤 경우에도 자녀에게 매를 대서는 안 되고 말로 훈계해야 한다”는 말은 옳은가? 그렇지 않다면, 그 이유는 무엇인가?

10. 그리스도인으로서 남편과 아내가 서로 간에 갖추어야 하는 덕목은 무엇인가?

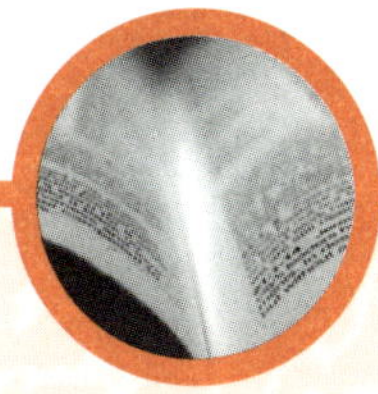

전도서

- 핵심어: 헛됨
- 핵심구절: "너는 청년의 때 곧 곤고한 날이 이르기 전, 나는 아무 낙이 없다고 할 해가 가깝기 전에 너의 창조자를 기억하라"(전 12:1).

명칭과 배경

전도서(Ecclesiastes)의 헬라어 명칭인 '에클리시아스티스'(Ekklesiastes)는 '설교자'라는 뜻이고, 히브리어 명칭인 '코헬렛'(Qoheleth)은 '사람들을 불러 모으는 사람'이라는 뜻이다. 오늘날 우리가 사용하는 명칭은 헬라어 번역성경인 70인역(the Septuagint)에서 따온 것으로, 따라서 전도서라는 명칭은 '회중에게 연설하는 자'(Preacher, Teacher)를 의미한다. 전도서 1:1은 "다윗의 아들 예루살렘 왕 전도자의 말씀이라"고 적고 있는데, 여기에서 이 책의 명칭이 유래하였다.

히브리어 성경에서는 아가, 룻기, 예레미야 애가, 전도서, 에스더를 '메길라'(Megillah, 복수는 Megilloth), 곧 '다섯 권의 두루마리 책'(Five Scrolls)이라 일컫는데, 히브리어 성경의 세 번째 부분인 성문서 즉, 케투빔(Ketuvim)의 마지막 책들을 가리킨다. 탈무드 시대에 이르러 랍비들은 이 책들을 다섯 종류의 특정한 절기 때마다 회당에서 낭독하곤 하였다. 이는 에스더서를 부림절에 낭독하기 시작하였던 것이 그 시초가 되었는데, 전도서는 오순절(초막절) 주간의 안식일에 주로 읽혔다.

저자와 기록연대

이 책의 저자는 본문에서 "다윗의 아들 예루살렘 왕 전도자의 말씀이라"(1:1)고 밝히고 있는데 다윗의 아들로서 예루살렘의 왕이었던 전도자는 다름아닌 솔로몬일 것이라고 보고 있다. 솔로몬은 온갖 부와 명성을 다 누렸으며 한때 향락에 빠지기도 하였던 점을 미루어볼 때, 솔로몬이 이 책의 저자일 가능성은 충분해 보인다. 아울러, 그는 하나님께 지혜를 구하여 받은 자로서 당대에 그의 뛰어난 지혜로 유명하였으며, 또한 그가 수많은 잠언들을 저술하였다는 사실은 솔로몬이 이 책의 저자일 것이라는 견해를 충분히 뒷받침해 준다(왕상 4:29-34 참조). 기록연대는 B. C. 930년경으로서, 솔로몬이 인생의 말년에 이르러 자신의 삶을 돌아보며 작성했을 것이라고 보인다.

한편, 당시에는 지혜자들이 지혜학교를 세워 생도들을 가르치곤 했는데, 여기 전도서 1:1에서 말하는 "전도자"란 그런 지혜학교의 교사였을 것이라고 보는 견해도 있다. 또한, 잠언과 전도서에 자주 등장하는 "내 아들아"라는 호칭은 그 지혜학교의 생도들을 가리킨다고 여겨진다. 그런데, 후세들에게 삶의 지혜를 가르치는 지침서로서의 지혜문학은 이스라엘뿐만 아니라 앗수르, 이집트, 바벨론 등 고대 근동의 여러 나라에서도 발견되고 있다. 하지만 이스라엘의 지혜문학은 여호와 하나님에 대한 신앙을 그 중심으로 하고 있다는 점에서 주변 세계의 그것들과는 질적으로 다르다고 할 수 있겠다.

기록목적

뛰어난 지혜를 가지고 온갖 부와 명성을 다 누려온 이스라엘의 왕 솔로몬이었지만, 그가 인생 말년에 자신의 삶을 돌아보며 깨달은 것은 그저 인생의 허무함뿐이었다. 솔로몬은 전도서에서 인생에 관련된 여러 가지 질문을 던지고 있다. 인생은 무엇이며, 그것은 과연 살 만한 가치가 있는 것인가? 그렇다면 살 만한 가치를 갖게 하는 것은 무엇인가? 한 마디로, 그는 하나님 없는 인생은 헛되고 헛되다고 말한다. 다시 말해, 하나님 없는 인생들이 어떤 의미를 찾으려 노력하는 것은 아무 소용없는 일임을 강조하고 있다. 결국 그가 내린 결론은, "하나님을 경외하고 그 명령을 지키는 것이 사람의 본분"(12:13)이라는 것이다.

개요

Ⅰ. 인생의 허무함에 대한 문제제기(1:1-11)

Ⅱ. 인생의 허무함에 대한 증거(1:12-6장)

Ⅲ. 허무한 세상 속에서의 삶의 지혜(7장-12:8)

Ⅳ. 결론: 지혜로운 삶에 대한 마지막 충고(12:9-14)

1

인생의 허무함

읽어야할 본문: 전도서 1–6장

숙고해야할 본문: 전도서 1:1–11

전도서는 "다윗의 아들 예루살렘 왕 전도자의 말씀이라"(1:1)는 구절로 시작한다. 그런데 다윗의 아들로서 예루살렘 왕이었던 전도자(설교자), 곧 솔로몬은 해 아래서 해 보지 않은 것이 없었다. 하나님께 간구하여 뛰어난 지혜도 얻었고, 부와 명성도 얻었다. 또한, 세상의 즐거움과 쾌락도 추구해 보았다. 하지만 뒤돌아보니 그러한 모든 것이 일순간에 지나지 않았고, 해 아래서 얻은 모든 것이 허무하였다. 이제 죽음만을 남겨둔 그는 세상 모든 것이 무의미함을 깨닫고서, 인간의 삶이란 헛되고 헛될 뿐임을 고백하고 있다. "헛되고 헛되며 헛되고 헛되니 모든 것이 헛되도다"(1:2).

솔로몬은 이 책에서 '헛되다'라는 말을 무려 29번이나 반복하고 있으며, '해 아래'라는 말은 27번을 반복한다. 아울러, '나'라는 말 또한 반복해서 자주 나온다. 솔로몬은 이런 말들을 사용하여 인간 세상에서 자신이 경험한 모든 것이 결국 허무함만을 가져다주었음을 고백한다. 모든 인생은 결국 죽게 되어 있고, 죽으면 모든 것을 내려두고 한 줌 흙으로 돌아가야 한다. 그래서 전도서의 결말 부분에서 나오는 것처럼, 창조주 하나님을 인정하고 그분을 경외하며 경건한 삶을 살아가는 데 인간의 진정한 행복과 의미가 있는 것이다.

■ 적용

인생에서 느끼는 허무함은 솔로몬처럼 부귀와 쾌락을 모두 누려본 사람도, 아무것도 가지지 못한 가난한 사람도 인간이라면 누구나 동일하게 느끼는 감정이다. 어떤 의미에서는 모든 것을 가지고 누렸던 사람이 느끼는 허무한 마음이 더 심할 수도 있을 것이다. 그는 자기가 가지고 누렸던 모든 것들이 자신의 허무함을 채워주지 못한다는 것을 이미 알아버렸기 때문이다. 우리 주변을 둘러보면 많은 것을 가졌으나 그들이 행복하지도 않고, 또 의미 있게 살아가지도 못하는 그런 사람들이 적지 않다는 것을 쉽게 알 수 있다. 그들이 진정 인생의 허무함을 극복하는 방법은 그들이 하나님을 알고 그분을 경외하며 살아가는 길밖에 다른 길이 없음을 기억해야 할 것이다.

2
지혜로운 자

읽어야할 본문: 전도서 7-11장

숙고해야할 본문: 전도서 7:11-12

인간의 삶은 희로애락으로 가득하다. 인간은 평생을 살아가면서 기쁜 일도 만나고 슬픈 일도 만난다. 그런데 하나님이 인간으로 하여금 기쁜 일만이 아니라 슬픈 일도 겪게 하시는 것은 그것을 통해서 인생을 좀 더 지혜롭게 살아가는 법을 배우라는 의미일 것이다.

전도자는, "지혜자의 마음은 초상집에 있으되 우매자의 마음은 연락하는 집에 있느니라"(7:4)고 가르친다. 초상집에 가는 것이 잔칫집에 가는 것보다 더 유익한데, 그 이유는 그것이 이웃의 비극을 통해서 좀 더 진지하고 겸손하게 자신의 삶을 돌아볼 수 있는 기회가 되기 때문이다. 다시 말해, 다른 이의 슬픔을 통해 삶의 지혜를 얻을 수 있는 좋은 시간을 갖을 수 있기 때문이다. 그렇게 얻은 지혜는 인생을 살아가는 데 용사보다 더한 능력을 갖게 해 주는데, 이에 전도자는, "지혜가 지혜자로 성읍 가운데 열 유사보다 능력이 있게 하느니라"(7:19)고 말한다.

또, 지혜 있는 자는 극단적인 추구를 하지 않으며(7:16-17), 성적인 타락을 경계한다. 그는 한 아내를 사랑하는 것으로 만족한다. 전도자는, "네 헛된 평생의 모든 날 곧 하나님이 해 아래서 네게 주신 모든 헛된 날에 사랑하는 아내와 함께 즐겁게 살찌어다 이는 네가 일평생에 해 아래서 수고하고 얻은 분복이니라"(9:9)고 말한다. 지혜 있는 복된 삶은 멀리 있는 것이 아니라 행복한 가정에 있다는 말이다.

이렇듯 삶을 분별력 있게 살아가게 하는 지혜는 어떤 무기보다 낫다(9:18). 지식은 교만에 빠지게 하지만 지혜는 겸손하게 한다. 지혜는 생명으로 인도하지만 어리석음은 아무리 많은 것을 가진 자라도 멸망으로 인도한다. 따라서 우리는 이 세상에 사는 동안에 어리석음을 좇지 말고 지혜를 좇아 살아야 할 것이다.

■ 적용

사실 우리가 살아가는 이 땅의 현실은 참으로 복잡하고 다양하다. 그 속에 살아가면서 하나님의 뜻을 헤아린다는 것은 결코 쉬운 일이 아니다. 모든 것이 헛되고 헛된 인생 가운데서 참된 지혜를 추구하는 삶이야 말로 가장 고귀한 것이리라! 전도서 기자인 솔로몬은 인생이 헛되다는 것을 깨달으면서도 지혜로운 삶의 중요성에 대해 강조하는 것을 잊지 않는다. 그는 누구보다 지혜의 중요성을 잘 알고 있었던 사람이다. 우리가 지혜로운 자가 되어야 하는 이유는, 모든 지혜의 근본이 하나님을 경외하는 것이요 하나님을 경외하지 않는 자의 삶의 끝이란 결국 파멸일 뿐이기 때문이다.

3
사람의 본분

읽어야할 본문: 전도서 12장

숙고해야할 본문: 전도서 12:9–14

지금까지 전도자는 인생의 모든 일들이 무의미하고 허무하다고 말해왔지만, 실제로는 진정 가치 있는 삶이란 무엇인지에 대해 가르치고자 하였다는 사실을 전도서의 마지막 부분을 보면 명확히 알 수 있다. 즉, 전도자는 지혜로운 자와 어리석은 자를 극명하게 대비시켜 그들의 결말이 어떠한지를 마지막 장에서 보여주고 있다.

전도자는 젊은이들을 향하여 "너는 청년의 때 곧 곤고한 날이 이르기 전, 나는 아무 낙이 없다고 할 해가 가깝기 전에 너의 창조자를 기억하라"(12:1)고 말하면서, 어려서부터 하나님을 경외하는 삶을 살 것을 강조한다. 마침내 전도자는 삶의 진정한 의미가 무엇인지에 대해 결론을 내리면서, "일의 결국을 다 들었으니 하나님을 경외하고 그 명령을 지킬찌어다 이것이 사람의 본분이니라"(12:13)고 가르친다. 하나님을 경외하고 그 명령을 지키는 것이 곧 사람의 본분이요, 복된 삶이라는 것이다.

평화의 왕으로 불렀던 전도자, 곧 솔로몬은 모든 부귀와 영화를 누리며 해 아래서 온갖 것을 해보았지만 모든 것이 허무하였다. 결국, 하나님을 경외하고 그의 명령을 지키는 것이 사람의 본분이고, 진정한 삶의 의미라는 것을 깨달은 것이다.

■ 적용

오늘날 많은 사람들이 어떻게 하면 좀 더 의미 있는 삶을 살 수 있을 것인가 하는 문제에 대해 고민하고 있다. 하지만 전도자의 가르침에 의하면, 결국 어려서부터 하나님을 경외하는 삶을 사는 것이 중요하다는 것이다. 모든 지혜의 근본은 하나님이시다. 하나님을 알고 그분을 경외하며, 그분의 말씀에 순종하며 사는 것이 진정 행복하고 의미 있는 삶이라는 것을 깨닫는 것이 중요하다. 그래서 전도자는 어려서부터 하나님을 경외하는 삶을 살 것을 강조한다.

아가

- 핵심어: 사랑
- 핵심구절: "내 사랑하는 자는 내게 속하였고 나는 그에게 속하였도다 그가 백합화 가운데에서 양 떼를 먹이는구나"(아 2:16).

명칭과 배경

아가(Song of Songs)서는 통상 '솔로몬의 아가'(Solomon's Song of Songs)라고 일컫는다. '솔로몬의 아가'라는 의미는 '솔로몬이 지은 아가'라는 뜻으로, 여기서 '아가'(雅歌)는 '아름다운 노래'라는 의미이다. 다시 말해, 아가서는 솔로몬이 사랑하는 여인을 그리워하며 부른 연가(戀歌)로서, 솔로몬과 술람미 여인 사이의 순결하고 영원한 사랑을 노래하고 있다. 아가서는 남녀의 에로틱한 사랑을 노래하고 있다고 해서 얌니아 회의에서 한때 그 정경성을 의심받기도 했다.

아가서는 본래 히브리 성경에서 룻기, 예레미야 애가, 전도서, 에스더서와 함께 성문서(케투빔, Ketuvim) 마지막 부분에 포함되어 있는데, 10세기 무렵부터 이 다섯권의 두루마리 책들은 이스라엘의 특별한 절기들이 되면 금식과 함께 낭독되었다. 그 중에서도 아가서는 주로 유월절에 읽혀졌던 책이다. 오늘날 우리가 가지고 있는 구약 성경에서 아가서는 욥기, 시편, 잠언, 전도서와 함께 시가서 또는 지혜서로 분류되는데, 구약 성경에서 아주 작은 분량을 차지하고 있지만 그 독특한 내용으로 인해 해석 방법을 놓고 의견이 분분한 것이 사실이다.

아가서는 고대 서정시와 비슷한데, 애굽의 사랑시에 그 뿌리를 두고 있다. 하지만 아가서의 경우 많은 사람들이 일반적인 시 해석 방법이 아닌 또 다른 원리로 해석을 시도해 왔는데, 그 중 대표적인 방법을 소개하자면 비유적(알레고리적)인 해석 방법과 문자적인 해석 방법을 들 수 있겠다. 아가서를 비유적인 방법으로 접근하는 사람들은 솔로몬은 하나님(그리스도)을 상징하고, 술람미 여인은 하나님의 백성(교회)을 상징하는 것으로 해석한다. 따라서 이들은 아가서가 하나님(그리스도)과 그의 백성(교회) 사이의 거룩한 사랑을 비유적으로 노래하고 있다고 본다. 이는 유대교 랍비를 비롯하여 전통적인 기독교 교회의 해석 방법이기도 하다. 한편, 문자적인 해석 방법으로 접근하는 사람들은 아가서에서 솔로몬이 하나님(그리스도)으로 해석되어야 하는 근거를 본문 어디에서도 찾을 수 없다는 사실을 상기시키면서, 아가서가 솔로몬과 술람미 여인 사이의 남녀 간의 애절하고 순결한 사랑을 있는 그대로 노래하고 있다고 해석한다. 이러한 해석 방법은 기독교의 전통적인 접근법은 아니지만, 아가서가 가지고 있는 고귀한 의미를 있는 그대로 존중해 주는 적절한 해석 원리라고도 할 수 있다.

저자와 기록연대

이 책의 저자는 솔로몬으로, 본문 서두에서 '솔로몬의 아가'(1:1)라고 밝히고 있다. 한편, 히브리어 성경 본문 1:1의 첫 글자(전치사 le)는 그 뜻하는 바가 분명하지 않아서 이 책이 솔로몬에게 '속하는', 솔로몬에 의해서 '쓰여진', 솔로몬을 '위해서', 또는 솔로몬에게 '헌정된' 같은 여러 의미로 해석이 가능하다. 이는 솔로몬이 아가서를 직접 썼거나 혹은 그가 누군가에게 명하여 아가서를 짓도록 하였다는 것을 의미하는데. 그가 아가서의 직접적인 저자이든 저작을 명한 사람이든 분명한 것은 이 책이 솔로몬과 밀접한 관련이 있다는 것이다. 이 책이 전통적으로 '솔로몬의 아가'(1:1)라고 불려온 것을 보면, 솔로몬이 아가서를 작성했거나 솔로몬의 이름으로 수집된 시집 등에 아가서가 속해 있었음이 확실하다.

기록목적

아가서에는 세 종류의 주요 인물들이 등장하는데, 사랑을 주도하고 있는 술람미 여인과 그 여인의 아름다움에 반해 사랑에 빠진 남자 솔로몬, 그리고 그들의 사랑을 부러워하는 '예루살렘 여자들'로 불리는 여인의 친구들이다. 표면적으로 보면 아가서는 솔로몬과 술람미 여인의 사랑의 기쁨을 노래하고 있지만, 더불어 결혼을 통해 하나님이 한 몸으로 맺어주신 세상 모든 남편과 아내 사이에 존재하는 순수하고 심오한 사랑을 노래하고 있다. 하나님은 남편과 아내 사이의 육체적인 결합을 기쁘고 선한 것으로 창조하셨고, 서로 간에 그것을 신실하게 지켜져야 함을 보여 주고 있다. 좀 더 비유적으로 보면, 이 책은 신랑 되시는 그리스도와 그의 신부가 되는 교회 사이의 신실한 사랑을 노래하고 있다고 볼 수도 있다.

개요

Ⅰ. 목자에 의한 노래(1:1-3:5)

Ⅱ. 왕과 술람미 여인의 결혼(3:6-8:4)

Ⅲ. 결론: 사랑의 위대함(8:5-14)

4

솔로몬과 술람미 여인의 사랑

읽어야할 본문: 아가 1:1–3:5

숙고해야할 본문: 아가 1:1–7

솔로몬과 술람미 여인의 사랑을 그리고 있는 아가서는 남녀 주인공들의 독백, 둘 사이에 주고받는 사랑의 노래, 그리고 추억에 대한 회상 등으로 구성되어 있다. 아가서의 첫 부분은 남녀 두 사람이 주고받는 애틋한 사랑의 고백으로 시작한다. 먼저 여인의 고백을 들어보면, "(네가) 내게 입맞추기를 원하니 네 사랑이 포도주보다 더 진함이라"(1:2)는 아주 직설적이고 적극적인 방식으로 남자를 향한 간절한 사랑을 묘사하고 있다. 이는 그를 향한 그녀의 사랑이 얼마나 즐겁고 매혹적인 일인지를 표현해 주는데, 아가서는 이렇게 남자가 여인에게 입맞추기를 바란다는 아주 단순하고 가장 직설적인 방식으로 여인에 대한 남자의 사랑을 묘사함으로써 시작한다. 직접적이고 단순한 행위인 이런 입맞춤은 남자와 여자를 한데 묶어준다.

한편, 처녀 농부로 햇볕에 노출되어 거무스름하지만 아름다움을 간직한 이 여인(1:5-6)에게 솔로몬은, "네 두 뺨은 땋은 머리털로, 네 목은 구슬꿰미로 아름답구나 우리가 너를 위하여 금사슬을 은을 박아 만들리라"(1:10-11)고 노래한다. 이에 여인은, "왕이 상에 앉았을 때에 나의 나도 기름이 향기를 토하였구나 나의 사랑하는 자는 내 품 가운데 몰약 향낭이요... 내게 엔게디 포도원의 고벨화 송이로구나..."(1:12-14)라고 화답한다. 이제 두 사람은 서로에 대한 사랑의 기쁨을 노래하는데, 솔로몬이 "내 사랑아 너는 어여쁘고 어여쁘다 네 눈이 비둘기 같구나"(1:15)라 하니, 여인은 "나의 사랑하는 자야 너는 어여쁘고 화창하다 우리의 침상은 푸르고 우리 집은 백향목 들보, 잣나무 석가래로구나"(1:17)라고 화답한다.

■ 적용

솔로몬과 술람미 여인이 서로에 대한 애절한 사랑을 표현해 놓은 것을 보면 이것이 정말 성경에 있는 말씀이 맞는지 놀랄 때가 있다. 두 사람은 서로에 대한 갈망이 얼마나 간절한지 아무 거리낌 없이 리얼하게 자신들의 사랑을 표현하고 있다. 두 사람은 서로를 너무나 그리워한 나머지 함께 있고 싶은 마음이 간절했는데 마침내 둘이 사랑할 수 있는 시간이 찾아왔다. 사실 이

두 사람의 사랑은 신분을 초월한 아름다운 사랑이었다. 한낱 보잘것없는 시골 처녀에 불과했던 여인이 일국의 왕이었던 솔로몬의 사랑을 갈망하였고, 끝내 그 사랑을 쟁취하였다. 모든 장애를 극복하고 두 사람은 사랑으로 하나가 될 수 있었다. 연인을 사모하는 여인의 그 간절한 마음처럼, 그리스도를 사모하는 우리 성도들의 열정도 마땅히 그러해야 할 것이다.

5

왕과 술람미 여인의 결혼

읽어야할 본문: 아가 3:6–6:3

숙고해야할 본문: 아가 3:6–11

이제 결혼을 앞둔 신랑 솔로몬은 사랑하는 신부의 아름다운 자태를 보며, "나의 사랑", "나의 신부"를 노래한다. 짧고 간결한 이 표현을 통해, 그녀를 향한 그의 사랑이 어떠하였는지를 엿볼 수 있다. 두 사람의 사랑이 시련을 만나 잠시 헤어지기도 하지만 일편단심으로 신랑을 그리는 신부의 간절한 마음으로 인해 모든 것은 극복된다. 신부가 이제 완전한 사랑을 위하여 신랑이 보내 준 웅장한 가마를 타고 놀라운 호위를 받으며 식장으로 나갈 때 신랑은 그녀를 감격스럽게 맞아 주고, 신부의 친구들은 그녀를 부러워한다.

이 사랑 노래의 독특한 모티브는 왕실 의상의 풍성함이다. 신부는 신랑이 제공한 웅장한 가마에 태워져서 호위대의 놀라운 호위를 받으며 도착한다. 본문 3:6-11에서는 두 번이나 "솔로몬"을 언급한다. 젊은이의 활력이 넘치는 솔로몬은, 신부가 자신이 제공한 호위대에 둘러싸여 가마에서 나올 때 신부의 도착을 맞이한다. 이에 신부를 맞이한 솔로몬은, "내 사랑 너는 어여쁘고도 어여쁘다 너울 속에 있는 네 눈이 비둘기 같고"(4:1)라고 칭송한다. 그의 사랑은 완전해 보인다.

창세기 1-2장에서 보는 것처럼, 사랑하는 남녀의 결혼은 "생육하고 번성하여 땅에 충만하라"(창 1:28)는 하나님의 말씀을 따라 "남자가 부모를 떠나 그 아내와 연합하여 둘이 한 몸"(창 2:24)을 이루는 일이다. 여기 아가서에서 아무 부끄럼 없이 표현되어 있는 두 사람의 육체적인 사랑이 가져다주는 기쁨은, "아담과 그 아내 두 사람이 벌거벗었으나 부끄러워 아니하니라"(창

2:25)고 하신 창세기 말씀을 떠올리게 한다. 그것은 인간이 타락하기 전 이상적인 남녀의 연합이었고, 또한 결혼을 통한 두 사람의 연합이 가져다주는 친밀함과 신성함에 대해서 말씀하시는 하나님의 방식이었다. 결혼은 사랑하는 남녀가 서로의 남편과 아내가 되는 존엄하고 고귀한 의식이다.

■ **적용**

솔로몬 왕과 술람미 여인이 마침내 성대한 결혼식을 올리게 되면서 두 사람의 사랑이 완전해질 수 있게 되었다. 서로를 간절히 그리워하는 남녀 간의 사랑은 결혼을 통해 비로소 완성될 수 있다. 그리고 하나님은 결혼을 통해 한 몸이 된 남편과 아내가 서로 친밀하고 신실하기를 바라신다. 사람들이 알고 있는 것과 달리, 하나님은 특히 남편과 아내 사이의 육체적인 결합을 기쁘고 선한 것으로 창조하셨다. 그것은 기쁘고 즐거운 일이며, 결코 부끄럽거나 터부시되어야 할 일이 아닌 것이다.

6
사랑의 기쁨

읽어야할 본문: 아가 6:4-8:14

숙고해야할 본문: 아가 8:5-7

사랑하는 사람과 결혼에 이른 두 사람이 느끼는 기쁨과 감격이란 이루 말할 수 없는 것이며, 그렇게 두 사람은 서로에게 속한 사람으로서 책임과 의무를 다해 나갈 것이다. 그런데 아가서의 신부는 이에서 더 나아가 신랑 되는 솔로몬과의 관계가 더욱 순수하고 확고하게 자리매김하기를 바라면서, "네가 내 어미의 젖을 먹은 오라비 같았었더면"(8:1)이라고 말한다. 그 마음이 너무 간절해서 차라리 두 사람이 남매 사이였으면 하고 바라는 것이다. 한 어머니에게서 나서 그 한 어머니의 젖을 먹고 자란 오라비와 누이의 친밀함이란 얼마나 확고한 것이겠는가? 이에 신랑 또한 세상 그 무엇도 두 사람의 영원한 사랑을 끊어놓을 수 없음을 분명히 말한다.

한편, 아가서의 신부는 인간이 죽음을 피할 수 없듯이 사랑도 그와 같음을 노래한다. 신랑과 신부가 경험했던 사랑은 서로를 영원히 묶어준다. 오직 죽음만이 사랑하는 그들을 분리할 수 있을 것이다. 여기서 보여주는 신부의 질투는 자신의 연인이 신실치 못하다고 느끼는 편집증적인 의심이 아니라, 서로에 대한 건강한 독점이 가져다주는 사랑의 기쁨이다. 이스라엘에 대한 하나님의 질투하심은 건강한 관계에 대한 적합한 소유됨을 가리킨다. 건강한 관계에서 올바르게 경험하는 이런 사랑의 독점성은 사랑의 영광의 일부이다.

또한, 여기서 결혼을 죽음과 비교한 것은 결혼이란 상대방에게 자신의 생명을 주는 것이고, 결혼하는 자는 모든 다른 이성들에 대해서 죽은 것이나 다름없음을 말해준다. 가볍게 다른 사랑을 할 수 있고 그 불을 의지대로 쉽게 끌 수 있다고 생각하는 사람들은 마음 안에 폭풍을 만들고, 사랑하는 이에게 고통을 초래할 것이다(8:7). 술람미 여인은 부부가 나누는 사랑의 기쁨 이외에 다른 사랑을 두는 것에 대해서 이렇듯 경고의 메시지를 전해주고 있다.

■ 적용

아가서는 솔로몬과 술람미 여인의 사랑을 통해서, 하나님이 한 몸으로 맺어주신 남편과 아내 사이에 존재하는 순수하고도 친밀한 사랑을 노래하고 있다. 또한 이를 비유적으로 보면, 이 책은 신랑 되시는 그리스도와 그의 신부가 되는 교회 사이의 신실한 사랑을 표현하고 있다고 이해할 수도 있다. 연인을 사모하는 여인의 그 간절한 마음만큼 우리 성도들이 그리스도를 사모하는 열정도 간절하여야 할 것이다. 또한 남편과 아내의 사랑이 서로 간에 친밀함과 신실함으로 유지되는 것처럼, 성도들은 그리스도에게 속한 신부로서 신랑 되신 그리스도와 친밀하게 그리고 신실하게 교제해야 할 것이다.

7

복습을 위한 질문

1. 이스라엘의 특정한 절기가 되면 금식과 함께 낭독되었던 히브리 성경의 성문서에 해당하는 5권의 두루마리 책을 무엇이라 부르며, 거기에는 어떤 책들이 속해 있는가?

2. 히브리 성경의 성문서에 있는 5권의 두루마리 책 중, 전도서는 보통 어떤 절기에 자주 낭독되었는가?

3. 전도서의 핵심어는 무엇인가?

4. 전도서의 저자는 누구일 것이라고 생각하는가?

5. '전도서'라는 명칭이 갖고 있는 의미는 무엇인가?

6. 전도서의 기록목적은 무엇인가?

7. 전도서의 전도자가 말하는 지혜의 근본은 무엇인가?

8. 전도서가 가장 많이 반복하는 말은 무엇인가?

9. 전도서는 헛된 인생에서 무엇을 추구하며 살아야한다고 말하는가?

10. 전도서가 말하는, 사람의 본분은 무엇인가?

11. 아가서의 핵심어는 무엇인가?

12. 아가서의 저자는 누구인가?

13. 아가서는 통상 '솔로몬의 아가'로 불린다. 구체적으로 이 말의 의미는 무엇인가?

14. 아가서를 해석하는 대표적인 두 가지 방법은 무엇인가?

15. 아가서를 비유적으로 해석할 때, 솔로몬과 술람미 여인은 각각 누구를 상징하는가?

이사야

- **핵심어:** 메시아
- **핵심구절:** "이는 한 아기가 우리에게 났고 한 아들을 우리에게 주신 바 되었는데 그의 어깨에는 정사를 메었고 그의 이름은 기묘자라, 모사라, 전능하신 하나님이라, 영존하시는 아버지라, 평강의 왕이라 할 것임이라"(사 9:6).

명칭과 배경

이사야(Isaiah)라는 명칭은 이 책의 주요 인물이자 저자인 선지자 이사야의 이름을 따서 붙여졌다. 이사야라는 이름은 '여호와께서 구원하신다'라는 뜻으로, 이는 여호수아나 예수와 같은 의미이기도 하다. 이사야서는 구약 성경의 여러 목록 중 신약 성경에서 가장 많이 인용되고 있다. 신기하게도 이사야서는 성경의 총 권수에 해당하는 66장으로 구성되어 있는데, 구약 성경의 권수에 해당하는 이사야서의 전반부(1-39장)는 이스라엘과 열방들의 죄악상과 심판에 대한 예언을 담고 있고, 신약 성경의 권수에 해당하는 이사야서의 후반부(40-66장)는 이스라엘을 구원하실 메시아에 대한 예언을 담고 있다.

남방 유다는 이사야가 선지자로 활동할 당시 국가적으로 위기에 직면하게 되는데, 이는 이사야의 메시지와 밀접한 연관이 있다. 당시 앗수르가 북 왕국 이스라엘을 침략하여 수도인 사마리아를 함락시키고 많은 북 왕국의 백성들을 포로로 잡아가는 일이 생겼는데, 이는 이사야의 예언이 그대로 성취된 것이었다. 이후 같은 운명에 놓이게 된 유다였지만 앗수르의 속국이 되기를 선언함으로써 일단 결정적인 파국은 면할 수 있었다. 하지만 또 다시 히스기야 통치 때(B. C. 727년) 앗수르의 산헤립이 예루살렘을 포위하였는데, 이사야는 예루살렘이 결코 함락되지 않을 것을 선포하였고 그의 메시지에 힘입어 유다는 산헤립(B. C. 701년)을 물리치고 위기를 극복할 수 있었다. 여호와의 사자가 앗수르인들을 쳐죽이자 산헤립은 니느웨로 돌아갔고, 거기서 그의 신 니느록의 묘에서 죽임을 당하였다. 그리고 앗수르는 곧 바벨론에 의해 멸망당하였다.

이사야부터 말라기까지는 선지서(예언서)로 분류되는데, 각 시대마다 하나님으로부터 말씀을 받아 대언한 선지자의 이름이 각 책의 명칭으로 사용되고 있다. 이사야, 예레미야(애가), 에스겔, 다니엘은 대선지서로, 나머지 12권은 소선지서로 불린다.

저자와 기록연대

이 책의 내용은 선지자 이사야가 하나님께 받은 말씀을 기록한 것이다. 그런데 학자들 중에는 이사야의 메시지 가운데 일부는 이사야가 직접 기록한 것이 아니라, 나중에 바벨론 포로에서 귀환한 어느 선지자나 그의 제자들이 수집하고 편집했을 것이라고 추측하기도 한다. 이는 이사야서 전반부(1-39장)의 내용이 예루살렘에서의 이사야의 활동과 연관된 것인 반면, 이사야서 후반부(40-66장)의 내용은 이사야가 죽은 후 약 100여 년 뒤인 바벨론 포로시대와 관련된 것이기 때문이다.

선지자 이사야는 유다 왕 아마샤의 형제로 알려진 아모스의 아들로, B. C. 780-690년 사이에 남방 유다의 예루살렘에서 주로 활동하였다. 유다의 국력이 쇠퇴해지기 시작하는 웃시야 말기에 사역을 시작하여(6:1-8), 유다의 네 왕(웃시야, 요담, 아하스, 히스기야)이 통치하는 동안 선지자로 활동하였다. 성경에 나타난 그의 마지막 사역은 히스기야 통치 때 앗수르 왕 산헤립이 예루살렘을 포위하였을 무렵의 활동이며(36:1-37:8), 그는 남 왕국의 미가, 북 왕국의 호세아와 동시대에 활동했던 선지자이기도 하다.

이사야는 왕가의 자손으로서 예루살렘 정치에도 밝았으며, 후에 여선지자와 결혼하여 두 아들을 낳기도 하였다. 이사야는 두 아들에게 의미심장한 이름을 지어주었는데, 맏아들의 이름은 '스알야숩'(남은 자가 돌아오리라)이었고, 막내아들의 이름은 '마헬살랄하스바스'(노략물이 옮긴 바 되리라)였다.

기록목적

선지자 이사야는 유다 백성들에게 그들이 이방 나라와 동맹을 맺거나 다른 신들을 섬기는 일의 죄악성을 깨우치고, 그들이 회개하여 돌이키지 않으면 하나님의 심판을 받게 될 것이며 결국은 다른 나라에 포로로 잡혀갈 것임을 경고한다. 또한, 그들이 하나님을 믿고 의지하면 하나님의 메시아가 그들 중 남은 자들을 구원하기 위해서 이 땅에 오실 것임을 예언한다. 이사야서는 거룩하신 하나님께서 그의 공의로서 죄악된 세상을 반드시 심판하실 것이며, 또한 그의 자비로 '고난의 종' 메시아를 보내 자신의 백성들을 구원하실 것임을 상기시키고 있다. 이로써, 이사야서는 구약 성경 전체의 메시지를 포괄하고 있으며, 또한 신약 시대를 준비하고 있는 책이라고 할 수 있다.

개요

Ⅰ. 유다와 예루살렘에 대한 심판(1-12장)

Ⅱ. 열방에 대한 심판(13-23장)

Ⅲ. 세상에 대한 심판(24-35장)

Ⅳ. 히스기야와 관련된 사건들(36-39장)

Ⅴ. 평화에 대한 예언(40-48장)

Ⅵ. 평화의 왕(49-57장)

Ⅶ. 하나님의 사람들에 대한 미래의 영광(58-66장)

■ **참고자료: 이사야서에 나오는 메시아에 대한 예언과 그 성취**

예언	성취
메시아	예수 그리스도
그는 처녀에게서 나실 것이다(사 7:14)	마리아라 이름 하는 처녀에게서 나셨다(눅 1:26-31)
그는 갈릴리에서 사역하실 것이다(사 9:1-2)	그는 이방인의 갈릴리에서 사역하셨다(마 4:13-16)
그는 다윗의 보좌의 상속자가 될 것이다(사 9:7)	그는 그의 조상 다윗의 보좌가 주어졌다(눅 1:32-33)
그의 길을 준비할 것이다(사 40:3-5)	세례요한이 주의 길을 예비하기 위해서 선포했다(요 1:19-28)
수욕과 침 뱉음을 당하실 것이다(사 50:6)	매를 맞으며 침뱉음을 당하셨다(마 26:67)
높이 들림을 받으실 것이다(사 52:13)	하나님과 백성들에 의해 높임을 받으셨다(빌 2:9-10)
죄를 보속하실 것이다(사 53:5)	우리의 죄를 사하기 위해서 피를 흘리셨다(벧전 1:2)
그를 믿는 모든 사람들을 구원하실 것이다(사 53:10-11)	믿는 모든 이들을 위해 구원을 제공하셨다(요 3:16)
상한 마음을 고치실 것이다(사 61:1-2)	그는 상한 마음들을 고치셨다(눅 4:18-19)

1

이사야의 소명

읽어야할 본문: 이사야 1–6장

숙고해야할 본문: 이사야 6:1–13

유다 왕으로 52년을 통치한 웃시야 왕이 죽던 해, 이사야는 하나님으로부터 선지자로서의 소명을 받았다. 그때에 이사야는 자신이 하나님을 직접 보아서는 안 되는데도 불구하고 만군의 여호와이신 왕을 직접 본 것으로 생각하였다. 따라서 그는 "나는 입술이 부정한 사람이요"(6:5)라고 하나님께 자신의 죄를 회개하였고, 이때에 스랍들(하나님의 거룩하심을 증거하며 불타고 있는 피조물) 중 하나가 제단에서 타고 있는 숯을 가지고 와 이사야의 입술에 대어 그의 죄악을 사하여 주었다. 하나님께서는 상징적인 방법으로 이사야의 회개에 응답하셨던 것이다.

이어서 하나님이 "내가 누구를 보내며 누가 우리를 위하여 갈꼬"(6:8) 하시니, 이에 이사야는 "내가 여기 있나이다 나를 보내소서"(6:8)라고 하나님의 부르심에 응답했다. 이제 하나님은 이사야를 암울한 시대에 선지자로 파송하시고, 아무리 세상이 악하다할지라도 남은 자를 두실 것을 약속하셨다.

하나님이 이사야를 선지자로 부르신 까닭은 그로 하여금 굳건한 믿음을 가지고 불의가 성행하는 시대에 하나님의 말씀을 선포하게 하시기 위함이었다. 하나님은 이사야와 함께 하실 것과 무서운 심판 가운데도 거룩한 남은 자들을 보호하심으로써 이스라엘 민족을 회복하실 것을 약속하셨다.

■ 적용

하나님으로부터 용서의 은혜를 체험한 이사야는 하나님이 그를 부르셨을 때 "내가 여기 있나이다 나를 보내소서"라며 기꺼이 순종하였다. 하나님의 선지자로 그분을 대변하는 일이 결코 평탄치 않을 테지만, 하나님께서 그의 사역 가운데 함께 하시며 도울 것을 믿었기에 그는 주저 없이 그 길을 갈 수 있었다. 하나님은 암울한 세상에 하나님의 사람들을 보내시기를 바라신다. 당신을 대변하여 하나님의 말씀을 선포하고 그래서 죄인들이 회개하여 돌이키기를 바라시기 때문이다. 우리 성도들은 모두 정결하여 영적으로 깨어 있어서, "내가 누구를 보내며 누가 우리를 위하여 갈꼬" 하고 하나님께서 부르실 때 그분의 음성을 들을 수 있어야 하겠다.

2
평강의 왕이 오시리라

읽어야할 본문: 이사야 7–12장

숙고해야할 본문: 이사야 11:1–9

이사야는 유다 백성들에게 하나님의 심판에 대한 경고를 전한 후에 다시 사랑의 하나님이 주시는 소망의 메시지를 전한다. 그는 장차 공평과 공의로 영원히 다스리실 유다의 왕, 즉 메시아가 오실 것이라고 예언했다. 그는 한 아기가 우리에게 주신 바 되어 태어나실 것이라고 하였다. 그리고 "그 어깨에는 정사를 메었고 그 이름은 기묘자라 모사라 전능하신 하나님이라, 영존하시는 아버지라, 평강의 왕이라(9:6)" 하였다. 그는 이새의 후손으로 오실 것이며, 그의 위에 여호와의 지혜와 총명이 임할 것이었다(11:1-2).

이사야는 거듭된 경고에도 불구하고 회개하지 않는 북 이스라엘, 남 유다, 그리고 그들을 징계하기 위한 앗수르까지도 하나님께서 심판하실 것이라고 경고하였지만, 하나님을 의뢰하는 '남은 자'들은 구원하여 장차 이스라엘을 회복시키실 것임도 선포하였다. 그 남은 자들은 이새의 후손으로 오실 평강의 왕 메시아가 다스리는 나라로 귀환하여 하나님과 더불어 복된 삶을 살 것이다.

■ 적용

하나님은 이사야의 메시지를 통해 장차 평강의 나라를 세울 왕을 보내시어 당신의 백성들을 구원하는 놀라운 계획을 약속하셨고, 그 예언은 신약의 예수 그리스도를 통해서 성취되었다. 우리 성도들은 지금 그 시대를 누리고 있으며, 그분과 함께 하는 기쁨 가운데 살고 있다. 우리는 이사야가 소망하던 그 왕을 예배하며 섬기고 살고 있는 것이다. 하나님은 이스라엘이 악을 향해 치달을 때에도 메시아를 보내어 남은 자들을 구원함으로써 그들을 회복하실 것을 약속하셨다. 여기서 남은 자는 비단 이스라엘이라는 나라에만 한정되지 않으며, 그리스도를 믿는 성도들로 구성된 하나님 나라의 백성들이 모두 남은 자가 될 것이다.

3

민족들과 관련된 예언들

읽어야할 본문: 이사야 13–35장

숙고해야할 본문: 이사야 24:1–13

이사야는 계속해서 최후의 심판날에 대해서 예언하는 것을 잊지 않았다. 하나님은 세상 모든 죄악을 징벌하심으로 최후의 승리를 거두실 것이다. 그러한 철저한 하나님의 심판 가운데서도 기뻐할 자들이 있을 것인데, 그들은 악인이 심판당할 때 구원을 얻게 되는 의인들이다. 그들은 하나님의 선택받은 백성들로 장차 도래할 메시아 왕국에 들어가 구원의 하나님을 찬양할 것이다(26장). 하나님의 심판날은 고난 중에도 믿음을 지킨 자들과 죄악에서 회개하고 돌이킨 자들이 구원을 얻는 날인 것이다. 이에 이사야는 택한 백성을 구원하시는 하나님의 신실하심을 찬양하며 대적들의 위협에서 해방되는 기쁨을 노래하고 있다(25장). 그는 만민에게 하나님의 구원의 도를 알려 함께 찬양하기를 간구하였다.

그런데, 당시 유다는 하나님을 의지하기보다 열방들(앗수르, 애굽, 바벨론) 사이에서 정치적 줄다리기를 하면서 그들과의 동맹에 의존하여 난국을 타개하려 하였다. 이에 이사야는 31장에서 유다가 애굽과 동맹을 맺은 것을 엄히 꾸짖고, 그들로 하여금 멸망할 이방 세력에 의존하지 말고 하나님만을 의지해야 함을 역설한다. 하나님만이 위기에 처한 그들을 구원할 수 있는 분이시기 때문이었다. 또한 유다를 괴롭히는 앗수르도 멸망할 것을 예언함으로써, 백성들이 세상 왕국을 두려워하지 말고 속히 회개하여 하나님께 돌아오도록 촉구하였다. 하지만 이스라엘은 끝까지 하나님께 패역하였고, 따라서 그들은 참담한 종국을 맞아 멸망할 것이 예언되었다. 그리고 유다를 비롯한 열방들의 멸망에 대한 이사야의 모든 예언들은 그대로 성취되었다. 이러한 사실은 온 세상을 향하여 예언된 최후의 심판도 장래에 반드시 있게 될 것임을 상기시킨다.

■ **적용**

이사야는 유다가 하나님을 믿기보다 열방들에 의지하여 살고자 하였을 때 그들이 하나님의 심판을 피할 수 없을 것이라고 하였다. 우리 성도들은 하나님을 섬길 것인지 세상을 섬길 것인지 선택의 기로에서 고민할 때가 종종 있다. 이사야가 유다 백성들에게 곧 멸망하게 될 이방 세력에 의존하지 말고 구원의 하나님만 의지할 것을 촉구한 것처럼, 우리는 세상에 의존하지 말고 온 세상과 인류 역사의 주관자 되시는 하나님만을 바라봐야 할 것이다. 유다를 멸망시킨 바벨론은 하나님을 대적하고 온갖 죄악을 일삼는 자들을 상징하는데, 하나님은 그들을 반드시 심판하실 것이다. 하나님이 악인을 심판하시는 것은 곧 자기가 택한 백성들을 정결케 하여 구원하시고자 함인 것이다.

4

히스기야의 좋은 때와 나쁜 때

읽어야할 본문: 이사야 36-39장

숙고해야할 본문: 이사야 37:14-20

히스기야가 통치할 때 앗수르가 또 다시 유다를 침략하였는데, 앗수르의 군대장관 랍사게는 히스기야의 친애굽 정책을 비웃으며 애굽뿐 아니라 그들의 여호와 하나님도 유다를 구할 수 없다고 조롱하면서 자신들에게 항복할 것을 강요하였다. 하지만 히스기야는 백성들이 동요하지 않도록 독려하면서 하나님의 전에 나아가 기도하였다. 그는 오로지 하나님만을 의지하며 무릎 꿇고 그분의 도우심을 간구했다. 이에 하나님은 그의 기도에 응답하셨고, 하나님의 사자가 앗수르의 진중에 들어가서 적군 십팔만 오천 명을 죽이는 역사가 일어났다. 앗수르의 산헤립 왕은 혼비백산하여 유다를 떠나서 니느웨로 돌아갔고, 거기서 자신의 아들에 의해 죽임을 당하였다.

하나님의 도우심으로 대적 앗수르를 물리친 히스기야 왕은 그 즈음 병이 들었다. 그는 나라의 운명을 걱정하며 다시 한 번 하나님께 전심으로 기도하였고, 이에 응답하사 하나님은 그의 생명을 15년이나 연장해 주셨다. 하지만 감격에 겨워 하나님을 찬양하던 히스기야는 그만 중대한 실수를 저지르고 만다. 히스기야 왕이 병에서 회복되었다는 소식을 듣고 바벨론이 사신을 보냈을 때, 그는 자신의 영광을 자랑하며 유다에 있는 보물들을 그들에게 모두 보여주었다. 이 일로 인하여 히스기야는 하나님의 진노를 초래하였고, 하나님은 이사야를 통해 장차 그의 후손들이 바벨론에 포로가 되어 그들의 보물과 소유를 모두 빼앗기게 될 것임을 예언하셨다.

■ 적용

유다가 앗수르의 침략을 당한 이유는 그들이 하나님을 의지하기보다 애굽에 의존하였기 때문이었다. 과거 아하스와 달리, 그때에 히스기야는 선지자 이사야의 말씀을 따라 하나님께 의지하였고, 기적같이 역사하신 하나님의 도움으로 대적 앗수르를 물리칠 수 있었다. 하지만 그들을 멸망시킬 진짜 대적 바벨론을 알아보지 못하고 그만 자만에 빠져 패망을 자초하고 말았다. 이는 그가 하나님의 은혜와 권능을 증거하기보다 스스로 영광을 얻고자 하였기 때문이다. 히스기야의 삶을 통해, 우리는 만사가 형통할 때 교만을 버리고 더욱 겸손하게 하나님을 의지해야 함을 깨닫게 된다. 하나님은 겸손한 자를 세우시고, 교만한 자를 물리치신다. "선 줄로 생각하는 자는 넘어질까 조심하라"(고전 10:12).

5
약속된 메시아

읽어야할 본문: 이사야 40–57장

숙고해야할 본문: 이사야 53:1–12

선지자 이사야는 평강과 의로써 유다를 다스릴 왕이 오실 것을 소망하였다(9:1-9). 그분은 지금까지 유다에 없었던 이새의 후손으로 오실 이스라엘의 새 왕이시며, 이스라엘의 남은 자들은 이 메시아 왕국으로 귀환하여 하나님과 행복한 삶을 살 것이다(11:1-9). 그분은 의와 공평으로 통치하시며 ,이스라엘을 회복시킬 단 하나의 왕이시다(32:1). 이사야의 이런 메시아 소망은 하나님에 대한 믿음에서 출발하였다. 그것은 이스라엘의 하나님과 장차 오실 왕이 행하실 놀라운 사역에 대한 소망이었다. 그는 하나님께서 고난 중에도 당신의 섭리 가운데 역사하고 계시며, 오래 지나지 않아 당신의 백성들을 구원하실 것이라 믿었던 것이다.

또한, 이 메시아는 이스라엘 백성을 위해 스스로 고난을 받는 종의 모습을 하실 것이다. 그런데, 그분은 하나님의 선택된 종으로서 장차 이스라엘뿐만 아니라 이방인들까지도 구원하실 것이다(49:1-7). 그리고 하나님의 뜻을 이루시기 위해 수난을 당할 것인데(50:4-9), 그는 수치와 멸시를 받아 사람들에게 버림을 받으며 간고를 많이 겪으실 것이다. 그는 많은 사람의 죄를 담당하시며 범죄자를 위하여 기도하실 것이다(53:12). 그리고 이사야의 이 모든 메시아 예언은 700년 뒤에 오신 예수 그리스도를 통해 온전히 성취되었다.

■ 적용

이사야서에는 메시아, 즉 신약 시대에 오실 예수 그리스도에 대한 중요한 예언들이 기록되어 있다. 처녀 잉태, 평강의 왕, 구속자, 고난의 종 등 이사야서의 많은 내용이 예수 그리스도에 대한 예언을 담고 있다. 그 중에서도, 이사야 53장에 나오는 메시아 수난에 대한 예언은 가장 극적이라고 할 수 있다. 그리고 이사야서의 이 모든 예언은 신약 시대 예수 그리스도 안에서 온전히 성취되었다. 마침내 약속된 메시아가 오신 것이다. 그분은 그렇게 겸손과 순종과 믿음으로 여호와 하나님의 뜻을 섬겼다. 그가 그 모든 고통을 당하신 것은 하나님이 우리 모두의 죄악을 그분에게 담당시켰기 때문이다.

6
그리스도의 영광스러운 아름다운 나라

읽어야할 본문: 이사야 58–66장

숙고해야할 본문: 이사야 65:17–25

이사야는 하나님이 이스라엘을 심판하시고 이방인을 부르신 이유를 설명하였다. 하나님의 경고에도 불구하고 그들의 거듭된 우상숭배가 문제였다. 하지만 하나님은 그들 중에도 '남은 자들'을 구원하시어 '새 하늘과 새 땅'에서 영생할 수 있는 축복을 누리게 하실 것이다. 그것이 이스라엘의 마지막 회복이며, 하나님은 이스라엘 백성들이 그 나라로 돌아오는데 이방인들을 사용하실 것이라고 말씀하셨다(49:22). 그들은 이제 영원히 그 땅을 상속받을 것이고(60:21), 하나님이 그들의 민족적인 기쁨에 참예하실 것이다(65:19).

하나님이 창조하실 새 하늘과 새 땅에서는 사막에 장미가 피고(35:1), 물이 바다를 덮음 같이 주의 영광이 온 땅을 덮을 것이다(11:9). 어린 아이가 맹수들과 같이 뛰놀 것이고(11:6), 민족들이 칼로 쟁기를 만들고 전쟁이 다시는 없을 것이다(2:4). 그 때는 바로 예수 그리스도가 재림하여 온 땅을 통치하실 때이며, 그것은 천년 동안 계속될 것이다.

■ 적용

하나님은 황폐한 이스라엘을 마지막 때에 회복할 것이라고 말씀하셨다. 하나님은 이스라엘의 남은 자들을 버리지 않으실 것이라고 말씀하셨다. 하나님은 주의 거룩한 백성들을 회복시키기 위해서 그리스도를 이 땅에 다시 보내실 것이다. 그때는 오로지 평화와 공의만이 있을 것이다. 사자들이 소처럼 짚을 먹을 것이며, 이리와 어린 양이 함께 노닐 것이다. 서로 해함도 상함도 없을 것이다. 우리는 이 좋은 날을 고대하며 주를 섬기며 복음을 전파해야 할 것이다. 예수 그리스도께서는 이사야의 예언대로 탄생하셨고, 죽으셨고, 그리고 부활해서 승천하셨다. 이제 그가 예언한 대로 그리스도는 우리가 알지 못하는 때 이 땅에 반드시 다시 오실 것이다.

7

복습을 위한 질문

1. '이사야'라는 이름의 의미는 무엇인가?

2. 이사야서는 총 몇 장으로 구성되어 있는가?

3. 이사야의 두 아들의 이름은 각각 무엇이며, 또한 그 의미하는 바는 무엇인가?

4. 이사야서를 기록한 목적은 무엇인가?

5. 이사야는 하나님께서 그를 선지자로 부르셨을 때 어떻게 반응하였는가?

6. 메시아가 이새의 뿌리에서 날 것이라는 예언은 이사야 몇 장에 나타나 있는가?

7. 유다가 하나님의 심판을 받아 멸망한 근본적인 이유는 무엇인가?

8. 히스기야는 앗수르의 산헤립이 쳐들어왔을 때 어떻게 물리칠 수 있었는가?

9. 그의 후손이 이방 나라에 포로로 끌려갈 것이라고 하나님으로부터 책망을 받은 유다의 왕은 누구인가?

10. 처녀가 아들을 낳을 것이라는 예언은 이사야 몇 장에 나타나 있는가?

11. 이사야의 메시아 예언 중 아직 성취되는 않은 그리스도 사건은 무엇인가?

12. 언제 이 땅에 완전한 하나님의 나라가 이루어지는가? 또한 그때에는 어떤 현상들이 있을 것인가?

예레미야

- 핵심어: 회개
- 핵심구절: "여호와께서 내게 이르시되 너는 아이라 말하지 말고 내가 너를 누구에게 보내든지 너는 가며 내가 네게 무엇을 명령하든지 너는 말할지니라 너는 그들 때문에 두려워하지 말라 내가 너와 함께 하여 너를 구원하리라 나 여호와의 말이니라 하시고"(렘 1:7-8).

명칭과 배경

예레미야(Jeremiah)라는 명칭은 이 책의 주요 인물이자 저자인 선지자 예레미야의 이름을 따서 붙여졌다. 예레미야는 북 이스라엘이 앗수르에 무너지고 나서 100여년 뒤인 B. C. 627년경(요시야 제13년)에 그의 사역을 시작하였고, B. C. 587년 예루살렘 함락(시드기야 제11년) 이후까지 선지자로 활동하였다. 따라서 그가 선지자로 활동할 무렵은 남 왕국 유다의 멸망이 가까워 오고 있을 때였다.

당시는 과거 북 왕국을 무너뜨린 앗수르의 세력은 점점 약화되고 대신 애굽과 신흥 바벨론의 세력 다툼이 치열할 때였는데, 개혁운동을 진행 중이던 유다 왕 요시야는 모세의 율법을 발견하자 개혁에 더욱 박차를 가하여 모든 우상숭배를 몰아내고 유다의 종교적 부흥기를 이루었다. 이 무렵 하나님으로부터 소명을 받은 예레미야는 요시야의 개혁을 지원하며 백성들에게 회개를 촉구하였다.

그런데, 요시야가 애굽의 바로 느고와의 전쟁 중 므깃도에서 살해당한 후 유다는 급격한 정치적 혼란에 빠지게 되었다. 요시야의 아들 여호아하스가 왕위를 계승하였지만 겨우 90일 만에 권좌에서 물러나고, 요시야의 다른 아들 여호야김이 애굽의 섭정 왕이 되었다. 그러다 애굽이 바벨론에 패하게 되자 유다는 다시 바벨론의 지배를 받는 신세가 되고 말았다. 바벨론은 B. C. 601년경에 유다 본토에서 물러났으나, 여호야김이 바벨론에 대항하여 애굽과 동맹을 맺자 B. C. 597년에 바벨론이 즉시 예루살렘을 포위하였다. 이때 여호야김이 죽고 그의 아들 여호야긴이 왕위에 올랐으나, 결국 많은 예루살렘 거민들과 함께 바벨론에 포로로 잡혀 가는 신세가 되고 말았다. 그를 이어 요시야의 아들 시드기야가 섭정 왕으로 등극하는데, 이때 시드기야가 바벨론에 대항하여 다시금 애굽과 동맹을 맺기로 하자 B. C. 587년 바벨론의 느부갓네살이 유다를 공격해 예루살렘을 멸망시키고 말았다.

예레미야는 이때 하나님의 말씀을 선포하며 백성들에게 애굽이 아닌 하나님을 의지할 것을 요구했다. 그는 유다가 바벨론에 항거할 때 애굽이 결코 도움이 되지 못할 것이라고 예언하면서, 오히려 백성들에게 바벨론의 통치에 복종할 것을 권고하였다. 예레미야는, 바벨론의 억압은 하나님이 이스라엘이 회개하여 당신께 돌아오게 하기 위한 것이라고 믿었던 것이다. 이스라엘은 결국 그들의 불순종으로 인하여 하나님의 심판을 불러왔지만, 하나님께서는 예레미야를 통해 그들에게 새 언약을 제시하실 것임도 말씀하셨다(31장).

저자와 기록연대

이 책의 내용은 유다에서 선지자와 제사장으로 봉사했던 예레미야가 하나님께 받은 말씀인데, 자신이 그것을 직접 기록하지 않고 바룩이라는 서기관을 시켜 두루마리에 받아쓰게 했다(36:4). 또한 여호야김이 그 두루마리를 불사르자, 그는 바룩을 시켜 또 다시 두루마리에 받아쓰게 했다(36:32).

예레미야는 아나돗이라는 작은 마을에서 힐기야(요시야 시대에 율법을 발견했던 대제사장과는 다른 사람이다)의 아들로 태어났다. 그는 고통 중에 있는 자기 민족 유다를 위해서 중보할 때 하나님께서 그것을 금지하였지만 끝까지 그분의 자비를 간구하였던 선지자였고, 또한 예루살렘의 함락을 직접 목격해야 했던 그 슬픔을 기록으로 남기기도 하였다. 말년에는 동족들에 의해 강제로 애굽으로 끌려가 이주를 하게 되었고, 거기서 하나님의 말씀을 선포하다 숨을 거두었다.

예레미야는 유다 백성들의 죄를 신랄하게 꾸짖으면서 하나님이 바벨론을 통해 유다를 심판하실 것을 예언하였는데, 이 때문에 그는 자기 백성들로부터 미움을 받아 많은 고초를 당하기도 하였다. 그는 이스라엘의 죄악과 그들이 회개하지 않는 것을 슬퍼하며 몹시 울었는데, 이 때문에 우리는 그를 '눈물의 선지자'라고 부르기도 한다(9:1; 13:17). 예레미야는 유다만이 아니라 여러 민족들에 대한 하나님의 심판을 예언하기도 했다(46-51장).

기록목적

예레미야는 하나님의 선택된 백성 유다가 그 죄악으로 인하여 하나님의 심판을 받아 바벨론의 포로가 될 것이며, 따라서 유다 백성들이 속히 회개하여 하나님께 돌아오도록 경고한다. 또한 하나님은 유다의 '남은 자들'을 위한 구원을 위해 메시아를 보내실 것이며, 새 언약과 함께 메시아가 영원한 나라를 세울 것임을 예언한다.

개요

Ⅰ. 예레미야의 소명(1장)

Ⅱ. 유다에 대한 선포(2-45장)

Ⅲ. 열방들에 대한 선포(46-51장)

Ⅳ. 예루살렘 함락(52장)

1
예레미야의 소명과 환상

읽어야할 본문: 예레미야 1–10장

숙고해야할 본문: 예레미야 1:4–10

예레미야 선지자는 이미 그가 어렸을 때 하나님으로부터 소명을 받게 되지만 그는 자신이 아직 아이라는 이유를 들어 곧바로 순종하기를 주저하였다. 그는 하나님께 “주 여호와여 보소서 나는 아이라 말할 줄을 모르나이다”(1:6)라고 변명하였지만, 하나님께서는 “너는 아이라 하지 말라”(1:7)고 말씀하시고 하나님이 명하신 곳으로 가서 명하신 말씀만 전하라며 그와 함께 하시겠다고 약속하셨다.

하지만 예레미야는 하나님의 이런 위로하심에도 불구하고 아직 소명에 대한 분명한 확신을 가질 수 없었다. 그때에 하나님께서는 그에게 두 가지 표적을 보여주시는데, 먼저 ‘살구나무 가지’에 관한 환상(렘 1:11-12)은 하나님의 말씀이 반드시 실현될 것과 유다의 남은 자들이 회복될 것을 암시하였다. 또한 북으로부터 위쪽이 기울어진 ‘끓는 가마’의 환상(렘 1:13-16)도 보여주셨는데, 이는 우상숭배에 대한 철저한 하나님의 심판을 상징하였다. 하나님은 당신의 심판의 도구로 북방 나라 바벨론을 사용할 것이며, 그가 주변 나라를 심판할 때에 유다도 예외가 될 수는 없었다.

하나님이 보여 주신 두 가지 표적을 경험한 예레미야는 그제야 하나님의 부르심에 확증을 얻고 선지자로서의 활동을 시작하였다. 그는 이후로 수많은 모욕과 고초를 당하게 되지만, 하나님이 자신을 부르셨다는 확신이 있었기에 굳건한 믿음으로 그분의 말씀을 전파할 수 있었다.

■ 적용

우리는 성경에서 하나님의 부르심을 받은 많은 사역자들이 자신의 부족함을 들어 하나님의 부르심에 주저했던 것을 보게 된다. 하지만 하나님은 그때마다 그들에게 당신의 부르심에 대한 확증을 보여주셨고, 그들은 순종할 수밖에 없었다. 예레미야도 예외는 아니었다. 그는 하나님의 부르심에 자신이 아직 어리다는 핑계를 대어 보지만 그것은 하나님께 아무 문제가 되지 않았다. 하나님이 그와 함께 하실 것이기 때문이었다. 우리는 무슨 일에든지 하나님께서 함께하신다는 확신만 있다면 두려워할 것이 없다. 하나님의 모든 약속의 말씀은 반드시 지켜진다는 믿음으로 나아간다면 우리는 어떤 어려움도 능히 이겨낼 수 있을 것이다.

2
토기장이 비유와 깨진 항아리

읽어야할 본문: 예레미야 11–22장

숙고해야할 본문: 예레미야 18:1–12; 19:1–13

어느 날 예레미야는 하나님의 말씀대로 어느 토기장이의 집으로 가는데, 거기서 토기장이가 녹로로 일을 할 때 진흙으로 만든 그릇을 자기 마음에 따라 파상하고 또한 그 파상한 그릇으로 다른 그릇을 만드는 것을 보게 되었다. 때에 하나님이 예레미야에게 말씀하시기를 토기장이가 하듯이 하나님께서 능히 이스라엘에게 행하실 것이며, 진흙이 토기장이의 손에 달려 있듯이 이스라엘의 운명도 하나님 손에 달려있다고 하셨다.

하나님은 온 세상의 생사화복을 주관하시는 절대 주권자이시다. 따라서 하나님의 뜻을 거역하는 자는 하나님의 심판을 면치 못할 것이다. 예레미야는 하나님께서 유다와 예루살렘 백성들을 파하기도 하시고 다시 빚기도 하시는 분이심을 토기장이 비유를 통해 그들에게 말씀하고 계신다는 것을 깨달을 수 있었다. 하지만 하나님의 절대 주권을 부인하고 자기들의 강퍅한 마음대로 행하기를 원했던 백성들은 결국 예레미야를 핍박하고 음모를 꾸며 그를 죽이려고까지 하였다.

한편, 유다 백성들의 죄악상이 극에 달해 자기 자식을 우상의 제물로 바치는 일까지 자행하기에 이르자, 하나님은 예레미야로 하여금 철저한 우상숭배자였던 '힌놈의 아들의 골짜기'에서 오지병을 깨뜨리게 하셨다. 이는 타락한 유다와 예루살렘의 파멸이 더 이상 피할 수 없는 일임을 암시하였다. 그것은 결국 그들이 '힌놈의 아들의 골짜기'에서 깨어진 오지병처럼 먼 이방 나라로 잡혀가 뿔뿔이 흩어지고 말 것임을 경고하는 메시지였다.

■ 적용

이스라엘 민족은 하나님의 선택된 백성으로서 하나님과의 언약을 소중히 여기며 그것을 마땅히 지켜 행해야 했지만, 그들은 언약 백성으로서의 자신들의 본분을 잊은 채 끊임없는 우상숭배와 불신앙으로 하나님께 범죄하였다. 가나안을 거룩한 땅으로 변화시키는 것이 그들의 사명이었으나, 오히려 그들은 그곳의 이교도 풍습에 빠져 하나님을 배반함으로써 결국 공의로운 하나님의 심판을 자초하고 말았다. 심지어 하나님의 심판이 도래할 것이라는 선지자들의 메시지도 '헛된 말'이라고 치부해 버렸다. 하지만 역사의 주관자 되시는 하나님은 그들의 죄를 심판하리라는 당신의 말씀을 반드시 이루실 것이었다. 하나님을 의지하지 않고 불신앙을 일삼았던 이스라엘은 결국 이방 나라에 포로로 잡혀가 나라가 사라지는 고통을 겪게 되었음을 인류 역사가 증명해 주고 있다.

3
하나님의 심판과 회복

읽어야할 본문: 예레미야 23-33장

숙고해야할 본문: 예레미야 24:1-10

두 차례에 걸친 바벨론의 침략으로 유다는 피폐해졌고 백성들은 포로로 끌려갔지만, 하나님은 예레미야에게 두 개의 광주리에 담긴 무화과에 관한 환상을 통해 소망의 메시지를 말씀해 주셨다. 먼저는 광주리에 담긴 좋은 무화과와 같이, 하나님은 바벨론에 포로로 잡혀간 유다 백성들을 좋게 하시어 앞으로 유다의 '남은 자들'로서 세워 가실 것임을 말씀하셨다. 하나님은 경건한 그들을 인도하여 유다로 다시 돌아오게 하셔서 하나님의 백성이 되게 하실 것임을 말씀하셨다. 그런 한편 하나님은 유다 땅에 남아 있거나 애굽으로 도망한 자들을 악하여 먹을 수 없는 무화과와 같이 버리실 것이라고 말씀하셨다. 그들과 그 열조에게 준 땅에서 멸절하기까지 그들을 철저히 버리시겠다고 하셨다.

선지자 예레미야는 평생 동안 자신의 사명을 충실히 감당하였지만, 회개할 줄 모르고 불순종을 거듭했던 유다에게 끝내는 멸망이 선포되었고 그들은 그렇게 70년을 바벨론의 포로로 살아갈 것이었다. 하지만 예레미야는 하나님께서 그들 중 남은 자들을 세우셔서 유다로 돌아오게 하실 것이며, 다시 성전을 회복시키시고 메시아의 계대를 이어가실 것이라는 소망의 메시지도 함께 전하였던 것이다. 하나님께서는 예레미야를 통해 무서운 심판 가운데서도 이어질 회복과 새 언약을 계시하셨던 것이다.

■ 적용

이스라엘의 반역은 국가의 멸망으로 이어지고, 하나님과 맺은 옛 언약도 그들이 하나님의 인도하심을 거부함으로써 파기되었다. 하지만 절망 가운데 있던 그들에게 하나님은 회복과 새 언약을 약속하심으로써 소망을 불어넣으셨다. 그리고 새 언약을 지킬 수 있는 힘도 주실 것이었다. 하나님이 당신의 택한 백성들을 징계하시는 것은 회복과 구원을 위한 것이다. 하나님은 그들이 징계 가운데서 묵은 땅을 갈아엎는 회개를 통해 하나님께로 온전히 방향을 전환하여 돌아오기를 바라신다. 바벨론에 포로로 잡혀간 포로들이 오히려 남은 자가 되고 약속의 땅으로 되돌아온 것처럼, 하나님은 우리가 회개하고 돌이킬 때 우리의 당한 고난을 정금같이 나오게 하는 도구가 되게 하실 것이다.

4
예루살렘의 멸망

읽어야할 본문: 예레미야 34–45장

숙고해야할 본문: 예레미야 39:1–10

예레미야는 예루살렘 멸망을 직접 목격한 선지자다. 그는 예레미야 39장과 52장에서 바벨론에 의한 예루살렘 함락이 실로 어떠하였는지를 극명하게 보여준다. 유다가 시드기야 왕 제11년에 애굽과 동맹을 맺고 바벨론에 조공 바치는 일을 중단하자, 이에 바벨론의 느부갓네살은 예루살렘을 포위하고 어느 누구도 성을 왕래하지 못하게 하였다. 이때 굶주림에 지친 유대인들은 자기 아이를 삶아서 먹기도 했는데, 예레미야는 그의 애가에서도 이런 내용을 담고 있다(애 2:20). 느부갓네살은 성을 무너뜨리기 위해 성 아래로 터널을 뚫어서 지반을 약화시켰으며, 결국 성이 거의 함락되기 직전에 이르자 유다 왕 시드기야는 백성들을 버려두고 밤중에 식량과 물이 있는 여리고 평지로 도망하였다. 하지만 이내 바벨론의 군사들이 그를 붙잡았고, 그가 보는 앞에서 그의 아들들과 대신들을 모두 죽였다. 그리고 그의 두 눈을 뽑고는 그를 바벨론으로 끌고 가

평생토록 감옥에 살게 했다. 마침내 바벨론은 예루살렘 성을 불태워 허물기 시작했는데, 돌 위에 돌 하나도 남기지 않게 폐허로 만들어 버렸다. 백성들은 거의 대부분 바벨론에 포로로 잡혀갔으며, 힘없는 빈민들만 그곳에 남아서 포도원을 경작했다.

한편, 하나님의 뜻에 따라 그들에게 바벨론에 순종할 것을 권면했던 예레미야는 바벨론으로부터 깍듯한 예우를 받았으며 바벨론으로 가는 대신 유다 땅에 머물 수 있도록 허락을 받았다. 하지만 바벨론 총독 그다랴가 유다의 왕으로 사칭한 자에게 살해되자, 바벨론의 보복이 두려운 백성들은 하나님의 경고에도 불구하고 애굽으로 도망하였다. 이때 백성들은 예레미야의 뜻과 상관없이 그를 애굽으로 끌고 가는데, 그는 거기서도 하나님의 말씀을 선포하며 마지막 생을 보냈다. 그는 애굽이 바벨론에 의해 멸망할 것임을 예언하였고, 이는 B. C. 568년에 역사적으로 실현되었다.

■ 적용

예루살렘은 하나님의 징벌로 마침내 바벨론에 의해 함락되었다. 그리고 예레미야의 경고를 무시했던 시드기야는 결국 비참한 최후를 맞았다. 예레미야는 수차례에 걸쳐서 바벨론에 항복해 더 큰 재앙을 면할 것을 선포하였으나, 백성들은 그를 오히려 매국노로 몰아 세웠고 덕분에 그는 여러 차례 죽을 고비를 넘겨야했다. 하지만 하나님의 뜻은 예레미야의 선포대로 바벨론을 통해 유다의 죄를 징계하고 그들을 새롭게 하는 것이었다. 유다와 시드기야는 예레미야 선지자를 통하여 말씀하시는 하나님의 음성에 귀기울이지 않음으로써 참담한 최후를 맞고 말았다. 그들은 예레미야를 모욕하고 반역죄로 몰아갔지만 결국 그의 예언은 모두 성취되었다. 예루살렘 멸망 후에야 비로소 그들은 예레미야의 말이 옳았다는 것을 알게 된 것이다. 우리는 그들과 같이 우매한 자리에 들어가지 않도록 항상 깨어서 하나님의 음성을 들을 줄 알아야 하겠다.

5

이방 나라들에 대한 심판

읽어야할 본문: 예레미야 46–52장

숙고해야할 본문: 예레미야 50:21–46

이제 하나님은 예레미야를 통해서 이방 나라들에 대한 심판을 예언하신다. 먼저 예레미야는 애굽의 파멸을 예언하였는데(46장), 그들은 바벨론에 의해 소국가로 전락할 것이라고 하였다. 이 예언대로 결국 애굽은 B. C. 605년 갈그미스 전투에서 바벨론에 패함으로써 약소국으로 전락하였고, B. C. 567년 바벨론의 본토 침공으로 애굽 전역이 초토화 되고 말았다. 이어 블레셋에 대한 멸망이 예언되는데(47장), 사실 블레셋은 막강한 그들의 군사력을 바탕으로 오랜 세월 동안 이스라엘을 괴롭혀 왔다. 예레미야는 블레셋의 멸망이 모든 것을 갑자기 쓸어버리는 홍수와 같이 찾아올 것이라고 하였다. 또한 모압에 대한 멸망이 예언되는데(48장) 모압은 이스라엘과 혈연관계에 있었으면서도 이스라엘을 끊임없이 대적하였으며, 그들의 풍요와 안정은 그들이 섬기는 그모스 우상의 보호 덕분이라고 생각하였다. 모압은 예레미야의 예언대로 B. C. 582년에 바벨론에 의해서 멸망당하는데, 이때부터 모압은 블레셋과 마찬가지로 세계 역사에서 완전히 사라지고 만다.

뿐만 아니라 예레미야는 암몬, 에돔, 다메섹, 게달과 하솔, 엘람 등 이방 나라의 멸망에 대해 계속해서 언급하는데(49장), 절대 주권자이신 하나님은 바벨론을 이용하여 교만과 타락으로 죄악에 빠진 이들 열방들을 모두 심판하실 것임을 예언한 것이었다. 거기서 나아가, 예레미야는 하나님의 도구로 사용된 바벨론 또한 하나님을 두려워하지 않은 죄로 인하여 심판을 받고 역사에서 사라지고 말 것이라고 예언하였다. 하나님은 택한 자(바사의 고레스 왕)를 사용하여 바벨론을 멸망케 하실 것이다(50:41-46). 예레미야는 마지막으로 유다의 멸망에 관한 예언을 기록하고 있는데, 바벨론에 잡혀간 여호야긴 왕이 감옥에서 풀려나서 후한 대접을 받는 모습은 앞으로 유다의 남은 자들로 회복될 그들의 밝은 미래를 암시한다.

■ 적용

하나님은 이 세상을 창조하시고 주관하시는 주권자이시다. 하나님은 이스라엘의 하나님만이 아니라 온 우주의 하나님이시다. 애굽과 블레셋을 비롯한 모든 민족들이 각자의 신을 믿고 섬겼으나, 하나님은 바벨론이라는 도구를 사용하여 그들 모두를 징계하셨다. 하나님은 바벨론을 통해 당신이 온 세상을 통치하고 계심을 만방에 보이셨다. 아울러, 징계의 도구로 사용한 바벨론이 교만하여 하나님을 두려워하지 않게 되자 하나님은 그들 또한 버리셨다. 하나님은 성전 안에 갇혀 계신 분이 아니시다. 예레미야는 예루살렘이 여호와의 보좌로 불리고, 열방이 하나님께서 임재하신 예루살렘으로 모일 때를 예언했다. 하나님은 우주만물의 주권자 되시며, 왕의 왕이시요 만주의 주가 되시는 분이시다.

예레미야애가

- 핵심어: 애통
- 핵심구절: "여호와여 우리를 주께로 돌이키소서 그리하시면 우리가 주께로 돌아가겠사오니 우리의 날들을 다시 새롭게 하사 옛적 같게 하옵소서"(애 5:21).

명칭과 배경

예레미야애가(Lamentations)라는 명칭은 '예레미야가 지은 애가'라는 의미로, 여기서 '애가'(哀歌)는 '슬픈 노래'라는 뜻이다. 이 책의 히브리어 타이틀은 마지막 장을 제외한 각 장의 첫 단어를 따서 '에카'(어찌하여)라고 붙여졌다. 총 5장 가운데 처음 4장의 각 절은 히브리어 알파벳순으로 구성되어 있는데, 마지막 절에 이르러 히브리어 마지막 글자가 등장할 때까지 계속된다.

예레미야애가는 5개의 애가로 구성되어 있는데, 각각의 애가는 예루살렘 멸망에 대한 슬픔을 노래하고 있다. 성경에 있는 어떤 책도 이처럼 모든 장을 애가로 표현한 경우는 없으며, 마치 장례식의 추도사처럼 이 애가들은 나라를 잃은 슬픔에 대해 구슬피 노래하고 있다. 한편, 그러한 슬픔과 고통 속에서도 그들의 범죄함으로 징계를 당한 백성에게 여전히 아침마다 새롭고 신실하신 하나님에 대한 소망을 함께 담고 있다.

저자와 기록연대

이 책의 저자는 본문에 직접 언급되어 있지 않지만 여러 증거들이 선지자 예레미야가 그 저자임을 말해주고 있다. 먼저, 예레미야애가는 예루살렘의 멸망을 묘사하고 있는데 예루살렘에 거주하면서 그 멸망을 지켜본 유일한 선지자가 예레미야라는 것이다. 또한, 예레미야애가의 저자는 슬픔과 탄식을 노래하고 있는데, 이는 예레미야서에 나타나 있는 '눈물의 선지자' 예레미야와 많이 흡사한 모습이다. 한편, 역대하 본문도 예레미야가 애가를 지었다는 사실을 말해주고 있다(대하 35:25).

예레미야애가는 예루살렘 멸망(B. C. 586/7년) 직후에 예루살렘 성에서 남쪽으로 3마일 정도 떨어진 예레미야의 고향마을 아나돗에서 기록되었을 것이다.

기록목적

바벨론의 침공으로 마침내 예루살렘이 멸망하게 되고, 그것을 지켜본 예레미야는 이제 황폐하고 적막한 예루살렘을 바라보며 그 슬픔을 노래하고 있다. 한편, 하나님의 백성들이 그들의 불신앙으로 인해 징계를 받게 되었지만 그들이 회개하여 돌이키면 하나님은 새 언약을 통해 반드시 그들을 회복시키신다는 것을 함께 증거하고 있다. 이에 선지자 예레미야는 신실하신 하나님은 당신의 백성들을 결코 진멸하지 않으시는 분이시니 그분을 의지하고 소망하자라고 노래한다. "여호와의 자비와 긍휼이 무궁하시므로 우리가 진멸되지 아니함이니이다 이것이 아침마다 새로우니 주의 성실이 크도소이다"(3:22-23.)

개요

Ⅰ. 첫 번째 애가: 황폐해진 예루살렘의 슬픔(1장)
Ⅱ. 두 번째 애가: 죄에 대한 하나님의 진노(2장)
Ⅲ. 세 번째 애가: 주님에 대한 믿음(3장)
Ⅳ. 네 번째 애가: 하나님의 진노가 그침(4장)
Ⅴ. 다섯 번째 애가: 남은 자의 회복을 위한 기도(5장)

6

우리를 돌이키사 옛적 같게 하소서

읽어야할 본문: 예레미야애가 1–5장

숙고해야할 본문: 예레미야애가 5:21

예레미야는 자신이 예루살렘의 멸망에 대해 오래 전부터 선포해 왔지만, 정작 눈앞에 펼쳐진 바벨론에 짓밟힌 예루살렘의 참상에 목 놓아 탄식하지 않을 수 없었다. 나아가, 그는 예루살렘의 멸망이 자기 민족의 죄 때문임을 분명히 인식하고, 회개하는 마음으로 하나님의 자비를 간구하였다. 사실 이 백성들은 자신이 선포한 하나님의 말씀을 듣지 않고 오히려 자신을 핍박하여 여러 번 죽을 고비를 넘기기도 하였지만, 선지자 예레미야는 백성들의 고통을 자신의 고통으로 여기고 그들이 진심으로 회개하여 하나님의 구원을 받기를 앙망하였다. 그들의 지난날은 영광스러웠지만 눈앞에 펼쳐진 현실은 참혹하기 그지 없었는데, 그것은 다름아닌 지도자들의 타락과 백성들의 우매함 때문이었다. 그 때에 예레미야는 다시 한 번 하나님의 자비하심을 간구하며 이렇게 노래한다. "우리를 주께로 돌이키소서 그리하시면 우리가 주께로 돌아가겠사오니"(5:21).

유다 백성들의 죄에 대한 하나님의 진노는 실로 엄청난 것이었다. 예루살렘의 참혹함은 이루 말할 수 없었는데, 그 고통의 주관자는 바로 하나님이셨다. 하나님은 당신의 백성들을 징계하심으로써 그들을 새롭게 하기 위해서 그들에게 고통을 주셨다. 아에 슬픔으로 탄식하는 예레미야 선지자는 외치기를 "여호와여 우리를 주께로 돌이키소서 그리하시면 우리가 주께로 돌아가겠사오니 우리의 날들을 다시 새롭게 하사 옛적같게 하소서"(5:21)하였다. 그것은 백성들에게 회개의 영을 불어 넣으사, 자신들의 죄를 고백하고 하나님께로 돌아가 지난날의 영광을 회복시킬 수 있게 해 달라는 간구였다. 하나님만 의지하고 하나님의 인도를 따랐던 그때, 그래서 하나님의 넘치는 축복을 받던 그때로 돌아가게 해달라는 처절한 외침인 것이다.

■ 적용

예레미야애가에는 예루살렘의 멸망에 대한 애통함이 표현되어 있지만, 동시에 그것은 하나님이 다시 그들을 회복케 하시리라는 소망을 담고 있는 책이기도 하다. 깊은 절망과 좌절로 인한 울부짖음 속에서도 결코 소망의 끈을 놓지 않는 노래인 것이다. 예루살렘은 황폐화되었고 백성들의 고통은 너무 잔인했지만, 예레미야는 그 모든 것이 백성들의 죄로 인한 하나님의 진노의 결과로서 그 고통 역시 그분의 섭리 하에 있다는 것을 알았다. 그는 참을 수 없는 슬픔 속에서도 자신의 민족이 돌이켜 옛 영광을 회복할 수 있기를 간절히 간구하였다. 그리고 날마다 새롭고 신실하신 하나님에 대한 믿음을 더욱 굳건히 하였다. 우리가 살아가면서 과연 하나님이 살아 계시며 그 하나님을 계속해서 믿어야 하는지 의문이 들 때가 있을 수 있다. 우리는 그때마다, 예루살렘의 참상에 울부짖으면서도 회복에 대한 소망의 끈을 놓지 않았던 예레미야의 애가를 기억하면서 우리의 믿음을 더욱 굳건히 해야겠다.

7

복습을 위한 질문

1. 예레미야가 선지자로 활동할 당시, 유다를 포함한 국제 정세는 어떠하였는가?
2. 예레미야와 함께 유다의 종교적 부흥을 이끌었던 왕은 누구인가?
3. 유다의 멸망을 지켜 본 유다의 마지막 왕은 누구인가?
4. 예루살렘 성을 무너뜨린 바벨론의 왕은 누구인가?
5. 유다가 완전히 멸망한 때는 언제인가?
6. 예레미야를 도와서, 예레미야서를 대필한 사람은 누구인가?
7. 회개하지 않는 자기 백성들을 애통해 했던 예레미야 선지자가 얻게 된 별명은 무엇인가?
8. 예레미야서의 기록목적은 무엇인가?
9. 예레미야 선지자가 하나님으로부터 소명을 받았을 때 순종하기를 주저한 이유는 무엇인가?
10. 예레미야 선지자에게 소명에 대한 확증으로 하나님께서 보여주신 두 가지 표적은 무엇인가?

11. 하나님은 유다를 포함한 열방들을 징계하기 위해서 어떤 나라를 사용하셨는가?

12. 하나님이 예레미야에게 보여주신 토기장이 비유는 무엇을 상징하는가?

13. 하나님이 예레미야에게 보여주신 좋은 무화과나무와 나쁜 무화과나무는 각각 무엇을 상징하는가?

14. 예레미야는 왜 자기 백성으로부터 매국노란 비난을 받았는가?

15. 하나님은 블레셋이 멸망하는 장면을 어떤 비유를 들어 설명하셨는가?

16. 하나님은 어떤 나라를 사용하셔서 바벨론을 멸망케 하셨는가?

17. 하나님이 당신의 심판의 도구로 사용하셨던 바벨론을 멸망케 하신 이유는 무엇인가?

18. 예레미야애가의 역사적인 배경은 무엇인가?

19. 예레미야애가에서 애가는 무슨 뜻인가?

20. 예레미야애가는 총 몇 개의 슬픈 노래로 구성되어 있는가?

21. 예레미야애가를 단지 슬픈 노래로만 보지 않는 이유는 무엇인가?

22. 예레미야애가의 주제는 무엇인가?

에스겔

- 핵심어: 환상
- 핵심구절: "주 여호와께서 이 뼈들에게 이같이 말씀하시기를 내가 생기를 너희에게 들어가게 하리니 너희가 살아나리라"(겔 37:5).

명칭과 배경

에스겔(Ezekiel)이란 명칭은 이 책의 주요 인물이자 저자인 제사장 출신의 선지자 에스겔의 이름을 따서 붙여졌다. 에스겔이라는 이름은 '하나님께서 강하게 하신다'라는 의미이며, 그는 바벨론의 포로 상태에 있던 유다 백성들을 대상으로 하나님의 말씀을 선포했던 선지자였다.

에스겔이 선지자로 활동했던 당시는 앗수르에 의해 북 이스라엘이 멸망한지 이미 100여년이 흘렀으며, 그 사이 앗수르는 바벨론의 느부갓네살에 의해 멸망하였고, 이제 남방 왕국을 놓고 애굽과 바벨론의 패권 다툼이 치열할 때였다. 여호야김이 애굽과 동맹을 맺고 바벨론을 배반하자 느부갓네살은 유다를 공격하고 이에 여호야김은 죽임을 당하는데, 그를 이어 여호야긴이 왕으로 추대된 지 겨우 3개월 만에 느부갓네살이 예루살렘에 다시 쳐들어옴으로써 여호야긴은 곧바로 항복을 하고 말았다. 느부갓네살은 그의 숙부 시드기야를 왕으로 세우고 여호야긴과 왕국의 주요 인물들 1만여 명을 포로로 잡아갔는데, 바로 그들 가운데 한 명이 에스겔이었다. 그러니까 이직 남방 유다가 멸망하기 전에 에스겔은 이미 바벨론에서 포로생활을 하고 있던 셈이다.

그렇게 시간이 흘러 여호야긴이 포로로 잡혀간 지 5년째인 B. C. 592년경에(예루살렘이 함락되기 6년쯤 전에), 하나님은 에스겔을 부르시어 바벨론에 포로로 잡힌 백성들과 아직 유다에 남아 있는 백성들에게 하나님의 말씀을 선포하게 하셨다. 하나님은 에스겔에게 그발 강가에서의 환상을 보이심으로써 하나님께서는 아직도 그의 택한 백성들과 함께하고 계심을 깨닫도록 하셨다. 그는 바벨론에 의해 예루살렘이 함락될 때까지 유다에 대한 하나님의 심판이 머지않아 반드시 실현될 것임을 백성들에게 설파하였으며, 실제로 예루살렘이 멸망한 이후에는 바벨론에 포로로 잡힌 유다 백성들의 고통을 위로하고 그들에게 소망과 확신의 메시지를 전파하였다. 이제 그들에게는 더 이상 하나님의 언약도 예루살렘 성전도 존재하지 않는 것처럼 보였다. 하지만 에스겔은, 예레미야와 마찬가지로, 하나님께서 포로로 잡힌 유다 백성들을 연단하셔서 그들을 회복시킬 것이며, 그들에게 새 마음과 새 영을 주셔서 메시아의 영광스런 통치에 들어가게 하실 것임을 선포하였다.

저자와 기록연대

이 책의 내용은 선지자 에스겔이 하나님께 받은 말씀을 기록한 것이다. 그는 제사장의 혈통을 가진 선지자로서 제사장적 관점으로 에스겔서를 기록하고 있는데, 특히 이 책의 후반부(40-48장)에 나오는 새 예루살렘 성전에 대한 묘사는 이스라엘의 회복을 보여주는 메시지로서, 전혀 새로운 차원으로 회복될 하나님 나라에 대한 메세지라고 할 수 있다. 이는 하나님의 나라는 이스라엘 민족의 멸망으로 끝나는 것이 아니라 앞으로도 계속 이어질 '영원한 나라'라는 것이다.

에스겔은 예레미야, 다니엘 등과 동시대 사람으로서 예레미야의 제자였던 것으로 보인다. 그가 25살이던 B. C. 597년 바벨론에 포로로 잡혀갔고(바벨론 느부갓네살이 쳐들어 와 여호야긴을 폐위하고 시드기야를 왕으로 세우고는, 여호야긴과 왕국의 모든 실권자들 1만 명을 포로로 잡아감), 5년이 지난 뒤 30살이 되던 해 바벨론 이방 땅에서 하나님으로부터 강력한 소명을 받았으며, 그 후 22년간 하나님의 선지자로 사역하였다.

에스겔서에 등장하는 대부분의 사건들은 유다 왕 여호야긴이 바벨론에 포로로 끌려 간 시점을 기준으로 하여 연대기적인 순서로 이어져 있다. 에스겔은, 여호야긴이 포로로 끌려간 지 5년째 되던 해인 B. C. 592년부터 바벨론의 포로 상태에 있는 백성들과 유다에 남아 있는 백성들을 대상으로 하나님의 말씀을 선포하기 시작했고(1:2), 이는 예루살렘 멸망 이후에도 계속 이어져 B. C. 570년경까지 지속되었다(29:17).

그는 에스겔서에서 그의 행동만큼이나 독특한 내용이나 사상에 대해서 기록하고 있는데, '인자'(人子)의 등장이 그 한 예이다. 이 책에서 하나님은 에스겔을 93번씩이나 '인자'라고 부르시면서 그에게 환상을 보여주신다. 여기서 '인자'(人子)는 말 그대로 '사람의 아들'이라는 인간의 이미지를 그대로 가지고 있는데, 신약시대 예수께서는 이 호칭을 즐겨 사용하셨다.

기록목적

에스겔은 바벨론에 포로로 잡혀 있는 유다 백성들에게 하나님이 역사의 주관자 되심을 알게 하고, 예루살렘의 멸망은 백성들이 하나님을 불순종하여 배반했기 때문이라는 것을 깨닫게 하였다. 그는 또한 하나님께서 바벨론의 포로된 백성들을 연단하시고 정결케 하셔서 그들을 회복시킬 것임을 선포하였다. 하나님께서는 그들을 포로에서 건져내어 고국으로 돌아가게 하실 것이며, 놀랍고 새로운 예루살렘 성전에서 예배하면서 다시금 하나님의 백성이 되게 하실 것이었다.

개요

Ⅰ. 예루살렘에 대한 하나님의 심판(1-24장)

Ⅱ. 열방들에 대한 하나님의 심판(25-32장)

Ⅲ. 이스라엘의 회개와 회복(33-48장)

■ 보충자료 : 3차에 걸린 바벨론 포로

시기		유다왕	바벨론 침략자	포로들	성경 본문
1차	B. C. 605	여호야김	느부갓네살	다니엘과 세 친구들이 포함됨	대하 36:6-7
2차	B. C. 589	여호야긴	느부갓네살	에스겔을 포함해 왕국의 주요 인물들 약 1만여 명을 잡아감	왕하 24:14-17
3차	B. C. 586	시드기야	느부사라단 (느부갓네살의 시위대 장관)	빈천한 국민만 남겨두고 다 잡아감	왕하 25:1-21

1

에스겔을 부르심

읽어야할 본문: 에스겔 1–3장

숙고해야할 본문: 에스겔 2:1–7

B. C. 597년 유다 왕 여호야긴과 왕국의 주요 인물들 1만여 명이 바벨론에 포로로 잡혀갈 때, 당시 그의 나이 25살이었던 에스겔도 그들 속에 함께 있었다. 그렇게 야호야긴 왕이 바벨론에 포로로 사로잡힌 지 5년째 되던 해(에스겔이 30살이 되던 해), 하나님은 제사장 에스겔을 그발 강가에서 환상을 통해 부르신다. 그런데 이 환상에는 폭풍, 구름, 불과 같은 자연적인 요소와 네 짐승으로 대변되는 초자연적인 요소가 함께 나타난다. 환상 속의 네 짐승은 날개와 얼굴을 가졌는데, 각기 사람, 사자, 황소, 그리고 독수리의 형상을 하고 있었다. 또한, 네 짐승의 얼굴을 따라 달린 바퀴는 하나님의 사역의 이동성을 상징하고 있었다.

에스겔은 이 환상을 통해 하나님이 이스라엘이라는 나라에만 국한되시는 분이 아니라, 모든 역사의 주관자 되시는 분이심을 깨달았다. 그리고 에스겔은 이 환상 가운데 스스로 하나님을 보았다고 생각하고 땅에 주저앉는다. 그때에 하나님은 그를 일으켜 세우시고 그에게 선지자로서의 소명과 임무를 부여하신다. 하나님은 그에게 용기를 주신 후 안팎으로 재앙의 말씀이 기록된 두루마리를 받아먹게 하시고, 그 말씀을 이스라엘 백성에게 전하라고 명하셨다. 에스겔이 그 말씀을 따라 두루마리를 먹으니 그 달기가 꿀과 같았다(3:3).

■ 적용

환상 가운데 에스겔을 부르신 하나님은 자기 민족에게 가서 그들이 듣든지 아니 듣든지 그들에게 하나님의 말씀을 전하라고 명하셨다(3:11). 또한, 하나님은 에스겔을 이스라엘의 파수꾼으로 세웠으니, 그는 하나님의 말씀을 듣고 그분을 대신하여 그들을 깨우쳐야 한다고 말씀하셨다. 이제 에스겔에게 자기 민족의 생명이 달린 것이나 다름없었으니, 그에게는 하나님의 말씀을 그들에게 신실하게 선포할 막중한 책임이 주어진 것이었다. 그리고 하나님은 그가 자신에게 주어진 사명에 충성을 다해 줄 것을 원하셨을 것이다. 에스겔을 부르셨던 것처럼, 하나님은 오늘도 우리를 우리 민족의 생명을 책임지는 파수꾼으로 부르시고, 우리가 신실하게 그 사명을 잘 감당하기를 원하신다. 그런 하나님의 부르심에 기꺼이 순종하여 그들이 듣든지 아니 듣든지 하나님의 말씀을 선포할 수 있는 우리 성도들이 되어야 하겠다.

2
유다에 대한 하나님의 심판

읽어야할 본문: 에스겔 4-11장

숙고해야할 본문: 에스겔 6:1-10

유다 백성들은 하나님의 성전이 이방 나라에 의해서 훼파될 것이라는 사실을 상상할 수도 없었다. 그들은 하나님께서 예루살렘 성전을 이방 세력들이 무너뜨리도록 그냥 두지 않으실 것이라고 굳게 믿었다. 하지만 그들이 하나님을 배반하고 불순종했기 때문에 결국 성전과 예루살렘은 파괴되고 말았다. 그들의 운명은 역사의 주관자 되시는 하나님의 장중에 있었던 것이다. 아울러, 바벨론이 예루살렘을 이길 수 있었던 것은 그들의 힘 때문이 아니요 하나님의 섭리 때문에 가능했던 일이었다.

하나님은 에스겔의 비상한 행동을 통해 이스라엘과 유다의 죄를 상징적으로 보여주셨다. 에스겔은 하나님의 명령대로 이스라엘이 범죄한 횟수만큼 390일을 왼쪽으로 누웠다가, 다시 유다가 범죄한 횟수만큼 40일을 오른쪽으로 누웠다. 하나님은 그들의 죄로 인해 이스라엘을 징계하셨으며, 이제 유다 땅 예루살렘의 멸망도 그렇게 임박해 오고 있었다. 마침내 하나님은 그들을 칼로 내리치시고 바람으로 흩으실 것이다. 또한, 에스겔은 예루살렘 백성들이 당할 고통과 참혹상을 부정한 떡을 통해 상징적으로 보여주고 있는데, 여기서 부정한 떡은 유다 백성들이 적국에 사로잡혀 이방의 음식을 먹게 될 것임을 의미한다. 아울러, 그는 머리털과 수염을 가지고 예루살렘의 파멸과 백성들의 흩어짐에 대해 상징적인 예언을 하기도 한다. 하나님은 그의 인도하심을 따라 살아가는 선민들을 원하셨지만, 그들이 하나님을 배반하였으니 하나님은 징계를 통해 그들을 돌이키고자 하시는 것이었다.

▪ 적용

이스라엘은 하나님의 선택된 백성으로서 그 본분을 다하지 못해 결국 하나님의 심판을 받았다. 그들은 하나님의 법을 어기고 우상숭배에 빠졌고, 결국 이방인들의 조롱거리가 되고 말았다. 그렇게 북 이스라엘이 멸망했던 것처럼, 이제 남 유다를 향한 하나님의 참혹한 심판 또한 피할 수 없는 일임을 에스겔은 예언하였다. 하나님은 죄인을 긍휼히 여기시지만, 죄는 간과하지 않는 분이시다. 하나님은 징계를 통해서라도 하나님의 선택된 백성이 죄를 벗어버리기를 원하신다. 하나님은 오늘도 하나님의 백성들이 죄에서 돌이켜, 하나님이 거룩하므로 그의 백성들도 거룩해지기를 바라신다. 하나님의 징계는 그것 자체가 목적이 아니라 연단을 통해서 우리가 죄로부터 돌이키기를 원하신다.

3

에스겔서에 나타난 그리스도

읽어야할 본문: 에스겔 12-24장

숙고해야할 본문: 에스겔 17:22-24

하나님은 또한 에스겔을 통해서 장차 멸망할 유다의 운명을 상징적으로 보여주셨다. 두 마리 독수리와 포도나무 비유는 바벨론의 느부갓네살 왕이 유다의 높은 가지를 자기 나라로 이식하였음을 상징하는데, 이는 바벨론이 자신들의 대리 통치자로 세운 유다의 시드기야 왕이 애굽과 동맹을 맺고 오히려 자신들에게 대항함으로써 그를 바벨론의 포로로 잡아간 사건을 비유하고 있다. 시드기야는 에스겔을 통해서 주신 하나님의 경고를 거슬러 애굽과의 동맹을 도모함으로써 결국 예루살렘의 멸망을 초래하고 말았다.

한편, 하나님은 백향목 높은 연한 가지를 꺾어 높은 산에 심어 아름다운 백향목이 되게 하시는데, 이는 유다의 회복과 메시아 왕국의 도래를 상징한다. 성경에서 반복적으로 나타나는 이 '연한 가지'는 이스라엘의 산위에 심겨질 어린 연한 가지(17:22; 34:23-24; 37:24-25; 사 4:2; 렘 23:5; 슥 3:8; 6:12)로서의 '그리스도'를 나타낸다. 산 위에 심기어진 그 연한 가지는 장차 각종 새가 깃들일 아름다운 백향목으로 자라갈 것이다.

또한, 에스겔은 양떼를 돌보는 선한 목자로서의 그리스도의 모습을 그리고 있다(34:7-31). 목자는 양떼에게 좋은 꼴을 먹이고 생명으로 인도한다. 목자는 잃어버린 양을 찾아 나서며, 양을 지키기 위해서 자신의 생명을 아끼지 않는다. 또한, 목자는 자신의 양을 괴롭힌 악한 자들을 심판하는 심판자이기도 하다.

■ **적용**

신약을 포함한 성경의 모든 말씀은 오직 한 분 그리스도를 향하고 있다. 에스겔서도 예외가 아니다. 여러 가지 환상과 비유들을 담고 있는 에스겔서는 백향목과 선한 목자 비유를 통해서 장차 오실 새 왕 그리스도의 통치를 그리고 있다. 연한 가지로부터 아름다운 백향목이 비롯되었듯이, 구유에서 나신 예수가 온 세상의 구원자가 되실 것이다. 선한 목자가 양을 인도하듯이, 그리스도는 그를 믿는 모든 자들을 푸른 초장으로 인도하실 것이다.

4
주변 국가들에 대한 심판

읽어야할 본문: 에스겔 25-32장

숙고해야할 본문: 에스겔 32:17-21

에스겔은 이제까지 자만에 빠져 있는 유다에 대한 하나님의 분명한 심판이 있을 것임을 예언하였다. 유다 백성들의 우상숭배는 하나님의 진노를 사서 예루살렘 멸망이라는 혹독한 결과를 불러올 것이다. 한편, 에스겔은 하나님은 온 세상의 주권자가 되시는 분으로, 죄악에 빠진 이방 나라들도 유다와 마찬가지로 하나님의 심판을 피할 수 없음을 예언한다.

이는 역사의 주인이신 하나님께서 그들의 죄도 간과치 않으실 것임을 보여주는 것이며, 또한 이방 나라들에 대한 심판이 곧 유다의 남은 자들을 회복시키기 위한 하나님의 구원 역사이기도 했다. 그렇게 하여, 이스라엘 민족과 대적하고 하나님을 경멸한 열방들 즉 암몬, 모압, 에돔, 블레셋, 두로, 시돈, 애굽 등에 대한 하나님의 심판이 선포되었고, 마침내 하나님은 바벨론의 느부갓네살을 사용하셔서 그 열방들을 심판하실 것이다. 이로써 온 세상이 하나님의 주권 아래 있다는 사실을 열방들에게 분명하게 깨닫게 해 줄 것이다. 그리고 이스라엘 민족은 그들이 의지할 대상은 오직 하나님뿐임을 알게 될 것이다.

■ 적용

하나님은 기독교만의 하나님이 아니라 온 세상의 주권자가 되시는 분이시다. 하나님의 역사하심은 온 세계에 그 영향을 미친다. 하나님은 유다를 징계하시면서 회복에 대한 약속의 말씀을 함께 주셨지만, 이방 나라들에게는 오직 심판만이 있을 뿐이다. 마찬가지로, 하나님은 오늘 성도들에게 연단을 통해 회개하고 돌이키게 하기 위해서 고난을 주시지만, 불신자들에게는 징계만이 있을 뿐이다. 하나님은 불신자는 그냥 두시지만, 신자들은 결코 버리지 않으시고 끝까지 끌고 가신다. 이것이 바로 칼빈의 5대 교리에서 말하는 '신자의 견인'이 주는 의미이기도 하다.

5
마른 뼈와 두 막대기의 환상

읽어야할 본문: 에스겔 33–39장

숙고해야할 본문: 에스겔 37:1–14

하나님은 에스겔에게 마른 뼈와 두 막대기 환상을 보여주시는데, 이 환상들은 모두 이스라엘의 회복과 메시아의 도래를 예언하고 있다. 하나님은 에스겔에게, 학살당하여 골짜기에 누워있는 마른 뼈들이 살아나도록 명하게 하신다. 에스겔이 하나님의 말씀대로 행하자 마른 뼈들이 서로 달라붙고 살이 생기고 힘줄이 생긴다. 그런데 아직 생기가 없어서 움직이지 못하다가 하나님이 코와 입을 통해 바람을 넣으시니 비로소 움직이게 된다. 이는 마치 하나님이 인간을 창조하실 때 그 코에 생기를 불어넣으신 것을 연상시키는데, 이는 오순절에 마가의 다락방에 모였던 예수의 제자들에게 임한 성령과도 유사한 것이었다. 마른 뼈가 다시 살아난 것은 하나님의 징계를 받아 멸망한 이스라엘이 다시 회복될 것을 예언하는 것이며, 또한 먼 훗날 하나님이 성령으로 하나님의 백성을 새롭게 세우실 것을 상징하는 것이기도 하다.

한편 서로 나뉘어 있던 두 막대기가 합해지는 환상은, 남북으로 분열되었던 이스라엘의 두 왕국이 하나님이 정하신 어느 날에 하나로 회복될 것을 의미하였다. 하지만 분열되었던 두 왕국이 모두 멸망하고 나서 역사적으로 합해지는 일은 없었다. 그것은 이 두 막대기의 연합이 영적인 의미를 담고 있음을 말해준다. 에스겔 37:25에서 다윗이 영원히 그들의 왕이 되어 다스린다고 예언한 것은, 장차 오실 새 왕 예수 그리스도에 의한 영원한 연합을 말씀하고 있는 것이다.

■ 적용

다시 소생할 가능성이 없어 보이는 마른 뼈와 같은 이스라엘 민족이지만, 하나님의 놀라운 능력으로 그들은 반드시 회복될 수 있을 것이다. 또한, 남북으로 갈라졌던 그들은 장차 오실 새 왕 예수 그리스도에 의해 영원히 연합할 것이다. 마른 뼈에 생기가 있게 되고, 나뉘어 있던 두 막대기가 하나되는 것은 그리스도 안에서의 새로운 창조를 의미한다. 그리스도는 죽은 자와 같은 이들에게 생명을 주시고, 분열된 나라를 하나되게 하시는 분이시다.

6

새 예루살렘 성전

읽어야할 본문: 에스겔 40–48장

숙고해야할 본문: 에스겔 40:1–4

에스겔이 많은 환상을 본 중에 단연 새 예루살렘 성전에 관한 환상이 나온다(40-48장). 그런데 이 환상에 대한 해석과 관련해 학자들의 의견이 분분한 것이 사실이다. 이것을 미래의 천년왕국 동안에 예루살렘에 재건될 실질적인 성전에 대한 구조로 해석하는 사람들이 있는가 하면, 이는 눈에 보이는 물질적인 성전에 대한 묘사가 아니라 하나님을 예배하는 영적인 순결을 강조하는 것이라고 주장하는 사람들도 있다.

하나님이 에스겔에게 이 성전을 보이신 것은 하나님의 영광이 임할 장소로서 (44:4), 하나님이 이스라엘 족속 가운데 영원히 거할 처소를 제공하기 위해서다(43:7). 이 성전에는 휘장도, 진설병도, 등잔도, 그리고 언약궤도 없다. 하나님이 들어오신 동쪽 문은 영원히 닫힌다(44:2). 이 성전 아래에는 물의 근원이 있어서 사해와 지중해로 흘러들어가고, 그 물은 수영을 할 수 있을 만큼 깊다. 이 성전은 새로운 탄생이 필요함을 상기시키고, 구원의 가치를 가르쳐주며, 하나님의 거룩하심을 입증해 준다. 성전을 감싸고 있는 도시는 6마일(48:35) 가량에 이르며, 그 사방의 합계는 18,000척이나 된다. 그 날 후로는 그 도성의 이름을 여호와 삼마 즉 "하나님이 거기 계시다"라고 부른다.

성경에는 에스겔이 환상 가운데 본 새 예루살렘 성전 외에도 많은 성전들이 등장한다. 모세의 성막, 솔로몬의 성전, 스룹바벨의 성전, 그리스도의 몸을 이루는 성전, 영적인 성전으로서의 교회, 사도 요한이 보았던 성전 등이 나오는데, 에스겔의 새 성전과 요한이 보았던 성전만 아직 역사 가운데 실현되지 않았다.

■ 적용

여기서 언급되고 있는 새 예루살렘 성전은 에스겔이 환상 속에서 이스라엘 땅에 이르러 본 것이기 때문에 하늘의 성전일 수도 없고(40:2), 바벨론에서 귀환한 이후에 백성들과 재건한 스룹바벨의 성전일 수도 없다. 따라서, 우리는 이것을 눈에 보이는 어떤 형체를 갖춘 물리적인 성전으로 볼 것이 아니라 새로운 도성이 갖는 의미, 즉 "주님이 거기 계시다"란 의미의 영적인 성전으로 보는 것이 옳을 수 있다. 성전은 하나님의 임재를 상징하는 곳이다. 이는 하나님이 이스라엘을 회복시키시고 영원히 그들과 함께 하실 것을 암시한다고 볼 수 있다. 오늘날 우리에게 이 성전이 갖는 의미는 그리스도와 함께 성도들의 마음 안에 내재하고 있는 영적인 성전을 가리킨다고 할 수 있다. 또는, 이 성전은 아직 실현되지 않은 천년왕국 시에 있게 될 하나님의 성전일 가능성도 있다.

7

복습을 위한 질문

1. 에스겔이 선지자로 소명을 받기 전 그의 직분은 무엇이었는가?

2. 선지자로서의 에스겔의 주요 활동 무대는 어디였는가?

3. 에스겔은 언제 바벨론에 포로로 잡혀갔는가?

4. 에스겔서에서 하나님은 에스겔을 어떻게 부르시는가?

5. 하나님이 유다 백성들을 바벨론에 멸망케 하시고 포로로 잡혀가게 하신 목적은 무엇인가?

6. 에스겔이 본 첫 번째 환상인 바퀴달린 네 짐승은 각각 어떤 형상을 하고 있었으며, 또한 거기서 바퀴는 무엇을 상징하는가?

7. 하나님의 명으로, 말씀이 적힌 두루마리를 먹고 난 에스겔의 반응은 어떠하였는가?

8. 에스겔서에서 하나님은 이스라엘과 유다의 죄를 어떻게 상징적으로 보이셨는가?

9. 에스겔서에서 백향목과 선한 목자는 누구를 상징하는가?

10. 에스겔서에서 하나님의 심판을 받게 될 일곱 개의 이방 나라는 어디어디인가?

11. 에스겔이 본 두 막대기 환상 가운데 두 막대기가 하나로 합해지는 것은 무엇을 상징하는가?

12. 성경에 등장하는 여러 종류의 성전 중 아직 역사적으로 실현되지 않은 성전은 무엇인가?

13. 여호와 삼마는 무슨 뜻인가?

다니엘

- 핵심어: 왕국
- 핵심구절: "그는 때와 계절을 바꾸시며 왕들을 폐하시고 왕들을 세우시며 지혜 자에게 지혜를 주시고 총명한자에게 지식을 주시는도다"(단 2:21).

명칭과 배경

다니엘(Daniel)이란 명칭은 이 책의 주요 인물이자 저자인 다니엘의 이름을 따서 붙여졌다. 다니엘이란 이름은 '하나님은 나의 심판자시다'라는 의미이다. 다니엘은 에스겔에서도 언급되고 있고(겔 14:14, 20; 28:3), 신약의 히브리서에서도 언급된다(히 11:32-33).

이 책의 전반부(1-6장)는 바벨론, 메대, 바사의 궁정에서 일어난 일들을 중심으로 다니엘과 세 친구들의 삶을 다루고 있으며, 이 책의 후반부(7-12장)는 다니엘이 꿈속에서 환상가운데 바벨론, 메대와 바사, 헬라, 로마로 이어지는, 앞으로 세계를 제패할 열강들의 역사를 미리 내다본다. 그리고 이어서, 그리스도의 재림으로 세상 끝날에 임할 최후 심판과 하나님 나라의 도래에 대해 언급한다. 다니엘서 1-7장은 바벨론의 무역어인 아람어로, 8-12장은 히브리어로 각각 기록되어 있다.

다니엘서는 에스겔서와 함께 구약의 묵시문학(默示文學, Apocalyptic)으로 일컬어지는데, 하나님이 온 세상의 진정한 왕이시며 땅 위에 있는 모든 이방 나라들은 하나님이 정하신 때에 심판을 받아 사라진다는 종말론적 내용을 꿈과 환상을 통해 담아 내고 있다. 종말과 함께 하나님 나라가 건설되어 영원히 계속될 것이며, 그때는 고통과 죽음이 모두 사라지고 하나님의 구원 역사가 완성된다는 내용이다. 다니엘서를 놓고 그 해석이 분분한 이유가 바로 이 때문이다.

저자와 기록연대

이 책의 내용은 선지자 다니엘이 하나님께 받은 말씀을 기록한 것으로, 신약에서 예수님도 다니엘이 이 책의 저자라고 확증해 주셨다(마 24:15). 다니엘은 에스겔보다 더 먼저인 B. C. 605년에 바벨론에 포로로 잡혀갔다(에스겔서가 성경에서 더 앞에 자리한 이유는 에스겔서가 다니엘서보다 분량이 더 많기 때문이다). 애굽과의 전쟁에서 승리를 거둔 느부갓네살이 예루살렘을 침략해서 포로들을 잡아갔는데, 이때 다니엘과 세 친구들(사드락, 메삭, 아벳느고)도 함께 있었다.

다니엘은 본래 상류층 귀족으로서 하나님을 신실하게 섬겼는데, 포로로 잡혀가서도 오랫동안 국가 고위직에 있으면서 이방 땅에 하나님의 말씀을 선포하였다. 그가 바벨론에 포로로 잡혀갔을 때는 아직 어린 나이였음에도 불구하고, 느부갓네살 왕의 명령으로 바벨론 궁정에서 봉사하는 일을 맡게 되었다. 그는 꿈 해몽을 잘 하였을 뿐 아니라 지혜와 총명이 뛰어나서 바벨론에서 총리에 올랐으며, 메대와 바사로 이어지는 그 나라에서도 계속하여 권력층에 남아 있었다. 그리하여 다니엘은 바벨론, 메대, 바사 세 나라에 걸쳐서 약 70년간을 궁정에서 고위직에 있으면서 왕과 백성들을 위해 봉사하였다. 그는 거친 이방 땅에서 끝까지 하나님께 신실하였으며, 고레스 왕이 칙령을 반포하여 많은 유다 백성들이 고국으로 돌아갈 때에도 그는 바사(페르시아)에 여전히 남아 있었으며 결국 거기서 죽음을 맞았다.

이 책의 기록연대에 대해서는, 대부분이 B. C. 605년 다니엘이 바벨론에 포로로 잡혀 온 이후에 기록했을 것으로 보는 반면, 어떤 학자들은 그보다 후기인 B. C. 2세기에 일어난 사건들을 중심으로 다니엘이 아닌 다른 저자에 의해서 기록되었을 것이라고 보기도 한다. 또한, 어떤 이들은 다니엘서의 전반부는 다니엘 시대에, 후반부는 그보다 좀 더 나중에 기록되었을 것이라고 보기도 한다.

기록목적

다니엘과 세 친구들을 초자연적인 힘으로 죽음에서 구원해 주시는 하나님을 통해 인간의 모든 생사화복을 주관하시는 하나님의 절대적인 주권을 상기시킨다. 또한, 다니엘과 세 친구들이 보여준 것처럼 죽음에 직면해서조차 하나님에 대한 신앙을 지키도록 격려하고 있다. 나아가, 미래에 있을 하나님의 심판과 메시아를 통한 하나님의 구원 역사를 보여주고 있다. 다니엘의 예언자적 메시지는 신약에서도 나타나는데, 그 중에서도 특히 요한계시록과 상응하는 부분이 많다.

개요

Ⅰ. 다니엘과 세 친구들의 신실한 삶(1-6장)

Ⅱ. 이스라엘과 관련된 이방 나라들의 최후(7-12장)

1

신앙의 절개를 지킨 다니엘

읽어야할 본문: 다니엘 1장

숙고해야할 본문: 다니엘 1:8–21

다니엘은, 바벨론의 느부갓네살 왕이 애굽과의 전쟁에서 승리를 거두고(B. C. 605년) 예루살렘까지 침공하여 쓸 만한 유다 백성들을 포로로 잡아갔을 때 그들과 함께 있었던 소년이었다. 그는 어린 나이였지만 바벨론 궁정에서 봉사하는 일을 하였는데, 이때 함께 일하던 어린 히브리 소년들 가운데는 다니엘의 세 친구 사드락, 메삭, 아벳느고도 있었다.

그들은 서로 뜻을 정하여, 왕의 포도주와 음식으로 자기들을 더럽히지 않고 히브리인의 규례에 따라서 음식을 먹기를 원했다. 하지만 환관장은 왕을 섬기는 소년들의 건강과 안색이 좋지 않을 경우 그가 모든 책임을 져야했기 때문에 이에 난색을 표했다. 다니엘은 자신들에게 열흘 동안 채식과 물만 먹게 한 후 왕의 음식을 먹은 자와 비교해 볼 것을 청하게 되는데, 환관장이 이에 동의하였다. 그로부터 다니엘과 세 친구들은 채식만 하였으나, 열흘 후 그들의 얼굴이 다른 이들보다 훌륭하니 환관장은 계속해서 다니엘의 뜻에 따르기로 하였다.

왕이 정한 훈련 기간을 마친 후 왕 앞에 나온 다니엘과 세 친구들은 왕의 질문에 지혜와 총명으로 답을 하는데, 그들은 왕의 술객과 박수보다 십 배나 나았다. 여기서 "십 배나 나았다"는 표현은 왕의 지혜자와는 아주 비교가 안 될 정도로 그들이 뛰어났음을 말해주는 것으로, 믿음을 따라 살고 있는 다니엘과 세 친구들을 하나님이 크게 축복하셨던 것이다.

■ 적용

다니엘은 뜻을 정하여 불경한 음식으로 인해서 시험에 빠지지 않도록 스스로를 경계하였다. 이방 땅에서 신앙의 절개를 지키며 사는 것이 가히 쉬운 일이 아니었음에도 불구하고 그는 하나님의 말씀대로 살고자 노력하였다. 하나님은 그런 다니엘의 중심을 보시고, 채식과 물만으로도 왕의 진미를 먹는 소년들보다 더 건강하고 아름답게 하셨다. 또한, 지혜와 총명에서 있어서도 어느 누구보다 뛰어나게 하셨다. 마음에 뜻을 정하여 끝까지 신앙의 절개를 지키며 하나님께 순종한 다니엘을 축복하셨듯이, 하나님께서는 믿음으로 사는 오늘 우리에게도 동일한 축복을 주시기를 원하신다.

2
느부갓네살의 꿈과 다니엘의 해석

읽어야할 본문: 다니엘 2장

숙고해야할 본문: 다니엘 2:36-49

느부갓네살 왕이 즉위한 지 2년, 다시 말해 다니엘이 바벨론에 포로로잡혀간 지 3년째 되던 해에 느부갓네살은 끔찍한 꿈을 꾸게 되었다. 하지만 그는 그 꿈의 내용을 기억할 수도, 또한 이해할 수도 없었다. 왕은 각종 지혜자들과 갈대아의 술사들을 불러 모아 자신이 꾼 꿈이 무엇이었으며, 또 그 해몽은 어떻게 되는지를 질문하였다. 느부갓네살은 진정한 꿈 해몽가라면 자신이 꾼 꿈의 내용이 무엇이었는지 알 수 있어야 한다고 주장하며, 그들에게 무조건 꿈의 해몽을 요구하였다. 이 과정에서, 갈대아의 술사들은 인간의 지혜로는 그 일을 할 수 없으며 오직 신만이 할 수 있을 것이라고 말하는데, 이는 이어질 다니엘의 꿈 해몽이 하나님께서 그와 함께 하신 것이었음을 단적으로 보여 주는 것이었다.

왕이 바벨론의 모든 지혜자들을 죽이려고 한다는 소식을 근위대장 아리옥으로부터 들은 다니엘은 왕에게 청을 하여 허락을 얻고, 그는 세 친구들과 함께 하나님께 엎드려 기도하였다. 그날 밤 하나님으로부터 꿈에 대한 계시를 받은 다니엘은, 느부갓네살 왕에게 그것이 어떤 꿈이었는지를 자세히 알려주고 또한 그것을 해몽하였다. 왕이 꾼 꿈은 머리는 금이요, 가슴과 팔은 은이요, 배와 넓적다리는 놋이요, 다리는 쇠요, 발은 진흙과 쇠로 합성된 큰 신상이었다. 그것은 바벨론의 느부갓네살 왕과 뒤이어 일어날 여러 열강들(메데와 바사, 그리스, 로마)을 대변하는 것이었다. 또한 손대지 아니한 돌이 산에서 나와 쇠와 놋과 진흙과 은과 금을 부서뜨리는데, 이는 그리스도가 모든 세상 나라를 부수고 그 위에서 통치하실 것임을 예언하는 것이었다.

다니엘의 꿈 해몽을 들은 느부갓네살은 "너희 하나님은 참으로 모든 신의 신이시요 모든 왕의 주재시로다"(2:47)라고 고백하였고, 다니엘을 궁중에서 두 번째 자리까지 높였을 뿐만 아니라 다니엘의 요구대로 그의 세 친구들도 지방의 일을 다스리는 자가 되게 하였다. 포로로 잡혀 온 유다 백성 다니엘은, 이로써 당시 근동의 패권자였던 바벨론 제국의 중앙 정치 무대로 등장하게 되었던 것이다.

■ 적용

갈대아 술사들의 고백, 즉 꿈의 내용을 알아서 그것을 해몽할 수 있는 자는 신뿐이라는 그들의 말은 다니엘의 꿈 해석이 하나님의 은혜였음을 깨닫게 해준다. 그 옛날 애굽에 있던 요셉을 통해 야곱의 식구들을 축복하셨던 것처럼, 이제 하나님은 바벨론에 사로잡힌 다니엘을 통해 이스라엘 민족을 도우실 것이다. 창조주 하나님께서는 세상만사를 주관하시며 통치하는 분이시다. 역사의 주관자 되시는 하나님이신 것이다. 우리는 다니엘이 해석한 꿈대로 역사가 이루어졌음을 알고 있다. 바벨론, 메데와 바사, 그리스, 로마제국에 이르기까지 그들은 잠시 역사 속에 나타났다 사라졌을 뿐이며, 결국 그 모든 흥망성쇠가 주권자이신 하나님의 장중에 있었던 것이다.

3
다니엘의 세 친구의 믿음

읽어야할 본문: 다니엘 3장

숙고해야할 본문: 다니엘 3:8–18

다니엘의 꿈 해석으로 하나님의 위대함을 고백하고 그에게 극진히 대접했던 느부갓네살이었지만, 그는 곧 그 사실을 잊어버리고 또 다시 금 신상을 세워서 모든 이들로 하여금 그 앞에 절할 것을 명하였다. 나아가, 만약 이를 거절하면 뜨거운 풀무불에 던져질 것이라고 공포하였다. 하지만 다니엘의 세 친구 사드락, 메삭, 아벳느고는 느부갓네살의 금 신상 앞에서 절하기를 끝내 거부하는데, 이는 그들에게 있어서 그들의 신앙을 부정하는 것이었기 때문이다.

다니엘의 세 친구들이 신상 앞에 절하지 않는다는 사실을 안 대신들은 이를 왕에게 알렸고, 이에 왕은 진노하여 그들을 소환하였다. 왕은 세 친구들에게 다시 한 번 기회를 주고자 하였지만, 그들은 하나님께서 자신들을 뜨거운 풀무불에서 건져내실 수 있을 뿐 아니라, 설사 그리 아니하실지라도 신상에 절하지 아니할 것임을 고백하였다. 마침내 왕은 그들을 풀무불에 던지게 하였는데, 중동 지역에서 발견된 고대 용광로를 근거해 볼 때 이 풀무불의 온도는 1800도에 달하였으며, 쇠를 녹여 각종 무기들을 생산할 수 있을 정도였다고 한다. 세 친구들을 던졌던 자들이 즉시 불에 타 죽었다는 사실이 이를 뒷받침해 주고 있다.

하나님은 세 친구들의 믿음을 보시고 천사를 보내셔서 그들의 생명을 건지셨다. 그런데 느부갓네살은 세 명이 아니라 네 명이 풀무불 속을 거니는 것을 보게 되었고, 이어 그는 "그 네째의 모양은 신들의 아들과 같도다"(3:25)라고 고백하였다. 왕은 세 친구들이 즉시 풀무불에서 나오도록 명하였는데, 어느 한 군데도 상하지 않은 세 친구들을 보고서 그들의 하나님을 칭송하였다. 그리고는 세 친구들의 위상을 바벨론에서 더욱 높이 하였다.

■ 적용

죽음을 불사한 세 친구들의 신앙은 하나님의 영광을 높이 나타내었다. 하나님은, 생명을 버리면서까지 하나님밖에는 다른 신을 섬기기를 거부하였던 다니엘의 세 친구들을 결코 그대로 두지 않으셨다. 천사를 보내 그들을 구원해 주셨음은 물론, 세상에서 그들을 더욱 높게 하셨다. 그들의 믿음이 특히 귀한 것은 하나님이 그들을 구원하실 것을 믿었을 뿐 아니라, 설사 하나님의 뜻이 그들이 풀무불에서 죽는 것이라 할지라도 하나님의 말씀에 순종하겠다고 단언한 것이다. 우리가 믿는다고 하지만 막상 죽음이 눈앞에 닥치게 되면 그 두려움에 신앙을 저버리기 쉬운데, 여기 다니엘의 세 친구들이 생명을 걸고 신앙을 지키는 모습을 보면서 숙연해지지 않을 수 없다.

4

교만했던 느부갓네살과 벨사살

읽어야할 본문: 다니엘 4–5장

숙고해야할 본문: 다니엘 4:28–37; 5:17–31

하나님을 찬미하며 영광을 돌리던 왕은 느부갓네살 이내 교만의 죄악에 빠지는데, 하나님은 그의 죄를 징계하시려고 그에게 꿈으로 보여주셨다. 어느 날 느부갓네살은 나무에 관한 꿈을 꾸는데, 아주 높이 솟은 나무가 있어 많은 들짐승들이 그 그늘에서 쉬고 새가 그 가지에 깃드는 것을 보게 된다. 그런데 한 순찰자, 곧 거룩한 자가 하늘에서 나타나 그 나무를 베어 그루터기만 남기고 쇠와 놋줄로 동이라고 명한다. 이후 그루터기는 사람의 마음이 아니라 짐승의 마음을 받아 정신이 나간 사람처럼 지낸다.

오직 다니엘만이 그 꿈을 해석할 수 있었는데, 높은 나무는 느부갓네살 왕으로 그가 교만하여져서 하나님이 그를 일곱 때(7년 혹은 7달) 동안 버리신다는 의미로, 이 예언은 그대로 이루어졌다. 느부갓네살이 바벨론 도성의 위엄을 스스로 자랑하며 교만에 빠짐으로 인해 미친 사람처럼 되었는데, 그의 손톱과 머리털이 새와 독수리처럼 자란 것으로 볼 때 그때는 이미 그가 정신이 나간 상태로 상당한 시간이 흘렀던 것으로 보인다.

한편, 느부갓네살이 죽고 바벨론 왕으로 등극한 벨사살은 사악하고 교만하여서 하나님의 거룩한 기명(器皿)을 가지고 연회를 베푸는 신성모독죄를 범하게 되는데, 이에 연회 중에 손가락이 나타나서 '메네 메네 데겔 우바르신'(5:25)이라는 글자를 씀으로써 왕의 시대가 다했음을 알려준다. 신성모독죄를 범한 그에게 남은 것은 갑작스러운 죽음과 나라의 멸망뿐이었다. 그는 그날 밤에 죽임을 당하고 메대 사람 다리오가 왕위를 잇는다.

■ 적용

느부갓네살과 벨사살 왕에게 하나님의 징계가 내려진 것은 그들이 교만하였기 때문이다. 느부갓네살은 지붕을 거닐면서 자신의 능력과 힘으로 바벨론의 도성과 위엄을 세운 것을 자랑하였다. 하나님께서는 교만한 그를 버리기로 하셨고, 다니엘은 담대하게 하나님의 뜻을 전하였다. 벨사살은 그 사악함과 교만함이 극에 달하여 하나님의 기명으로 연회를 베푸는 신성모독죄를 범하였다. 그들의 최후가 어떠하였는지를 볼 때, 우리는 하나님의 절대적인 주권을 느끼지 않을 수 없다. 또한, 하나님이 어떻게 교만한 자를 낮추시는지 보게 된다. 그들은 이방 나라의 왕이었지만, 하나님은 그들의 교만함을 두고 보지 않으시고 그들을 징계함으로 본을 보이셨다. 교만은 멸망의 앞잡이인 것이다.

5
사자굴 속의 다니엘

읽어야할 본문: 다니엘 6장

숙고해야할 본문: 다니엘 6:19-28

벨사살 왕을 마지막으로 바벨론 제국이 막을 내리고, 이어서 메대의 다리오가 왕으로 등극하였다. 다니엘은 다리오 왕이 치리할 때 또 한 번의 큰 시험을 당하게 된다. 다니엘이 왕의 총애를 받고 총리가 되자 이를 시기한 자들이 다니엘을 모함하고자 하였지만 그에게서 아무런 흠을 발견할 수 없었다. 따라서, 그들은 다니엘이 믿는 하나님을 이용하여 그를 해하고자 하였다. 그들은 계략을 꾸며 왕 이외에 다른 신에게 기도하는 자들을 사자굴 속에 처넣도록 하는 조서를 만들고 왕이 사인하게 만든다.

하지만 다니엘은 이에 굴하지 않고 평상시와 다름없이 예루살렘을 향해 창문을 열어놓고 하나님께 기도를 드린다. 마침내 그들은 다니엘을 고소하여 왕에게 조서대로 그를 사자굴에 처넣을 것을 간청한다. 왕은 어쩔 수 없이 응하였지만, 그는 다니엘을 사자굴에 던지게 하고서도 다니엘이 믿는 하나님이 그를 구원할 것이라는 믿음을 잃지 않는다. 이는 이방 나라의 왕으로서는 갖기 힘든 놀라운 믿음이었다. 아마도 그는 이전에 다니엘의 하나님이 일으키셨던 이적을 전해 들었을 것이며, 또한 다니엘에 대한 그의 사랑과 총애가 그만큼 남달랐기 때문일 것이다.

하나님은 다니엘의 기도와 다리오 왕의 기대를 저버리지 않으셨다. 천사가 사자의 입을 막아 다니엘이 전혀 상하지 않게 하셨다. 다음 날 아침에 그가 여전히 살아 있음을 알게 된 왕은 속히 다니엘을 건져내도록 명하고, 대신 그를 참소했던 자들과 그 처자들을 모두 사자굴에 던지도록 하였다. 굶주렸던 사자들은 미처 땅에도 닿기 전에 그들의 뼈를 으스러뜨렸다. 당시에는 참형에 처해지는 자의 처자들도 함께 처형했는데, 이는 그 후손들이 복수의 칼을 갈아 도전해 오는 것을 막기 위해서였다.

■ 적용

다니엘은 자신의 유일 신앙을 버리고 왕만을 섬길 것을 강요당해 사자굴에 던져지는 시험을 당했으나 끝까지 믿음을 지켜 하나님의 보호하심을 받게 되었다. 우리는 여기서 다니엘의 훌륭한 신앙에 감탄하게 되지만, 또한 시기하는 자들의 최후가 어떤 것인지도 함께 보게 된다. 하나님은 다리오 왕을 통해서 그들을 그냥 두지 않으시고 극형으로 다스리셨다. 우리는 성경을 통해 하나님이 얼마나 시기하고 질투하는 마음을 싫어하시는지 수없이 보게 된다. 그리스도인들은 다른 이가 잘 되는 것을 함께 기뻐할 줄 알아야 한다. 과연 우리는 다른 사람들의 성공을 함께 감사하며 기뻐해 주는 사람인지 돌아보아야겠다.

6
다니엘의 환상

읽어야할 본문: 다니엘 7–12장

숙고해야할 본문: 다니엘 7:9–12

바벨론 왕 벨사살 원년에 다니엘은 이전 느부갓네살이 꿨던 꿈(2:1-23)과 비슷한 꿈을 꾸고 스스로 그것을 해석하였다. 다니엘은 꿈속에서 네 마리 짐승, 즉 독수리의 날개를 가진 사자, 곰, 표범, 열 뿔이 있는 짐승에 대한 환상을 보게 되었다. 그런데 다니엘이 본 네 마리 짐승들은 차례로 바벨론, 메대와 바사, 알렉산더 제국, 로마 제국을 상징하였다. 여기서 마지막 넷째 짐승은 다른 짐승보다도 더 자세하게 기록되어 있는데, 이는 강력한 제국을 이루었던 로마를 상징하였다.

이 짐승은 열 뿔이 있고, 또 다른 뿔이 생기는데 이 뿔이 성도들을 괴롭히더니 "옛적부터 계신 이"가 와서 이 성도들의 원한을 풀어주고 때가 이르매 성도들의 나라를 얻었다고 기록하고 있다. 여기서 옛적부터 계신 이는 그리스도시며, 로마가 세상의 권력을 잡고 성도들을 괴롭힐 때 그리스도께서 이 땅에 오셔서 성도들을 신원하실 것임을 상징하였다.

벨사살 왕 3년에 다니엘은 다시 꿈속에서 숫양과 숫염소에 대한 환상을 보게 되는데, 여기서 숫양은 메대와 바사를, 그리고 숫염소는 그리스 제국을 상징하였다. 바벨론 멸망 후 근동의 지배권을 놓고 벌이는 열강들의 다툼을 묘사한 것이다. 한편, 다니엘은 가브리엘 천사와의 대화를 통해 세상 끝날에 대한 예언을 하는데, 메시아의 오심으로 종말에 임할 환난과 그것을 통과한 자들에게 주어질 상급, 그리고 적 그리스도의 최후 심판을 언급함으로써 성도들에게 소망을 주고 있다.

■ 적용

다니엘의 네 마리 짐승에 대한 환상이나 숫양과 숫염소에 대한 환상은 세상 나라들의 흥망성쇠도 하나님의 절대적인 주권에 달려 있음을 보여주는 것이었다. 다니엘의 예언 중에는 이미 실현된 사건도 있고, 아직 실현되지 않은 사건도 있다. 우리는 아직 실현되지 않은 다니엘의 예언을 붙들고 살고 있다고 볼 수 있다. 종말에 신자들에게 환난이 임할 것이고, 이 환난을 통과한 자들에게 하나님은 큰 상을 베푸실 것이다. 그리스도가 다시 오시기 전에 적그리스도가 사람들을 미혹할 것이나, 성도들은 하늘의 소망만을 바라보며 시험을 이겨야 할 것이다. 하지만 성도들이 기억해야 할 한 가지가 있는데, 그것은 종말의 시기에 대해서는 하나님 외에는 누구도 알 수 없다는 것이다(마 24:36). 따라서, 성도들은 그리스도의 재림을 대망하면서도 그 시기에 대해서는 연연하지 말고 현재의 삶에 충실히 믿음으로 살아야 할 것이다.

■ 참고자료 : 다니엘과 관련된 이방의 왕들

국가	왕	관련내용	성경 본문
바벨론	느부갓네살	느부갓네살의 꿈을 해몽함 세 친구가 풀무불에 던져짐	단 1-4장
	벨사살	벽에 쓰인 글을 해석함	단 5, 7-8장
메데	다리오	사자굴에 던져졌으나 구원을 얻음	단 6, 9장
바사	고레스	포로들이 고국으로 돌아갈 수 있게 함	단 10-12장

※ 성경에는 이밖에도 이방의 왕들이 더 등장하는데, 에스더 사건과 관련된 바사의 아하수에로 왕과, 조서를 내려 에스더와 느헤미야를 귀환시킨 바사의 아닥사스다 왕이 그들이다.

7

복습을 위한 질문

1. 다니엘이 70년 동안 궁정에서 봉사한 나라는 몇 개국이었으며, 그 나라들은 어느 나라들이었는가?
2. 다니엘의 세 친구들의 이름은 무엇무엇인가?
3. 느부갓네살이 꾼 꿈에서, 금머리와 종아리로 된 쇠는 각각 어느 나라를 상징하는가?
4. 느부갓네살이 꾼 꿈에서, 손대지 아니한 돌은 누구를 상징하는가?
5. 다니엘의 세 친구들은 왜 느부갓네살의 금 신상에 절하지 않았는가?
6. 느부갓네살은 풀무불 속에서 네 번째 사람을 보고서 무엇이라고 외쳤는가?
7. 바벨론의 느부갓네살과 벨사살 왕이 하나님의 징계를 받은 것은 그들이 무슨 죄를 지었기 때문인가?
8. 벨사살의 연회 중에 손가락이 나타나 벽에 쓴 '메네 메네 데겔 우바르신'이란 글자의 의미는 무엇인가?
9. 다리오 왕이 다니엘을 총애하였다는 것을 알 수 있는 결정적 증거는 무엇인가?
10. 다리오 왕이 다스리던 때, 사자굴에 던져진 다니엘을 사자들이 잡아먹을 수 없었던 이유는 무엇인가?
11. 다리오 왕이 다니엘을 참소한 자들을 그 가족과 함께 사자굴에 처넣은 이유는 무엇인가?
12. 다니엘이 꿈에서 본 네 마리 짐승에 대한 환상 중, 곰 같은 짐승과 열 뿔이 있는 짐승은 각각 어떤 나라를 상징하는가?
13. 다니엘이 꿈에서 본 네 마리 짐승에 대한 환상 중, 성도들의 원한을 풀어준 "옛적부터 계신 이"는 누구를 상징하는가?
14. 다니엘의 예언 중 아직 실현되지 않은 사건들은 무엇인가?

호세아

- 핵심어: 사랑
- 핵심구절: "여호와께서 처음 호세아에게 말씀하실 때 여호와께서 호세아에게 이르시되 너는 가서 음란한 여자를 맞이하여 음란한 자식들을 낳으라 이 나라가 여호와를 떠나 크게 음란함이니라 하시니"(호 1:2).

명칭과 배경

호세아(Hosea)라는 명칭은 이 책의 주요 인물이자 저자인 선지자 호세아의 이름을 따서 붙여졌다. 호세아라는 이름은 '구원'이라는 뜻으로, 이는 예수나 여호수아와 동일한 의미를 지닌다. 그는 자신의 슬픈 결혼생활을 통해 북 이스라엘 백성들에게 하나님의 말씀을 선포하였다.

그는 북 왕국이 앗수르에 멸망하기 전에 활동한 마지막 선지자로서, 그가 주로 사역하던 여로보암 2세 때는 북 이스라엘의 황금기로서 솔로몬 이래 가장 평화와 번영을 누리던 시기였다. 하지만 불행하게도 그들은 도덕적으로 타락하였을 뿐 아니라 하나님을 버리고 우상을 숭배하였다. 따라서 하나님은 호세아로 하여금 "음란한 아내"(1:2) 고멜과 결혼하게 함으로써, 그녀가 남편에게 신실하지 않은 것은 곧 이스라엘이 하나님께 신실하지 않은 것과 같다는 메시지를 비유로 보여주고자 하셨다. 호세아의 예언이 시작되고 약 40년 뒤에 북 이스라엘은 결국 앗수르에 멸망하고 만다.

호세아서는 성경에 있는 12권의 소선지서 중에 첫 번째 책이다. 소선지서라고 해서 그 내용이나 권위에 있어서 대선지서보다 부족하다는 뜻은 아니다. 선지서(예언서)를 대선지서와 소선지서로 구분하는 것은 책의 분량에 따른 구분이지 책의 권위에 따른 구분이 아니기 때문이다. 12권의 소선지서를 합한 전체 분량은 이사야서 한 권의 분량에 지나지 않는다.

저자와 기록연대

이 책의 내용은 선지자 호세아가 하나님께 받은 말씀을 기록한 것이다. 그는 북 왕국 출신으로 브에리의 아들로 태어났으며, 농사에 대해서 잘 안 것으로 보아서 농부 출신의 선지자였을 것으로 보인다.

그의 선지자로서의 사역은 40년(B. C. 760-720년) 동안 계속되는데, 북 이스라엘의 여로보암 2세가 통치하던 시대(남 유다의 웃시아, 요담, 아하스, 히스기야 통치시대)에 주로 활동하였으며, 뒤이은 여러 왕들 때에도 그의 활동은 계속되었다. 그는 북 이스라엘이 멸망하기 직전까지 사역했던 사람으로서, 그가 사마리아의 멸망에 대해 언급하지 않은 것으로 보아 그의 선지자로서의 사역이 B. C. 721/2년 전에 끝났을 것으로 보인다. 그는 북 왕국이 앗수르에 멸망하자 남 유다로 내려와서 이 책을 완성했을 것이다.

기록목적

호세아는 이스라엘에 대한 하나님의 불만을 설명하고 그들이 하나님께 돌이키지 않는다면 곧 닥쳐오게 될 하나님의 심판에 대해 경고한다. 그는 타락하여 우상숭배를 일삼는 이스라엘에게 심판이 있기 전 신랑 되신 하나님께 돌아오라는 메시지를 전하고자 하였다. 다시 말해, 이스라엘과 올바른 관계를 위해 노력하시는, 그들에 대한 하나님의 깊은 사랑을 표현하고 있다고 할 수 있다.

개요

Ⅰ. 신실한 남편과 부정한 아내(1-3장)

Ⅱ. 신실하신 하나님과 부정한 이스라엘(4-14장)

1

음란한 아내와 결혼하라

읽어야할 본문: 호세아 1–2장

숙고해야할 본문: 호세아 1:2–9

하나님은 호세아와 고멜의 부부관계를 통해서 하나님과 당시 이스라엘의 관계가 어떠한지에 대해 말씀해 주셨다. 하나님은 호세아에게 음란한 여자인 고멜과 결혼하라고 명하시는데, 그는 하나님의 깊은 뜻을 알고 순종하였다. 정숙하지 못했던 고멜은 세 자녀를 낳았지만, 그 모두가 호세아의 자녀가 아니었다. 하나님은 호세아에게 자녀들의 이름을 짓게 하시는데, 그들은 모두 이스라엘에게 있을 하나님의 심판과 회복을 상징하는 이름들이었다. 하나님은 고멜의 맏아들의 이름을 '이스르엘'이라고 짓게 하시는데, 이는 예후가 아합의 모든 자손을 살해한 곳을 가리켰다(왕하 10장). '하나님께서 씨를 뿌리신다'는 뜻의 이 이스르엘은 하나님이 이스라엘을 벌하실 것임을 상기시킨다. 고멜의 둘째는 딸이었는데, 그녀의 이름은 '로루하마'였다. 이는 히브리어로 '사랑하지 않을 것이라'(사랑받지 못하다)란 의미로서, 하나님은 더 이상 북 이스라엘에 대해서 사랑과 긍휼을 베풀지 않으실 것을 말씀하시는 것이었다. 막내아들의 이름은 '로암미'라 짓게 하셨는데, 이는 '내 백성이 아니다'라는 의미였다. 그리고 그것은 하나님께서 북 왕국 백성이 더 이상 당신의 자녀가 아니라고 선포하시는 것이었다. 하나님은 아브라함과의 언약을 깨뜨리지 않으실 것이지만, 이스라엘의 우상숭배와 불순종으로 말미암아 하나님은 그들을 징계하고자 하시는 것이었다.

하지만 하나님께서는 어느 날 이스라엘에 대한 심판을 거두시고 그들을 사랑하실 것(루하마)과, 그들을 하나님의 백성으로 다시 삼으실 것(아미)을 말씀하셨다(2:1). 이 일은 이스라엘이 회개하고 마음을 새롭게 할 때에 일어날 것이다.

■ 적용

호세아는 법정에 선 음란한 아내를 판결하는 과정을 통해 이스라엘의 영적인 간음(바알숭배)을 고발하고자 하였다. 하지만 하나님은 영적인 간음자인 이스라엘을 다시 받아들여 언약을 새롭게 갱신하겠다는 회복의 말씀도 함께 주셨다. 하나님은 이스라엘과의 관계를 자주 결혼으로 비유하신다. 이스라엘의 순종은 정숙한 아내로, 불순종은 간음으로 상징된다(4:12; 사 1:21; 렘 3:1). 하나님께서 선지자 호세아에게 음란한 여자와 결혼하라고 하신 말씀은 때로 도덕적인 문제를 야기하기도 한다. 호세아가 자신의 아이가 아닌 세 자녀들에게 특별한 의미의 이름들을 지어준 것도 매우 특이한 일이다. 때론 하나님이 하시는 일은 우리 인간의 지혜로는 헤아리기 어려운 경우가 있다. 하나님이 호세아와 고멜의 결혼생활을 통해서 당신과 이스라엘과의 관계를 비유적으로 보이신 것처럼, 하나님의 명령에는 인간의 좁은 생각으로는 이해할 수 없는 깊은 뜻이 들어 있다.

2
되찾은 아내

읽어야할 본문: 호세아 3–10장

숙고해야할 본문: 호세아 3:1–3

음란한 여자와 결혼한 호세아는 커다란 문제에 봉착한다. 그의 아내 고멜은 그 음란함을 버리지 못하고 다른 남자와 내통하여 호세아로부터 도망하였던 것이다. 그녀는 이 일로 호세아를 고통스럽게 하였다. 하지만 하나님은 호세아에게 그런 음란한 여자 고멜을 다시 아내로 데려오라고 명하셨다. 이를 통해 하나님은 남편 되신 하나님을 수시로 떠나 우상숭배에 빠졌던 이스라엘을 또 다시 사랑으로 품으신다는 말씀을 전하신 것이었다. 하나님은 호세아와 고멜의 부부관계를 통해 이스라엘의 죄악과 한없는 하나님의 사랑을 보여주셨다.

이제 호세아는 하나님의 명령을 따라 다른 남자에게 속해 있던 고멜을 돈을 지불하고 데려 오게 되는데, 그 모습은 마치 신랑이 신부의 아버지에게 지불금을 주고 아내를 데려오는 것과 흡사하다. 비록 음란한 아내였고 자신에게 고통만 안겨준 아내였지만 그녀의 모든 잘못을 용서하고 그녀를 받아들이는 남편 호세아처럼, 하나님은 신실하지 못한 당신의 백성 이스라엘을 사랑으로 다시 회복하실 것이다.

■ 적용

호세아는 이스라엘 백성들의 신실하지 못함에도 불구하고 끝까지 신실하신 하나님의 사랑을 선포한다. 즉, 하나님이 얼마나 타락한 우리 인간을 사랑하시는가를 보여주고 있다. 인간은 죄악에 빠져 창조주 하나님을 멀리하였지만, 사랑의 하나님은 독생자 예수 그리스도를 보내시어 우리를 구원하셨다. 하나님은 인간의 잘못을 벌하시지만, 그의 최종적인 뜻은 그들이 돌이키는 것이다. 우리는 호세아서를 통해서 하나님의 지극한 사랑을 깨달을 수 있다. 타락한 고멜과 같은 우리를 위해서 하나님은 당신의 독생자를 내어 주셨던 것이다.

3
이스라엘에 대한 책망과 회복

읽어야할 본문: 호세아 11–14장

숙고해야할 본문: 호세아 14:1–9

호세아는 이스라엘의 총체적인 죄악상을 지적하면서, 이스라엘이 거짓맹세하고 살인하고 도둑질하며 우상숭배하는 것을 강력하게 비난하였다. 예수께서 예루살렘을 보시고 우신 것처럼 때로 호세아는 눈물로써 호소하였다. 종교지도자들의 타락이 일반 백성들보다 더하였는데, 그들은 이익을 좇아 송아지를 숭배하고 희생제사를 드릴 뿐 아니라 백성들의 악행을 꾸짖지 않고 오히려 조장하고 있었다. 그들은 이스라엘의 영적 간음을 조장함으로써 사회 전체의 기반을 흔들고 있었다. 이제 이스라엘을 향한 하나님의 심판은 피할 수 없는 일이었다.

이스라엘이 총체적인 죄악에서 회복되는 유일한 길은 그들이 여호와 하나님을 힘써 알아서(6:3) 회개하고 돌이키는 것뿐이었다. 패역한 그들이었지만 하나님은 그들에게 회개의 기회를 주시려고 기다리고 인내하시는 분이셨다. 하나님은 선택된 백성 이스라엘을 반드시 회복시키실 것이다. 그들은 하나님의 긍휼과 자비가 심판으로 돌아서기 전에 참된 회개를 통해서 돌아와야 했다(14:1-3).

■ 적용

이스라엘은 위로는 왕과 제사장에서부터 아래로는 백성들에 이르기까지 총체적인 죄악에 빠져 있었다. 하나님은 그들의 죄를 심판하실 것이지만, 또한 회복에 대한 약속도 함께 주셨다. 그렇게 하나님은 그들이 진정으로 회개하고 당신께 돌아오기를 기다리셨다. 하나님의 징계에는 의미가 있는데, 그 의미를 빨리 깨닫고 돌이킬 줄 아는 사람이 현명한 사람이다. 하나님은 선택된 백성들이 범죄하였을 때 속히 회개하고 돌아오기를 바라신다. 호세아와 고멜의 부부관계는 하나님이 창녀와 같은 이스라엘을 끝까지 사랑하신다는 것을 보여준다. 호세아는 고멜의 결정적인 잘못에도 불구하고 그녀를 다시 아내로 맞아 들였다. 하나님은 우리가 어떤 모습일지라도 회개하고 돌아온다면 맞을 준비를 하고 기다리신다.

요엘

- 핵심어: 부어 주리라
- 핵심구절: "그 후에 내가 내 영을 만민에게 부어 주리니 너희 자녀들이 장래 일을 말할 것이며 너희 늙은이는 꿈을 꾸며 너희 젊은이는 이상을 볼 것이며"(욜 2:28).

명칭과 배경

요엘(Joel)이라는 명칭은 이 책의 주요 인물이자 저자인 요엘 선지자의 이름을 따서 붙여졌다. 요엘이란 이름은 '주(여호와)는 하나님이시다'라는 의미이다. 여러 가지 다른 견해가 있지만, 그는 아마도 유다의 요아스 왕(B. C. 835-796년) 때에 활동했던 선지자였을 것으로 보인다. 심지어는 그보다 이전인 여호사밧 왕 때 활동한 것으로 보는 경우도 있는데, 그렇게 보면 요엘서는 모든 소선지서들 중에서 가장 앞선 시대에 속하는 선지서라고 할 수 있다.

요엘은 유다에 임한 메뚜기 재앙을 보고서 다가올 하나님의 심판을 예감하고 백성들에게 회개를 촉구하였다. 나아가서, 그는 환난 날에 임할 죄인들에 대한 마지막 심판과 그리스도의 천년왕국 시대를 내다보았다. 그가 요엘서 2:28-32에 예언한 내용은 가까이는 그리스도의 초림과 성령 강림을 내다본 것이었지만, 멀게는 그리스도가 온전히 통치하게 될 재림을 날을 상징하였다.

저자와 기록연대

이 책의 내용은 선지자 요엘이 하나님께 받은 말씀을 기록한 것으로, 그에 대해서는 알려진 바가 거의 없으며 브두엘의 아들이라고만 본문에 기록되어 있다(1:1). 그가 성전 희생제사에 대한 깊은 관심을 가지고 있기는 하지만 목가적인 삶에 익숙했던 것으로 보아 레위 출신의 제사장은 아니었을 것으로 보인다. 그는 주로 예루살렘에서 활동하였으나, 때로 북 이스라엘의 사마리아로 가서 사역하기도 하였다.

요엘서의 기록연대를 추정하는 일은 상당히 어려운데, 그것은 유다나 이스라엘에서 통치했던 왕의 이름이 본문에 전혀 언급되어 있지 않기 때문이다. 대부분은 기록연대를 B. C. 8세기 중반으로 추정하지만 일부 학자들은 바벨론 포로기 이후인 B. C. 4세기로 추정하기도 한다.

기록목적

요엘은 이스라엘에 임한 메뚜기 떼는 하나님의 심판의 전조이므로, 그들이 회개함으로써 하나님의 심판을 면하고 성령의 충만을 받을 것을 전한다.

개요

Ⅰ. 메뚜기 떼의 재앙(1장)

Ⅱ. 장래에 있을 환난(2:1-17)

Ⅲ. 장래에 있을 회복(2:18-3:21)

4

내가 내 영을 만민에게 부어 주리니

읽어야할 본문: 요엘 1–3장

숙고해야할 본문: 요엘 2:28–32

선지자 요엘은 이스라엘에 임한 메뚜기 재앙과 가뭄을 통해 하나님의 심판을 선포하였다. 그 두 재앙은 죄악에 빠져 불순종한 이스라엘을 향한 하나님의 심판과 징계를 상징하였으며, 나아가 세상 끝날에 임할 종말론적인 대심판의 예표이기도 했다. 먼저, 요엘 선지자는 일시적인 주의 날에 대해 보여주는데, 그 땅은 거대한 메뚜기 재앙과 가뭄으로 고통을 당한다(1장). 하나님께서 메뚜기 떼를 보내어 이스라엘을 심판하시는 것이다.

다음으로, 그는 앞의 메뚜기 떼 재앙에서 종말론적인 주의 날로 방향을 전환하는데(2:1-17), 군대같이 쳐들어오는 메뚜기 떼에 비유하여 주의 날에 있을 하나님의 강력한 심판의 모습에 대해 경고한다. 여기서 등장하는 메뚜기 떼의 모습은 다분히 공격적이고 파괴적이다. 이스라엘은 속히 회개하고 하나님께로 돌아와야 한다. 그 날에 의인은 상급을 받을 것이나 악인은 가혹한 형벌을 면치 못할 것이다.

마지막 부분(2:18-3:21)에 이르러, 요엘은 하나님이 그들 가운데 임재해 계심을 강조한다. 하나님은 그들을 긍휼히 여기사 메뚜기 재앙으로부터 구원해 주실 것이다. 하나님께서 메뚜기 떼를 바다로 몰아내실 때 땅이 다시 기름지게 회복될 것이다. 곧, 주의 날이 임하면 대적하는 자들에 대한 승리뿐 아니라, 성도들의 의에 대한 상급도 주실 것이다. 이 말씀은 당시 주변 열강들로부터 많은 시련을 당했던 유다 백성들에게 큰 위로가 되었다.

■ **적용**

주의 날이 임하면 이스라엘의 회개와 기도는 하나님의 적극적인 반응을 불러올 것이며, 그들에게 새 영이 부어질 것이다. 그때에는 남녀노소를 불문하고 새 영을 받은 자들이 새 능력을 얻을 것이다. 늙은이는 꿈을 꾸며, 젊은이는 이상을 볼 것이다. 또한, 그 날에는 각종 이적이 발생할 것이다. 하나님은 그들의 땅에 거룩한 치유와 회복이 있을 것임을 약속하신다. 그리고 이 약속은 그리스도의 오심과 성령의 강림으로 성취되었다. 하지만 이스라엘의 완전한 회복은 아직 성취되지 않았다. 그리스도가 다시 오시기 전에 그들이 민족적으로 회개할 날이 있을 것이며, 그 때에는 그리스도가 온전히 통치하시는 천년왕국이 시작될 것이다.

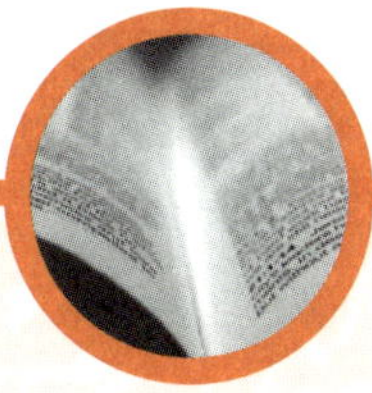

아모스

- 핵심어: 심판
- 핵심구절: "여호와께서 이스라엘 족속에게 이와같이 말씀하시기를 너희는 나를 찾으라 그리하면 살리라"(암 5:4).

명칭과 배경

아모스(Amos)라는 명칭은 이 책의 주요 인물이자 저자인 선지자 아모스의 이름을 따서 붙여졌다. 아모스라는 이름은 '짐' 또는 '짐을 진 자'를 의미한다. B. C. 760년경 유다의 웃시야와 이스라엘의 여로보암 2세가 왕으로 있을 때, 남 유다의 아모스는 북 이스라엘에 대한 하나님의 말씀을 받게 되었다.

그 무렵 이스라엘은 최고의 황금기를 누리고 있었는데, 물질적으로는 번영을 누리고 있었지만 그들의 영적인 상태는 극도로 타락하여 있었다. 부자는 사치와 향락을 즐겼고(6:4-6), 가난한 자는 노예로 팔려갔다(2:6). 거짓 저울이 판을 쳤고, 재판관들은 뇌물을 받고 잘못된 판정을 내릴 만큼 부패했다(5:7). 그들은 오히려 정직한 자를 싫어하는 이상한 사람들이었다(5:10). 자신의 부를 축적하기 위해 동족을 억압하는, 그야말로 불법과 탐욕이 들끓는 이 사회를 향하여 아모스는 하나님의 이름으로 강력하게 사회의 정의와 참된 헌신을 외쳤던 것이다.

저자와 기록연대

이 책의 내용은 선지자 아모스가 하나님께 받은 말씀을 기록한 것으로, 그는 남방 유다 출신으로서 예루살렘 남쪽 12마일 경에 있는 작은 마을인 드고아에서 태어났다. 그는 선지자의 아들도 선지자 학교 출신도 아니었으며, 그저 양을 치는 평범한 목자였다. 하나님은 그가 유다에서 양을 치고 있을 때, 북방 이스라엘에 대한 메시지를 주시며 그를 선지자로 부르셨다. 아모스는 하나님의 부르심에 순종하여 북 왕국의 성소가 있는 벧엘로 가서 하나님의 말씀을 전하였다. 북 왕국 백성들은 그의 비판적인 성격과 그가 그 지역 출신이 아닌 것을 핑계 삼아 그를 배척하였다. 그는 결국 북방 이스라엘에서 쫓겨나 남방 유다로 옮겨와 이 책을 완성하였을 것이다.

따라서, 아모스의 기록연대는 지진이 일어나기 2년 전(1:1)인 남방 유다의 웃시야(B. C. 790-739)와 북방 이스라엘의 여로보암 2세(B. C. 793-753)가 통치하던 B. C. 8세기 중반일 것으로 보인다. 그는 호세아, 요나와 동시대에 활동하였으며, 남방 유다 출신이었지만 주로 북 왕국 이스라엘에서 활동한 선지자였다.

기록목적

아모스는 이스라엘의 우상숭배와 사회악을 고발하고, 만약 그들이 회개치 않으면 결국 멸망에 이를 것임을 선포한다. 이와 더불어, 열방들에 대해서도 다가올 하나님의 심판을 선포한다.

개요

Ⅰ. 서론: 열방들에 대한 심판(1-2장)

Ⅱ. 이스라엘을 정죄하는 세 가지 설교(3-6장)

Ⅲ. 이스라엘의 심판에 관한 다섯 가지 환상과 회복(7-9장)

5

대적자들에 대한 심판

읽어야할 본문: 아모스 1–6장

숙고해야할 본문: 아모스 5:4–8

드고아의 목자 아모스는 하나님으로부터 이스라엘과 유다를 비롯하여 여러 열방들에 대한 심판의 메시지를 받는다. 아모스는 먼저 이방 나라들에 대한 하나님의 심판에 대해 예언하고, 이어서 유다와 이스라엘에 대한 심판의 메시지를 전한다. 가장 먼저 심판의 예언을 받은 나라는 이스라엘을 대적한, 시리아로 대표되는 다메섹이다. 다음은, 이스라엘 백성들을 노예로 팔았던 블레셋이다. 그리고 노예무역의 중개역할을 했던 페니키아의 두로 역시 하나님의 심판을 면치 못할 것이다. 다음으로는, 에서의 후손들로서 이스라엘과 형제지간이지만 그들을 끊임없이 미워하고 괴롭혔던 에돔에 대한 심판이다. 그 다음에 모압에 대한 심판이 있을 것인데, 그들은 에돔 왕의 뼈를 캐내어 불살라 재를 만드는 죄악을 저질렀다. 영혼이 무덤 속에서 시체와 함께 있다고 믿었던 당시에 그것은 가장 잔인한 복수 방법이었는데, 하나님은 이 죄악을 그냥 지나치지 않으셨다. 하나님은 반역하는 모든 민족들을 심판에서 벗어날 수 없게 하셨다.

이방 나라들에 대한 심판에 이어 유다의 죄악을 언급하고는, 본격적으로 이스라엘에 대한 심판의 메시지가 이어진다. 그들은 선택된 하나님의 백성이었으나 말씀을 따라 살지 못했다. 지도자들은 탐욕에 사로잡혀 부정을 일삼고 백성들을 학대했다. 부자는 사치와 향락을 일삼았으며, 여인들은 바산의 암소와 같아서 세속적인 쾌락에 빠져 있었다. 하나님은 그들이 회개하도록 일곱 가지 징계를 내리셨지만, 그럼에도 불구하고 그들은 돌이키지 않고 여전히 죄악에 빠져 있었다(4:6-11). 이를 탄식하던 아모스는 그의 설교에서, 이스라엘 백성이 살기 위해서는 여호와를 찾을 것(5:4), 악을 버리고 선을 행할 것(5:14), 정의와 공의를 강같이 흐르게 할 것(5:24)을 촉구하였다. 하지만 이스라엘은 선지자가 제시하는 회복을 위한 마지막 메시지에 귀 기울이기는커녕, 도리어 그를 미워하여 남방 유다로 쫓아버렸다. 선지자는 돌이키기를 거부하는 그들에게 임하게 될 심판을 선포하였으며, 그들은 장차 앗수르의 포로가 되어 학대를 받을 것이다.

■ 적용

아모스는 선지자로 부름을 받기 전 평범한 목자에 지나지 않았다. 그는 레위족속도, 선지자의 자손도 아니었다. 그러나 그는 하나님의 명령에 따라 고향을 떠나 북 이스라엘로 가서, 자신의 부를 축적하기 위해 동족을 억압하고 횡포를 일삼는 그들을 책망하며 회개를 촉구하였다. 하나님은 평범한 목동 아모스를 그의 선지자로 부르셨던 것처럼, 신학적으로 훈련받지 못한 성도들도 하나님 나라를 위해서 효과적으로 사용하신다. 사도행전에서 보면, 예수님으로부터 직접 훈련을 받은 사도들 외에 집사들 또한 복음을 전파하는 일에 크게 쓰임 받았던 사실을 알 수 있다. 빌립 집사는 에티오피아 내시에게 복음을 전했고, 스데반 집사도 순교하면서까지 복음을 선포하였다. 더 많은 성도들이 사회 곳곳에서 복음 사역을 감당할 때, 그리스도의 날은 더욱더 앞당겨질 것이다.

6
다섯 가지 환상과 이스라엘의 회복

읽어야할 본문: 아모스 7–9장

숙고해야할 본문: 아모스 9:11–15

선지자 아모스는 하나님의 심판으로 장차 이스라엘에게 닥칠 환난을 환상으로 보게 된다. 첫 번째는 메뚜기 환상이었는데, 그는 메뚜기 떼가 땅의 모든 풀을 먹어버리는 것을 보았다. 두 번째는 불 환상으로, 불이 큰 바다를 삼키고 육지까지 먹으려 하였다. 선지자는 그 재앙들이 임하지 않도록 간구하였고, 하나님은 그의 기도에 응답하사 그 재앙들이 임하지 않게 하셨다. 세 번째는 다림줄 환상이었는데, 주님이 손에 다림줄을 잡고서 아모스에게 그것이 무엇인지를 물었다. 이를 본 아모스는 하나님의 뜻이 이미 결정된 것으로 판단하고 더 이상 하나님께 간청하지 않았다. 하나님은 이스라엘의 성소를 파괴하고 여로보암의 집을 치실 것이라고 말씀하신다. 네 번째는 익은 과일 광주리 환상으로, 하나님은 수확되는 여름 과일과 같이 이스라엘을 광주리에 담아 다른 곳으로 옮겨 그들을 잡혀가게 하실 것이다. 다섯 번째는 성전 문지방이 붕괴되는 환상으로, 이는 최후의 환상을 의미하는 것으로서 성전 타락이 결국 이스라엘의 멸망을 초래할 것이다. 이스라엘은 그렇게 하나님의 심판의 도구로 사용될 앗수르를 통해 곧 멸망하게 될 것이다.

하지만 하나님은 심판 가운데서도 또 다시 남은 자를 남겨 놓으실 것을 약속하셨다. 하나님은 그들이 회복할 수 있는 그루터기를 남겨 놓으실 것이다. 그래서 사로잡힌 자들이 다시 돌아오고, 다윗의 장막이 다시 세워질 것이다. 황폐한 성읍을 고치실 것이며, 그들이 그 땅에서 가꾼 포도주의 열매를 다시 먹게 하실 것이다. 마침내 주의 이름을 부르는 자들이 온 민족으로 확대되게 하실 것이다. (9:11-15)

■ 적용

하나님은 아모스 선지자에게 보이신 다섯 가지 환상을 통해 이스라엘에 대한 심판의 메시지를 선포하셨다. 이스라엘이 회개의 기회가 주어졌으나 돌이키지 않음으로 인해 하나님의 심판은 이제 피할 수 없게 되었다. 마침내 그들은 곧 멸망의 길을 걷게 될 것이지만 하나님은 또 다시 그들에게 회복의 말씀을 약속하셨다. 하나님은 그들의 조상 아브라함과 다윗과 맺은 언약을 영원히 지키실 것이다. 아모스는 이스라엘의 회복을, 다윗의 나라가 다시 세워지고 온 민족이 주의 이름을 부르는 때라고 예언했다. 그리고 그 날은 그리스도의 재림과 함께 이루어질 것이다.

7

복습을 위한 질문

1. 대선지서와 소선지서를 구분하는 기준은 무엇인가?

2. 호세아란 이름의 의미는 무엇인가?

3. 호세아가 주로 활동하던 당시 이스라엘의 왕은 누구인가?

4. 호세아는 누구랑 결혼했으며, 그 여인은 어떤 사람이었는가?

5. 호세아의 세 자녀의 이름과, 각각의 이름이 의미하는 바는 무엇인가?

6. 호세아의 불행한 결혼생활은 무엇을 비유하고 있는가?

7. 선지자들의 활동에도 불구하고 회개할 줄 몰랐던 북 이스라엘은 결국 어느 나라에 멸망하는가?

8. 요엘서는 어떤 재앙을 통해 하나님이 이스라엘을 심판할 것이라고 예언하는가?

9. 요엘서는 신약시대의 어떤 날을 예고하고 있는가?

10. 남방 유다 출신이지만 북 이스라엘에서 활동한 선지자는 누구인가?

11. 아모스란 이름의 뜻은 무엇인가?

12. 아모스는 선지자로 부름을 받기 전에 어떤 일을 하고 있었는가?

13. 아모스와 동시대에 활동했던 선지자들은 누구누구인가?

14. 아모스가 심판을 예언한 열방들에는 어떤 나라들이 있는가?

15. 이스라엘이 회복될 수 있는 방법으로 아모스가 제시한 세 가지는 무엇인가?

16. 이스라엘에게 닥칠 심판과 관련해 아모스가 본 다섯 환상을 말해보라.

오바댜

- 핵심어: 에돔
- 핵심구절: "여호와의 말씀이니라 그 날에 내가 에돔에서 지혜 있는 자를 멸하며 에서의 산에서 지각 있는 자를 멸하지 아니하겠느냐"(옵 1:8).

명칭과 배경

오바댜(Obadiah)라는 명칭은 이 책의 주요 인물이자 저자인 선지자 오바댜의 이름을 따서 붙여졌다. 오바댜라는 이름은 '여호와의 종'이라는 뜻이다. 오바댜는 1장(21절)으로 구성되어 있으며, 구약 성경에서 가장 짧은 책이다.

저자와 기록연대

이 책의 내용은 선지자 오바댜가 하나님께 받은 말씀으로, 그에 대해서는 특별히 알려진 바가 없다. 그는 이 책에서 야곱과 형제였던 에서의 후손 에돔에게 임할 멸망을 선포하였다. 그들은 이방 나라들과 연합하여 형제의 나라 이스라엘을 침략하였으며, 예루살렘의 멸망을 기뻐하였고, 전쟁 중 도망간 유다 백성들을 죽이거나 잡아서 바벨론의 포로로 내어주었다. 오바댜는 하나님과 그의 백성들에게 대적하는 자는 반드시 하나님의 심판을 받게 될 것임을 선포하였다.

대부분의 학자들은 이 책의 기록연대가 B. C. 586/7년 바벨론의 느부갓네살에 의해 예루살렘이 함락된 직후일 것이라고 보고 있다. 본문의 내용에 나타난 유다 난민들과 그들을 약탈하고 살해하는 에돔의 만행은 느부갓네살이 예루살렘을 파괴한 직후에 있었던 일로 추측되고 있다.

기록목적

에돔이 교만에 빠져 형제 나라인 이스라엘에 악행을 저지르므로, 이에 오바댜는 강력하게 에돔의 멸망을 선포한다. 이를 통해, 그는 하나님의 백성들에게 대적하는 자들은 결국 그분의 심판을 받게 될 것임을 역설하고 있다. 나아가, 온 세상을 다스리시는 하나님의 절대 주권과 이스라엘이 하나님의 사랑으로 회복될 것임을 선포한다.

개요

Ⅰ. 에돔에 대한 심판(1:1-9)

Ⅱ. 에돔 심판에 대한 이유(1:10-14)

Ⅲ. 멸망할 에돔(1:15-16)

Ⅳ. 회복하게 될 이스라엘(1:17-21)

1

에돔에 대한 심판

읽어야할 본문: 오바댜 1장

숙고해야할 본문: 오바댜 1:17–18

에돔은 높은 산 위에 자리 잡고 있어서 외부로부터의 위협에서 비교적 안전하였다. 따라서, 그들은 교만하여져서 형제 나라인 이스라엘을 침략하고, 그들의 멸망을 기뻐하였으며, 도망하는 유다 백성들을 붙잡아 죽이거나 바벨론에 포로로 내어주었다.

이에, 선지자 오바댜는 주의 날이 임하면 에돔과 이스라엘의 모든 대적들이 그 보복을 당하게 될 것이라고 선포하였다. 결국, 에돔은 바벨론에 의해 그 세력이 크게 약화되어 팔레스타인 남부로 이동하여 이두매인으로 살아갔는데, 그들 가운데 헤롯이 있어 B. C. 37년 유다의 왕이 되었다. 아마도 야곱과 에서 사이의 반목은 헤롯이 예수님을 죽이려는 데까지 그 영향을 미치고 있었는지 모른다. A. D. 70년경 이두매인들은 유대인들과 같이 로마로부터의 독립을 시도하다가 결국 로마에 의해 완전히 멸망당하였다. 오바댜가 "네가 네 형제 야곱에게 행한 포학을 인하여 수욕을 입고 영원히 멸절되리라"(1:10)고 예언한 것처럼, 이후 그들은 지구상에서 완전히 사라지고 말았다.

■ 적용

선지자 오바댜는 에돔에 임하게 될 하나님의 심판을 강력하게 선포하였다. 그리고 에돔의 씨가 영원히 멸절되리라는 그의 예언은 결국 성취되었다. 이로써, 하나님과 그의 백성들을 대적하는 자들을 하나님은 그냥 두시지 않으신다는 것을 분명히 보여 주었다. 하나님은 죄인은 긍휼히 여기시지만 죄에 대해서는 철저히 징벌하시는 분이시다. 하나님께서 이스라엘을 대적하는 모든 세력들을 파멸시키신 것처럼, 오늘날 우리 성도들을 대적하는 모든 사단의 세력들 또한 하나님께서 능히 물리치실 것이다.

요나

- 핵심어: 회개
- 핵심구절: "하나님이 그들의 행한 것 곧 그 악한 길에서 돌이켜 떠난 것을 보시고 하나님이 뜻을 돌이키사 그들에게 내리리라 말씀하신 재앙을 내리지 아니하시니라"(욘 3:10).

명칭과 배경

요나(Jonah)라는 명칭은 이 책의 주요 인물이자 저자로 알려진 선지자 요나의 이름을 따서 붙여졌다. 요나란 이름은 '비둘기'라는 의미이다. 그는 아밋대의 아들로, 갈릴리에서 태어나 북 왕국에서 활동했다. 따라서, 바리새인들이 갈릴리에서 선지자가 태어난 적이 없다고 말한 것은 잘못된 정보에 기초한 말이라고 할 수 있다. 요나는 아모스와 동시대인, 여로보암 2세가 통치하던 때에 선지자로 활동했다.

앗수르가 아직 그 세력을 떨치기 전에, 북 이스라엘의 여로보암 2세는 다윗과 솔로몬 시대의 지경에 이를 정도로 그 위세를 떨쳤다. 그렇게 북 왕국 최고의 전성기를 누리고 있었지만, 그에 반해 당시의 영적인 상태는 심히 부패해 있었다. 따라서, 하나님은 앗수르를 당신의 도구로 사용하여 이스라엘을 징계하기로 작정하셨지만, 하나님은 먼저 요나로 하여금 앗수르의 수도 니느웨로 가서 하나님의 말씀을 선포하도록 명령하셨다. 그들에게 다가오는 멸망을 알리고, 그들이 회개하여 돌아오도록 기회를 주고자 하셨던 것이다. 요나서는 구약에 나타난 최초의 이방 민족에 대한 구원의 메시지로서, 이는 구약의 해외 선교라는 차원에서 오늘날에도 중요한 의미를 갖는다.

저자와 기록연대

이 책의 내용은 선지자 요나가 하나님께 받은 말씀을 기록한 것이나, 학자에 따라서는 이 책이 3인칭 시점으로 기술되어 있다는 점을 들어 요나가 직접적인 저자라고 단정할 수는 없다고 보는 이들도 있다. 하지만 당시에는 3인칭 시점으로 서술하는 것이 일반적인 관습이었음을 감안한다면, 하나님의 말씀을 받은 선지자 요나를 이 책의 저자로 보는 것이 타당할 것이다. 또한, 오직 요나 자신만이 이 책에 기록된 모든 사실을 세세히 알 수 있었을 것이다.

요나는 갈릴리 북쪽 나사렛의 작은 마을에서 태어났다. 유대 전승에 의하면, 그는 엘리야가 생명을 회복시킨 사렙다 과부의 아들일 것이라고 한다. 그는 B. C. 800년경에 앗수르의 니느웨에서 선지자로 활동하였는데, 하나님은 그곳의 사악함이 소돔과 고모라성에 비견될 정도로 극에 달하였기 때문에 요나를 선지자로 보내기로 하셨던 것이다. 처음에 요나는 저 멀리 동북쪽에 위치한 이방 나라로 가서 말씀을 선포하라는 하나님의 명령을 어기고 다시스로 도망하였지만, 물고기 뱃속에서 철저히 회개하고 마침내 니느웨 사역을 시작하였다. 하나님은 그러한 요나의 사역을 통해서 이방 나라가 회개하여 용서받는 은혜를 베푸셨다. 하나님은 이스라엘을 징계하는 도구로 이방 나라들을 사용하길 원하셨으며, 그들을 통해 모든 나라들을 향해 구속의 은혜를 베풀고자 하시는 당신의 계획을 보여주셨다. 다른 선지서들과는 달리, 요나서는 선지자의 메시지보다는 민족주의적인 삶을 살았던 선지자 자신의 이야기에 초점이 맞추어져 있다.

기록목적

배타주의적 신앙과 선민사상을 갖고 있었던 선지자 요나에게, 하나님은 이방 민족 니느웨로 가서 회개를 촉구하는 메시지를 선포하도록 명하신다. 그리고, 요나의 사역을 통해 하나님은 이방 민족에 대해서도 긍휼과 은혜를 베푸신다. 하나님은 이스라엘만을 구원하시고자 하신 것이 아니라, 만인을 위한 구원 역사를 가지고 계셨다.

개요

Ⅰ. 요나가 하나님의 뜻을 피하여 도망함(1장)

Ⅱ. 요나가 하나님의 뜻에 굴복함(2장)

Ⅲ. 하나님의 뜻이 성취됨(3장)

Ⅳ. 하나님의 은혜에 대한 요나의 분노와 하나님의 응답(4장)

2

니느웨로 가라시는 하나님

읽어야할 본문: 요나 1–2장

숙고해야할 본문: 요나 1:11–17

요나서는 사람을 삼킨 물고기에 대한 이야기를 담고 있어서 많은 사람들이 허구일 것이라고 생각하는 경향이 있다. 하지만 열왕기서는 아밋대의 아들 선지자 요나가 여로보암 2세때 생존했던 인물로서 그가 여로보암이 이스라엘의 지경을 회복하리라는 말씀을 선포했던 사실을 전하고 있으며(왕하 14:25), 예수님도 요나 선지자를 역사적인 인물로 언급하시면서 그가 물고기 뱃속에 3일 동안 있었던 것처럼 자신도 3일을 땅 속에 계실 것이라고 말씀하셨다(마 12:39-41).

요나는 북방 이스라엘에서 태어난 선지자인데, 이방 민족 앗수르의 구원을 위해 니느웨로 가서 회개의 메시지를 전하라는 하나님의 명령을 받게 된다. 하지만 배타적이고 국수주의적인 선민사상에 빠져 있던 그는 하나님의 뜻을 거부하고 다시스(스페인의 타르테수스)로 향하는 배에 올랐다. 하나님은 그 배가 다시스로 가는 중에 큰 폭풍우를 만나게 하셨는데, 이에 선원들은 풍랑의 원인을 찾기 위해 제비뽑기를 실시하였다. 그 원인은 결국 요나 때문인 것으로 밝혀지고, 이에 요나는 선원들에게 자신을 바다에 던질 것을 요청하였다. 그들은 요나를 살리려는 자신들의 노력에도 불구하고 풍랑이 더욱 거세지자 결국 요나를 바다에 던지기로 하였다. 요나는 하나님의 뜻을 저버린 죄로 그렇게 죽을 것이라고 생각하였지만, 하나님은 큰 물고기를 예비하사 그를 삼키게 하여 물고기 뱃속에서 3일 동안 안전하게 거할 수 있도록 하셨다. 마침내 요나는 고난의 현장에서 하나님께 철저히 회개 기도를 드렸고, 하나님이 원하시는 사역을 잘 감당할 것을 다짐하였다. 결국 물고기는 요나를 육지에 토해내었고, 그는 니느웨 사역을 비로소 시작할 수 있게 되었다.

■ 적용

요나는 하나님이 니느웨 사람들을 용서하시는 것을 원하지 않았을 뿐 아니라, 오히려 하나님께서 그들에게 심판을 내리시기를 고대했다. 그는 배타적인 선민사상에 빠져서 하나님의 뜻을 제대로 이해하지 못했던 것이다. 하나님의 섭리는 당신의 백성 이스라엘을 통해서 모든 민족을 구원하시고자 하는 것이었다. 즉, 하나님은 이스라엘을 선택하셨지만 온 세계를 향하여 그의 은혜를 베푸시기를 원하셨다. 이방 민족 앗수르에게 회개의 말씀을 선포함으로써 그들을 구원코자 하신 것은 장차 예수 그리스도로 말미암아 온 세계가 구원받게 될 것을 보이신 것이었다. 하나님의 인도하심으로 요나는 고난의 현장에 이르러서야 그 같은 하나님의 뜻을 깨닫게 되었고, 비로소 그분의 명령에 따르기로 결심하게 되었던 것이다.

3

하나님의 은혜와 요나의 분노

읽어야할 본문: 요나 3–4장

숙고해야할 본문: 3:4–10, 4:1–11

요나를 물고기 뱃속에서 구하신 하나님은 그로 하여금 니느웨로 가서 회개의 말씀을 전파할 것을 명하셨다. 요나는 마침내 하나님의 말씀에 순종하여 니느웨로 가서 40일 뒤에 하나님의 심판이 있을 것임을 선포하였다. 그렇게 요나의 메시지를 듣고, 그들의 왕을 비롯하여 백성들에 이르기까지 죄에서 돌이켜 회개하기에 이르렀다. 그들은 하나님을 믿었으며, 금식을 선포하였고, 신분의 고하를 막론하고 굵은 베옷을 입고 통회자복하였다. 그들이 악한 길에서 떠날 것을 다짐하고 회개하였을 때, 하나님은 그들에 대한 진노와 심판을 철회하시고 니느웨 성읍을 구원하셨다.

하지만 요나는 하나님이 뜻을 돌이키사 니느웨에 재앙을 내리지 않으신 것에 강한 불만을 품고 하나님께서 어떻게 하시는지 보기 위해 성읍 동편으로 향하였다. 그는 도성 바깥에 초막을 짓고서 그 도성이 언제 멸망하는지 지켜보고자 하였던 것이다. 그때에 하나님이 뜨거운 태양이 내리쬐는 요나의 초막 위에 박넝쿨을 자라게 하시어 그늘을 만들어 주셨는데, 그가 이 일로 감사하였으나 오래지않아 벌레가 박넝쿨을 갉아먹어 곧 시들어버렸다. 시원한 그늘을 만들어주던 박넝쿨이 사라지고 폭양이 내리쬐자 요나는 정신이 혼미하여 차라리 죽기를 원하였다. 이에 하나님은 한낱 박넝쿨은 사랑하되 사람은 사랑할 줄 모르는 요나의 잘못된 태도를 지적하시면서, 하나님이 니느웨를 아끼는 일의 타당성을 말씀하셨다.

■ 적용

하나님은 하찮은 박넝쿨은 아끼면서 그보다 귀한 사람을 사랑할 줄 몰랐던 요나의 태도를 책망하셨다. 하나님께서는 모든 사람들에게 관심과 사랑을 갖고 계신다. 이스라엘뿐 아니라 니느웨 사람들에게도 관심을 갖고 계신 것이다. 하나님은 당신의 심판과 구원에 대한 메시지를 이방 민족에게도 전하기를 원하신다. 하나님은 누구를 막론하고 세상 모든 사람들이 복음을 듣기를 원하신다. 예수님도 우리에게 원수를 사랑하고 그들을 위해 기도하라고 명하시지 않았는가! 우리 그리스도인들은 모든 이들에게 복음을 전파할 의무를 가지고 있다. 우리는 요나처럼 편견에 사로잡혀서는 안 될 것이다.

미가

- **핵심어:** 오직 정의를 행하라
- **핵심구절:** "사람아 주께서 선한 것이 무엇임을 네게 보이셨나니 여호와께서 네게 구하시는 것은 오직 공의를 행하며 인자를 사랑하며 겸손하게 네 하나님과 함께 행하는 것이 아니냐"(미 6:8).

명칭과 배경

미가(Micah)라는 명칭은 이 책의 주요 인물이자 저자인 선지자 미가의 이름을 따서 붙여졌다. 미가라는 이름은 '누가 주님과 같은가?'라는 의미이다. 선지자 미가는 북방 이스라엘이 아직 앗수르에 멸망하기 전에 유다에서 하나님으로부터 부름을 받고, 북 왕국과 남 왕국을 오가며 활동하였다.

다른 모든 선지자들과 마찬가지로, 미가는 왕을 비롯한 예루살렘의 지도층과 부자들의 타락상과 우상숭배를 규탄하고 그들의 회개를 촉구하였다. 아울러, 다가오는 하나님의 심판과 메시아의 탄생으로 이스라엘이 회복될 것임을 선포하였다. 실제로 선지자 미가가 사역하는 동안 북 이스라엘은 앗수르에 멸망하게 되며, 남 유다 또한 멸망의 기운이 감돌게 된다.

저자와 기록연대

이 책의 내용은 선지자 미가에게 임한 하나님의 말씀을 기록한 것으로, 그가 이 책을 기록하였다는 사실을 예레미야가 증거하고 있기도 하다(렘 26:18). 미가는 이사야 선지자와 동시대에 활동하였는데, 이사야가 귀족 출신의 선지자였던 것에 비해 미가는 예루살렘에서 남쪽으로 25마일 가량 떨어진 작은 시골마을인 모레셋의 평범한 가정에서 태어났다.

그는 유다 왕 요담, 아하스, 그리고 히스기야가 통치하고 있을 때 선지자로 활동하였다. 이스라엘의 사회적 부정부패와 종교적 타락을 향한 그의 비판은 당시 북 왕국에서 활동했던 아모스와 남 왕국에서 활동했던 이사야의 사역과 견줄 수 있을 것이다.

기록목적

미가는 이스라엘의 계속된 배교와 불성실한 언약 준수로 인해서 하나님이 그들을 징계하실 것이지만 또한 그들을 회복하실 것임을 선포한다. 하나님의 계획은 결코 좌절될 수 없으며, 메시아의 탄생을 통해 반드시 이루어질 것이다.

개요

Ⅰ. 이스라엘에 대한 심판(1-3장)

Ⅱ. 이스라엘에 대한 위로(4-7장)

4
이스라엘에 대한 심판과 메시아 탄생

읽어야할 본문: 미가 1-5장

숙고해야할 본문: 미가 5:2-4

미가는 이스라엘을 향한 하나님의 심판을 경고하면서, 동시에 회복에 대한 소망의 메시지도 반복하여 전달하고 있다. 미가는 모든 나라에 평화가 임할 그날과 모든 대적들로부터 하나님의 백성들을 구원해 줄 구세주가 베들레헴에서 나실 것이라고 선포하였다(5:2).

미가는 하나님의 명령을 어기고 계속하여 우상을 숭배하는 북 이스라엘과 남 유다에 대한 하나님의 심판을 선포하였다. 그들은 자신들의 종교적•사회적 타락에 대한 하나님의 심판이 임박했다는 사실을 전혀 인식하지 못하고 있었는데, 이에 대하여 미가는 법정 장면을 이용하여 경고의 말씀을 선포한다. 그의 메시지는 세 가지로 구분되는데, 첫째는 이스라엘과 유다의 죄에 대해서, 다음으로는 그들의 죄를 징벌하시는 하나님의 심판에 대해서, 그리고 마지막으로는 심판 이후에 신실한 자들에게 임할 소망의 메시지를 담고 있다. 하나님은 그들의 죄를 심판하실 것이지만, 메시아의 강림을 약속하심으로써 그들에게 소망의 메시지를 주셨다. "베들레헴 에브라다야 너는 유다 족속 중에 작을찌라도 이스라엘을 다스릴 자가 네게서 내게로 나올 것이라"(5:2).

■ 적용

메시아에 대한 하나님의 약속은 당시 이스라엘 백성들로 하여금 그들이 고난을 극복할 수 있는 위로와 용기의 말씀이 되어 주었다. 마침내 메시아는 이 땅에 오셨고, 죄인을 위해서 고난을 받으셨고, 모든 구원사역을 이루셨으며, 장차 심판자로 이 땅에 다시 오실 것이다. 하나님은 그렇게 태초부터 이스라엘만이 아닌, 전 인류를 구원할 계획을 갖고 계셨다. 인간이 아담으로 인해서 타락하였을 때, 하나님은 이미 독생자 예수를 보내실 것이라고 말씀하셨다. 이제 그를 믿는 모든 자들은 하나님의 구원 역사에 동참하게 될 것이다.

5

겸손하게 하나님과 함께 행하라

읽어야할 본문: 미가 6–7장

숙고해야할 본문: 미가 6:6–8

선지자 미가는 이스라엘을 책망하시는 하나님을 마치 법정에 선 재판관이나 검사, 또는 증인처럼 묘사하고 있다(6장). 거기서 하나님은 검사나 증인과 같은 모습이신 반면, 이스라엘은 죄를 지은 피고와 같은 모습으로 그려진다. 하나님은 자신이 이스라엘 백성들을 얼마나 오랫동안 참으시며 선하게 대하였는가를 증거하셨다. 이스라엘 백성들은 그들의 배교에 대해서 하나님께 용서를 빌어야 했다. 이에 선지자 미가는 자신을 백성들과 동일시하면서 그들을 대표하여 죄를 회개하고, 하나님의 긍휼과 회복을 바라보았다. 이런 그의 기도에 응답하여 하나님은 그들에게 궁극적인 구원을 약속하셨다.

미가는 "내가 무엇을 가지고 여호와 앞에 나아가며 높으신 하나님께 경배할까"(6:6)하는 질문을 던지면서, 수양이나 강수 같은 기름도 아니요 맏아들을 드리는 것도 아니요 공의를 행하며 인자를 사랑하며 겸손히 하나님의 명령을 따라 행하는 것이라고 대답하였다(6:6-8).

■ 적용

하나님은 이스라엘의 배은망덕을 책망하셨고, 선지자 미가는 동족의 범죄를 한탄하였다. 하지만 결국 선지자 미가가 말하고자 하는 하나님은, 심판의 하나님이 아니라 회복하시고 긍휼을 베푸시는 하나님의 모습이었다. 그는 죄를 지었지만 회개하고 돌이키면 회복시키시는 하나님의 모습을 전하고자 하였던 것이다. 우리는 그런 하나님을 기쁘시게 행하며, 마음으로부터 우러나오는 깊은 헌신의 삶을 드려야 할 것이다.

나훔

- 핵심어: 니느웨의 멸망
- 핵심구절: "여호와는 질투하시며 보복하시는 하나님이시니라 여호와는 보복하시며 진노하시되 자기를 거스르는 자에게 여호와는 보복하시며 자기를 대적하는 자에게 진노를 품으시며"(나 1:2).

명칭과 배경

나훔(Nahum)이라는 명칭은 이 책의 주요 인물이자 저자인 선지자 나훔의 이름을 따서 붙여졌다. 나훔이라는 이름은 '위로자'라는 의미이다. 이는 느헤미야(하나님의 위로자)라는 이름의 줄임말에 해당한다.

앗수르와 바벨론은 모두 티그리스와 유프라테스 강 유역에서 성장한 제국들이었다. 바벨론이 먼저 국가를 형성하였으나, 근동에서 앗수르 제국의 위세가 600년 동안 지속됨으로써 바벨론은 오랫동안 그 힘을 발휘하지 못하고 있었다. 하지만 점점 그 세력이 강대해지더니 마침내 B. C. 612년에 이르러 바벨론이 앗수르를 무너뜨리고 고대 근동을 장악하였다.

저자와 기록연대

이 책의 내용은 선지자 나훔이 하나님께 받은 말씀을 기록한 것으로, 그에 대해서 알려진 바는 거의 없다. 그는 엘고스 사람으로 알려져 있으나, 그 지역이 정확히 어디를 가리키는지는 알 수가 없다. 나훔이 선지자로 활동하였던 시기는 당시 테베의 함락이 있었던 B. C. 663년과 니느웨의 함락이 있었던 B. C. 612년 사이일 것이다.

기록목적

나훔은, 요나가 선지자로 활동할 때 그 백성들이 회개하고 용서를 받고 하나님의 도구로 사용되었던 니느웨였으나 다시 악행을 일삼기 시작한 니느웨에 대한 하나님의 진노와 심판을 선포한다. 그는 니느웨에 대한 하나님의 심판을 통해 하나님이 모든 역사의 주관자 되심을 전파한다.

개요

Ⅰ. 니느웨에 대한 하나님의 진노(1장)

Ⅱ. 니느웨의 멸망(2장)

Ⅲ. 니느웨에 대한 하나님의 심판(3장)

6

니느웨의 멸망

읽어야할 본문: 나 1–3장

숙고해야할 본문: 나 1:2–8

요나가 선지자로 활동할 때 온 백성들이 회개하여 하나님의 용서를 받았던 니느웨였지만, 그렇게 한 세기가 지나고 그들은 또 다시 잔인하고 야만적인 행위로 악명을 떨치고 있었다. 앗수르는 적국의 왕들을 포로로 잡아와서 그들의 살갗을 벗겨 기둥들에 입혔으며, 어린 소년소녀들을 불에 태워 죽였고, 포로들의 눈을 뽑고 손과 코와 귀를 잘라 버렸다. 그리고, 그들은 자신들의 신인 아술(새의 날개를 하고 인간의 얼굴을 가진 황소 신)이 그 모든 것을 명한 것이라고 정당화하였다.

나훔은 그러한 니느웨를 향해 마지막 심판을 내리면서 그들의 멸망을 선포하였다. 그리고 실제로 그의 경고가 있은 지 몇 년이 지나지 않아, 한때 하나님의 도구로 사용되어 북 이스라엘을 멸망시켰던 앗수르 제국은 결국 이웃 나라 바벨론에 의해 망하고 만다. 주권자 되시는 하나님은 죄악을 일삼는 그들을 징계하셨으며, 누구도 그를 막을 수 없었다. 나훔은 그들이 겪을 끔찍한 참상을 그리고 있는데, 하나님의 진노는 지진과 폭풍우로 나타날 것이며(1:4-6), 도성 바깥에서는 메데 사람들이 함께 모여 창과 방패를 번뜩일 것이며, 그렇게 곧 왕궁은 훼파되고 왕비는 벌거벗은 몸으로 끌려갈 것이다. 또한, 이를 보고 모든 시녀들이 가슴을 치며 비둘기 같이 슬피 울 것이며(2:7), 도성은 끔찍하게 노략질을 당할 것이며(2:9), 성은 공허하고 황폐하게 될 것이다(2:10). 그리고, 선지자 나훔은 니느웨의 멸망에 대한 소식을 듣게 될 유다 백성들은 기뻐 손뼉을 칠 것이라고 전하였다.

■ 적용

한 세기 전 선지자 요나가 니느웨의 회개를 외쳤을 때, 그들은 금식하고 회개함으로써 멸망을 면할 수 있었다. 하지만 그들의 계속되는 잔인함과 부도덕성은 결국 나라의 멸망을 초래하고 말았다. 나훔은 하나님을 존중하지 않는 니느웨에 대해서 회개가 아니라, 마지막 심판을 선고하였다. 그들은 생명을 경시하여 수탈과 살육을 일삼았으며, 주변 나라에 우상숭배를 전염시켰다. 요나의 전도로 심판을 면했던 니느웨가 최종적으로 멸망할 수밖에 없었던 이유였다. 하나님은 회개하는 자에게는 징계를 거두시지만, 범죄하고도 돌이키지 않는 자들에게는 결국 심판을 내리신다.

7
복습을 위한 질문

1. 구약 성경에서 가장 짧은 책은 무엇인가?
2. 오바댜란 이름의 의미는 무엇인가?
3. 에돔 족속은 누구의 후손인가?
4. 에돔이 저지른 죄는 무엇인가?
5. 하나님이 요나에게 회개의 말씀을 전하라고 보낸 곳은 어디인가?
6. 요나가 하나님의 뜻을 거스르고 도망하려던 곳은 어디인가?
7. 요나는 물고기 뱃속에서 며칠 동안 있었는가?
8. 요나는 니느웨가 회개하고 생명을 연장 받은 것을 왜 좋아하지 않았는가?
9. 하나님이 베푸신 니느웨에 대한 은혜에 불만을 품은 요나에게 하나님은 어떤 비유를 통해서 깨닫게 하셨는가?
10. 요나서가 갖는 선교적 의미는 무엇인가?
11. 귀족 출신의 선지자 이사야와 동시대에 활동한 평민 선지자는 누구인가?
12. 예수님이 베들레헴에서 탄생할 것을 예언한 선지서는 무엇인가?

13. 미가는 이스라엘을 책망하시는 하나님과, 그분의 책망을 받는 이스라엘의 모습을 무엇에 비유하여 묘사하고 있는가?

14. 선지자 나훔이 그들에 대한 마지막 심판으로 멸망을 선포한 도성은 어디인가?

15. 앗수르의 야만성에 대해서 아는 대로 말해보라.

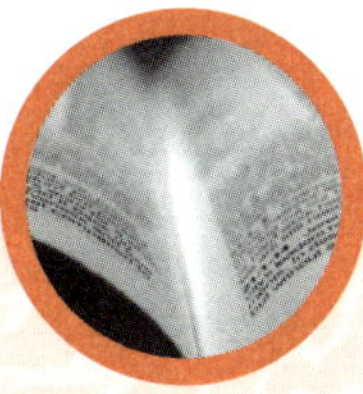

하박국

- 핵심어: 의인은 그의 믿음으로 말미암아 살리라
- 핵심구절: "보라 그의 마음은 교만하며 그 속에서 정직하지 못하나 의인은 그의 믿음으로 말미암아 살리라"(합 2:4).

명칭과 배경

하박국(Habakkuk)이라는 명칭은 이 책의 주요 인물이자 저자인 하박국 선지자의 이름을 따서 붙여졌다. 하박국이라는 이름은 '포용하는 자'라는 의미이다. 처음 하박국은 왜 악인이 잘되고 의인이 고난을 받는지 하나님께 의문을 품었다가, 나중에 의인은 믿음으로 사는 것이라는 그 뜻을 깨닫고 받아들였던 사실을 상기해 볼 때, 그의 이름이 갖는 의미가 참으로 남다르다고 하겠다.

하박국 선지자는 앗수르가 쇠퇴기에 접어들고 바벨론이 전성기를 맞았을 때 선지자로 활동하였다. 나훔 선지자가 예언한 대로 그 무렵 바벨론은 앗수르를 멸망시키고(B. C. 612년), 마침내 유다까지 위협하고 있었다. 당시에 바벨론과 애굽은 근동의 패권을 놓고 서로 세력다툼을 벌이고 있었는데, 바벨론이 갈그미스 전투(B. C. 605년)에서 애굽에 승리함으로써 그 지역의 패권을 차지하였다. 그리고 이는 곧 유다의 멸망이 가까워지고 있다는 신호였다.

저자와 기록연대

이 책의 내용은 선지자 하박국이 하나님께 받은 말씀을 기록한 것으로, 그가 이 책의 저자라는 것 외에 특별히 그에 대해 알려진 바는 거의 없다. 본문은 그가 선지자였다는 것 외에 별다른 정보를 제공해 주지 않고 있는데, 이는 그를 굳이 자세히 소개하지 않아도 당시 많은 사람들이 이미 그를 잘 알고 있었음을 반증한다.

성경에 나오는 내용으로 볼 때, 그는 예레미야, 에스겔, 다니엘 선지자와 동시대를 살면서 하나님의 뜻을 전하였을 것이라고 추측된다. 갈대아인들 즉 바벨론에 대한 언급(1:6)과, B. C. 605년에 있었던 애굽과 바벨론의 갈그미스 전투에 대한 내용은 하박국이 이 책을 기록한 연대를 짐작케 해준다. 따라서 그것은 유다 왕 여호야김이 통치하고 있을 무렵 예루살렘을 배경으로 기록되었을 것이다.

기록목적

하박국은, 하나님이 바벨론을 통해서 유다의 죄를 징계하실 것이지만 하나님의 도구로 사용될 바벨론도 적당한 때에 하나님에 의해 심판받게 될 것을 전한다. 한편, 하나님은 유다의 남은 자들을 남겨 두시어 이스라엘을 회복시킬 것임을 함께 선포한다.

개요

Ⅰ. 유다에 대한 심판(1장)

Ⅱ. 바벨론에 대한 심판(2장)

Ⅲ. 선악간에 심판하실 하나님에 대한 찬양(3장)

1

의인은 그의 믿음으로 말미암아 살리라

읽어야할 본문: 하박국 1–3장

숙고해야할 본문: 하박국 3:16–19

하나님은 앗수르를 이용하여 북 이스라엘을 심판하셨으며(B. C. 721/2), 이제 바벨론을 이용하여 유다를 징계하실 것이다. 하박국 선지자가 패역한 유다 백성들을 하나님께서 왜 심판하지 않으시는지 의문을 품었을 때, 하나님께서는 바벨론을 일으켜 유다에 대한 심판의 도구로 사용하실 것이라고 그에게 말씀하셨다. 이에 하박국 선지자는 하나님께 나아가 어떻게 바벨론과 같은 사악한 나라를 하나님의 거룩한 목적을 위해서 사용하실 수 있는지 또 다시 의문을 품었다. 마침내 하박국은 하나님께서 갈대아인들을 잠시 동안 당신의 도구로 사용하실 것이지만, 그들의 교만과 사악함으로 인하여 결국은 하나님의 심판을 면치 못할 것이라는 사실을 깨닫게 되었다. 그렇게 바벨론은 B. C. 538/9년 바사(페르시아)에 의해 멸망당하고 말았다.

마침내 하박국 선지자는, 때때로 하나님의 방법은 이해할 수 없을 때가 있지만, 하나님의 구원이 이를 때까지 의인은 믿음으로 말미암아 살아야 한다(2:4)는 진리를 깨닫게 되었다. 또한, 장차 오실 하나님께서 선악을 구분하여 심판하시고 당신의 백성들을 구원하신다는 것을 깨닫고 감사의 기도와 찬양을 드렸다. "비록 무화과나무가 무성치 못하며 포도나무에 열매가 없으며 감람나무에 소출이 없으며 밭에 식물이 없으며 우리에 양이 없으며 외양간에 소가 없을지라도 나는 여호와를 인하여 즐거워하며 나의 구원의 하나님을 인하여 기뻐하리로다"(3:17-18).

■ 적용

하박국 선지자는 왜 악한 자들이 잘 되고 선한 자들이 고난을 당하는지 하나님께 의문을 품게 되었다. 하나님의 뜻을 이해할 수 없었던 그는, 하나님께서 결코 죄악을 간과하시는 분이 아니시며, 악한 자들의 삶 가운데 이미 하나님의 심판이 진행되고 있다는 것을 보게 되었다. 그리고, 그는 불공평한 현실 속에서도 오직 "의인은 그의 믿음으로 말미암아 살리라"(2:4)는 진리를 깨달았고, 이 말씀은 신약에서 세 번씩이나 언급되기도 한다(롬 1:17; 갈 3:11; 히 10:38). 그리고, 하나님은 궁극적으로 선과 악을 분별하사 악한 자들을 심판하실 것이며, 당신의 백성들을 구원하실 분이시라는 것을 알고 감사의 기도를 드렸다. 오늘을 사는 성도들도 그 옛날 하박국 선지자와 똑같은 의문을 품을 때가 있다. 하지만 하나님이 택한 백성들에게 고난을 주시는 것은 그것을 통해 성도들을 연단하시고 새롭게 하시고자 함이라는 사실을 기억해야 할 것이다. "의인은 그 믿음으로 말미암아 살리라.

스바냐

- **핵심어:** 남은 자
- **핵심구절:** "여호와가 그들에게 두렵게 되어서 세상의 모든 신을 쇠약하게 하리니 이방의 모든 해변 사람들이 각각 자기 처소에서 여호와께 경배하리라"(습 2:11).

명칭과 배경

스바냐(Zephaniah)라는 명칭은 이 책의 주요 인물이자 저자인 선지자 스바냐의 이름을 따서 붙여졌다. 스바냐라는 이름은 '하나님께서 숨기셨다'라는 의미이다(2:3). 그는 유다의 사악한 왕 므낫세가 통치할 때 태어났을 것으로 보이며, 스바냐의 부모는 그에게 '하나님께서 숨기셨다'는 의미의 이름을 지어줌으로써 하나님의 보호하심에 대한 믿음을 확증하고자 하였던 것 같다.

히스기야의 통치(B. C. 728-686) 이후에 유다는 악한 두 왕(므낫세와 암몬)으로 인해서 영적으로 피폐해져 있었다. 이런 와중에 요시야가 8세의 어린 나이에 왕위에 올랐는데, B. C. 632년 그가 16세 되던 해에 종교적인 체험을 하고 개혁을 단행하기 시작하였다. 또한, B. C. 621년 율법 책이 발견됨으로써 그는 추진 중인 종교개혁에 더욱 박차를 가하였다(대하 34:14-33). 스바냐는 종교개혁으로 유명했던 바로 이 요시야 왕 때 활동했던 선지자였다. 그는 요시야가 종교개혁에 성공할 수 있도록 도왔으며, 뿐만 아니라 예루살렘이 멸망되기 직전까지 예레미야와 함께 활동하였다.

그는 B. C. 621년 성전에서 율법책이 발견되기 전 이미 선지자로서 활동을 시작하였다고 추측되는데, 이는 그가 이 책에서, 요시아의 개혁으로 개선된 여러 폐단과 백성들의 죄악을 지적하면서 영적인 개혁을 촉구하고 있기 때문이다.

저자와 기록연대

이 책의 내용은 선지자 스바냐가 하나님께 받은 말씀을 기록한 것으로, 본문에 의하면 그는 히스기야 왕의 현손으로서 왕가의 자손이었던 것을 알 수 있다(1:1). 그는 당시 요시야 왕과 친척관계에 있었기 때문에 왕이 어린 나이에 왕위에 올랐을 때 그에게 조언할 수 있는 위치에 있었던 것으로 보이며, 나아가 당시의 정치적인 현안들을 예리하게 다루었다.

기록목적

스바냐는, 유다의 부패와 사악함에 대한 하나님의 심판을 선포함과 동시에 그들을 회복하실 하나님의 계획을 전하고 있다. 그는 죄에 대한 심판과 더불어 남은 자들을 구원하실 주의 날이 임할 것임을 보여 주고 있다. 그 날에 있을 끔찍한 결과를 상기시키며 이스라엘이 하나님께 돌이키기를 권면하고 있다.

개요

Ⅰ. 유다와 열방들에 대한 하나님의 심판(1:1-3:8)

Ⅱ. 예루살렘을 구원하실 하나님(3:9-20)

2
각각 자기 처소에서 여호와께 경배하리라

읽어야할 본문: 스바냐 1–3장

숙고해야할 본문: 스바냐 2:11

선지자 스바냐는 하나님을 예배하는 일에서 떠나 있던 당시 백성들의 죄에 대해 하나님의 임박한 심판을 선포하였다. 그들은 일월성신을 숭배하고 몰렉과 같은 다른 신을 하나님과 함께 섬겼던 것이다. 스바냐서에는 구약 성경의 어느 책보다도 "여호와의 날"이란 말이 자주 나온다. 스바냐는 그들의 우상숭배로 인해 유다에 다가오는 하나님의 심판에 대해 예언하였다. 처음에, 이스라엘 민족은 여호와의 날을 하나님이 자신들의 대적들을 물리치시는 날로 생각하였다. 하지만 아모스 시대부터 그 날은 하나님을 반역한 당신의 백성들 곧 이스라엘에 대한 하나님의 심판이 있는 날로 여겨졌다. 실제로, 유다가 B. C. 586/7년 바벨론의 느부갓네살에 의해 파멸함으로써 스바냐의 이 예언은 성취되었다. 그리고 하나님께 범죄한 민족들은 누구라도 하나님의 심판에서 예외가 될 수 없을 것이다.

한편, 여호와의 날 혹은 주의 날은 하나님의 임박한 심판뿐만 아니라 세상 끝날에 있을 우주적인 심판을 가리키기도 한다. 따라서, 스바냐는 가까이로는 바벨론을 통해 유다가 심판받을 것을 예언하였지만, 나아가 메시아 탄생과 멀리로는 그리스도가 이 땅에 다시 오셔서 온 세상을 다스리고 통치하실 마지막 날을 바라보고 있는 것이다. 그 날에는 하나님께서 이스라엘을 완전하게 회복시키실 것이며, 거기엔 모든 그리스도인들이 동참할 것이다. 그 날에 모든 하나님의 백성들이 그를 부르며 찬미하고, 하나님은 신자들 가운데 임재하시어 그 기쁨을 이기지 못하실 것이다(3:17).

■ 적용

스바냐는 구약의 다른 선지자들과 마찬가지로 하나님의 심판과 아울러, 하나님의 구원과 회복에 대한 메시지를 전하고 있다. 하나님은 긍휼하셔서 악인을 심판하는 가운데서도 의로운 당신의 백성들을 향해 구원의 문을 열어 놓으신다. 하나님은 예루살렘을 징계하실 것이지만, 또한 이스라엘의 회복을 약속하셨다. 이는 가까이는 바벨론에서 귀환하게 될 이스라엘에 대한 약속이기도 하였지만, 궁극적으로는 모든 이방 나라가 각기 자기 처소에서 하나님을 경배하게 될 날을 가리키고 있는 것이다. 하나님은 이스라엘 민족만의 하나님이 아니라 온 인류의 하나님이시다. 이스라엘의 완전한 회복은 이스라엘 민족만의 회복이 아니라, 그리스도를 믿는 모든 성도들의 회복을 포함한다. 그것은 복음으로 형성될 모든 영적 이스라엘의 회복에 대한 약속인 것이다.

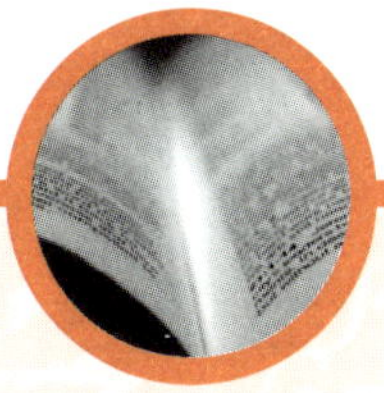

학개

- 핵심어: 성전의 재건축
- 핵심구절: "너희는 산에 올라가서 나무를 가져다가 성전을 건축하라 그리하면 내가 그것으로 말미암아 기뻐하고 또 영광을 얻으리라 여호와가 말하였느니라"(학 1:8).

명칭과 배경

학개(Haggai)라는 명칭은 이 책의 주요 인물이자 저자인 선지자 학개의 이름을 따서 붙여졌다. 학개라는 이름은 '축제'라는 뜻이다. 아마도 학개는 특별한 절기 때에 태어난 것으로 보인다. 그의 주된 사역은 귀환한 예루살렘 백성들에게 중단한 성전건축을 재개하도록 촉구하는 것이었다.

바사의 고레스 왕의 허락을 받아 유다 백성들이 스룹바벨의 인도 하에 예루살렘으로 돌아와 성전을 재건하던 중, 이를 시기하고 방해하는 사마리아인들에 의해 성전 건축이 중단되는 사태에 이르렀다. 그로부터 15/6년이 흐른 뒤, 학개와 스가랴가 귀환하여 유다의 백성들을 독려함으로써 성전을 건축하는 일이 비로소 재개되었다(B. C. 520년). 학개와 스가랴는 유다가 성전 건축을 중단한 것은 사마리아인들의 방해 때문이 아니라 백성들의 게으름 때문이라고 질책하였다. 학개는 자신들은 판벽한 집에 거하면서 하나님의 전은 아직도 황폐하게 남아 있으니(1:4), 그들이 아무리 최선을 다해도 가뭄과 재앙이 그들에게서 끊이지 않는 것이라고 질책하였다. 그는 백성들이 하나님께 회개하고 언약을 새롭게 하기를 외쳤으며, 이에 용기를 얻은 유다 백성들은 성전 건축을 재개하였고, 그로부터 4년 뒤인 B. C. 515/6년 성전 재건을 완성하였다.

저자와 기록연대

이 책의 내용은 선지자 학개가 하나님께 받은 말씀을 기록한 것으로, 그에 대해서는 잘 알려져 있지 않다. 다만, 에스라 5:1; 6:14에서 그는 바사에서 귀환한 포로들 가운데 한 사람으로 간단하게 언급되어 있다. 또한, 학개 2:3은 그가 바벨론에 의해 예루살렘 성전이 훼파되기 전에 솔로몬의 성전을 보았던 사람 가운데 한 명이었음을 알려 주고 있다. 이로 미루어 볼 때, 그가 성전 재건을 독려하며 선지자로 활동하기 시작했을 때는 이미 그의 나이가 상당했을 것(적어도 70세 이상)으로 보인다.

학개의 활동시기에 대해서는 본문에 그 연대가 명확하게 기록되어 있다(1:1; 2:1; 2:10; 2:20). 그가 선지자로 활동하기 시작한 해는 바사의 다리오 왕 2년째인 B. C. 520년이었다. 그해 6월부터 9월 사이에 하나님의 말씀이 그에게 임하였던 것으로 보인다.

기록목적

학개는 하나님의 신실하심과, 주의 성전을 건축하는 것이 다른 모든 것보다 우선됨을 보여주고 있다.

개요

Ⅰ. 성전 재건에 대한 촉구(1장)

Ⅱ. 영광에 대한 약속(2:1-9)

Ⅲ. 순종으로 약속되는 축복(2:10-23)

3

새 성전의 영광과 미래의 약속된 축복

읽어야할 본문: 학개 1–2장

숙고해야할 본문: 학개 2:15–23

바벨론에서 귀환한 학개는 다리오 왕 2년, 곧 B. C. 520년 9월 1일에 선지자로서의 활동을 시작하였다. 포로귀환자들은 성전재건 공사에 착수하였지만 사마리아인들의 방해 등 여러 가지 이유로 공사를 중단하였는데, 하나님은 선지자 학개와 스가랴를 불러 그들이 공사를 재개할 수 있도록 독려하였다. 선지자 학개는 백성들이 성전 건축을 중단한 것은 다른 이들의 방해 때문도, 시기가 적절치 못한 것도 아니요, 다만 그들의 태만함과 게으름 때문이라고 질책하였다. 또한, 자신들은 "판벽한 집"에 거하면서 하나님의 전은 황무하게 둔 것은 하나님에 대한 죄이며, 그들의 생활이 곤고한 것은 모두 그 때문이라고 역설하면서 성전재건을 촉구하였다. 그의 독려에 힘입어 24일이 흐른 뒤 스룹바벨을 비롯한 이스라엘 백성들은 성전을 건축하는 일을 비로소 재개하게 되었다(1:14). 그렇게 4년이 흐른 뒤(B. C. 515/6년) 그들은 성전을 완성하여 하나님께 봉헌하게 된다.

하지만 백성들 중에는 자기들의 성전을 솔로몬의 성전과 비교하여 그 화려함이 전혀 미치지 못한다 하여 실망하는 자들이 있었다. 사실, 궁핍한 포로귀환자들이 지은 성전과 이스라엘 최전성기에 지어진 솔로몬의 성전을 비교할 수는 없었다. 이에 학개는 새 성전의 영광이 솔로몬의 성전보다 더 크게 될 날이 도래할 것이라고, 그래서 솔로몬의 성전을 능가하는 역사를 이루게 될 것이라고 예언하였다(2:9). 그리고 그의 예언은 놀라운 방법으로 성취되었다. 메시아로 오신 그리스도께서 그들이 건축한 새 성전에서 하나님의 말씀을 전파하고 이적을 베푸심으로써 주의 영광이 그곳에 충만하였기 때문이다. 또한, 헤롯에 의해 중간에 수리되기는 했지만 그들의 새 성전은 솔로몬의 성전보다 더 오래 지속되었는데, A. D. 70년 로마가 예루살렘을 황폐화시키기 전까지 이스라엘 백성들은 이 성전에서 하나님께 예배하였다.

■ 적용

하나님은 주의 전의 화려함이나 크기에 비례하여 영광을 받는 분이 아니시다. 하나님은 두 세 사람이 하나님의 이름으로 모인 곳에 언제나 함께 하시겠다고 말씀하셨다. 주의 전의 영광은 영적인 개념이지 물질적인 개념이 아니다. 하나님이 기뻐하시는 것은 마음의 중심에서 우러나오는 영적인 제사인 것이다. 스룹바벨의 성전이 솔로몬의 성전보다는 그 화려함이 미치지 못하였지만, 그리스도께서 직접 그곳에서 예배하시고 축복하셨기 때문에 그 어느 성전보다도 영광스런 곳이 되었다. 비록 작고 초라한 주의 성전일지라도 하나님의 이름으로 모인 신실한 성도들이 예배하는 곳이라면 그곳에 주님이 함께 할 것이며, 그보다 더 아름답고 거룩한 성전은 없을 것이다. 아울러, 주께서 날마다 성도들과 함께 거하시는 내 마음의 성전은 그 어느 성전보다도 더 고귀하고 가치가 있다고 하겠다.

스가랴

● 핵심어: 성전과 하나님 나라

● 핵심구절: "시온의 딸아 크게 기뻐할지어다 예루살렘의 딸아 즐거이 부를지어다 보라 네 왕이 네게 임하시나니 그는 공의로우시며 구원을 베푸시며 겸손하여서 나귀를 타시나니 나귀의 작은 것 곧 나귀새끼니라"(슥 9:9).

명칭과 배경

스가랴(Zechariah)라는 명칭은 이 책의 주요 인물이자 저자인 선지자 스가랴의 이름을 따서 붙여졌다. 스가랴라는 이름은 '하나님이 기억하신다'라는 의미이다. 이 책은 구약 성경에서 이사야서 다음으로 메시아에 대한 예언이 많이 등장한다.

이 책의 역사적인 배경은 학개와 동일하다. 바사의 고레스 왕이 유다의 포로들을 고국으로 돌아갈 수 있도록 허락하자, 스룹바벨은 5만 명의 유대인들을 이끌고 예루살렘으로 귀환하였다. 그들은 즉시 성전건축을 시작하였으나, 사마리아인들의 방해로 성전재건 사업이 중단되기에 이르렀다. 그로부터 15/6년이 흐른 뒤에(B. C. 520년) 학개와 스가랴가 귀환해 유다 백성들이 성전재건 사업을 계속해 나갈 수 있도록 독려하였다. 그리고 그로부터 4년 뒤인 B. C. 515/6년에 성전을 완공하였다.

스가랴 1-8장은 성전 재건을 촉구하는 환상들에 대한 기록이고, 9-14장은 하나님 나라의 도래와 관련된 예언으로 메시아의 탄생과 재림에 관한 내용이 주를 이루는데, 아마도 후반부는 그의 후기 사역에 해당하는 내용으로 보인다. 복음서에 나타난 예수 그리스도의 마지막 날에 대한 이야기들은 스가랴에서 많이 인용되고 있다.

저자와 기록연대

이 책의 내용은 선지자 스가랴가 하나님께 받은 말씀을 기록한 것으로, 그는 바벨론에서 태어났으며 잇도의 손자요 베레갸의 아들이었다. 그는 주로 할아버지와 더불어 언급된 것으로 보아서 그의 아버지는 일찍 죽은 것으로 보인다. 그는 할아버지를 따라 제사장직을 수행하다가 선지자로 부름을 받았을 것으로 추측된다. 그는 학개와 동시대 사람으로서, 학개보다는 젊은 나이에 선지자로 부름을 받고 활동을 시작하였다.

기록목적

스가랴는 예루살렘 성전 재건을 독려하고, 그리스도의 탄생과 재림에 대한 메시지를 전하여 이스라엘 백성들이 소망을 갖도록 하고 있다.

개요

Ⅰ. 스가랴의 여덟 가지 환상(1-6장)

Ⅱ. 스가랴의 네 가지 메시지(7-8장)

Ⅲ. 메시아에 대한 예언(9-14장)

4

성전 재건을 격려하는 환상들

읽어야할 본문: 스가랴 1–8장

숙고해야할 본문: 스가랴 1:7–17

학개가 포로귀환자들이 성전 재건을 계속해 나갈 수 있도록 영적으로 독려하였던 것처럼, 스가랴도 그들이 회개하고 하나님과의 언약을 새롭게 함으로써 성전 건축을 재개하도록 격려하였다. 그는 여러 가지 이유를 들어 성전 건축에 대한 의욕을 상실한 백성들의 나태함을 책망하고, 그들이 다시 성전 건축에 매진할 수 있도록 위로하였다. 한편, 그러한 영적인 각성은 성전 완성 후 백성들이 하나님을 예배하는 일에 잘 준비될 수 있도록 하기 위해 필요했을 것이다.

스가랴는 성전 건축과 관련하여 여덟 가지 환상을 보았는데, 그것들은 모두 백성들로 하여금 성전을 건축하는 일을 재개하도록 독려하는 것이었다. 첫 번째 환상은 화석류 나무 사이에서 말을 타고 있는 자였는데(1:7-17), 이는 이스라엘 민족이 성전재건 후 번성하게 될 것을 의미했다. 두 번째 환상은 네 뿔과 네 대장장이였는데(1:18-21), 이는 이스라엘을 억압하는 열방에 대한 하나님의 심판을 의미했다. 네 뿔은 네 명의 이방인 왕을 상징하였으며, 따라서 이는 바벨론, 메데와 바사, 그리스, 그리고 로마 제국을 가리켰다. 세 번째 환상은 척량줄을 손에 잡은 사람이었는데(2:1-5), 이는 예루살렘의 재건과 영광을 의미하였다. 예루살렘에 거룩한 성전이 세워질 때 하나님이 그곳에 임재하시고 보호하시겠다는 약속이었다. 이것은 궁극적으로 그리스도의 강림으로 완성될 새 예루살렘을 상징하였다. 네 번째 환상은 여호와의 천사 앞에 선 제사장 여호수아였는데(3:1-10), 그의 부정한 옷이 하나님 앞에서 벗겨지고 곧 깨끗하고 거룩한 의복으로 단장되었다. 그의 대제사장으로서의 권위를 하나님이 인정해 주신 것이었다. 여기서 여호수아는 그리스도의 모형이라고 할 수 있다. 다섯 번째 환상은 순금 등잔대와 두 감람나무였는데(4:1-14), 순금 등잔대에 일곱 등잔이 있었으며 그 곁에는 두 감람나무가 있었다. 여기서 순금 등잔대는 재건될 성전을, 두 감람나무는 스룹바벨과 여호수아를 상징하였다. 이는 스룹바벨로 하여금 여호수아와 힘을 합하여 성전을 재건하는 데 전력을 다할 것을 권면하고 있는 것이었다. 여섯 번째 환상은 날아가는 두루마리였는데(5:1-4), 이는 성전 재건에서 태만한 이스라엘에게 임할 심판을 가리킨다. 일곱 번째 환상은 에바(광주리) 속에 앉아 있는 여인이었는데(5:5-11), 이는 죄인에 대한 종말론적인 심판을 의미했다. 성전이 재건되고 하나님의 율법이 선포될 때, 사악한 여인은 본래의 고향인 바벨론으로 이송될 것임을 상징하였다. 여덟 번째 환상은 네 병거 환상이었는데(6:1-8), 이는 대적들에게 임할 하나님의 심판과 승리를 상징하였다. 하늘의 영이 온 땅에 심판을 행할 것이라는 의미였다.

이 여덟 가지 환상에 이어서 여호수아의 대관식 장면이 나오는데(6:9-15), 이는 오실 메시아의 권능을 상징적으로 보여주는 것이었다. 일부 포로귀환자들이 금과 은을 가져와서 성전에 헌물로 바쳤는데, 스가랴 선지자는 이 금과 은을 취하여 대제사장 여호수아에게 씌울 면류관을 만들게 하였다. 이는 장차 온 세상의 영적인 왕이시요 대제사장으로 오실 그리스도의 권능을 상징하는 것이었다.

■ 적용

하나님은 스가랴의 이상을 통해서 성전건축 사업을 격려하셨으며 하나님 나라의 완성을 보여주셨다. 스가랴는 백성들에게 자신이 본 이상을 선포하여 하나님의 뜻을 깨닫게 하였다. 스가랴의 환상들은 백성들에게 위로와 도전을 주기에 충분했고, 그들은 성전 건축을 재개하여 완성하기에 이르렀다. 오늘날에는 하나님께서 구약시대와 같은 환상을 통해서 말씀하시지 않는다. 하나님의 말씀인 신구약 성경이 완성되었기 때문이다. 따라서 우리는 성경 말씀 속에서 하나님의 뜻을 찾고 발견해야 한다. 환상은 하나님이 특별한 시대에 특별한 방법으로 역사하신 도구였을 뿐이다. 성도들의 건강한 신앙은 말씀과 기도 속에서 하나님의 뜻을 찾아 행할 때 주어지는 것이다.

5
구원을 베푸실 왕이 오시리로다

읽어야할 본문: 스가랴 9–14장

숙고해야할 본문: 스가랴 9:9–10

스가랴서는 구약 성경에서 이사야서 다음으로, 오실 메시아에 대한 예언들로 가득하다. 스가랴는 그리스도를 "내 종 싹"(3:8), "그의 보좌에 앉아 있는 제사장"(6:13), "그 찌른 바 된 자"(12:10)라고 표현하였다. 또한 그는 그리스도를 겸손히 나귀를 타고 오시는 분으로 묘사하기도 하는데(9:9), 이는 다가올 그리스도의 영광을 나타낸 것으로 당시 이스라엘 백성들에게 위로의 말씀이 되어 주었다. 그리고 실제로 400년이 흐른 뒤 그리스도께서 겸손히 나귀를 타고 오셨다.

시온의 다음 왕으로 오실 "그는 공의로우며 구원을 베풀며 겸손하여서 나귀를 타나니 나귀의 작은 것 곧 나귀새끼니라…그가 이방 사람에게 화평을 전할 것이요 그의 정권은 바다에서 바다까지 이르고 유브라데강에서 땅끝까지 이르리라"(9:9-10). 메시아로 오실 그가 통치하는 때는 정의와 평화가 강같이 흐르는 왕국이 될 것이다. 하지만 하나님께 회개하고 성전재건을 완성하였던 이스라엘 민족은 이후 메시아를 배척하는 죄를 저질렀고, 결국 다시 성전이 로마군에 유린되는 참상을 겪게 된다.

■ 적용

여호와께서 천하의 왕이 되시는 그 날엔 만민이 새 왕국을 중심으로 모일 것이라고 한 스가랴의 예언은 고난에 처한 이스라엘에게 큰 위로와 확신의 말씀이 되어 주었다. 그 날은 이스라엘에게는 승리의 날일 것이요, 악인에게는 파멸의 날이 될 것이라고 하였다. 하지만 그리스도는 무력이 아니라 사랑으로 세상을 정복하시고 통치하신다. 그는 겸손히 나귀를 타고 오셨고, 온 인류를 위하여 십자가에서 죽으셨다. 하나님은 그가 겸손히 낮아지셨으므로 그를 다시 높이셨다. 하나님은 그를 만왕의 왕이요 만유의 주가 되게 하셨으며, 온 세상이 그분 앞에 무릎을 꿇게 하셨다.

말라기

- **핵심어:** 언약의 사자
- **핵심구절:** "만군의 여호와가 이르노라 보라 내가 내 사자를 보내리니 그가 내 앞에서 길을 준비할 것이요 또 너희가 구하는 바 주가 갑자기 그 성전에 임하시리니 곧 너희가 사모하는 바 언약의 사자가 임하실 것이라"(말 3:1).

명칭과 배경

말라기(Malachi)라는 명칭은 이 책의 주요 인물이자 저자인 선지자 말라기의 이름을 따서 붙여졌다. 이 책은 구약 성경의 마지막 책으로, 말라기는 유대인들이 바벨론에서 귀환하여 성전을 완공하고 성벽도 개축하고, 그런 이후에도 여전히 하나님의 법도에서 어긋나게 살아가는 유다 백성들을 향해 하나님께서 마지막으로 보내주신 선지자였다.

에스라서에 있는 것처럼 성전이 재건되었고 예배도 회복되었다. 또한, 느헤미야는 예루살렘 성벽을 재건하고 바사 왕과 약속한 대로 바벨론으로 돌아갔다. 하지만 그 사이 유다 백성들은 또 다시 영적으로 침체되었다. 메시아는 아직 오시지 않았고, 그 땅에 메시아의 통치가 이루어질 가능성은 없어 보였다. 제사장들은 나태해졌고, 백성들은 예배를 소홀히 하였다. 그들은 하나님의 언약을 잊어버렸고, 십일조를 바치지 않았으며, 이혼이 성행하여 아내를 버리고 이방 여인들을 맞아들였다. 이런 상황에서 말라기는 하나님의 심판을 선포하며, 그의 백성인 것을 잊지 말고 하나님의 말씀을 따라 살아가기를 촉구하였다. 그리고 마지막으로 언약의 사자가 오는 길을 예비할 "엘리야가 오리라"(4:5)는 말씀을 전하는데, 400년간의 침묵이 흐른 뒤 예수께서는 이 예언이 세례요한을 통해서 성취되었음을 말씀하셨다.

저자와 기록연대

이 책의 내용은 선지자 말라기가 받은 하나님의 말씀을 기록한 것으로, 그에 대해서는 알려진 바가 거의 없으며, 다만 말라기서의 내적 증거를 통해서 그의 신원을 추적할 수 있을 뿐이다. 말라기라는 이름은 '주의 사자'라는 의미이다. 때문에 이 책의 명칭은 말라기 선지자 개인의 이름이라기보다는 본문에 사용된 '내 사자'(3:1)처럼 일반적인 주의 사자를 의미한다고 주장하는 학자들도 있다. 하지만 다른 소선지서들의 명칭이 하나님의 말씀이 임한 선지자들의 이름을 따서 붙여졌고, "여호와께서 말라기로 이스라엘에게 말씀하신 경고라"(1:1)라는 본문 말씀으로 볼 때, 여기서 지칭하는 말라기는 하나님의 말씀을 받은 선지자 말라기라고 보는 것이 타당할 것이다.

말라기가 선지자로 활동한 시대는 스룹바벨의 성전이 지어지고, 느헤미야의 지도하에 예루살렘 성벽이 재건된 이후 느헤미야가 바벨론으로 돌아간 시점인 B. C. 420년경으로 보인다.

기록목적

말라기는 유다 백성들이 죄악에서 돌이켜 하나님의 백성임을 기억하고 그의 율례를 따라 살 것을 역설한다. 또한, 그리스도가 오시기 전에 엘리야 곧 세례요한이 오게 될 것임을 예언한다.

개요

Ⅰ. 이스라엘에 대한 경고(1:1-2:16)

Ⅱ. 다가 올 심판과 주의 날에 대한 약속(2:17-4:6)

■ 참고자료: 예언서 정리

<table>
<tr><th colspan="4">포로시대 전 왕정시대 예언서</th><th>포로시대</th><th>포로귀환시대</th></tr>
<tr><td>남 유다에게</td><td>북 이스라엘에게</td><td>니느웨에게</td><td>에돔에게</td><td>바벨론
포로들에게</td><td>포로
귀환자들에게</td></tr>
<tr><td>요엘
이사야
미가
스바냐
예레미야
하박국
예레미야애가</td><td>아모스
호세아</td><td>요나
나훔</td><td>오바댜</td><td>다니엘
에스겔</td><td>학개
스가랴
말라기</td></tr>
</table>

■ 참고자료: 이스라엘의 왕정시대 및 포로시대 정리

<table>
<tr><th>통일왕국</th><th colspan="2">분열왕국</th><th colspan="2">멸망</th><th>포로시대</th><th colspan="2">포로귀환시대</th></tr>
<tr><td rowspan="4">사울
다윗
솔로몬</td><td rowspan="4">B. C.
931</td><td>북방 이스라엘:
여로보암-호세아(19명)</td><td>B. C.
722</td><td>앗수르</td><td></td><td colspan="2"></td></tr>
<tr><td rowspan="3">남방 유다:
르호보암-시드기야
(20명)</td><td rowspan="3">B. C.
586</td><td rowspan="3">바벨론</td><td rowspan="3">70년</td><td>1차</td><td>스룹바벨</td></tr>
<tr><td>2차</td><td>에스라</td></tr>
<tr><td>3차</td><td>느헤미야</td></tr>
</table>

6
내가 선지 엘리야를 너희에게 보내리니

읽어야할 본문: 말라기 1–4장

숙고해야할 본문: 말라기 4:4–6

학개와 스가랴의 격려로 성전을 재건하였지만 백성들이 고대하던 메시아 시대는 도래하지 않았다. 하나님과의 언약의 축복이 임하지 않는 것에 낙심한 백성들은 "공의의 하나님이 어디 계시냐"(2:17)며 반문하였다. 제사장들은 하나님을 섬기는 일에 나태하였으며, 백성들은 예배를 소홀히 하였다. 그들은 하나님께 마땅히 드려야 할 십일조를 바치지 않았으며, 그들 가정은 이혼이 성행하여 자기 아내를 버리고 이방 여인들을 맞아들이기에 이르렀다. 이러한 상황에서, 구약의 마지막 선지자 말라기는 백성들을 향해 회개를 촉구하며 임박한 하나님의 심판의 날을 선포하였다. 그리고 마지막으로, 그들로 하여금 하나님의 백성인 것을 잊지 말고 그분의 말씀을 따라 살아가기를 촉구하였다. "너희는 내가 호렙에서 온 이스라엘을 위하여 내 종 모세에게 명한 법 곧 율례와 법도를 기억하라"(4:4).

한편, 말라기는 구약 성경의 결론이자 신약 성경의 시작을 알려주는 책이기도 하다. 선지자 말라기는 하나님의 '사자'(Messenger)로 표현되는, 그리스도와 세례요한이 오실 것을 예언하고 있다. 언약의 사자(3:1)로 오실 그리스도가 그 첫 번째 사자요, 여호와의 크고 두려운 날이 이르기 전에 오게 될 엘리야(말 4:5), 즉 세례요한이 그 두 번째 사자다. 구약 성경은 말라기를 끝으로 긴 침묵에 들어가게 된다. 그 후 400년 동안 하나님은 침묵하셨고, 그의 선지자는 더 이상 나타나지 않았다. 하나님은 그 긴 시간 동안 세례요한과 그리스도의 탄생을 준비하셨다. 그리고 신약 시대 세례요한이 광야에서 "회개하라 천국이 가까이 왔느니라"고 외침으로써 말라기의 예언은 성취되었다.

■ 적용

구약 전체를 통해서, 하나님은 당신의 백성들이 당신의 말씀에 순종하고 당신의 뜻대로 살아가도록 말씀하신다. 순종하는 삶에 따르는 하나님의 축복과 불순종하는 삶에 따르는 저주가 구약이 주는 메시지였다. 우리 모든 성도들은 하나님께 순종하는 삶을 살아서 그분의 놀라운 축복을 누리는 자들이 되어야겠다. 또한, 우리는 구약 성경이 장차 오실 메시아에 대해서 예언하고 있다는 사실도 알게 되었다. 특히, 구약 성경의 마지막 책인 말라기는 여호와의 날에 대한 강력한 약속으로 끝을 맺는다. 엘리야의 출현을 예언함으로써 구약시대를 마무리짓고, 그렇게 새로운 시대가 열리면 그리스도께서 오실 것이라는 소망의 메시지를 던져준다. 그리고 400년이 흐른 뒤 이 예언은 그대로 성취된다. 앞으로 신약 성경은 그렇게 오신 메시아에 대해서 말씀해 줄 것이다.

7
복습을 위한 질문

1. 하박국의 핵심구절은 무엇인가?
2. 하박국이 하나님께 의문을 던진, 세상의 현상은 무엇이었는가?
3. 하박국은 하나님의 뜻을 깨닫고서 어떤 반응을 보였는가?
4. "여호와의 날"이란 말이 자주 등장하는 소선지서는 무엇인가?
5. 스바냐는 왕족 출신이었다. 그는 어느 왕의 현손이었는가?
6. 스바냐서가 깨우쳐주는 중요한 진리는 무엇인가?
7. 학개란 이름의 의미는 무엇인가?
8. 학개의 주된 사역은 무엇이었는가?
9. 스룹바벨의 새 성전 공사가 중간에 지체된 이유는 무엇인가?
10. 스룹바벨의 새 성전은 몇 년도에 완성되는가?
11. 스룹바벨의 새 성전이 솔로몬의 성전보다 더 영광스러운 것은 무엇때문인가?
12. 스가랴와 같은 사역을 하며 동시대에 활동했던 선지자는 누구인가?

13. 스가랴는 성전 재건을 촉구하는 환상을 보게 된다. 그는 몇 개의 환상을 보게 되며, 그 환상들 중에 네 뿔은 어느 나라를 상징하는가?

14. 스가랴에 나오는 그리스도에 대한 예언은 어떤 것들이 있는가?

15. 구약시대에 등장하는 마지막 선지자는 누구인가?

16. 말라기 시대에 유다 백성들이 저지른 죄악상들을 아는 대로 말해보라.

17. 말라기에 등장하는 두 "사자"(Messenger)에 대해 아는 대로 말해보라.

18. 말라기 이후 신약시대까지 하나님의 선지자는 더 이상 나타나지 않는다. 하나님은 몇 년 동안 그렇게 침묵하시는가?

구약 성경을 마치며

구약 성경은 하나님으로부터 영감을 받은 30여명의 저자들이 쓴 39권의 책으로 구성되어 있으며, 창조, 구원을 위한 하나님의 언약, 그리스도의 오심에 대한 준비 등을 기록하고 있다. 구약은 5권의 율법서, 12권의 역사서, 5권의 시가서, 5권의 대선지서, 12권의 소선지서로 이루어져 있는데, B. C. 1500년경에 모세가 기록한 것으로 보이는 욥기로부터, B. C. 400년경에 기록된 말라기에 이르기까지 약 1100년에 걸쳐서 작성되었다. 구약 성경은 오실 메시아에 대해, 신약 성경은 오신 메시아에 대해 이야기하고 있다. 우리는 구약 성경이 기대했던 모든 것들을 신약 성경에서 만나게 된다. 다음은 지금까지 공부한 구약 성경 39권의 중요한 내용들을 요약·정리한 것이다.

1
창조부터 바벨탑 사건까지
(B. C. 4004-1996 / 창 1-11장)

하나님은 세상만물과 인간을 창조하시고, 당신의 형상을 따라 창조된 인간에게 세상을 다스릴 수 있는 권세를 주셨다. 또한 하나님은 인간을 죄 없는 상태에 두셨으며, 당신과 교제할 수 있는 존재로 삼으셨다. 다만 하나님께서는 인간에게 선악을 알게 하는 나무의 열매를 따먹지 말라고 말씀하셨는데, 이에 사단이 나타나 인간으로 하여금 하나님을 의심하게 만들고 나아가 하나님처럼 될 수 있다는 헛된 욕심을 갖게 하였다. 인간은 사단의 사악한 간계에 넘어가 금단의 열매인 선악과를 따먹음으로써 그 눈이 밝아져 부끄러움을 알게 되었고, 하나님께 범죄하였다는 양심으로 인하여 하나님으로부터 숨어 버렸다. 하나님은 이들을 찾아 가죽옷을 입히시고는, 마침내 에덴동산에서 쫓아내셨다. 하지만 은혜의 하나님은 인간에게 피할 길을 주셨는데, 그것은 구원자 되시는 예수 그리스도를 보낼 것이라고 약속하신 것이었다. 장차 오실 그리스도는 사단의 머리를 상하게 할 것이며, 사단은 여자의 후손인 그리스도의 발꿈치를 물게 될 것이라고 말씀하셨다. 그렇게 여자의 후손에게 머리를 맞은 사단은 살았으나 죽은 것과 같게 될 것이다.

에덴동산에서 쫓겨난 아담과 하와는 가인과 아벨을 낳았으나, 가인은 하나님이 자신의 제사는 받지 않으시고 아벨의 제사만을 받으신 것을 분하게 여겨 동생 아벨을 죽였다. 하나님은 가인을 벌하시어 그 지역에서 쫓아내시고 유리하는 자가 되게 하셨다. 하나님은 죽은 아벨을 대신하여 아담에게 셋을 주시고, 그를 통해서 약속된 자녀가 태어나게 하셨다. 아담의 후손들이 그 땅에 번성하였으나 또한 죄악이 관영하니, 하나님은 더 이상 그들을 두고 보실 수 없었다.

따라서 땅의 모든 사람들을 홍수로 쓸어버리셨지만, 의로운 노아의 가족을 방주로 구원하사 약속의 계대를 이어 가셨다. 대홍수가 끝나고 노아의 가족들은 새로운 인류를 형성하였으나, 땅에 흩어져서 세상을 정복하라는 하나님의 명령을 어기고 한 곳에서 모여 살며 바벨탑을 쌓아 하나님께 도전하였다. 하나님은 그들의 언어를 혼잡케 하시어 온 세상으로 흩으셨다. 이때로부터 인류에게 각종 언어와 민족이 발생하게 되었던 것이다.

2

족장 시대

(B. C. 1996-1635 / 창 12-50장)

하나님은 우상을 숭배하는 종족으로부터 아브라함을 불러내어 당신을 증거하게 하셨다. 하나님은 아브라함과 언약을 맺으시고, 그의 자손이 하늘의 별처럼 많게 될 것임을 약속하셨다. 아브라함은 약속된 자녀를 빨리 얻지 못하자 몸종인 하갈을 통해서 이스마엘을 낳게 되지만, 그는 약속의 자녀가 아니었다. 아브라함이 백세 때에 아내 사라에게서 낳은 아들 이삭이 하나님께서 그에게 약속하신 자녀였던 것이다. 하나님은 아브라함이 그렇게 기적적으로 낳은 아들을 모리아산에서 당신께 희생제사로 바치라고 하시는데, 그는 하나님의 명령에 순종함으로써 믿음의 본을 보였다. 하나님은 그의 믿음을 보시고 이삭의 생명을 보존하여 주셨고, 그를 통해서 에서와 야곱을 낳게 하셨다.

야곱은 형 에서의 발꿈치를 잡고 나온 동생이었지만, 하나님의 선택을 입은 자로서 장자의 축복을 받게 되었다. 하지만 그는 형 에서의 복수를 피하여 외삼촌 라반의 집으로 도망해야 했다. 그는 그곳에서 갖은 고생을 하며 두 아내인 레아와 라헬을 얻었으며, 그들을 통해서 훗날 이스라엘 12지파의 모태가 되는 열두 아들을 낳게 되었다. 그 중에서도 야곱의 특별한 사랑을 받았던 요셉은 형들의 시기심으로 인해 애굽으로 팔려가는 신세가 되는데, 그 모든 것이 하나님의 뜻이었다. 장차 야곱 곧 이스라엘이 애굽으로 내려가서 큰 민족을 이루어 다시 가나안 땅으로 돌아올 것이었다.

3

이스라엘의 출애굽과 광야생활

(B. C. 1635-1490 / 출 · 레 · 민 · 신)

요셉이 죽자 애굽의 새로운 왕은 요셉의 선정을 더 이상 기억하지 못하였고, 또한 야곱의 식구들 곧 이스라엘 민족이 날로 번성하므로 그들을 두려워하여 애굽의 종으로 삼았다. 이스라엘 백성들이 각종 노역으로 힘겨운 삶을 살고 있을 때, 하나님은 당신께서 예비하신 모세를 불러 이스라엘을 구원케 하셨다. 애굽의 왕자로 자란 모세였지만, 자기 동족을 괴롭히는 애굽의 십장을 죽이고는 미디안 광야로 도망하였다. 그는 그곳에서 40년 동안 머물면서 장차 이스라엘을 인도할 지도자로서 훈련을 받았다. 그는 호렙산 떨기나무 가운데서 하나님의 부르심을 받게 되는데, 그의 형 아론과 함께 애굽으로 가서 바로 왕과 대결하여 이스라엘 민족이 출애굽 하는 것을 허락받게 되었다. 하나님은 이 과정에서 애굽에 열 재앙을 내리심으로써 바로로 하여금 이스라엘의 출애굽을 허락하게 하셨다. 마지막 재앙인 장자의 죽음이 있을 때, 하나님은 문설주에 양의 피를 바르게 하심으로써 이스라엘 백성들을 보호하셨고, 그들은 이 날을 기념하여 유월절로 지켰다. 끝까지 포기하지 않고 이스라엘을 뒤쫓던 바로의 군대는 홍해에서 몰살을 당하고 말았다.

하나님은 광야에서 음식이 없어서 불평하는 이스라엘 백성들에게 만나와 메추라기로 먹이셨으며, 구름기둥과 불기둥으로 그들을 인도하셨다. 하지만 믿음이 부족한 이스라엘 백성들은 날마다 하나님과 모세에게 불평하였으며, 가나안 땅을 정탐하고 온 자들은 하나님을 신뢰하지 못하고 백성들을 부추겨 다시 애굽으로 돌아가려고 하였다. 마침내 하나님은 모세와 여호수아와 갈렙을 제외한 이스라엘의 모든 성인 남자들이 가나안 땅에 들어가지 못하고 광야에서 40년을 유리하다가 죽게 하셨다. 급기야 그들의 지도자 모세 또한 하나님의 명령에 순종치 않음으로써 가나안 땅을 눈앞에 두고 느보산에서 죽고 말았다. 그는 죽기 전에 가나안 정복을 앞둔 이스라엘의 새로운 세대들에게 시내산에서 받았던 율법(레위기의 율법)을 새롭게 하였다(신명기의 율법).

4

가나안 정복과 사사시대, 그리고 통일왕국

(B. C. 1490-977 / 수 · 삿 · 룻 · 삼상 · 삼하 · 왕상 · 대상)

모세의 뒤를 이은 여호수아는 이스라엘 백성들을 이끌고 요단강을 건너서 가나안 땅을 차례로 점령하였다. 처음에 그들은 하나님을 향한 믿음으로 철통같은 여리고성을 무너뜨렸으나, 보잘것없는 아이성 정복에는 실패하고 말았다. 그것은 하나님께 범죄한 아간 때문이었는데, 그들은 아간을 죽이고 나서야 아이성 정복에 승리를 거두게 되었다. 그렇게 여호수아와 이스라엘 백성들은 약속의 땅을 모두 점령하게 되었으며, 정복한 땅을 열두 지파에 따라 분배하였다.

여호수아가 죽고 백성들은 가나안의 세상 문화에 빠져 하나님께 불순종하였고, 하나님은 외세의 힘을 빌어서 그들을 징계하셨다. 하지만 하나님은 이스라엘이 회개하고 돌이킬 때마다 사사들을 보내셔서 그들을 구원하셨다. 드보라, 기드온, 입다, 삼손 등은 이때에 등장한 사사들이다. 또한, 사사들이 통치하던 시기에 모압 여인인 룻이 보아스를 통해서 메시아의 조상이 되는 축복을 누리게 되었다.

이스라엘의 마지막 사사였던 사무엘은 어머니 한나의 서원을 따라 하나님의 종이 되었다. 이스라엘 백성들의 끊임없는 간청으로, 사무엘은 이스라엘의 왕정시대를 열고 하나님의 명을 받아 사울을 왕으로 세웠다. 사울은 사람들의 마음에 합한 자였으나 이내 교만해져서 하나님의 버림을 받았고, 사위 다윗을 시기하여 끊임없이 죽이려 하였다. 이와는 달리 사울의 아들 요나단은 정직하고 용감한 사람으로서 다윗과 아름다운 우정을 보였으나, 결국 사울과 함께 전장에서 죽게 되었다.

사울의 뒤를 이어 다윗이 이스라엘의 왕이 되는데, 그는 강력한 왕권을 바탕으로 나라의 영토를 넓히고 이스라엘을 부강한 나라로 만들었다. 하지만 그는 우리아의 아내 밧세바를 범하고, 그 죄를 덮기 위해서 우리아를 전쟁터에 보내 죽게 하였다. 하나님은 나단 선지자를 통해 다윗의 죄를 질책하셨고, 다윗이 깊이 회개하므로 하나님은 그를 용서하셨다. 하지만 다윗이 범한 죄로 인하여, 그는 자신의 아들 압살롬으로부터 도망하여 망명하였으며, 가족들은 성적인 타락과 함께 서로를 죽고 죽이는 살인을 일삼게 되었다. 다윗은 반역을 도모한 압살롬이 요압에 의해 죽자 예루살렘으로 돌아와 후계자인 솔로몬에게 성전 건축의 소명을 맡기고, 그의 40년간의 통치를 마치게 되었다. 그는 한때 실수하여 하나님께 범죄하기도 하였지만, 하나님께 겸손히 나아가 회개하고 하나님을 신뢰함으로써 이스라엘 역사상 가장 위대한 인물이 되었으며, 또한 그리스도께서 그의 계보에서 나실 것임을 약속받았다.

솔로몬은 하나님께 지혜를 구함으로써 부귀와 영화도 함께 누릴 수 있었다. 그는 다윗이 남긴 소명대로 하나님의 성전을 훌륭히 건축하였고, 무역을 통해 나라를 부강하게 하였다. 하지만 그는 이방여인들과 맺은 정략결혼으로 인해서 이스라엘에 우상숭배를 불러들이는 결과를 초래하였으며, 과중한 세금과 노역으로 백성들의 원성을 사서 결국 다음 세대에서 이스라엘이 분열되는 결과를 낳고 말았다.

5
분열왕국 시대
(B. C. 977-587 / 왕하 · 대하)

솔로몬의 뒤를 이은 그의 아들 르호보암은 지혜롭지 못했다. 솔로몬의 실정을 개혁하여 나라의 안정을 도모해야 할 시기에, 그가 백성들에게 더 과중한 세금과 노역을 부과함으로써 유다와 베냐민 지파를 제외한 북쪽 열 지파가 여로보암을 왕으로 세워 분열하게 되는 빌미를 제공하였다. 그로 인하여 통일왕국은 분열하여 여로보암을 왕으로 하는 북방 이스라엘과, 르호보암을 왕으로 하는 남방 유다로 갈라지고 말았다.

북 이스라엘의 지도자 여로보암은, 10지파로 구성된 이스라엘 백성들이 남 왕국 유다의 예루살렘 성전으로 예배하러 갈 때에 그들의 마음이 돌아설 것을 염려하여 북 왕국의 단과 벧엘에 금송아지를 세우고 그들로 하여금 숭배케 했다. 이로 인해, 그를 이은 북 왕국의 모든 왕들은 "여로보암의 죄"를 극복하지 못하고 우상을 숭배하는 악한 왕들이 되고 말았다. 여로보암 2세 때에 북 이스라엘은 최고의 전성기를 누리기도 하지만 그의 사후에 나라가 급격히 기울어 B. C. 721/2년에 앗수르의 살만에셀 왕에 의해 멸망당하고 말았다. 북 왕국의 백성들은 살육을 당하거나 앗수르의 포로로 잡혀가서 다시는 고국으로 돌아오지 못했다. 엘리야, 엘리사, 호세아, 아모스, 요나가 하나님의 선지자로 북 왕국에서 활동하였다.

남 유다 왕국은 북 이스라엘보다 하나님께 신실하였기에 그 생명을 135년이나 더 연장 받을 수 있었다. 남 왕국에서는 하나님의 여러 선한 왕들이 통치하였는데, 그들 가운데 대표적인 왕은 히스기야와 요시야다. 그들은 개혁을 통해 우상숭배를 타파하고 나라를 안정되게 하였다. 특히, 요시야는 힐기야에 의해 율법책이 발견되자 백성들에게 회개와 금식을 선포하고 우상숭배를 일소하였다. 하지만 그는 바벨론을 치러 올라가는 바로 느고를 막으려다 전장에서 죽고 말았다. 그의 사후에 유다는 급속히 약화되었는데, 세 아들과 한 명의 손자가 그의 뒤를 이어 유다를 통치하였으나 모두 무능하고 단명하였으며, 결국 B. C. 587년 나라를 바벨론의 느부갓네살에게 빼앗김으로써 성전과 도성은 모두 불타버리고 백성들은 바벨론에 포로로 끌려갔다. 이사야, 예레미야, 요엘, 오바댜, 미가, 나훔, 하박국, 스가랴가 하나님의 선지자로 부름 받고 남 왕국에서 활동하였다.

6 바벨론 유배와 귀환

(B. C. 586-391년 / 스 · 느 · 에)

바벨론으로 유배된 유다 백성들 가운데는 다니엘과 세 친구들이 있었다. 그들은 유배 중에도 생명을 걸면서까지 하나님께 대한 신앙을 굳건히 지켰다. 하나님은 포로로 잡혀 있는 유다 백성들을 정결하게 하셨고, 그들 중 남은 자들을 두시어 회복에 대한 소망을 갖게 하셨다.

유다의 남은 자들은 바벨론에 처음 포로된 지 70년(유다의 멸망이 B. C. 586년이므로, 여기서 말하는 70년은 바벨론에 첫 번째 포로로 잡힌 B. C. 604년을 기점으로 한 것이다)이 지나서야 고국으로 귀환할 수 있게 되었다. 바벨론을 무너뜨린 바사의 고레스 왕이 칙령을 반포하여 유다 백성들로 하여금 고국으로 돌아갈 수 있게 허락하였던 것이다. 이에 스룹바벨은 5만 명의 유다 백성들을 이끌고 고국으로 돌아와서 성전 건축을 시작하였다(B. C. 538년). 하지만 사마리아인들의 방해로 인해서 성전 재건 사업은 15/6년간이나 중단되는데, 학개와 스가랴 선지자의 독려로 건축사업이 재개된 지 4년만에 마침내 성전을 완공하여 봉헌하였다(B. C. 516년). 6,000명의 유다 백성들과 함께 2차로 귀환한 학사 에스라(B. C. 458년)는 유다 백성들에게 회개를 촉구하며 개혁을 주도하였다. 그는 하나님의 율법을 가르쳤고, 이교도와의 결혼을 금지시켰다. 3차로 귀환한 느헤미야(B. C. 445년)는 무너진 예루살렘 성벽을 수축함으로써 백성들의 안전을 확보하였다. 에스라, 느헤미야, 학개, 스가랴, 말라기 선지자가 이 시기에 활동하였다.

7

복습을 위한 질문

1. 구약 성경은 몇 권으로 구성되어 있는가?

2. 구약 성경의 선지서는 몇 권으로 구성되어 있는가?

3. 구약 성경은 누구의 오심을 예비하고 있는가?

4. 인간으로 하여금 하나님을 의심하게 만든 자는 누구인가?

5. 인류 최초의 살인자는 누구인가?

6. 죽임을 당한 아벨 대신에 하나님이 아담에게 주신 자녀는 누구인가?

7. 하나님은 왜 이 땅에 홍수를 허락하셨는가?

8. 노아의 세 아들은 누구누구인가?

9. 하나님께서 언어와 민족을 곳곳에 흩어지게 하신 사건은 무엇인가?

10. 아브라함의 약속된 자녀는 누구인가?

11. 이삭은 왜 야곱을 축복할 수밖에 없었는가?

12. 이삭이 낳은 두 아들의 이름은 무엇인가?

13. 야곱이 형 에서의 보복이 두려워 도망한 곳은 어디인가?

14. 야곱은 몇 명의 아들을 두었는가?

15. 야곱의 아들 중 예수의 계보를 이은 아들은 누구인가?

16. 야곱이 하나님과 씨름하여 얻은 이름은 무엇인가?

17. 요셉은 왜 애굽으로 팔려갔는가?

18. 애굽에서 종노릇하던 이스라엘을 구원하도록 부름받은 자는 누구인가?

19. 모세를 도와 대변인의 역할을 했던 첫 제사장은 누구인가?

20. 모세가 가나안 땅에 들어가지 못한 이유는 무엇인가?

21. 모세가 하나님께 받은 율법은 어떻게 분류할 수 있는가?

22. 모세의 뒤를 이어 이스라엘의 지도자가 된 사람은 누구인가?

23. 여호수아가 가나안 땅에서 처음으로 점령한 성은 무엇이고, 또한 처음으로 점령에 실패한 성은 무엇인가?

24. 이스라엘의 사사들 중에서 잘못된 서원으로 인해서 불행해진 사람은 누구인가?

25. 이스라엘의 초대 왕은 누구인가?

26. 사울이 하나님께 버림받게 된 결정적인 원인은 무엇인가?

27. 사울의 아들로서, 다윗과 참된 우정을 나누었던 사람은 누구인가?

28. 다윗이 간음죄와 살인죄를 범함으로써 받게 된 고초는 어떤 것들이 있는가?

29. 다윗의 아들 압살롬이 저지른 죄는 어떤 것들이 있는가?

30. 다윗이 성전을 직접 건축하지 못하고 준비만 한 이유는 무엇인가?

31. 솔로몬은 무엇을 하나님께 구함으로써 하나님의 칭찬을 받았는가?

32. 솔로몬이 저지른 죄는 무엇인가?

33. 지혜롭지 못해 이스라엘을 분열에 이르게 한 왕은 누구인가?

34. 북 이스라엘 왕국의 초대 왕은 누구인가?

35. 북 왕국의 초대 왕이 저지른 결정적인 죄악은 무엇인가?

36. 북 왕국의 왕들이 대대로 나쁜 왕으로 기록된 이유는 무엇인가?

37. 북 왕국이 전성기를 누렸던 때의 왕은 누구인가?

38. 남 왕국의 왕들 중에서 개혁을 성공적으로 이끌었던 두 왕은 누구인가?

39. 요시야는 어떻게 죽임을 당하였는가?

40. 북 왕국은 언제, 어느 나라에 의해 멸망하는가?

41. 남 왕국은 언제, 어느 나라에 의해 멸망하는가?

42. 포로로 잡혀간 유다 백성들이 고국으로 돌아가서 성전을 지을 수 있도록 허락한 바사의 왕은 누구인가?

43. 바벨론에서 1차로 귀환한 유다 백성들의 지도자로서 성전 재건의 임무를 맡았던 자는 누구인가?

44. 성전 재건이 중단되었을 때 백성들을 독려하여 성전 건축 사업이 재개되도록 도왔던 선지자들은 누구누구인가?

45. 바벨론에서 2차로 귀환하여 율법을 가르치며 유다의 영적인 개혁을 이끌었던 학사는 누구인가?

46. 바벨론에서 3차로 귀환하여 예루살렘 성벽을 수축한 이는 누구인가?